高等院校商学研究生系列教材
Business Postgraduate Textbook Series

发展金融学
Development Finance

李忠民 主 编
尹海员 副主编

中国财经出版传媒集团
经济科学出版社
Economic Science Press

图书在版编目（CIP）数据

发展金融学/李忠民主编. -- 北京：经济科学出版社，2017.5

高等院校商学研究生系列教材

ISBN 978-7-5141-7954-5

Ⅰ.①发…　Ⅱ.①李…　Ⅲ.①金融学—研究生—教材　Ⅳ.①F830

中国版本图书馆CIP数据核字（2017）第088328号

责任编辑：范　莹
责任校对：王肖楠
责任印制：李　鹏

发 展 金 融 学

李忠民　主　编
尹海员　副主编

经济科学出版社出版、发行　新华书店经销
社址：北京市海淀区阜成路甲28号　邮编：100142
总编部电话：010-88191217　发行部电话：010-88191522
网址：www.esp.com.cn
电子邮箱：esp@esp.com.cn
天猫网店：经济科学出版社旗舰店
网址：http://jjkxcbs.tmall.com
北京季蜂印刷有限公司印装
710×1000　16开　21.75印张　340000字
2017年5月第1版　2017年5月第1次印刷
ISBN 978-7-5141-7954-5　定价：55元
（图书出现印装问题，本社负责调换。电话：010-88191510）
（版权所有　侵权必究　举报电话：010-88191586
电子邮箱：dbts@esp.com.cn）

前 言

1973年麦金农出版了《经济发展中的货币与资本》一书。同年，他的同事肖（Edward S.Shaw）也出版了《经济发展中的金融深化》一书。在这两本名著中，麦金农与肖提出了著名的"金融抑制理论"。从此，关于金融发展与经济发展之间关系的讨论成了西方经济学界的热门话题，麦金农和肖教授因此也成了当代金融发展理论奠基人之一。"金融抑制理论"指出，发展中国家之所以欠发达，就在于实际利率太低，甚至为负数。这可能是由于政府执行了错误的政策，人为地压低利率；也可能是由于通货膨胀，或者二者兼而有之，但最终结果都是资金使用粗放，投资效益低下，产出水平低，国民收入扣除用于消费的部分后所剩不多，储蓄率下降，最终的解决方法只能是走金融深化之路。

金融深化论是与当时在西方发达国家逐渐兴起的新自由主义思想理论相适应的，是新自由主义思想在金融理论和发展经济学中的反映。自20世纪70年代以来，金融发展理论经历了两次划时代的革命：

第一次理论革命是指"二战"后至20世纪80年代初期，一批西方经济学家，如罗纳德·I·麦金农（1973）、爱德华·S·肖（1973）、约翰·G·格利（1960）、雷蒙德·W·戈德史密斯（1969）等从发展中国家经济的"欠发达性"出发，主张发展中国家应该进行金融深化，并成为从70年代后半期开始并在整个80年代发展中国家进行金融自由化改革实践的主要理论依据。但由于在这一金融深化理论指导下所进行的拉美金融自由化改革暴露出了许多问题，而在理论上遭到了很多的批评。

第二次理论革命是指以罗纳德·I·麦金农(1993)、马克威尔·弗莱(1988)为代表的一些经济学家在总结发展中国家金融改革实践的基础上,于20世纪90年代初期提出的金融自由化次序理论。这一理论的本质上属于后凯恩斯主义学派,主要从有效需求的观点对麦金农和肖的金融深化理论进行了反驳。他们认为不是储蓄决定投资,而是投资决定储蓄。过高的实际利率将抑制投资,从而抑制储蓄,投资的减少通过乘数作用进一步降低经济增长率。这些观点在某些程度上修正了传统金融发展理论的不足。

从古典内生金融发展理论来看,制度则是决定金融发展的关键因素,金融发展的过程,不仅仅是金融总量不断增加和结构不断合理的过程,更应该是制度不断变迁和完善的过程。中国作为近三十多年全球经济版图中崛起的新生经济体,改革开放以来,非国有经济成分不断增加,既打破了国有经济的垄断,也有利于社会经济效率的扩大。随着经济的民营化,必然会带来金融的发展,一方面,通过产权改革使经济单位都拥有独立的财产并掌握真正独立的财产所有权;另一方面,将产生真正的金融活动,创造真正的信用制度,从而有利于建立完善的金融体系,促进金融的发展。同时,通过产权改革将充分激励人们有效地利用财产和积极地创造财产,促进社会财富的不断增长,而社会财富的不断增长和财产所有者的不断涌现必然导致储蓄的不断增长和金融活动的繁荣。要实现中国金融的进一步发展,就要积极完善中国的制度环境,特别是其中产权和法律制度。只有积极通过产权改革,中国金融业才能真正建立有效的治理机制,真正提高它的竞争力。同时,要积极加强投资者的法律保护,为中国金融发展提供良好的法律生态环境。只有实行金融自由化才能真正地推动中国金融的良性发展。

2017年5月

目 录

第一章 导论 ··· 1
 第一节 金融发展理论框架 ······························· 1
 第二节 金融功能演化与金融发展 ························· 8
 第三节 金融发展与经济增长关系的实证研究 ··············· 15
 第四节 金融发展理论研究 ······························· 17

第二章 金融发展理论史 ······································ 20
 第一节 马克思主义金融发展理论 ························· 20
 第二节 新古典主义金融发展理论 ························· 25
 第三节 新自由主义金融发展理论 ························· 32
 第四节 金融可持续发展理论 ····························· 36

第三章 金融发展的路径分析 ·································· 43
 第一节 金融抑制理论 ··································· 43
 第二节 金融深化理论 ··································· 51
 第三节 金融自由化理论 ································· 58
 第四节 金融结构与发展理论 ····························· 66

第四章　金融发展的制度分析 ……………………………………… 87
第一节　金融制度的发展 ………………………………………… 87
第二节　金融约束理论 …………………………………………… 99

第五章　金融创新理论 ……………………………………………… 105
第一节　金融创新的界定 ………………………………………… 105
第二节　金融市场 ………………………………………………… 107
第三节　互换市场 ………………………………………………… 114

第六章　金融可持续发展理论 ……………………………………… 122
第一节　金融资源 ………………………………………………… 122
第二节　金融生态理论 …………………………………………… 131
第三节　金融可持续发展理论 …………………………………… 136
第四节　金融脆弱性理论与金融安全理论 ……………………… 140

第七章　金融地理与区域金融发展理论 …………………………… 147
第一节　金融地理理论 …………………………………………… 147
第二节　区域金融发展理论 ……………………………………… 160

第八章　基于行为的金融发展理论 ………………………………… 171
第一节　金融行为与发展 ………………………………………… 171
第二节　行为金融理论在金融市场中的应用 …………………… 183

第九章　金融内生发展理论 ………………………………………… 202
第一节　金融内生理论 …………………………………………… 202
第二节　金融系统复杂性、成长与演化理论 …………………… 216

第十章　金融产业组织与金融竞争力理论 ………………………… 230
第一节　金融产业组织理论 ……………………………………… 230
第二节　金融竞争力理论 ………………………………………… 244

第三节　金融市场结构理论 …………………………… 248
　　第四节　金融市场的功能 ……………………………… 252

第十一章　和谐金融发展理论 ……………………………… 254
　　第一节　和谐金融概念的界定 ………………………… 254
　　第二节　金融和谐发展理论体系 ……………………… 266
　　第三节　金融与经济和谐发展 ………………………… 274
　　第四节　金融与社会和谐发展 ………………………… 277

第十二章　碳金融发展 ……………………………………… 280
　　第一节　低碳经济的兴起 ……………………………… 280
　　第二节　碳金融 ………………………………………… 283
　　第三节　碳金融对低碳产业支持的影响因素研究 …… 285
　　第四节　碳排放权交易 ………………………………… 290
　　第五节　碳排放权交易机制 …………………………… 295
　　第六节　碳金融与中国经济发展 ……………………… 300

第十三章　金融发展治理 …………………………………… 304
　　第一节　金融发展中存在的风险 ……………………… 304
　　第二节　金融发展中的监管治理 ……………………… 314

第十四章　金融发展比较研究 ……………………………… 319
　　第一节　主要发达国家金融发展分析 ………………… 319
　　第二节　中国金融发展研究 …………………………… 328

参考文献 ……………………………………………………… 333

后　记 ………………………………………………………… 336

导 论

自20世纪70年代以来，金融危机的频繁爆发给整个世界经济带来极大的影响，也使人们对金融问题的极端战略重要性有了更为真切的感受和认识，关于金融与金融发展问题的研究成为一个热点。金融到底是什么？金融具有什么功能？金融发展到底指什么？金融与经济到底是什么关系？金融发展如何促进经济增长？众多学者的研究成果已经显示，金融发展可以促进经济发展，其作用机制主要是：通过发挥金融体系的功能（例如，资源配置、信息传递、风险管理等），并且从理论到实证都进行了较为充分的说明。本章内容将从宏观的角度来讨论金融发展问题，并介绍金融功能的演进对经济增长的影响、金融发展的作用机制等相关理论。这些研究内容是很有意义的，是理解金融发展与经济增长关系必不可少的基础。

第一节 金融发展理论框架

戈德史密斯、麦金农和肖等人开创了金融发展理论，在随后的二三十年里，世界范围内的许多经济金融学家在此基础上又进一步丰富、发展和完善了该理论，从而使其在新形势下独立成为一门新兴学科的时机日渐成熟。本节共分为两部分：第一部分主要探讨金融发展理论的发展，该时期从研究的范式来看仍然是麦金农和肖研究学说的进一步延伸与发展，故统称麦金农和肖学派；第二部分主要探讨金融发展理论的完善，该时期最具代表性的是内生金融发展理论，并由此缔造了第二代金融发展理论。

一、金融发展理论的研究进展

金融发展理论自问世以来受到各界的广泛关注，并对发展中国家的经济金融体制改革提供了宝贵的理论基础。但不容忽视的是，麦金农和肖的金融发展理论相对还比较粗糙、很多分析局限于经验之谈，理论分析不够，尤其是金融模型还停留在静态水平，涉及的因素较少，模型既不具备动态特征，又脱离实际。因此，在20世纪七八十年代，一些经济学家开始致力于金融发展理论的实证和扩展研究，并逐步形成了麦金农—肖学派，主要代表人物有卡普尔、加尔比斯、弗赖和马西森等。其中，新加坡经济学家巴桑特·卡普尔与IMF工作人员唐纳德·马西森都分别以封闭经济和开放经济条件下的发展中国家为研究对象，以麦金农—肖模型为基础，对发展中国家的货币金融、经济增长及经济稳定三者之间的关系做了比较系统的论述，特别是对发展中国家如何通过适当的货币政策和金融体制改革来同时实现经济增长与经济稳定进行了比较深刻的阐述。卡普尔和马西森的主要研究对象是劳动力过剩的发展中国家，他们认为在这类国家影响经济增长的主要因素是资本数量。西班牙经济学家V.加尔比斯和美国经济学家马克斯维尔·弗赖则着重于金融中介与经济增长的关系以及稳态金融发展模型与动态金融发展模型的研究。下面将对这些金融发展观分别做一扼要介绍。

（一）卡普尔的理论模型

尽管麦金农认为金融抑制现象应该被完整地并入对稳定化政策的分析框架中，但真正以数学建模的方式对其进行证明的还是卡普尔（1976），他建立了一个适用于欠发达经济体系的价格稳定化模型，该模型具备三个特征：（1）内含一个商业银行体系，因为在许多欠发达国家，商业银行是生产性企业最重要的外部融资来源；（2）实际通货膨胀率取决于通货膨胀预期和对产出的超额需求；（3）实际产出增长率是内生的。卡普尔求出了稳定状态下实际增长率的隐函数，对短期动态进行分析。他通过数字模拟考察了两种稳定化政策的短期影响，得出了政府利用提高名义利率的稳定化方案在短期内对实际产出的影响要明显好于采取货币增长率政策的结论。

但是，由于上述模型主要是建立在封闭经济情形之中，因此，卡普尔对其模型进行了进一步的拓展，提出了一个开放经济模型，在此模型中，汇率成了另外一种政策工具。卡普尔的研究对象是一个典型的通过膨胀率很高的欠发达经济体，政策制定者可以使用三种政策工具，即货币增长率、银行存款利率和实际汇率的贬值率。所面临的任务是降低通货膨胀率，而不过分牺牲经济增长目标。卡普尔指出，上述目标的实现依赖于三种政策工具的良好协调，在初始时采取很高但后期不断下降的银行存款利率和货币增长率，对实际汇率的贬值进行调整，以便防止过度的资本流入发生，也可以对要素相对价格的变化产生积极影响。

（二）加尔比斯的两部门模型

加尔比斯（1977）在《欠发达国家的金融中介与经济增长：一种理论探讨》中，吸收了麦金农的基本理论和政策主张之后，运用两部门模型来分析资源配置和经济增长之间的关系以及金融中介如何影响资源配置，借以验证利率管制和经济增长的关系。加尔比斯假设整个经济由两个部门组成，部门Ⅰ是落后或低效率的部门，部门Ⅱ是现代或技术先进的部门，部门Ⅰ必须借助内源融资进行投资，部门Ⅱ可以借助银行体系得到资金支持。通过研究，加尔比斯发现，在社会资源一定的条件下，如果改进金融中介储蓄和投资的配置机制，使社会资源由生产效率低的部门转向生产效率高的部门，可加速整个经济的发展和增长。加尔比斯认为欠发达国家投资机会是充足的，因而对投资资源的需求必然大大超过其供给。如何提高有限的投资资源的使用效率关键在于金融中介如何通过贷款活动进行资金分配。加尔比斯发现，部门Ⅱ能够取得银行借款的多少取决于部门Ⅰ的金融储蓄，而部门Ⅰ的金融储蓄在相当程度上取决于存款的实际利率。提高存款的实际利率有利于减少部门Ⅰ的低效率投资，相应增加部门Ⅱ的高效率投资，从而能在社会资源一定的条件下，加速整个经济的增长。

（三）马西森的理论模型

马西森在《发展中经济的金融改革和稳定化政策》中探讨了当全面解除利率管制导致众多金融企业破产时如何解除名义利率上限。他认为，为使金融体系免遭短期困难，政府当局需要逐渐地解除利率管制，而且无论是在适应性预期或理性预期下（rational expectation），稳定化政策和金融改革的最优组合都是货币增长率和存、贷款利率上限的骤然变化和逐渐变化的一个组合。在初始阶段需要每个政策工具的骤然变化，必须提高存款利率，以使金融体系能达到可以满足在原先贷款利率上限下存在的对实际银行信贷超额需求的存款水平，同时，还需提高贷款利率，从而保证金融体系至少可以收支平衡。最后，必须把货币增长率降低但须保持在长期想要达到的通货膨胀率一致的货币增长率的水平之上。而稳定化方案则需三种政策工具的逐渐变化，在存款利率必须与预期通货膨胀率同步变化的同时，贷款利率必须比预期通货膨胀率变化得快些，以反映出固定名义利率贷款在金融企业资产组合中的重要性在不断下降。此外，必须使货币增长率逐步提高到与长期希望达到的通货膨胀率一致的水平。马西森的研究结果表明，"激进"和"渐进"这两种政策方法的独立实施都不是最优的，最优的是一种混合战略，即在一开始采取"激进"，之后再采取"渐进"方法。

与此同时，马西森在《发展中经济的金融改革和资本流动》中，对其封闭模型进行了扩展，提出了一个开放经济模型。该模型认为政府只能控制货币增长率或名义汇率变化率，而不能同时控制两者。通过实证分析，马西森得出存在高通货膨胀率、低增长和国际收支赤字国家，可以借助名义存款利率和名义贷款利率的骤然提高、实际汇率的过度下跌及国内现金增长率的下降，以实现价格稳定，并带来经济增长的结论。

由以上分析可知，麦金农和肖的追随者卡普、马西森、加尔比斯、弗赖等人虽然没有突破前人的理论框架，但他们在吸收当代经济学最新研究成果的基础之上，建立了宏观经济模型，扩大了金融发展理论模型的分析视野和政策使用范围，故在此把他们统称为麦金农—肖学派。其中，卡普摒弃了麦金农关于实际货币与实物资本的互补性假说，而是通过论证银行向生产企业供应流动资本的过程来说明金融对实际经济增长的影响，这样的分析更强调发展中国家在通过金融改革促进经济发展的过程中保持经济稳定的重要性，因而对确立货币政策目标及治理通货膨胀有更强的指导作用。加尔比斯用两部门模型修正和补充了麦金农的模型，认为只有在技术落后的部门才存在自我融资现象，而技术比较先进的部门则可以获得银行贷款支持，并且用两部门的资源转移来论证金融中介的作用，用两部门的投资效率差异来说明资源转移对经济增长的作用，这样的分析比麦金农的分析更深入。弗赖在经济发展模型中加入动态调整系数，建立了动态金融发展模型，用以分析通货膨胀与经济增长的关系。

毋庸讳言，麦金农—肖学派提出了许多关于金融抑制的理论模型，并把麦金农和肖一些比较粗糙的观点进一步具体化和规范化，同时数学模型也日益复杂，他们不但考察了过渡时期的动态特征，而且大大扩大了所考察的因素范围，研究了从金融抑制过渡到金融深化过程的动态规律。但由于他们囿于麦金农—肖的理论框架而没有提出新的观点，因此，这也注定了他们只能停留在对麦金农—肖理论的简单修补而无更大作为。但需要指出的是，麦金农—肖学派所存在的上述缺陷也为金融发展理论在20世纪90年代的进一步发展与完善提供了可能。

二、金融发展理论的完善

以麦金农和肖为代表的传统金融发展理论认为，发展中国家的金融抑制政策阻碍了储蓄动员和经济增长，因而主张实行金融自由化政策。他们的理论虽然在许多发展中国家进行一定程度与范围上的实施，但结果却并不如人意。许多国家在金融自由化之后都先后爆发了金融危机，严峻的现实使人们不得不对传统金融理论进行深刻的反思。以莱文、金、格林伍德和史密斯等为代表的一些经济、金融学家摒弃了传统金融发展理论的框架，在内生增长理论的基础上，采用最优化方法来重新分析金融在经济发展中的作用，并在20世纪90年代逐步形成了第二代金融发展理论体系。

第二代金融发展理论摒弃了传统金融发展理论的完全竞争假设（perfect competition hypothesis），从效用函数（utility function）入手，建立了各种各样具有微观基础的模型，并在模型中引入了诸如不确定性、偏好冲击、流动性冲击、不对称信息、逆向选择和道德风险、监督成本等与完全竞争相悖的因素，并以此对金融体系（包括金融中介和金融市场）的形成作了规范的解释。由于他们将内生增长理论纳入到金融发展模型中，直接对金融中介和金融市场建模，以此解释金融中介和金融市场是如何在经济发展过程中形成的，以及金融发展对经济增长的作用，因此，人们通常又将其称之为内生金融理论（endogenous financial theory）。内生金融理论认为，资金融通过程中的不确定性和信息不对称等因素会产生金融交易成本。随着经济发展，这种交易成本对经济运行的影响越来越大。为了降低交易成本，经济发展到一定程度就会内生地要求金融体系的形成和发展。这里将以交易成本为线索，主要介绍内生金融中介理论和内生金融市场理论。

（一）内生金融中介理论

1. 本西文加和史密斯模型

本西文加和史密斯（1991）共同发表了一篇题为《金融中介和内生增长》的论文，该文认为金融中介体形成的原因在于它能防范因消费需求的流动性冲击（liquidity shock）而造成的不确定性。这里所说的不确定性是指投资者将资金投入长期项目后，在项目未产生收入的期间内，投资者可能需要这笔资金以应付未预期到的消费支出。如果投资者是风险厌恶者（risk-averser），他将为流动性风险寻求保险，而金融中介正好可以实现这一目的。这是因为金融中介吸收了大量投资者的存款，根据大数法则，投资者不会同时遇到流动性冲击，因而金融中介面临的流动性风险总是小于单个投资者所面临的流动性风险。结果，与单个投资者相比，金融中介总是能够用流动性资产的形式持有一部分资产。因此，金融中介的存在，使得国民经济从整体上能更有效地管理流动性风险（liquidity risk）。

2. 杜塔和卡普尔模型

杜塔和卡普尔（1998）共同撰写了《流动性偏好和金融中介》一文，认为由于未来消费支出的不确定性，人们需要持有一定数量的流动资产，但正是这种流动性偏好导致了金融中介的形成。因为在没有金融中介的时候，人们只能持有诸如公共债务、法定货币之类的流动资产，从而受到流动性不足的约束，使消费行为受到限制。而在金融中介存在的情况下，人们可以持有金融中介体存款，金融中介体存款作为流动资产，与其他两种资产（公共债务和法定货币）相比，在提供流动性服务方面效率较高，从而缓解了流动性约束对消费行为的限制。

3. 勒兰德和派里模型

勒兰德和派里（1997）联合发表《信息不对称、金融结构与金融中介》一文，该文将金融中介看作是一种"信息共享联盟"，认为金融中介可以低成本地搜寻和甄别"好"的投资项目，并将好项目的信息让众多的贷款人共享，具有规模经济（scale economy）效应。该模型认为，如果没有金融中介这个"信息共享联盟"，那么，由于投资项目的预期收入只有项目所有人即借款人知道，因而贷款人在搜寻投资项目时，将遇到由于不对称信息产生的逆向选择问题，预期收益低的"差"项目进入金融市场融资，而预期收益高的好项目将不得不退出金融市场。如果好项目要在金融市场进行外部融资，它就必须将自己与"差"项目区分开来，其办法是"信号显示"，即好项目在进行一部分外部融资的同时，还进行一定规模的内部融资。但是，这种信号显示是有成本的，因为对于这部分内部融资，项目所有人本来是想进行外部融资以规避风险的，现在不得不改用内部融资，这对他而言就承担了投资风险。勒兰德和派里证明，如果好项目的所有人组成信息共享联盟，由联盟代表全体成员进行信号显示，那么基于规模经济，信号显示成本就会大大降低。而金融中介正好是这样一种信息共享联盟，很明显，金融中介由于其规模和专业优势，相对于分散的单个贷款人更容易了解和搜寻项目信息。正是为了降低搜寻信息的交易成本，金融中介就应运而生。

（二）内生金融市场理论

在经济发展过程中，一般是先形成金融中介，然后再形成金融市场。在经济发展的早期阶段，金融体系是由金融中介主导的，金融中介的作用也大于金融市场。也许正是基于此种原因，第二代金融发展理论对金融中介内生形成的研究要远多于对金融市场内生形成的研究。但各国经验证明，当一个国家经济发展到一定程度后，一般也会内生地形成金融市场，而这主要是由于金融市场相对于金融中介有一定的比较优势。由于第二代金融发展理论关于金融市场内生形成的模型并不多，这里主要介绍两个代表性的模型。

1. 布和塔卡尔模型

布和塔卡尔（1997）联合发表了《金融体系构造》一文，该文比较了金融中介和金融市场在资金融通方面的优势。他们将金融中介和金融市场看作是参与资金融通的当事人的集合。金融中介的当事人将资金存入金融中介，金融中介再把吸收的存款放贷出去，从而为生产者提供资金。金融中介协调当事人的行为并监督生产者的行为。金融市场的当事人在金融市场上进行竞争并购买生产者发行的证券（包括股票和债券），为生产者提供资金。金融中介的优势是它可以有效地监督生产者的行为，从而缓解诸如资产替代之类的道德风险。而金融市场则在信息搜寻和汇总方面存在优势，这主要是因为在有效证券市场中，证券价格波动能够及时和有效地反映证券发行者的行为和业绩，从而有助于投资质量的提高。布和塔卡尔认为，正是金融市场在信息方面的优势，使得金融市场得以形成和发展。

2. 格林伍德和史密斯模型

格林伍德和史密斯（1998）共同发表了《发展中的金融市场和金融市场的发展》一文，该文分析了金融市场是如何随经济发展而内生形成的。他们认为，金融市场的形成和运行是有成本的，正是这个成本，导致了金融市场只能在经济发展到一定阶段才能形成。在经济发展的早期，人均收入很低，人们无力支付金融市场的运行成本。随着经济发展，人均收入增加，有能力支付金融市场运行成本的人逐渐增多。但是，如果参与金融市场交易的人较少，交易次数和交易额也不多，那么分担到每笔交易上的成本还是会很高。这时，人们还是没有利用金融市场进行交易的积极性，金融市场也就不会形成。因此，金融市场的运行成本构成金融市场形成的"门槛"（threshold）。只有当经济发展到一定程度、人均收入达到一个临界值时，才能突破这个门槛。

第二节　金融功能演化与金融发展

经济学家和政策制定者都面临着这样一些无法回避的问题：(1) 金融系统对经济增长有没有影响？有怎样的影响？(2) 什么样的金融系统对经济增长有利？(3) 怎样建立一个有利于经济长期稳定增长的金融系统？本节将对这些问题做详细的介绍。

一、金融功能与经济增长

（一）金融功能的含义

金融体系的功能有促进风险改善、信息获取与资源配置、监控经理与加强企业控制、动员储蓄、促进交易等。具体分说，又有不同的看法，比如有人认为金融体系的功能主要是风险分散、信息提供、企业监控等；也有人认为金融体系有六大基本功能：投融资服务、流动性供给、风险分散、价格发现、信息传递和公司治理。其实只要仔细思考一下就可以发现，虽然这里表述的金融功能略有不同，但这只是认识角度与层次深浅的差别，其实质性的内容仍是基本一致的。这就为后续研究提供了一个较为统一的基础或平台。

对金融功能进行有效认识，有必要先对功能的含义有所把握。金融功能具有客观性、稳定性、层次性和稀缺性四大基本特征。它比其他金融要素（例如机构与工具等）更难能、更难成、更难得，从而更稀缺；它比其他金融要素更具稳定性，更适于长期观察与整体把握；它比其他金融要素更具客观性，更少受人的主观意志影响与控制。

（二）金融功能的层次

金融功能可以划分为四个具有递进关系的层次：基础功能、核心功能、扩展功能和衍生功能，这四个层次揭示了金融发展过程中金融功能不断扩展和提升的演进过程。同时，递进关系也意味着这四个层次并不是截然分开的，而是有着千丝万缕的联系甚至某些重叠，例如，核心功能和扩展功能在时间上具有极大的重叠性。

1. 基础功能

金融的基础功能是服务功能和中介功能。也就是说金融产生以后在相当长的历史时期内主要是为经济社会活动提供交易、兑换、结算、保管等服务功能，以及进行简单资金融通的中介功能，最终都是为了便利与促进价值的运动。服务功能主要是指金融为整个经济运行所提供便利，包括为现实经济活动甚至社会活动提供一个统一的度量标准、为拥有剩余物质财富的人提供跨时消费的可能途径、解决物物交换的需求困境便利交易、为大宗跨地交易提供汇兑结算服务、为富有者提供财富保管服务等等。服务功能是金融最基础的功能，货币金融正是因此而产生的，也是其存在和发展的基础。中介功能主要是指金融作为中介机构实现简单的资金融通，即在资金赤字者和资金盈余者之间进行调剂。以前教科书中对金融的定义一般是"资金融通"，其实就是对这一基础功能的表述，虽然现在很多学者对这个定义提出了很多批评和修正，但不可否认的是，从金融功能的角度来说，这个定义把握了金融体系最基本的功能之一。由于资金赤字者和资金盈余者的并存是一种常态，意味着金融的中介功能也属于基础功能。

2. 核心功能

金融的核心功能是资源配置功能。如果从广义上来理解资源配置，前面的中介功能可以视为资源配置功能的萌芽状态，而资源配置功能可以理解为是金融中介功能的复杂化和主动化。中介功能只是便利价值运动，而资源配置功能则直接是引导价值运动实现资源有效配置。资源配置功能主要通过金融体系的运作进行储蓄动员和项目选择从而达到资源配置的目的，这里的流程与中介功能并无形式上的差别，即实现资金赤字者与资金盈余者之间的调剂，差别主要是内在的主动性与被动性。储蓄动员体现的是一种主动的负债创造业务，而项目选择体现在主动地资产创造业务。储蓄动员和项目选择既可以通过传统的银行等金融机构进行，也可以通过非银行金融机构或在非银行金融机构的辅助下直接通过资本市场来进行。金融体系通过其资源配置功能，建立起整个经济中资金赤字者（需求者）与资金盈余者（供给者）之间的联系，调剂整个社会中资金的余缺（或不平衡），以达到对资金（进而对实际经济资源）的更有效利用进而提高整个社会的福利水平。一方面体现在通过金融体系动员储蓄把社会上的闲散资金聚集起来，使资金的利用率大大提高；另一方面体现在金融体系对好项目的选择上，使资金的使用效率大大提高。

3. 扩展功能

金融的扩展功能是经济调节功能和风险规避功能。扩展功能并不是意味着在核心功能充分发展以后才出现的，而是金融功能在横向上的一种扩展。

经济调节功能从严格意义上来说并不是金融的功能，而是通过金融手段发挥的功能。在金融的核心功能显现出来以后，尤其是随着经济金融化的不断发展，金融在整个社会资源配置过程中日益居于主导地位，通过金融手段对经济进行调节便显得那么有效和直接。具体来说，金融的经济调节功能主要是指货币政策、财政政策、汇率政策、产业倾斜政策等通过金融体系的传导实现调节经济的目的。另外，政府也可以通过设立专门的政府金融机构（主要是相关政策性金融机构）引导经济发展，实现特定的战略目标与目的。由于经济金融活动本身具有极大的不确定性，因而可以说从经济金融活动产生之日起市场就面临着如何规避风险的问题。金融风险规避功能主要是利用大数定理把风险分散化、社会化，例如货币便利促进了价值运动，体现了初步的风险规避功能；股票除了筹措大额资金以外还可以把投资风险进行分散，由众多的投资者或股东来共同承担投资风险；票据承兑、信用证、备用信用证等也都是为了避免经济交易中的风险；保单则体现了更为明确的风险规避功能。以上这些金融工具或金融契约以及相配套的金融机构如保险公司、信用担保公司等金融要素则是实现风险规避功能的具体手段。

4. 衍生功能

衍生功能内容比较丰富，包括风险交易、信息传递、公司治理、引导消费、区域协调、财富再分配等功能，并可以概括为（微观）风险管理和宏观调节两类。风险管理主要包括风险交易、信息传递、公司治理等，而宏观调节主要包括财富再分配、引导消费、区域协调等。风险来源于知识或信息的缺乏，即信息不对称，信息不对称会使整个经济的资源配置发生扭曲，从而降低资源配置效率。而金融通过相关的金融工具、金融机构、金融市场和金融交易可以有效地回避风险，并实现风险的主动管理。例如，上市公司的投资者与管理层是一种委托—代理关系，由于双方掌握信息的不同而容易出现内部人控制，损害股东及广大投资者的利益的现象，而一个有威慑力的股权收购市场，加上强制性的信息披露制度，就可以较为有效地解决上市公司的内部人控制问题、改善公司的治理结构。再例如由于未来汇率的不确定性产生的进出口贸易中收款的时滞风险，就可以通过一项与实际交易相对冲的期货交易从而把未来的损益固定下来进而消除风险。

（三）金融发展与经济增长

关于金融发展最常用的定义当属戈德史密斯在《金融结构与金融发展》一书中提出的"金融发展就是金融结构的变化"，而金融结构就是"各种金融工具和金融机构的相对规模"。似乎这个概念是比较完美的，首先它所揭示的事实可以被真切感受到，从这样一个角度来定义金融发展最容易让人理解和接受。这也是为什么这个概念得到如此广泛应用并被视为经典的重要原因。但随着理论研究的发展，对这个定义的修正越来越多。这是必然的正常的现象，同时也是对现实急剧变化的反映。前面在对相关文献进行回顾的基础上对金融功能进行了重新界定，并进而从历史发展的角度考察金融功能的演进轨迹，那么考虑从功能的观点来定义金融发展似乎是十分自然而然的事情。

在金融发展的过程中，金融最早显现出其基本功能，即服务功能和中介功能；随着经济发展水平的提高和金融本身的发展，金融的资源配置功能逐步显现出来；此后为了解决资源配置过程中的伴随问题，金融功能进行了横向扩展，即经济调节功能和风险规避功能；为了进一步提高资源配置的效率，金融的衍生功能开始显现出来，一方面表现在改善公司治理结构以及对未来不确定性风险的克服，而且随着其应用得越来越广，风险管理功能引起人们的极大关注，甚至有人认为该功能是金融最核心的功能；另一方面是宏观调节功能的显现，可以进一步实现微观效率和宏观效率的统一。

二、金融体系的演化与经济发展

金融功能的演进并不是完全意义上的更替关系，更多的是在共存前提下重要性的更替。因为在特定的历史时期某些金融功能是潜在的，只是当社会的经济技术水平发展到一定程度才有了对那些功能的需要，也才有了发挥那些功能作用的历史舞台，那些金融功能也才逐步由潜在变为现实。当然，金融功能演进的基础是金融体系由萌芽到成型到复杂化的发展。

（一）金融体系的萌芽

金融体系的最初萌芽表现为货币的产生。人类社会产生以后，随着社会生产力水平的提高，生产出来的物质财富并不能完全被当期消费掉，那么就有必要考虑剩余物质财富的处置问题。交换是首先被考虑的途径。开始进行交换可能只是物物交换，而物物交换所要求的需求双重巧合与时空双重巧合的苛刻条件严重阻碍了交换的顺利进行，当时的社会迫切需要一种统一的度量标准和媒介手段，此时货币应运而生。货币的出现意味着金融因素的萌芽，也代表着金融功能演进的起点。金融的交易媒介、价值尺度等基本的服务功能此时主要由货币来实现，并不断地朝更有效率的方向发展。交换的需要促使了货币的产生，货币产生以后又大大提升了整个经济的交易水平，并使以货币为基础的金融要素开始丰富起来。需要说明的是，金融发展并不是在货币已经充分发展的基础上才开始的，而是在货币出现以后就与货币发展交织在一起，相互影响相互促进。

对剩余物质财富的另一种处置方式就是保存到下一个时期，但保存是有成本的，并且许多物质财富根本难以保存。而在整个经济中，某些人拥有剩余物质财富的同时也必然有一些人需要物质财富，如果能够以一种合理而可信的方式进行物质财富的余缺调剂，可以提高整个经济的福利水平。此时金融的简单中介功能就可以满足这一需要，例如，通过简单的票据或纯粹的信用把剩余物质财富在不同经济体之间进行转移。很明显，中介功能只是为了适应经济发展的需要而被动产生的。同时金融发挥中介功能也需要服务功能的支持，如果服务功能不存在，则中介功能也不可能产生。

可见金融的服务功能是随着生产力的发展而出现的，并以货币为起点开始向前发展；而中介功能则是在服务功能基础上发展起来的。两者共同构成金融的基础功能。

（二）金融体系的成型

随着生产力水平的进一步提高，剩余物质财富的数量大大增加，尤其是工业革命以后，人类社会进入工业经济时期，整个经济有了明确的扩大再生产的投融资需要，金融体系被动的中介功能逐步转向主动的资源配置功能以适应这种需要。其实中介功能与资源配置功能并不是完全分离的，之所以做这种区分，主要为了凸显出其中的演进关系。因为在经济发展的早期阶段，物质财富的剩余并不多，对其保存和调剂也仅仅只是在很小的范围内进行（由盈余者补贴赤字者），也许还没有所谓时间价值的概念，更谈不上主动地去动员储蓄和选择项目，所以这种调剂周转并不能等同于金融的资源配置功能。而随着分工水平的提高和剩余物质财富的进一步增加，偶尔的交换变成了有意识的自觉行为，人们就会开始考虑如何更有效地运用这些财富，商品经济的发展使金融的中介功能得到进一步提升，金融的资源配置功能逐步显现。

由于剩余财富的规模扩大，规模经济开始发挥作用；同时随着科学技术水平的发展，基础配套设施开始跟上，交易成本大大降低；而且随着经济发展水平的提高，人们的收入水平也开始提高，与此同时人们进行经济交易的"面子成本"也会逐渐增加，从而产生了进行匿名"调剂"的需要，此时交换不再仅仅局限于亲朋好友狭小的圈子内部，交易范围迅速拓展。以上这些原因共同促成现代金融体系资源配置功能的发展和完善。为此，金融中介机构和金融市场也必然随之发展，例如，投资银行、租赁公司、项目融资、股票市场、债券市场等，金融体系的逐步丰富提高了整个经济的货币金融化水平，也为金融功能的进一步演进提供了现实的基础。所以不能仅仅认为金融的功能就是固定不变的，相对稳定的，相反它是不断发展变化的，有时会随着其自身发展而变化，由此不断向前演进。

(三) 金融体系的复杂化

随着20世纪末经济金融化和金融全球化的不断发展，经济金融的交易范围逐步扩展到全球，交易的复杂程度和不可控性大大提高，信息不对称表现得更为突出。由于影响资源配置效率的主要因素是信息不对称所导致的不确定性风险，其表现形式有逆向选择、道德风险、委托—代理成本以及未来的不确定性，所以衍生功能首先是风险管理，也就是现在经常所说的改善公司治理结构问题、加强信息披露、风险的分拆与打包等。

在金融体系基本成型以后，金融机构在利润的驱动下与监管机构之间展开了创新—监管循环，新的金融工具、金融机构和金融市场纷纷出现，例如垃圾债券、管理层收购、杠杆收购、过桥贷款等，金融市场也由简单的动员储蓄、分散风险发展到进行企业监控、信息传递等，整个金融体系逐步复杂化。这为资源配置功能的更有效发挥提供了可能，并通过在金融市场上的运作大大改善了公司的治理结构、部分地解决了信息不对称问题，从而大大提高了资源配置的效率。

由于未来始终是不确定的，随着金融活动的进一步复杂化，在大部分人厌恶风险的情况下，期货期权市场发展起来，后来逐步发展到广义的金融衍生品市场。随着金融衍生工具的产生和兴起，风险管理越来越成为金融的重要功能。尤其是在布雷顿森林体系崩溃以后，国际金融市场上的风险急剧增加；加上一些人力难以控制的突发事件，使风险管理成为国际贸易和国际金融市场上的一项重要内容。与此同时，金融工程学作为一门新兴学科，把工程化的思想融入金融市场研究中，大大推动了金融衍生品市场的发展，金融的主动风险管理功能表现得淋漓尽致。

风险管理功能的发挥大大改善了经济的微观效率，提高了经济的活力；宏观调节功能的发挥则维持了整个经济金融的稳定以及国家的经济金融安全，从而实现宏观效率。可见包含风险管理功能和宏观调节功能的衍生功能，既关注了资源配置的微观效率，又关注了资源配置的宏观效率，并尽力实现微观效率和宏观效率的统一。到目前为止，金融的衍生功能还在不断向前发展，但这个方向不会改变。

第三节 金融发展与经济增长关系的实证研究

尽管20世纪七八十年代以来，就不断有文献或多或少地倾向于支持"金融是重要的"的论断，但由于理论假设的过于严格、研究方法与数据方面的缺陷与不足，因此，直到20世纪90年代才有一些经济、金融学家真正大规模地致力于金融发展和经济增长关系的实证研究，才出现了如今实证文献汗牛充栋的局面。

一、金融中介和经济增长

在对金融中介与经济增长关系的实证研究中，金和莱文（1993）的研究非常具有代表性。他们选用了4个金融中介指标和4个经济增长指标，使用80个国家在1960~1989年的有关数据，研究金融发展与经济增长间的关系及金融中介通过何种方式影响经济增长。4个金融中介指标分别是传统的金融深度指标LLY（它反映金融中介的总体规模，等于全部金融中介的流动负债与GDP的比率）、BANK（反映存款货币银行在配置国内信贷中的重要性）、PRIVATE（等于提供给非金融企业的信贷与扣除提供给存款货币银行的信贷后的总信贷的比率）、PRIVY（提供给非金融私人企业的信贷与GDP的比率）。4个经济增长指标分别是GDP（人均实际GDP增长率）、GK（物质资本积累率）、INV（国内总投资与GDP的比率，即投资率）、EFF（经济效率增进）。

金和莱文的研究结果显示，4个金融中介指标的平均值和4个经济增长的平均值有很强的相关度，这主要归功于金融中介通过提高物质资本积累率和经济效率增进来提高经济增长率。此外，金融中介的发达程度与未来的资本积累率、投资率、经济增进效率也有密切关系，这就说明金融中介并不仅仅追随经济活动，在一定程度上还领先于经济增长。

二、股票市场和经济增长

莱文和泽尔沃斯（1996）使用德米尔居斯孔特和莱文（1996）提出的若干总体指标，如反映股票市场规模的指标（市价总值和上市公司数）、反映股票市场流动性的指标（总成交金额与GDP的比率、周转率)、反映股票市场集中程度的指标(总市值最高的10种股票在市价总值中的比重)、反映股票市场易变性(股票收益易变性)的指标、反映与世界资本市场一体化程度的指标和反映制度发展的指标,来研究股票市场发展与长期经济增长之间的关系。他们使用了41个国家1976~1993年的数据,将整个样本期划分为两个子时期(1976~1985年和1986~1993年),并在每个子时期对数据进行平均,从而每个国家都有两个观测值(个别国家例外)。他们使用两阶段最小二乘法(OLS)对回归模型进行工具变量估计,结果显示:在控制了一些因素之后,股票市场总体发展与长期经济增长显著正相关;另外,在初始股票市场发展与其后长期经济增长之间,也有很强的相关关系。

三、微观层次与经济增长

虽然很大部分实证研究都表明在金融发展的各个指标与经济增长的各指标之间,存在着众人所期望的正相关关系,但并不能据此推断金融发展引致了经济增长,亦即二者之间的因果关系仍有待深入地论证。不过,第二代金融发展理论家近年来围绕此方面进行了大量的研究,方式之一就是从金融作用于经济增长的特定机制入手,深入到行业、企业层面来考察金融发展的经济意义。

拉詹和津加莱斯(1998)通过研究金融发展对企业外部融资成本的影响,来研究金融发展对行业成长的促进作用。他们在衡量行业对外部融资的依赖程度时,把美国行业对外部融资的依赖程度,作为其他国家该行业对外部融资的依赖程度标准。在回归模型中,他们选取某个国家某个行业在某一时间段增加值的平均年增长率作为被解释变量,选取这一时间段该行业的外部融资依赖程度作为解释变量;回归结果显示,乘积项的系数显著为正。这表明一个行业在成长过程中,对外部融资的依赖程度越大,金融发展对其促进作用越大,换言之,那些对外部融资具有很大依赖程度的行业在金融体系发达的国家中成长较快,这主要是因为金融的存在有助于企业克服道德风险和逆向选择问题,从而使企业外部融资成本下降。

第四节 金融发展理论研究

第二代金融发展理论的成就不仅在于它清楚地解释了金融中介体和金融市场的内生生成,而且在于它解释了金融中介体、金融市场与经济增长之间的内在关系。虽然他们的政策主张大多散落在其所建立的大量理论与实证模型中,但是,归纳起来其政策含义主要体现在金融中介体和金融市场在不同经济发展阶段的作用。第二代金融发展理论是在传统金融发展理论(戈德史密斯的金融结构论和麦金农—肖学派)和内生增长理论基础上建立起来的。它既是两种理论的融合,但又不局限于这两种理论,而是有所发展和创新的。特别是第二代金融发展理论引入了诸如不确定性、信息不对称、交易成本等非完全竞争(imperfect competition)因素,因而不像传统理论那样过于理想化,而是更贴近现实,也更能解释实践。但是,第二代金融发展理论建立的时间毕竟还比较短,还存在许多需要进一步完善的地方。比如,第二代金融发展理论目前还主要集中在理论探讨和以实证检验理论的阶段,他们对金融体系的研究也仅限于金融中介体中的银行和金融市场中的股票市场,既没有涉及众多的其他非银行金融中介,也没涉及债券市场、保险市场等其他金融市场,更没有考虑到金融创新对金融中介的影响。与此同时,他们对于发展中国家金融发展的政策措施的研究还比较零散,大多夹杂在各种理论模型中。

关于金融结构对增长影响的研究是建立在不同类型的金融系统功能分析(包括建立内生增长模型)和实证研究基础之上的。目前有四种观点,在此做简要介绍。

1. 中介型观点

中介型观点也称为关系型(relationship-based)金融系统,认为中介和公司之间的密切关系有利于解决信息不对称问题造成的低效率(逆向选择的道德风险),更有利于发现好的项目、动员资源、监督管理者和管理风险。因此,更利于推动长期经济增长。但市场型金融系统具有以下缺点:第一,功能完备的金融市场能够迅速反映有关信息,不利于激励个人投资者去获取和分析信息,即存在所谓搭便车(free-rider)问题。

有可能导致投资者因缺乏对投资项目的充分分析而影响资源分配效率（Stiglitz，1985；Boot et al.，1993）。第二，流动性市场倾向于创造一种令投资者短视（myopic）的环境（Bhide，1993）。由于投资者可以随时退出投资，很少对投资项目的管理者进行全过程的监督。第三，中介型金融系统对环境具有适应性，如不够完备的法律市场机制。

2. 市场型观点

市场型观点也称为距离型金融系统，认为市场在分散和管理风险方面更有优势，这类系统更适合支持连续创新型公司，有利于经济长期增长。但中介型系统有以下缺点：第一，在为公司提供金融服务过程中，由于可能利用金融中介拥有内部信息抽取信息租金；第二，金融中介倾向投资于低风险的项目，通常也是低收入项目，因此，不利于技术创新和长期经济增长；第三，实力强大的金融中介有可能串通管理者共同对付局外人，实施阻止竞争、进行公司控制等不利于增长的活动；第四，尽管金融中介能避免信息收集和处理方面的重复劳动，但在克服不确定性和创新方面不足。到目前为止，上述争论并没有结束。例如，泰德斯（Tadesse，2001）实证研究发现：金融系统发达的国家，市场型金融系统要比中介型金融系统表现更好；而在金融系统欠发达的国家中情况正相反。泰德斯等人认为，两类系统是替代关系，即市场型金融系统将替代中介型金融系统。而艾伦（Allan，2000）则认为二者是互补关系，两类系统各有各的作用。

3. 金融服务观点

认为经济增长只与总体服务水平和质量有关，而与系统类型无关。既然中介型和市场型金融系统都是提供金融服务的，金融系统类型不是最重要的，那么他们提供的金融服务的数量和质量才是最重要的。两种类型金融服务系统的服务功能从本质上说是一致的，只是存在程度差别（Boy and Smith，1996；Allen and Gale，1999）。莱文（Levine，2000）研究表明，金融系统类型对增长的影响并无明显差别，但金融系统提供服务数量和质量却是非常重要的。

4. 法律和金融观点

也称为法律型（legal-based）观点，由拉波尔塔（Laporta）首先提出。法律环境及其对合同的保护作用是金融系统发挥作用的前提和关键。莱文（2001）应用48个国家1980~1993年的数据实证研究表明：金融系统类型对增长影响的区别并不明显,而法律环境对此却影响显著。

此外,在金融结构框架下,还对不同金融系统的起源进行了探讨(Vitols 2001)。西拉(Sylla,2000)和卢梭(Rousseau,2003)从历史视角分析了金融系统起源和演化。西拉认为:一个好的金融系统至少应包括5个部分:强有力的公共财政和公债管理;稳定货币安排;面向国内外的大量银行;有一个中央银行负责稳定国内金融并管理国家的金融关系;功能完备的证券市场。

自20世纪七八十年代以来,伴随着经济全球化、经济金融化、金融全球化和金融自由化浪潮的广泛兴起与日益加速发展,金融与经济不仅越来越密不可分,而且金融也已从传统上一国内部的行业性和被动适应性的局部性微观问题逐步转变为全球各国家与经济体经济与社会发展稳定的核心性、主导性和战略性的要素。但正是在此过程中,全球许多国家或地区在90年代都先后爆发了一系列的金融危机,且势头愈演愈烈。针对全球经济、金融领域出现的这种不同寻常的发展态势,中国学者白钦先(1998)和孔祥毅(2002)在经济、金融学已有研究成果的基础之上,提出了以金融资源学说为基础的金融可持续发展理论与金融协调理论。周小川(2004)提出金融生态观点和思路。李忠民(2006)提出和谐金融发展的模型和理论框架,等等。

金融发展理论史

第一节 马克思主义金融发展理论

一、马克思的货币理论

马克思运用他的辩证唯物主义和历史唯物主义的研究方法，在他创立的劳动价值论的基础上，全面、系统地考察了货币问题，从而在货币学说历史上创立了恩格斯所称的"第一个详尽无遗的货币理论"，开创了人类对货币问题认识的新阶段。马克思的货币理论，是内容极为丰富而又十分严密的理论体系。那么，如何全面而又准确地理解马克思货币理论的基本内容或要点呢？笔者认为，应当着重把握以下几个方面的关系。

（一）商品和货币

货币是同商品紧密相联的经济范畴。按照马克思的论述，货币根源于商品，但又异于一般普通商品，既不能否认货币是商品，又不能把货币与商品完全等同起来。马克思认为，货币首先是商品。马克思说：货币形式只是其他一切商品的关系固定在一种商品上面的反映。既然货币是由普通商品转化而来的，因此，要揭示货币的起源，就必须从对商品的研究开始。马克思正是从商品的内在矛盾出发，通过对商品价值形式发展过程的分析，论述了商品具体转化为货币的客观过程，科学地解决了货币的起源问题。把货币同商品紧密联系起来，从商品价值形式及其历史发展出发来揭开货币起源之谜，是马克思在货币理论上的一个重大贡献。

（二）货币的本质和货币的职能

马克思认为，货币的本质和货币的职能之间有着十分密切的关系。首先，货币的本质规定了货币的职能，要正确把握货币的职能，就必须先弄清货币的本质。弄清货币的本质，是正确理解货币各种职能的前提和基础。其次，货币的职能是货币本质的具体体现，如果脱离了货币的各种职能，货币的本质就会变成一个空洞的概念。

马克思在《政治经济学批判》中，特别是在《资本论》第一卷第一篇"商品和货币"里，以交换和商品生产发展史的大量实际材料为依据，通过逻辑（价值形态）和历史（交换过程）的周密分析，不仅说明了货币的起源，而且还揭示了货币的本质。正因如此，他才有可能对货币的各种职能作出全面、科学的解释。马克思对货币职能的论述，主要是在《政治经济学批判》第二章的"货币或简单流通"和《资本论》第一卷第三章"货币或商品流通"中进行的。马克思在经济学说史上第一次提出了货币具有价值尺度、流通手段、贮藏手段、支付手段和时间货币五种职能，并明确指出价值尺度和流通手段是货币的两个最基本的职能。从马克思的有关论述来看，价值尺度和流通手段这两个职能的出现虽然没有时间先后，但从职能完成的顺序来看，货币必须先完成价值尺度的职能，然后才能进入流通手段的职能。从货币各个职能产生的顺序来看，也只有在价值尺度和流通手段进一步发展的基础上，才会出现贮藏手段、支付手段和时间货币这三种职能。从货币的五种主要职能的相互关系来看，它们之间既不是相互孤立的，也不是完全并列的。货币的五种主要职能有着密切的联系，它们分别反映货币作为一般等价物在商品经济中不同方面的具体内容，孤立地就货币的某一职能来看，并不能反映货币作为一般等价物的全貌。货币是在五种主要职能的有机联系中，统一地表现其作为一般等价物的本质的。马克思对货币的各种职能及其相互关系的科学分析，不仅符合货币的发展历史，有助于了解货币在商品经济发展中的作用，而且还有助于更加深刻地认识货币的本质。

（三）货币流通与商品流通

货币流通与商品流通是相互联系和相互作用的。按照马克思的论述，商品流通是第一性的，而"货币流通只是居于第二位的运动"。从历史上看，先有商品的直接交换，然后才出现以货币为媒介的商品流通。正如商品是货币的根源，同样，商品流通亦是货币流通产生的前提和基础。如果没有商品流通，就不会发生货币流通。从现实的经济生活来看，每种商品等于多少数量的货币即商品的价格，在它接触到真实的货币之前，就已经确定了。总是先有商品价格待实现，而后才需要货币来购买。由于商品已经在观念上等于一定量的金或银，货币才使这种在观念上的东西变为现实的东西。这就是说，只是因为观念上已经存在着商品流通，货币才能发挥流通手段的作用，把商品流通由观念的存在变为现实的存在，从而引起货币流通。只是当商品需要变为货币形态，货币才能促成这种变形，使商品进入流通，从而使货币自身也进入流通。正如货币之所以产生，是因为商品交换发展的需要，同样，货币之所以流通，也只是因为商品交换发展的需要。马克思说："货币作为流通手段的运动，实际也不过是商品自身发生形态变化时发生的运动"。不仅如此，货币流通的规模和速度，也是由商品流通的规模和速度决定的，有多少待实现的价格，就需要有多少流通的货币量。商品流通决定货币流通，货币流通不过是商品流通的表现，这是马克思关于货币流通问题理论的一个基本观点。

（四）作为货币的货币和作为资本的货币

马克思指出，作为资本的货币和作为商品流通媒介的货币之间的区别，首先表现在"它们具有不同的形式"上。

单纯作为流通媒介的货币，其流通形式是：W-G-W（即商品—货币—商品）。这种流通形式说明小商品生产者先把自己生产的商品卖出，换成货币后，再用货币去买回自己所需要的商品。这个流通形式的特点是买为卖，交换的目的是为了获得自己所需要的使用价值，以满足生产或生活上的需要。在这个公式中，起点和终点都是商品，中间是货币，流通的结果价值量没有发生变化，只是使用价值不同，货币只不过是充当交换的媒介。从当作资本的货币来看则不同，其流通形式是：G-W-G。这一流通形式说明资本家先是用货币买进商品，然后再把商品卖出去，重新取回货币，其特点是为卖而买，目的是为了取得货币即交换价值本身。如果拿出去的货币和取回的货币在数量上一样多，这种毫无意义的买卖，任何资本家都不会干的。资本家之所以要把货币投放出去，其活动的目的和动力是为了取得更多的货币。因此，G-W-G这个形式应当修改为G-W-G'，才符合实际情况。在这个形式中，其两端都是货币，在质上是相同的，但数量上却有差别，后一个G'大于前一个G。马克思把这个多出的数额叫作剩余价值，资本家所追求的正是这个新增的货币量，即剩余价值。当货币充作赚钱的工具，即当货币从流通中带着增值额重新回到所有者手里时，货币就转化为资本了，马克思说，作为资本的货币，它会生出金蛋。所以，能不能带来剩余价值，这是作为商品流通媒介的货币和作为资本货币的本质区别。

二、马克思的信用理论

信用理论是马克思金融发展理论的重要组成部分，马克思在《资本论》第三卷第五篇集中地探讨了信用问题，集中起来主要有以下几个方面的问题。

（一）借贷资本的形成

职能资本在其周转运动中，一方面造成一些货币资本的闲置，另一方面又产生了对货币资本的需求。这是因为，各个资本的循环是相互交错的，它们的运动并不都处在同一阶段上。当一部分资本家已经完成了商品卖的过程，即商品资本已经转化为货币资本时（W'-G'），另一部分资本家则可能处在买的过程，即实现由货币资本到生产资本的转化（G-W），需要用货币购买生产资料和劳动力。另外，各个资本家更新固定资本的时间也不一致。这种情况便决定了在同一时期内，不同资本家对货币资本具有不同的需要，当某些资本家握有暂时闲置的货币资本时，另一些资本家则会由于相反的原因（如购买资料、设备或发放工资等），恰恰需要补充自己的货币资本。由于这个缘故，资本家之间就有必要和可能通过有借有还的信用形式，互相调剂货币资本，以适应商品生产和流通的需要。于是，在资本家之间形成了借贷关系，从职能资本运动中游离出来的货币资本变成了借贷资本。

（二）借贷资本的"特别的流通"

在《资本论》第三卷第五篇中，马克思首先分析了借贷资本的运动形式。马克思指出，借贷资本作为一种特殊形态的资本，它具有不同于职能资本的"特别的流通"形式。借贷资本的运动的"起点是A给B的货币"，即货币资本家把货币资本贷给职能资本家。如果职能资本家是经营产业，借贷资本的运动形式为：$G-G-W\cdots P\cdots W'\cdots P'-G'-G'$；如果职能资本家是经营商业，则借贷资本运动形式为：$G-G-W-G'-G'$，最后职能资本加利息归还给货币资本家。所以，借贷资本最一般的运动形式为：$G-G-W-G'-G'$。

（三）资本主义信用是借贷资本的运动形式

借贷资本家贷出货币资本限期收回本金和利息，这个过程就是信用。由于借贷资本的贷出和偿还还反映着借贷资本家和职能资本家之间的信用关系，因此，马克思把资本主义信用视为借贷资本的运动形式。马克思在分析了借贷资本的"特别流通"之后，接着论述了资本主义信用的特点。马克思认为：这个运动——以偿还为条件的付出——一般地说就是贷和借的运动，即货币或商品的只是有条件的让渡的这种独特形式的运动。在这里马克思给信用下了一个经典定义，即信用"就是贷和借的运动"，它是一种"以偿还为条件"的借贷行为。

三、马克思的银行资本理论及其虚拟理论

马克思在《资本论》第三卷第五篇里，特别"仔细地考察"了银行资本的构成问题，目的是为了说明银行的大部分资本是由虚拟资本构成的，并通过对虚拟资本的分析，进一步揭示了信用在资本主义生产方式中的作用。

（一）银行资本的构成

按照马克思的论述，银行资本的构成，从其物质组成部分来看，可分为两部分：一是现金（金或银行券）；二是有价证券。商业证券即汇票，"它们是流动的，按时到期的，它们的贴现已经成为银行家的基本业务"。公共有价证券，如国债、国库券和各种股票以及不动产的抵押单等。商业证券和公共有价证券，二者是有本质差别的。这种差别就在于，汇票等商业证券是不能买卖的，而公共有价证券可以买卖。从这个意义上说，前者可以称为无价证券。当然，这仅是狭义上而言的。如果从广义上看，汇票之类的商业证券虽然不能买卖，但也代表着一定的价值，也可以称之为有价证券，即广义上的有价证券。

银行资本的构成，除上述实际组成的各个部分外，各银行还有不少创造信用和资本的办法。首先，银行能够用发行无黄金担保的银行券的方法，为自己创造出追加的资本。马克思说，像英格兰银行，由于有国家的支持，它可以不用库内的金属贮藏作准备，而发行银行券。这种银行券虽然没有黄金作保证，纯粹是一种价值符号，但它却不仅可以按面额价值当作流通手段，而且还可以贷放出去，形成追加资本。

（二）银行资本的虚拟性

银行资本的虚拟性，特别明显地表现在银行家持有的各种有价证券上。各种公共证券，作为一种债权凭证或所有权证券，它们不仅能为其所有者定期带来收入，而且可以当作商品来买卖，并有其独特的决定价格的方法。这样，从外表上看，好像有价证券本身是现实的资本。在资本主义社会里，人们也正是这样看待有价证券的。其实，这些有价证券并不是真正的资本，而是一种虚假即虚拟的资本。马克思称它们为资本的"纸制复本"。

银行资本大部分是由虚拟资本构成的，其主要形式是国债和股票。马克思先后对国债和股票进行了分析以证明其虚拟性。同时马克思指出，银行资本的虚拟性还明显地表现在存款上及随着生息资本和信用制度的发展，银行的存款总额会比流通中的货币总额大许多倍。此外，马克思还考察了汇票和银行准备金的虚拟问题，并通过这些分析，马克思总结性地指出：银行资本的最大部分纯粹是虚拟的。

第二节 新古典主义金融发展理论

早在重商主义时期，重商主义者就认为货币是财富，货币增加就意味着经济发展。在重商主义解体时期，值得一提的是苏格兰经济学家约翰·罗（John Law），他对货币金融在一国经济发展中的积极作用进行了更加系统地论述，认为经济发展依赖于贸易发展，而贸易发展又依赖于货币增加，但由于受金属供应量的束缚，金属货币增加将无法适应贸易扩大的需要，由此限制了贸易发展和经济发展。为了克服这种制约，他主张国家创办银行，发行纸币，以此推进生产和贸易发展。

一、新古典主义金融革命

新古典主义金融革命起源于20世纪60年代的CAPM模型和有效市场假设理论，以及70年代的ICAPM模型、期权定价模型及套利定价理论。这些著名的理论模型，基本上形成了新古典金融学的理论框架。新古典金融理论通过理性原则对金融市场的行为作了理想化的假设，加上严密的数学推理与表达，为金融决策提供了逻辑简明、高度提炼的公式指导。20世纪60年代中期，在马柯威茨均值-方差分析的基础上，夏普（William Sharpe，1964）、林特纳（John Lintner，1965）、莫森（John Mossin，1966）等研究了竞争均衡市场中金融证券价格的形成，提出了竞争市场中确定资本资产价值的数学模型，称为资本资产定价模型（Capital Asset Pricing Model，CAPM），这是第一个关于金融资产定价的均衡模型。作为现代金融理论的三大基石之一，其理论意义十分巨大。其定价方式经常被西方发达国家的投资者用来解决金融投资决策中的一般性问题，在诸如证券估价、投资组合绩效的测定、资本预算、投资风险分析及事件研究分析等方面得到了广泛的应用。CAPM以最简单实用的方式得到最接近现实情况的结论，因此，CAPM被认为是金融市场现代定价理论的脊梁，也是夏普在1990年获得诺贝尔经济学奖的主要原因。

二、资本资产定价模型

（一）资本资产定价模型的历史渊源

第一，关于马科维茨（Markowitz）的均值-方差模型（M-V），尽管在1952年以前已有相关的投资理论，但它们所缺乏的是当诸多风险相关时，或投资组合有效或无效时，对分散化投资效应如何进行解释，对收益—风险如何进行权衡。马科维茨的独特之处在于他认为分散化投资可有效降低投资风险，但一般不能消除风险，而且在其论文中证券组合的风险用方差来度量。另外，他第一个给出了分散化投资理念的数学形式，即"整体风险不低于各部分风险之和"的金融版本。具体数学形式如下：

$$\sigma_p^2 = \sum_{i,j=1} X_i X_j \sigma_{ij} = \sum_{i=1} s^2 i \sigma_i^2 + 2 \sum_{1 \leq i < j \leq N} X_i X_j \sigma_{ij}$$

上式说明这样一个事实：即由于不同证券在一定时期的收益率之间常常存在着相互关联，因此它们构成的组合的预期风险并不等于这些个别证券预期风险的加权平均，这使得投资者可利用组合投资来降低整体风险。由此可知，分散化投资降低整体风险不只与组合中证券的个数有关，还与这些证券之间的相关性或协方差有关。

第二，从均值-方差理论到CAPM。20世纪50年代证券组合投资理论的另一项最有意义的工作，是1959年马科维茨（Markowitz）在吸收当时冯·诺依曼（Van Newman）和摩根斯特恩（Morgenstern，1947）及萨维奇（Savage，1954）成果的基础上，力图寻求一种调和的方法，将它的均值-方差理论与财富的预期效用函数结合起来。另外，马科维茨还在他1959年的著作中预见了几个未来研究方向，其中一个研究方向描述在其著作的脚注中，他给出了对角的或市场模型的轮廓。基于马科维茨的建议，夏普（Sharpe）于1963年对这个模型进行了详细的研究。在夏普开始其博士论文写作的前十余年间，许多经济学家发展了风险条件下证券选择的规范模型。例如，马科维茨依据冯·诺依曼和摩根斯特恩的思想，建立了基于预期效用最大化的组合选择模型并给出了解释；托宾（Tobin）论证了在一定的条件下，马科维茨模型意味着投资选择过程可分为两步进行；希克斯（Hicks）应用与托宾（Tobin）相似的模型，在一定的条件下推导出单个投资者的投资选择过程是可分的。尽管以上几位实际上是利用相同的模型分析投资者的行为，但是他们都没有将其讨论扩展到风险条件下资本市场均衡时的定价问题中去。夏普在前人工作的基础上，在有风险来的情况下扩展了 M-V 理论并建立了资本资产定价的均衡理论。

（二）资本资产定价模型的基本假设及其实证检验中蕴涵的条件

资本资产定价模型基本假设。夏普的 CAPM 基于一些基本的假设条件，其核心是尽量使有着不同的初始财富和风险厌恶程度的投资者的特征相同化。这些假设条件如下：第一，存在着大量投资者，每个投资者的财富相对于所有投资者的财富来说是微不足道的。投资者是价格的接受者，单个投资者的交易行为是不会影响证券的价格的。这一假设符合微观经济学中对完全竞争市场的定义。第二，所有投资者都有一个相同的证券持有期，即投资期限均相同，他们只考虑投资期内的投资行为，不考虑投资期外的情况。这种行为是短视的，因为它忽略了在持有期结束的时点上发生的事件的影响，短视行为通常为非最优行为。第三，投资者的投资范围仅限于公开金融市场上交易的金融工具，譬如股票、债券、借入或贷出无风险证券的安排等。这一假设排除了可投资于非交易性证券如教育（人力资本）、私有企业，政府基金证券如市政大楼、国际机场的可能性等。此外，还假设投资者可以在固定的无风险利率基础上自由借入或贷出任何额度的证券，即允许卖空无风险证券，交易的证券资产是无限可分的。第四，不存在证券交易费用（佣金和服务费用等）、税赋以及法令等限制,即假设市场是无摩擦的。第五,所有投资者均是理性的,追求投资收益的最大化和风险的最小化,这意味着他们都依据马科维茨的M-V模型来优化投资行为。第六,所有投资者对证券的评价和经济态势的看法都一致。于是,投资者对证券收益率的概率分布、预期值等看法是一致的,有相同的估计,这就是一致(或齐次)预期假设。并且依据马科维茨的投资组合理论,给定一系列证券的价格和无风险收益率,则期望收益率与协方差矩阵相等,从而产生相同的有效边界和一个独一无二的最优风险证券组合(切点组合)。这一假定也被称为同质期望或信念。第七,在资本市场中对信息的获得没有成本和滞后性。即假设投资者对影响证券价格的信息可迅速获得且能够进行正确的处理。这是将经济学中的"理性人"的假设引入到资本市场来,它是资本市场能够达到一般均衡的基础。这一理论后来发展演变为有效市场理论。

(三)资本资产定价模型实证检验中蕴涵的假设条件

自从20世纪60年代标准资本资产定价模型(CAPM)发展以来,对它的实证检验几乎就没停止过,有关CAPM检验的文献大量涌现。有关标准CAPM检验的横截面检验法、Wald检验法和F检验法等都是以一些假设条件作为前提条件的。为使其与标准CAPM建立过程中给出的那些基本假设条件有所区别,本文称这里给出的有关实证检验中蕴涵的假设条件为附加假设。附加假设归纳起来有五条:第一,证券收益率分布的平稳性。在标准CAPM的基本假设条件中,假定投资者知道特定投资期内收益率的分布,为了对参数进行估计,继而得出检验用的统计量及其分布。出于方便,通常假设这个分布具有平稳性,即分布的参数不随时间的变化而变化,收益率数据的产生机制(分布)在不同的时间段内是相同的,且相互独立,这实际上是假设证券的收益率在不同的时间段上是独立同分布的,即为了使回归估计量和统计量在小样本下具有良好的性质,还应进一步假设收益率服从正态分布,例如Wald检验中的W和GRS检验中F的分布均依赖于收益率独立同分布及正态分布假设。第二,市场组合替代量的敏感性。市场组合对标准CAPM来说是一个非常重要的概念,但市场组合的收益率在实际中是不可观测的。从理论上来讲,市场组合应包含所有的证券,而一般对CAPM的检验仅用它的替代量(如上证综合指数、S&P500等)。正如罗尔(Roll 1977)的批评:对CAPM的检验实际上拒绝的仅是替代量的均值—方差有效性,如果使用的是真实的市场组合的收益率，则不会拒绝CAPM。于是，CAPM的统计推断结果就与所使用的市场组合的替代量有关系。第三，持有期限。标准CAPM没有明确指出投资者持有证券或证券组合的时间长度，它可以是1日、1月、1年或10年等。另外，标准CAPM也没有考虑持有期中的再均衡和再投资问题。而在实证研究中，大多数对CAPM的检验采用月度数据，这实际意味着合适的持有期限为一个月。怎样选择合适的收益率的时间期限，应视具体的实证检验和实际金融市场的发展程度及时间长短而定。例如，如果想对CAPM在我国股票市场的适用性进行检验，若考虑到不同时期政府政策对股市的影响，进一步对CAPM中贝塔系数的影响，往往需要将数据进行分组；若考虑日数据，则会产生非同步交易问题，使结论出现偏误；若考虑周数据，当一只股票连续两周以上不交易，则应将其扣除，于是可利用的股票数据就大大减少，不能满足研究的需要，由此看来月度数据比较适合。第四，实际收益问题。标准CAPM是关于实际价格和实际收益率的模型。但实际上能观察到的数据只是名义价格，更遗憾的是CPI数据具有明显的滞后特征；另外，在分析中还需要预期通货膨胀率数据而不是实际的通胀率。因此，若直接使用观察的数据就会得出不可信的结论。通常解决这个问题的方法是用名义超额收益率替代实际的超额收益率。第五，均衡价格数据。由CAPM确定出的资产的价格是一个均衡价格，而对CAPM的检验中利用的数据是历史的价格数据，这些价格是否就是均衡价格呢？这个问题难以概而言之。为了能够对CAPM合理地进行统计检验，必须假设得到的历史价格数据并反映均衡价格。一般说来，可以认为月度数据和年度数据具有均衡性，这是因为预期价格偏离均衡价格的程度比较小，在大样本情况下可以忽略不计；对周数据也可认为在某种程度上具有均衡性，但是对于日数据和日内数据（intra-daydata）则不可作类似处理。

三、期权定价模型

期权就是选择权，期权的持有人在确定的时间、按确定的价格向出售方购销一定数量的基础资产，但他不承担必须购入（销售）的义务。作为一种有效风险管理工具，期权日益活跃在现代金融市场中，其定价问题也一直是金融工程和数学金融学研究的重点之一。期权定价问题的研究最早可以追溯到巴施里耶（Bachelier，1900）在其博士论文中首次提出了股票价格的布朗运动假设并运用它来对欧式买权进行定价，然而模型中有几点与实际市场不符：如股票价格可能为负、离到期日足够远的买权价格可能大于股票价格、股票的期望报酬为零。1969年著名经济学家萨缪尔森（Sanuelson）与默顿Merton合作，提出了把期权价格作为基础资产价格函数的观点。

不过在1973年B-S模型提出之前大部分模型都没有实用价值。随着B-S公式的问世，金融市场也变得空前繁荣，刺激了大量学者对期权的定价机制、方法、模型进行研究，本书从以下方面综述期权定价理论的发展。

（一）期权定价的方法

1. 无套利复制定价

这种方法主要归功于布莱克和斯克尔斯（Black and Scholes，1973）、默顿（Moerton，1973），其基本原则就是无套利思想。在一个无套利的市场中，具有相同未来收益的资产组合应当具有相同的价格，通过构造一个投资组合使得其未来收益与未定权益（如期权）的未来收益相同。简单地说，就是构造一个复制该未定权益的投资组合，那么这个自筹资策略的初始成本就是期权当前的价值。Black-Scholes正是根据上述思路得到了描述期权价格变化的随机微分方程，即所谓的B-S方程，最终利用得到了期权定价模型的解析解，正是这个公式使斯克尔斯和默顿分享了1997年的诺贝尔经济学奖。

2. 期权定价的鞅方法

尽管无套利复制定价取得了成功，但是这种方法的基本支柱就是构造出一个复制期权的投资组合，这在不完备的金融市场中往往不能实现，现实金融市场通常是不完备的，因而这种方法具有局限性。考克斯和罗斯（Cox and Ross，1976）、哈瑞森和克雷普斯（Harrison and Kreps，1979）提出了期权定价的鞅方法，就是任何未定权益的价格都应当是其未来的折现收益在等价鞅测度下数学期望，通过利用数学工具求解该数学期望就可以得到期权的当前价值。在完全的市场中，等价鞅测度唯一，利用鞅方法能够得到期权的唯一的无套利价格，在B-S模型下这两种方法得到的期权价格完全相同。在实际交易时，往往通过市场数据首选一个合理的等价鞅测度，确定一个合理的实际交易价格。鞅方法的一个主要特点就是能够充分运用现有的数学工具来解决定价问题，具有很大的精确性。

3. 效用无差别定价（utility indifferencepricing）

1989年，霍奇斯（Hodges）和纽伯格（Neuberger）提出了效用无差别定价，这是一种基于效用观点的针对不可达（即不可复制）未定权益的一种定价方法。未定权益的发行者是基于投资行为人从效用最优投资的观点来评估价格。这种定价通过效用函数的选取充分考虑了投资者的兴趣偏好，与实际金融环境相吻合，然而得到的往往是一个期权价格必须满足的复杂积微分方程，很难求出具体的精确价格。

（二）期权的定价模型

1. Black-Scholes模型（B-S模型）

Black-Scholes模型是由Black和Scholes为推导欧式期权定价公式于1973年提出的。主要包含如下假设：无险利率是常数，投资者可以自由借入和借出资金，且借、贷利率相同均为无风险利率；基础资产的价格变化为几何布朗运动；基础资产不支付红利；没有买空卖空限制；没有交易费用。在上述模设下，Black和Scholes运用无套利思想得到了著名的期权定价公式B-S公式。正是在这一模型的基础上，期权定价完成了从定性分析到定量分析的转变，推动了金融衍生工具的发展，丰富了风险管理的工具，促进了金融市场的繁荣。尽管B-S模型取得了成功，但是市场股票价格的尖峰、厚尾现象以及波动率微笑现象却无法用它给出一个完美的解释。为了解决这一现象，陆续有学者对其进行改进，提出了一些新的模型如O-U过程模型、标值点过程模型等。

2. 二项式期权定价模型

二项式期权定价模型，又称二叉树模型，是由Cox、Ross和Rubinstein等人提出。研究者最初的动机是以该模型为基础，为推导B-S模型提供一种比较简单和直观的方法。但随着研究的不断深入，二项式模型不再仅仅是作为解释B-S模型的一种辅助工具，它已经成为建立复杂期权（如美式期权和变异期权）定价的基本手段。除了上述几种模型之外，Merton跳扩散模型、O-U过程模型、一般跳扩散模型、随机波动率模型和ARCh模型、常弹性模型（constant elasticity model），以及仿射随机波动率模型、仿射跳扩散模型、Levy过程模型、指数半鞅模型、一般半鞅模型等，这些模型都在一定程度上克服了B-S模型的不足。

第三节 新自由主义金融发展理论

对金融发展与经济增长关系的开创性研究，始于20世纪60年代，代表人物是雷蒙德·戈德史密斯、格利、肖和帕特里克。格利和肖（1960）在《金融理论中的货币》中认为，除货币体系（包括商业银行和中央银行）外，各种非货币金融中介体也在从储蓄向投资的转化过程中发挥作用；金融的作用在于把储蓄者的储蓄转化为投资者的投资，从而提高全社会的生产性投资水平。帕特里克（1966）在"欠发达国家的金融发展和经济增长"（载《经济发展和文化变迁》1966年1月号）中指出，由于金融体系可以改进现有资本的构成，有效地配置资源，刺激储蓄和投资，在欠发达国家，需要采用金融优先发展的货币供给带动政策。与需求推动的金融发展政策不同，它不是在经济发展中产生了对金融服务的要求以后再考虑金融发展，而是在需求产生以前就超前发展金融体系。雷蒙德·戈德史密斯（1969）在《金融结构与金融发展》中创造性地提出决定一国金融结构和金融发展水平的主要因素是金融相关利率、金融资产总额在各个组成部分（短期、长期债券和股票等）之间的分布、金融机构与非金融单位的金融工具发行额之比、所有金融中介机构以及其中的各类主要金融机构在非金融单位发行的各种主要金融工具的未清偿总额中所占有的份额、各类主要金融中介机构的相对规模、现存金融机构之间的相关程度、主要非金融部门进行的内部融资和外部融资的相对规模等。其中，金融相关率指在某一时点上，现存的金融资产总额（含有重复计算部分）与实物资产总额和对外净资产的和之比。通过对35个国家近100年的资料研究，得出结论：相关率有提高的趋势；其提高是有限度的，在达到某一方面阶段后，该比率就会趋于稳定；经济发达国家的该值要比欠发达国家高；与通货膨胀呈反比例关系；与经济发展水平有着正相关关系。除相关率外，另一个重要的衡量金融发展水平的指标是金融资产的构成情况，金融越发达，金融机构持有的金融资产占总金融资产的比例就越高，银行系统的资产在金融部门总资产中占的比重就会下降，同时，新的、更加专业化的金融机构的资产在总资产中占的比重就会上升。

一、麦金农和肖的金融模型

上述研究为金融发展理论的形成奠定了坚实的基础。而于1973年，麦金农（Mckinnon）和肖（Shaw）同时出版的著作中，阐述了系统的金融发展模型，正式标志着金融发展理论的形成。麦金农和肖（1973）的金融发展模型是建立在对所谓"金融抑制体制（financial repression）"的深刻批判基础之上的。在第二次世界大战结束后，一些发展中国家摆脱了殖民统治，获得民族独立。这些国家的政府以迅速发展经济、追赶发达国家为目标，在金融领域实施干预和控制。从20世纪50年代到60年代，许多拉美国家实施进口替代型经济发展战略目标，对一部分属于战略产业的企业提供低利息的贷款，优先保证了这些产业的资金需要。由于当时的物价上涨幅度很大，扣除物价指数后的实际利率为负。根据弗莱（Fry，1995）的归纳，金融抑制体制的主要政策主张为：第一，为了使得优先发展的部门能够以低成本筹措设备投资资金，实施了将利率限制在较低水平的利率管制政策。同时，为了防止资金流向利率管制范围之外的其他金融工具或资本外逃，对外汇交易在内的几乎所有金融活动实行大范围的严格管制。第二，政府采取各种措施引导民间资金流向重点支持的产业和部门，并设立开发银行等政策性金融机构直接参与信贷资金的分配。第三，政府为了保证对战略产业的资金供应，在不同程度上通过增发货币加征通货膨胀税。基于同样的目的，对民间银行实施很高的存款准备金率。可以用以下模型来说明金融抑制政策的理论依据（见图2-1）。用DD曲线表示进口替代产业的资金需求，其实质是该产业的资本边际产出，SS曲线表示资金供给状况，市场均衡点是E，此时均衡利率和均衡供求量分别是r_1和Q_1。资金供应方的利息收入是OQ_1Er_2，进口替代产业的生产者剩余是KEr_2。如果实施以利率管制为核心的金融抑制政策，金融市场的利率水平被限制在r_1的水平，使得企业的外部融资成本降低，资金供应方的利息收入降为$OQCr_1$，进口替代产业的生产者剩余上升为$KFCr_1$。该产业的投资意愿增强，对资金的需要增加，资金需要曲线DD向右移动到DD'。进口替代产业的迅速发展会带动整体经济的迅速成长，而总体经济的成长又提供了更多的资金供给。这样，资金供给曲线SS也向右移动。结论是，虽然实行低利率的金融抑制政策，但对进口替代产业的扶持能带来与国民经济总体发展的良性互动，同样达到投资总水平的稳步增长。

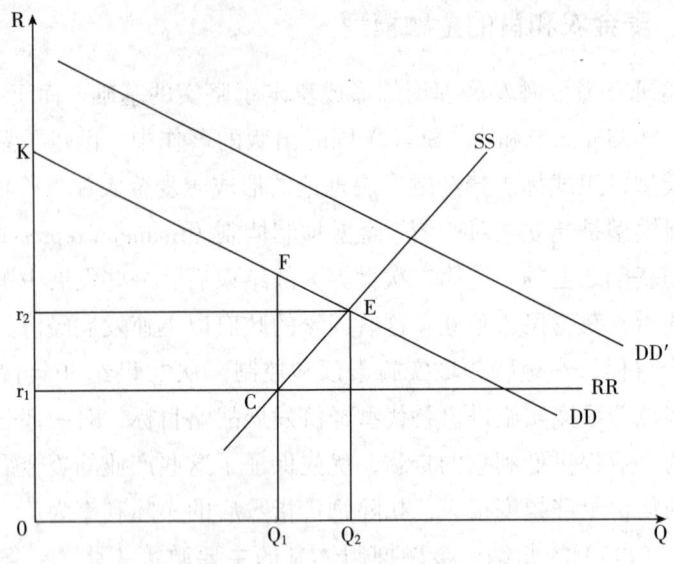

图2-1 金融抑制政策示意

麦金农(1973)首先对投资活动做出了两个假定,即"投资的不可分割性假定"(投资在量上有一个不能再少的底线)及"投资方自己筹资假定"。根据他的互补性假说,在金融市场不完善的发展中国家,储蓄和投资之间不是替代关系,而是互补关系。在一定的前提下,货币数量和投资水平是互补的关系,实际存款利率的提高会通过实际货币数量的增加而使投资增加,但是,当实际存款利率的提高超过了一定的限度,货币与投资的替代关系重新出现,又会回到新古典经济学的结论。

肖(1973)的债务中介理论则认为,在金融自由化以后,由于利率提高,在储蓄者和投资者之间的金融中介活动得到了加强,提高了投资的平均收益,改善了投资结构,并通过多样化经营减少了风险,还通过劳动分工和专业化降低了储蓄者和投资者的信息成本。总之,较高的利率和更好的流动性将使存款增加,而储蓄的增加又使得金融中介机构有能力扩大贷款供应,使投资增加,从而促进经济增长。肖(1973)和麦金农(1973)主张,在金融抑制的金融体制下,很低的存款利率影响了储率性分配盛行,使得金融体系的资金分配功能减弱。具体来说,储蓄是在不同经济增长率下实际利率的增函数,投资是实际利率的减函数。金融抑制下的实际利率要比市场均衡利率低。随着金融自由化的不断深入，利率水平将逐步上升，使储蓄和投资增加。并且，低收益率的投资被淘汰掉，投资的整体效益提高。因此，储蓄曲线（资金供给曲线）将向右移动，投资也随之增加。如果全面废除利率方面的管制，储蓄、投资和实际利率进一步上升，最后形成均衡利率和均衡投资。总之，由于利率管制阻碍了储蓄的增长，抑制了投资，因此，必须废除在利率方面的种种不合理的限制，实施金融自由化，让市场机制自由决定利率，实现储蓄和投资以至于国民生产总值的增加。很显然，上述理论的立论基础有两个方面，一是低利率引致储蓄下降，投资总额减少；二是人为低利率会造成信用配给，产生低效率的资金分配。

二、麦金农和肖的金融理论的发展

巴桑特·卡普尔（Kapur, 1976），加尔比斯（Gallbis, 1977），弗莱（Fry, 1978, 1980, 1988），福泽（Fukuchi, 1995）等都进行了相关理论研究和实证分析，论证提高利率和利率自由化的必要性，进一步丰富和发展了麦金农和肖的金融发展模型，形成了麦金农－肖学派。卡普尔（1976）假定发展中经济劳动力过剩且固定资本闲置，银行贷款是企业筹集资金、实现资本积累的唯一渠道。他认为，存款利率上升能促进银行存款增加，并使得银行信贷规模扩大，从而扩大全社会投资总量。加尔比斯（1977）运用两部门经济模型，分析了金融抑制对投资效率的不利影响。在他的模型中，部门一为投资收益率较低的传统部门，而部门二为投资收益率较高的现代部门。部门一依靠内源融资，而部门二依靠银行体系实现外部融资。在人为低利率的条件下，部门一虽有剩余资金，宁愿扩大再生产，也不愿意流向效率高的部门。但如果实行利率自由化，利率水平提高，资金会从效率低的部门流向效率高的部门，使得全社会的投资效率提高，在投资总量不变的情况下，仍然能实现经济增长。弗莱（1978，1980，1988）进一步分析了利率管制条件下产生的投资规模受限制、信贷配给及其对资金分配效率的不利影响。他认为，低利率必然形成对资金的过度需求，使大量低投资收益率的项目也进入申请贷款的行列，通过信贷配给，使一些低效率的项目也得到资金支持。因此，应该提高利率水平，减少低收益投资对资金的需求，提高投资的平均收益。其金融发展模型是由储蓄函数和投资效率模型这两个子模型组成的。主要结论是提高实际利率对经济增长具有扩大投资规模、增加投资有效性的双重作用。福泽（1995）认为，在金融抑制的条件下，公共部门的投资和福利增加，而储蓄方和民间部门的福利下降。随着利率水平的不断提高，公共部门的福利先下降后上升，而储蓄方和民间部门的福利会不断上升。从长期的角度来看，民间部门福利的增加速度会超过公共部门福利的增加速度。

从20世纪70年代后期开始，在很多发展中国家实施了以金融自由化为中心的金融改革。但在金融自由化的步伐上，各国的情况有很大不同。在智利、阿根廷等国，从70年代中期开始的快速金融自由化招致金融机构不良债权增加和财务危机，经受了重大挫折。而与此相反，在马来西亚、印度尼西亚、墨西哥、韩国等国，则由于实施分阶段的渐进式金融自由化方案经济逐步发展快速。

第四节 金融可持续发展理论

自20世纪80年代以来，金融业的动荡与重整成为一个全球性的重要问题。在整个80年代和90年代上半叶的15年时间里，133个国家即大约3/4的国际货币基金组织成员国经历了不同程度的严重金融困难；1997年爆发的东南亚金融危机及其蔓延形式，更使人们认识到金融稳定的重要性；在我国，严重的银企债务危机问题已成为阻碍社会主义市场金融体制建立和金融改革深入进行的障碍。所有这些都提出当代金融发展的一个突出问题，即如何保持和实现金融的可持续发展。

一、金融可持续发展的含义

发展经济学起源于对发展中国家经济问题的研究，是来自发达国家的经济学家给发展中国家经济发展开出的一副药方。发展问题因此也就成为第三世界发展中国家的专门问题。事实上，20世纪60年代以来发达国家的社会问题再度出现，经济增长的环境代价问题日益受到社会的关注。经济学的发展观也发生巨大的变化，发展是要解决共同的世界性问题，不是只有发展中国家需要发展，而是包括发达国家在内的所有国家都需要发展。更为可喜的是，社会经济的可持续发展观得到普遍的共识。作为发展经济学的一部分，以六七十年代兴起的金融发展理论为核心的"发展金融学"，也主要是关于发展中国家金融发展问题的研究。这种发展观隐含着这样一个前提，发达国家现行的金融制度是完善有效的，是发展中国家的金融发展模式。正由此，戈德史密斯在其经典著作《金融结构与金融发展》中提出"金融发展就是金融结构的变化"这一著名论点。与这一金融发展观相适应，金融发展的研究方法就是把金融放在一个分成部门的经济环境中来进行研究，来考察金融资产价值的增长，以及金融资产随着社会增长的情况而不断变化的状况。毋庸置疑，金融发展理论对发展中国家金融发展具有重要的理论和实际意义，但其发展观及分析方法的局限性也给世界各国，特别是发展中国家的金融发展带来灾难性的后果。从"金融结构的变化即金融发展"的观点来看，很难对各国金融发展作出正确评价。80年代以来，无论是发达国家还是发展中国家，不论是绝对数量还是相对于国民经济总量的相对比率，金融资产都有显现出快速增长的态势。实际上，这一时期各国为了处理金融问题，投入了大量的财力，而且严重的金融问题成为制约经济发展的重要因素，所以只能说这是只有增长而没有发展的金融发展。从现代的发展观来看，金融发展不仅意味着经济中金融资产和金融机构等金融结构诸要素的增长，还包括随之出现的金融体制的变迁，以及金融活动与变化的一般社会经济金融环境相适应程度的提高。新的金融发展观的产生有着深刻的社会现实根源和经济客观基础。当代的市场经济，是高度商品化、货币化、信用化、金融化的金融经济，是高度全球一体化的经济。现代金融经济的出现和发展，引起了整个经济和社会生活的巨大变化，也为现代金融发展研究提供了广阔的视野，即把金融发展同整体经济的运行结合起来，特别是同经济发展结合起来，研究在经济发展过程中金融体系的发展与深化问题，研究金融发展与经济发展的相互关系。新的金融发展观必然要求金融的可持续发展，而金融可持续发展是新的金融发展观的具体体现。所谓金融可持续发展，就是在遵循金融发展的内在客观规律的前提下，建立和健全金融体制，发展和完善金融机制，提高和改善金融效率，合理有效地动员和配置金融资源，从而达到经济和金融在长期内的有效运行和稳健发展。实施金融可持续发展战略，必须正确对待和处理好有关金融发展的各个重要方面，在当代主要有金融创新、金融体制、金融危机以及金融开放等方面，只有这样才能实现和保持金融的可持续发展。

二、金融创新和金融可持续发展

（一）金融可持续发展理论的理论基础和理论创新——金融资源论

传统经济学、金融学往往将资本或资金简单地视为一种生产要素，这是一种原始的、狭隘的、静态的金融资源观。白钦先认为金融是一种资源，是一种稀缺资源，是一国最基本的战略性资源。金融资源有三个层次：广义的货币资产（资金），这是第一层次基础性核心金融资源；金融组织体系和金融资产（工具）体系即第二层次实体中间性资源；第三层次为整体功能性高层金融资源。这一理论总结包含整个金融体系的实质内容，突出了货币资产作为金融资产的基础成分的地位，强调了金融体系作为金融资源总体在一个经济体系中所产生的整体性功能。金融资源具有二重性，从其自然属性上看，是一种稀缺的社会性战略资源，这种一般属性使得金融资源自动进入可持续发展函数之中；从社会属性来看，它又是一种可以对其他所有资源包括自然资源和社会资源具有配置功能的资源，这一特殊属性使金融资源构成了经济发展的生态环境——金融生态环境。这就决定了要实现经济和社会的可持续发展，必须首先实现金融本身的可持续发展。由此，金融资源的永续利用和金融生态环境的保护和维持构成了金融可持续发展的两个根本问题，这种整体的动态的新的金融资源观构筑了金融可持续发展理论的坚实基础。该理论通过揭示金融资源的"一般资源与特殊资源二重属性"，以及"功能性高层金融资源"这两条通道，保持了与西方经济金融学理论视角的平滑连接与过渡，被认为不仅是国内而且也是世界金融科学研究的重大创新。

（二）金融可持续发展理论的研究视角——金融功能演进观

白钦先指出戈德史密斯的金融结构理论是一种特指的金融结构理论，只包括"金融工具与金融机构"两大要素，其"金融结构变迁即是金融发展"的金融发展观也仅是一种数量型的片面金融发展观。作为对戈氏的修正、补充与发展，他提出了金融相关要素的组成、相互关系及其量的比例的一般金融结构观，并提出了金融结构变迁并不必然就是金融发展，金融发展应看作金融功能的扩展与提升，即金融功能的演进。金融功能扩展体现为量性金融发展，金融功能提升则更多体现为质性金融发展，金融功能的扩展与提升体现了从量变到质变的统一。因此从功能的角度观察金融发展或者说金融发展的功能观正是体现了质的发展和量的发展相统一。

金融功能观解决了金融结构理论等以往的金融发展理论所不能解释的为什么具有相似金融相关率指标的不同国家金融发展程度不同，为什么有些国家发生了严重的金融危机，有些国家却能保持相对的稳定和正常运转的疑问，这实际反映出金融体系的功能不同、稳定性不同，对发展中国家来讲具有特别重要的意义。这一研究视角具有两大优势：一是对功能的研究客观性更强，也更接近于研究金融发展与经济发展的终极目的，即发展金融以发展经济；二是金融功能自身的自动出清与扣除的净结果的相对准确性。以金融功能演进为视角的金融发展理论并不是对金融结构与金融发展理论的否定，而是对其有益的补充和完善。

（三）金融可持续发展理论的战略目标——全新的金融效率观

由于以往的金融发展理论都未能揭示金融的资源属性，因此金融发展的关键命题——金融资源及其配置效率并没有得到全面的研究，是一种缺失的金融效率观。而金融可持续发展理论通过对金融的资源属性的揭示，赋予了全新的金融效率观。

第一，金融的资源属性意味着金融发展是一个不断开发金融资源、扩大金融资源基数，以其改善金融资源利用效率的过程，并且这个过程的直接结果就是促进和推动经济的发展。金融效率强调金融发展与经济增长的协调发展，即金融发展既不超前于经济发展，又不滞后于经济发展。这既要着力于金融效率的提高，又必然要求降低金融资源所固有的脆弱性。

第二，金融资源学说强调协调，经济金融为一复杂的复合巨系统，由于复合系统是由相互关联的各子系统构成，因此，其可持续发展的关键在于各子系统之间的良好协调。金融可持续发展主要从动态的时序上强调系统的发展能够连续、不间断、不崩溃。

第三，金融资源在一个经济系统的经济关系深化为金融关系的同时，也不可避免地提升此系统的风险程度，从而使得经济与金融的内在安全性和稳定性变得非常脆弱，即金融脆弱性为金融资源所固有，金融效率的研究内在包含金融脆弱性的研究。由此，在充分考虑资源的长期有效利用和金融资源的脆弱性的前提下，通过金融效率的提高和降低金融资源的脆弱性来推动金融发展，维护金融生态的良性循环，以此实现金融和经济的可持续发展,这些都构成了金融可持续发展理论的目标体系。

三、金融可持续发展可能成为金融发展方向

第一,拓展了金融发展理论的研究和应用范围。金融发展理论主要是关于发展中国家金融发展问题的研究,而金融可持续发展理论则认为发展是要解决一个共同的世界性问题,包括发达国家在内的所有国家都需要发展,发展绝不仅意味着传统金融发展理论所界定的金融资产和金融机构等金融结构诸要素的增长,还包括随之出现的金融体制的变迁,以及金融活动与变化的社会、经济、金融环境相适应程度的提高。新的金融发展观把金融与经济的运行结合起来,特别是同经济发展结合起来,研究在经济发展过程金融体系的发展与深化问题,即研究金融发展与经济发展的相互关系。

第二,回答了世界各国金融难以持续发展的原因。20世纪世界各国金融发展可持续性问题异常突出的原因虽然不尽相同,但又紧密相关。主要是许多国家没有意识到金融是一国最基本的稀缺战略性资源,它具有不可替代性、可扩张性、高流动性等特征,如果合理配置,金融就会促进经济社会发展;如果配置不当,就会产生金融动荡和危机,影响和破坏经济社会发展稳定。20世纪30年代大危机的爆发表明,造成金融发展不可持续的主要原因是对金融资源的过度和放任开发,而六七十年代,许多政府对金融资源过度的干预和管制又成为金融发展不可持续的主要原因。八九十年代金融自由化政策本是对之前政府过度干预和管制金融资源的一种纠正,但从目前世界各国尤其是相对落后国家金融发展可持续受到严峻挑战来看,其原因又恰恰在于不适度和不适时的金融资源开发政策。

第三,建立了一种现代、广义和动态的金融资源观。古典与新古典经济学都将资本或资金简单地视为一种生产要素(production factor),实质上,这是一种较为原始与静态的金融资源观。它意味着将与资本或资金紧密相关的其他金融要素排除在外,而没有这些要素与资本或资金的有机结合,资本或资金就是悬空的、被动的、抽象的、甚至是不可理解和难以捉摸的纯价值凝结或累积。在金融经济时代,这种观点已远远不能完整、科学地概括出当代金融的全部内涵和巨大功能。各国经济与金融的发展历史与实践,特别是20世纪末频繁爆发的金融危机表明,现代金融活动不但保持和深化了传统的中介作用,而且还在一定程度上逐渐

衍生成为一种不依赖于真实商品生产和交换活动的独立行为或独立存在，金融已不局限于资本或资金的借贷功能，而是更广泛、更深刻地对经济和社会的发展起着引导、渗透、激发和扩散作用。因此，在经济金融化、金融全球化和金融自由化的态势下，尤有必要揭示金融的内在资源属性，凸显它的战略性、脆弱性、中介性、社会性和层次性，透彻理解它既是资源配置的对象，同时又是配置其他资源的方式或手段。

第四，树立了一种全新的金融资源效率观。金融资源效率观作为对传统金融效率视角的根本转换，主要体现在：（1）新金融效率观把金融作为主导因素，从金融资源配置效率的视角来考察金融与经济的关系，是对传统效率观（强调实物）视角的根本转换，为解决相关的经济问题找出了可能的主因——金融资源配置效率低下；（2）金融可持续发展理论的目标函数是金融效率的提高，由此带来金融稳定以及金融和经济可持续发展。在借鉴金融约束论的基础上，增加了新的约束条件，即金融资源的长期有效利用和金融资源的脆弱性；（3）金融效率是质和量的统一，强调金融发展与经济增长的协调发展，金融效率高低的评价标准是金融发展与经济发展的适应与协调程度；（4）金融效率包含金融脆弱性的研究，从而通过提高金融效率和降低金融脆弱性来推动金融稳定，进而促进金融与经济的可持续发展；（5）金融可持续发展理论提出金融是开放的复杂巨系统，在此框架下研究金融效率，可以借鉴更多跨学科的成果。

第五，倡导了从货币分析到金融分析、从孤立分析到关联分析的研究方法。古典和新古典经济学崇尚货币分析，但从金融表现出越来越强的虚拟性、信息技术发展对金融脱离传统轨道运行的推动以及由此引发的新一轮金融自由化、金融创新等现实情况来看，现代经济学的货币分析已不可能涵盖和有效地解释日益复杂的金融过程（货币及其作用只是其一部分）及其对真实经济的影响。由此，需要建立一种全新的分析视角——金融分析，即研究经济发展过程中与金融有关的各种经济关系，它既是货币分析的逻辑延伸，更是对货币分析的拓展和超越。另外，金融可持续发展理论认为在经济学的各个分支理论演变过程中，普遍存在着一个严重缺陷就是理论研究的预设背景过于狭窄和单一，研究者通常都是严格限定自己的研究领域，不愿拓展视角以联系领域之外的变化和发展。这种孤立主义的研究传统，不仅制约了经济学的进步，更使经济学对现实经济的解释乏善可陈，经济学家们则被嘲笑为"迷惘的预言家"

(lost prophets)。而金融可持续理论既涉及金融本身的发展，又对金融相关的经济过程加以关照。因此，金融可持续发展理论及其隐含在背后的金融分析是对关联主义的研究方法的鼓励和肯定。

在金融全球化过程中诞生的金融可持续发展理论，实质是一个宏观的、高度哲学概括的金融理论，它的研究基础是金融资源论，研究对象是金融资源配置，研究方法是金融分析，研究目的是促进金融和经济协调可持续发展。其创新之处在于注重发展且强调可持续，而其全新的研究视角以及敢于冲破传统经济、金融学理论固有的范式和禁锢则是对金融发展理论的有益尝试。因为理论研究就是如此，当现有的理论陷入困境，就应改变观察角度，重新审视所考察的对象本身，最后，或者否定原来的错误认识，或者完善原来不完全的认识，直至重新定位基础概念，使得它更有助于理解问题本身。不过，金融可持续发展理论也正如其倡导者自己所言，其体系的严密性、理论深度等方面还并不是无懈可击的，也远未实现精密地论证和深刻地阐发，还需要在理论和实践中进行。

金融发展的路径分析

第一节 金融抑制理论

一、金融抑制理论

1973年麦金农出版了《经济发展中的货币与资本》一书。同年，他的同事肖（Edward S. Shaw）也出版了《经济发展中的金融深化》一书。在这两本名著中，麦金农与肖都提出了著名的"金融抑制理论"。从此，关于金融抑制与金融深化的讨论，成为了西方经济学界的热门话题。麦金农教授因此也成为了当代金融发展理论奠基人之一。

麦金农指出，发展中国家之所以欠发达，就在于实际利率太低，甚至为负数。这可能是由于政府执行了错误的政策，人为地压低利率；也可能是由于通货膨胀，或者二者兼而有之。对储蓄者而言，由于低利率缺乏吸引力，不愿将剩余资金存入金融体系。金融市场出现了需求远远大于供给的情况，政府被迫以"配给"的方式提供信贷。在信贷配给制下，资金几乎是无偿使用，有时甚至因为实际利率为负，借款者只要借到资金，"闭门家中坐"，就可以"利从天上来"。所以，企业不管手头有无项目，项目前景如何，都对借款投资趋之若鹜，全社会形成了投资饥渴症。能否借到钱，不是看你的经济效益，而是看你有没有裙带关系。"八字衙门朝南开，没有关系莫进来"。结果是造成资金使用粗放，投资效益低下，产出水平低，国民收入扣除用于消费的部分后所剩不多，储蓄率下降。另一方面，低利率又阻碍了新增收入向投资的转化。经济发展所需的新投资来源不足，储蓄和投资的缺口进一步拉大，总需求和总供给的矛盾更加尖锐，经济停滞不前。糟糕的经济状况，反过来又使储源萎缩，资金紧缺，迫使政府当局对利率实行更加严厉的管制，从而形成了恶性的"经济涡流"，国民经济陷入欲罢不休、欲进不能的困境。这种人为压低利率，造成金融体系和经济效率低下的现象，麦金农称之为"金融抑制"。

在《经济发展中的货币与资本》一书中，麦金农提出了一个"金融抑制论"。这一理论的基本点是：(1)发展中国家的经济结构一般是"割裂"的，即大量的经济单位互相隔绝，生产要素及产品的价格不同、技术条件不一及资产报酬不等，没有一个市场机制来使之趋于一致。(2)大量小企业和住户被排斥在有组织的资金市场之外，如果他们要投资，只能依靠内部融资，必须要有一个时期的内部积累。(3)内部积累是他们进行投资的先决条件，但采取的积累方式不是实物形式，而是一定时期的货币积累，因而货币对于积累（投资）具有"导管"的功能。(4)当积累以货币持有形式进行时，持有人会要求货币不会贬值并有一定的收益，这一收益等于存款的名义利息率同预期通货膨胀之差。麦金农提出了一种新的观点，认为货币与投资对象（实质资产）在一定程度上是"互补"的。这一收益率越高，人们就越乐于持有货币，储蓄和投资就越旺盛，但当这一收益率超过了实质资产的收益率时，货币与投资对象（实质资产）之间的"互补"关系就变成了"替代"关系。(5)发展中国家之所以欠发达，就是由于这一收益率太低，甚至是负数，这可能是由于利率被人为地压低，也可能是由于通货膨胀，或两者兼而有之。这种情况被称之为"金融抑制"。因此，发展中国家要摆脱贫困，就必须解除"金融抑制"，通过资金市场自由化来使利率高到足以反映资本的稀缺性程度，并消除通货膨胀。(6)发展中国家不能过分地、长期地依赖外国资本，可以通过金融自由化来获得资金上的"自助"。但金融自由化必须与贸易自由化、税制合理化和正确的政府支出政策相配合，才能开拓国内资金来源，从而促进经济发展。

麦金农的理论贡献在于：(1)较早地提出了金融因素在发展中的作用；(2)反对把针对发达国家的经济理论照搬到发展中国家来，他提出的货币与实质资产"互补"的理论，与现代西方经济学普遍认为的"替代"理论正好相反；(3)发展中国家的发展资金应该立足于依靠本国资本市场来筹集，这一观点又被称之为"自力更生理论"；(4)发展中国家应多注意中小企业的改造与提高,而不是只重视现代化大企业的发展。麦金农在另一本名著《经济自由化的顺序——向市场经济转型中的金融控制》(1991)中,针对一些国家由计划经济向市场经济转变的改革,提出了如何安排经济市场化的最优次序的理论。这一理论的要点在于:(1)市场化的第一步是要平衡中央政府的财政,财政控制应该优先于金融自由化;(2)市场化的第二步是开放国内资本市场。首先,为避免出现银行恐慌和金融崩溃,放松对银行和其他金融机构管制的步伐,必须与政府总体稳定宏观经济方面所取得的成就相适应。其次,在国内贸易和金融成功地自由化以后,政府就可以实施汇率自由化改革了。汇率自由化的次序为:先是进行经常项目的自由兑换,然后再进行资本项目的自由兑换。并且认为,资本项目的自由兑换是经济市场化次序中的最后阶段,只有在国内借贷能按均衡利率进行,通货膨胀受到明显抑制而无须贬值汇率时,资本项目的自由兑换条件才算成熟了。这一理论对发展中国家特别是包括中国在内的中央计划经济国家的转型产生了深远影响。

二、金融抑制的形式

(一)名义利率限制

发展中国家一般都对贷款和存款的名义利率进行控制,时而采取规定上限的形式,时而又采用规定某一百分比的形式。这种低的、负的及不确定的实际存款利率,压制了社会对金融中介机构实际债权存量的需求。同时,这些措施使间接融资表层化,限制了这一金融过程提供用于投资的储蓄的能力。存在贷款低利率甚至负利率时,只能依靠信贷配额来消除对中介机构贷款的过高要求。中介机构的贷款利率水平往往偏低,某些利率还为特殊类别的借款人带来净补贴收益。

(二)高准备金要求

在一些发展中国家,商业银行将存款的很大一部分作为不生息的准备金放在中央银行,贷款组合中另有很大一部分由中央当局直接指定。同样,储蓄银行将存款的一部分作为不生息的准备金,还有另一部分投放于低收益的住房债券。外汇汇率高估,发展中国家,为了保持本币的稳定,往往将本币价值盯住一种坚挺的硬通货。然而,发展中国家的经济情况却无法同拥有硬通货的发达国家相比,在实际执行过程中,出现了本币价值的高估。由于这种高估,汇率无法真实反映本币价值,国内商品的出口受到很大限制。于是，政府便采取出口补贴和出口退税等措施，鼓励国内企业扩大出口，而且这种出口往往也只是限定在政府规定的具有出口权的企业之中，更多的没有出口自主权的企业，则得不到这种补贴，只能将出口商品交给有出口自主权的企业，企业无法在同一水平上竞争。

（三）政府通过干预限制外部融资

在金融抑制下，政府对于外部融资进行控制，麦金农说，银行信贷仍然是一个金融附属物，甚至政府往来账户上的普通赤字，也常常预先占用存款银行的有限放款资源。

（四）特别的信贷机构

发展中国家还通过一些特别的信贷机构进行金融抑制。中央银行掌握了这一非常重要的资源，将廉价的信贷资源引导至不同的特别银行机构，这些银行机构依次以非均衡的低利率将资金用于促进出口、对小农户的信贷和政府想补贴的工业项目，等等。于是，这些银行机构就承担了部分政府的功能，中央银行的信贷也可以直接流向财政部，以弥补政府的预算赤字。

金融抑制通常表现为三种形式：

第一，价格扭曲。资金的价格是它的利率，金融压制的最主要的特征就是实际利率（存、贷款利率）被压得过低，不能真实地反映资金的稀缺程度和供求状况。据1980年统计，在42个接受世界银行结构调整贷款的发展中国家中，只有5个国家的实际利率为正数，即玻利维亚、巴西、中非共和国、智利和哥伦比亚（Jayarajah and Branson，1995）。对银行体系规定过高的（超过风险要求的）准备金率和流动性比率也是价格扭曲的一种形式，这可以看成是压低利率的另一种表现。金融压制经济中的价格扭曲还可体现为对政府、国营企业或特权部门的强制性低利息信贷，以及外汇市场中的汇率控制和外汇管制，对进出口关税与各种非关税壁垒等。在金融压制经济中，本币汇率经常被高估，外汇与进出口受到严格的控制，这导致出口减少，国际收支恶化，在国内储蓄率低的情况下，储蓄缺口与外汇缺口并存，对经济产生不良影响。

第二，结构单一。在金融压制经济中，金融市场极不发达，信用工具少。一方面，储蓄和信贷是最主要的金融工具；另一方面，资本市场缺乏或者其发展受到控制。结构单一是对价格扭曲的重要补充，因为：

(1)如果存在一个完善的资本市场,货币与真实资本将表现为替代关系,则货币需求与投资将呈反方向变动,投资将成为利率的减函数;(2)在真实利率被压低的情况下,如果资本市场缺乏,而银行体系的非价格竞争(如增设分支机构等)不受限制,或者国家实施各种强制性和非强制性的储蓄计划,那么,银行体系仍然有可能吸收到较多的储蓄量。

第三,市场分割。市场分割首先表现为金融压制经济中金融体系的"二元"状态:一方是遍布全国的国有银行和拥有现代化管理与技术的外国银行的分支网络,组成了一个有限的、但却是有组织的金融市场;另一方则是传统的、落后的、小规模的非正式金融组织,如钱庄、当铺及地下金融市场等。其次表现为与"二元"体系相关或不相关的资金流向的"二元"状态:一方是有组织的金融机构遵循政府制定的低贷款利率,将资金贷给公营部门及少数大企业(在存在政府直接信贷配给的情况下更是如此);另一方则是大量小企业及住户则被排斥在有组织的金融市场之外,只能以较高的利率从非正式金融机构获取所需的贷款。

三、金融抑制理论的发展

在发展中国家,金融抑制主要表现为:

第一,政府过度管制金融业。在整个金融体系中占据主导地位的是国家银行,因而造成了金融业死气沉沉、缺乏竞争的局面。政府主要对经济杠杆—汇率和利率进行管制,使得实际利率经常为负值。负的实际利率一方面造成信贷资源供不应求,从而出现信贷配给制。政府往往根据自己的偏好来分配金融资源,使得稀缺的资本流向了一些拥有特权又不具备良好投资机会的阶层。急需资金进行投资活动的个体苦于得不到足够的资金,扩大生产难以进行;资金却在特权阶层受到低效率的使用。政府对金融的干涉大大损害了金融体系配制资源的功能。另一方面,负的实际利率打击了居民储蓄的积极性,降低了社会储蓄能力,阻碍了储蓄向投资转化效率的提高,使得资本积累缓慢,从而延缓经济的发展。

第二,金融市场体系不健全。发展中国家的货币化程度低下一方面导致了金融市场发育不完善、金融市场体系残缺不全;另一方面不健全的金融市场又造成了资源配置的扭曲。发展中国家的金融市场常常是分割的,大量的经济单位(如企业、居民和政府机构等)面临着不同的生产要素和产品价格,不同的技术条件,不等的资产报酬率,更缺乏一种有效的市场机制来使之趋于一致。政府不敢相信任何私人部门能够把握对社会有利的投资机会。于是，不健全的金融市场体系使得发展中国家政府便采取主动控制价格的方法，通过牺牲一些人的利益来帮助某些个人和经济部门获得资金等生产要素。

第三，金融抑制的农村体现。我国存在着严重的金融抑制现象，这使得金融不能更好地支持农村经济的发展，金融和经济之间形成恶性循环：一方面，由于金融滞后，不能有效推动经济发展，抑制了农民收入的增加；另一方面，农村经济发展缓慢又限制了金融的发展，不能为农民的增收创造条件。消除农村经济发展的金融抑制因素，发挥金融的核心作用，重构农村金融体系，已成为中国亟待解决的问题。

四、金融抑制根源分析

金融抑制的根源是金融二元性。

"二元经济"最初是由荷兰经济学家J. H. 伯克（J. H. Boeke）于1953年提出的。他在对印度尼西亚社会经济的研究中，把该国经济和社会划分为传统部门和现代化的由荷兰殖民主义者所经营的资本主义部门。这是"二元经济"的最初含义。伯克的研究是开创性的，但同时又仅仅是描述性的。

美国经济学家、诺贝尔经济学奖获得者阿瑟·刘易斯（Lewis）于1954年首先提出了关于发展中国家经济二元性的二元经济结构理论。他在自己的《劳动力无限供给下的经济发展》和《经济增长论》两本著作中，第一次系统地提出了二元经济结构模型。刘易斯认为，发展中国家经济的特点是二元经济结构，即城市中以制造业为主的现代化部门和农村中以农业、手工业为主的传统部门并存。在发展中国家，传统部门落后、占比重大；现代部门先进、占比重较小。这就是所谓的二元经济结构。在刘易斯之后，费景汉和拉尼斯把二元结构归结为传统农业与现代工业并存；乔根森模型的分析框架与费景汉——拉尼斯模型相同；迈因特则提出了"组织二元结构论"，认为二元现象首先是一种不发达组织框架的产物，并且存在产品市场、资本市场、劳动市场、政府行政财政机构四种类型的二元性。对二元结构的种种表达实际上说明了这样的问题：在发展中国家，二元性是一个普遍存在的问题。既然在发展经济学家看来，二元结构是发展中国家国民经济体系的共有且基本的经济特征，那么中国作为一个发展中大国，国家经济的二元性则尤为突出。金融抑制阻碍经济的发展主要表现在以下几个方面：

第一，降低资本市场效率。任何加剧"金融抑制"的措施，都会降低已被限制的由银行导向的资本市场效率，这种代价将特别大。因为如果减少总需求而产生了商品和劳务的总供给"瓶颈"，这种需求下降就是自我打击的。如果相对于总供给的商品和劳务总需求被减少，价格水平只会下降（或停止上升）。价格不能真实反映供给与需求之间的关系，价格也不能起到刺激供给、限制需求的作用。

第二，达不到经济增长的最佳水平。麦金农强调，不管怎样，金融抑制看来极其可能阻碍最初的经济增长。只有通过提高储蓄倾向和资本形成的质量，货币改革才能够刺激实际产量增长，这个观点已得到确认了。反过来，一个经济增长中的高增长率对储蓄倾向和获得货币资产的倾向的积极影响也是需要肯定的。虽然麦金农的理论特别强调发展中国家的实际，而且认为凯恩斯理论没有考虑到发展中国家的这种实际，但这并不等于说他否定了凯恩斯理论的全部。

凯恩斯理论认为，经济增长的合意水平的前提条件是，投资等于储蓄。但在发展中国家，由于出现了金融抑制，使储蓄很难达到最佳水平，金融动员起来的储蓄也不能有效地转化为投资，导致了投资不能等于储蓄的局面，最后经济也就达不到合意的增长水平，金融抑制也就影响了经济增长。

第三，限制了银行体系适应经济增长的需要。抑制论者主张银行体系应该扩大，其边界是直到持有货币的实际收益加上提供银行服务的边际成本等于新投资的边际收益时为止。并认为这个金融天堂就在J点，也就是最优货币化点。一个有效的银行体系，可以将私人储蓄引向高收益的投资。然而，在金融抑制下，银行体系的扩展受到了限制，根本达不到理论上的边界，货币实际收益与服务的边际成本往往大于新投资的边际收益，银行业本身出现了缺陷，更无法引导私人储蓄向高收益的领域进行投资。

第四，加剧了经济上的分化。发展中国家的另一个重要金融现象是汇率抑制，即高估本币价值。其结果是本国商品出口缺乏国际竞争力，限制了本国商品的出口。由于当局是通过金融抑制手段来支持出口贸易，低价从农民手中收购农副产品，但在出口时又给出口商以补贴，或者从有利于制造业产品这个角度来改变商品贸易条件，榨取其他地方——特别是农村地区——的强制性储蓄，且无须做出补偿。另外，正如前面所讲，内源融资使收入分配有利于城市中已拥有许多财富的富人。这样，使贫困的那部分受剥夺而更加贫困，使富裕的人在分配中受益而更加富裕，市场经济的公平原则在这里得不到体现。

第五，限制了融资形式。一个企业或个人的内部积累毕竟有限，于是，外源融资就成了一种被大家趋之若鹜的权力，争取到外源融资的权力，就相当于拥有了一种稀有的金融资源，就相当于争取到了发展权。但是，金融抑制下对外源融资，尤其是对中小企业的外源融资是采取限制措施的，只有一些政府认为极为重要的大企业才有外源融资的权力。限制外源融资的后果是，阻止了大批企业进行获得最佳生产技术的连续投资。

金融抑制会阻碍经济的发展，反过来呆滞的经济又限制了资金的积累和对金融业发展的需求，制约着金融体制的改革与发展。因此，要加快国内金融业的市场化，以适应当前经济金融全球化的发展。

一是加快利率的市场化步伐。目前，在中国对利率全面实行市场化。首先，将农村信用社（简称"农信社"）的存贷款利率全面放开，因为农信社已通过多年的利率浮动，积累了一定经验，放开后，农信社可根据其信贷资金的供给情况与客户协商利率。其次，扩大城市商业银行的贷款浮动幅度。城市商业银行的贷款对象主要是城市中小企业，而目前叫喊资金紧张的也正是这部分企业，尤其是效益较差的中小企业。扩大城市商业银行的贷款浮动幅度，可以将信贷资金配置到效益较好的中小企业，减少对效益较差企业的贷款规模。最后，适当扩大其他商业银行的贷款利率浮动幅度。为了逐步适应利率市场化，对各商业银行的贷款浮动权也要逐步扩大，增强其贷款过程中的灵活性。

二是提高金融监管部门的监管水平。长期以来，我国金融业市场化开放步伐较慢，一个重要的原因是我国金融监管部门的监管水平不能适应。以国际收支中的资本项目为例，我国缺乏监管资本流动的监管机制，监管方法落后，监管预见性不够，一旦出现1997年亚洲金融危机征兆，如果不进行管制，似乎还没有更有效的手段。所以，金融监管部门必须尽快熟悉并掌握WTO规则，学习发达国家的监管经验，制定出切实可行的监管策略，为金融业全面实现市场化做好准备。

三是以公开、公平、公正的市场原则对待所有机构。我国现在划分金融机构，往往以所有制性质为标准，如人们常提的四大国有商业银行、股份制商业银行、城市商业银行及农村信用社等。而且，在制定政策过程中，也是采取了一系列有区别的政策措施，如债转股、不良资产剥离以及较早实行的储蓄保值补贴等，都是尽可能地向国有金融倾斜，严重影响了非国有金融的发展，也不符合公开、公平、公正的市场化原则。WTO中一个重要的原则就是国民待遇原则，讲的是要对外资企业给予与内资企业相同的待遇，事实上我国对不同的内资金融机构都采取了不同的待遇。要加快金融业的市场化改革，必须按公司法，统一要求金融机构。

四是减少商业性金融机构的政策性业务负担。改革开放以来，虽然我国对商业性金融机构的政策性业务进行了分离，但并不彻底，目前部分商业性金融机构仍然承担着大量的政策性业务。以商业银行为例，农业银行目前仍要负担扶贫贷款，而且在其业务中占比比较大。农业银行所形成的不良资产中，绝大部分都是由这部分扶贫贷款引起的。另外，政府还将其对不同所有制企业偏好的意志，通过金融部门进行了体现。如对四大国有商业银行对国有大型企业的债务进行债转股等，当然，日常工作中还难免要求商业银行加大对国有企业的贷款等。深化金融业的市场化改革，必须彻底分离商业性金融机构的政策性业务，使商业性金融机构真正按商业化原则经营。

第二节 金融深化理论

一、金融深化的理论渊源

麦金农和肖创立的金融抑制与金融深化论深受自由主义思想的影响。英国哲学家约翰洛克（John Locke）、亚当·斯密（Adam Smith）、杰里米边沁（Jeremy Bentham）等人的自由主义思想可谓是麦金农-肖理论的起源；约瑟夫熊彼特（Joseph Schumpeter，1912）在其代表作《经济发展理论》中提出：运行良好的银行通过甄别并向最有机会在创新产品和生产过程中成功的企业家提供融资而促进"创新",而"创新"是经济增长的源泉。因此,银行通过推动"创新"来促进经济增长。这种关于金融和经济发展关系的观点可算是麦金农-肖理论的又一渊源。随后,约翰格利、爱德华肖(Gurley and Show;1955,1956)、休帕特里克(Patrick,1966)、约翰希克斯(Hicks,1969)及雷蒙德戈德史密斯(Goldsmith,1969)等在20世纪五六十年代所做的开创性研究为麦金农-肖理论奠定了理论基础;"二战"后兴起的发展经济学也为麦金农-肖理论奠定了思想基础,使麦金农和肖放弃了以成熟的市场经济国家金融体系为对象的研究方法,转而研究发展中国家的金融问题。

二、麦金农和肖的理论

麦金农和肖发现,发展中国家存在着明显的金融抑制现象。政府一般对利率实行严格的管制。在利率管制下,发展中国家普遍存在的通货膨胀往往促使实际利率为负值。一方面负实际利率损害了储蓄者的利益,削弱了金融体系集聚金融资源的能力,使金融体系的发展陷于停滞甚至倒退;另一方面,负实际利率向借款人提供了补贴,刺激后者对金融资源的需求,造成金融资源供小于求的局面,从而需要实行信贷配给。但是国家往往根据自己的偏好分配金融资源,损害了金融体系在配置资源中的功能。麦金农和肖认为,发展中国家应该取消上述金融抑制政策,通过放松利率管制,控制通货膨胀使利率反映市场对资金的需求水平,使实际利率为正值,恢复金融体系集聚金融资源的能力。

肖和麦金农两人从不同角度研究了金融受到抑制的发展中国家的经济。虽然他们研究的着眼点有所不同,麦金农从"渠道效应"的角度出发,肖从"金融中介"的角度出发。但他们都发现,发展中国家存在明显的金融抑制现象。政府一般对利率实行严格的管制。在利率管制下,发展中国家普遍存在的通货膨胀往往促使实际利率为负值。一方面,负的实际利率损害了储蓄者的利益,削弱了金融体系集聚金融资源的能力,使金融体系的发展陷于停滞甚至倒退;另一方面,负的实际利率等于向借款人提供补贴,刺激借款人对金融资源的需求,造成金融资源供不应求的局面,从而需要实行信贷配给(credit ration)。麦金农和肖认为,发展中国家要实现金融与经济的发展,就必须取消上述金融抑制政策,通过放松利率管制,控制通货膨胀使利率反映市场对资金的需求水平,使实际利率为正值，恢复金融体系集聚资源的能力，全面进行市场化改革，减少政府对金融的干预。他们给发展中国家金融发展和经济增长提出的处方是：金融的自由化或市场化。

第二次世界大战之后发展经济学开始兴起，包括格利和肖以及戈德史密斯在内的不少经济学家都开始关注发展中国家的经济发展问题。他们在20世纪五六十年代提出了一系列完整的货币金融理论体系。他们将发展中国家和发达国家同时作为研究对象，并试图找到金融发展的一般规律，重视金融发展的成因而非它们可能带来的后果，尤其是对发展中国家而言。该理论还不能算严格意义上的现代金融发展理论。

麦金农和肖在1973年提出的金融深化理论标志着现代金融理论的确立。麦金农和肖的著作开辟了金融深化这个新的经济理论研究领域。在西方经济学的制定及货币理论界引起了强烈的反响，同时，也对许多发展中国家货币金融政策的制定及货币金融改革的实践产生了深远的影响。麦金农和肖的金融发展理论重点是提出了实际利率对金融发展乃至经济增长的重大影响。在麦金农和肖之后又有许多经济学家进一步丰富和完善了他们的理论并提出了比较严格的数学模型，这非常有利于理解金融货币与经济的重要关系。

麦金农等人认为发展中国家是一种被分割的经济。在经济中，市场是极不完整的，因而，无论是商品的价格还是资本的收益都是严格扭曲的。在货币金融领域，发展中国家主要存在以下四个方面的特殊性：货币化程度低；有组织金融机构和无组织金融机构同时存在，也即"金融的二元型"；缺乏完善的金融机构；大多数发展中国家的政府对金融活动实行苛刻的管制，其主要表现是对存款利率规定严格的上下限，使实际利率长期低于使资金供求相等的均衡利率。发展中国家金融领域的上述特征是传统的货币金融理论不再使用，从而要求新的理论的产生以弥补这一空缺的重要体现。麦金农和肖的金融深化模型的核心问题是利率的压制问题。发展中国家在70年代以前以压制实际利率促进经济增长的金融政策的失败显示了传统的金融货币理论在发展中国家的实效。他们认为发展中国家正确的金融政策改革途径应是放松对各类金融机构的管制，实行金融自由化，形成均衡的市场利率，从而提高储蓄率和投资率，进而促进经济发展。

在麦金农和肖的金融深化理论形成之前，主导性看法是金融部门和其他经济部门不同，金融部门的有效运行离不开政府干预。麦金农-肖理论对此提出质疑，主张应当尽可能地减少政府对金融的干预。理论上，麦金农和肖批判和摒弃了新古典理论和凯恩斯主义理论。新古典主义者都认为，货币和物质资本具有替代关系，但这一观点使得已成立的假设条件不符合很多国家（特别是发展中国家）的现状。麦金农-肖理论突破了这一局限。麦金农和肖批判了那种认为通货膨胀在经济发展和结构转换过程中是不可能避免的甚至有助于发展的观点。他们主张推行金融自由化，其后果是利率提高，在利率较高的情况下货币需求量较大、投资数量较多以及投资质量高，所以，金融自由化政府既能避免通货膨胀，又不至于引起经济衰退。这既不同于凯恩斯主义者的观点（凯恩斯主义者主张采取低利率政策来刺激投资），也不同于货币主义者的观点（货币主义者主张控制货币发行作为稳定经济的有效手段）。实际上麦金农认为，发展中国家只要进行金融改革——金融自由化，就可以在本国资金市场上抽离掉多余的资金。对发展中国家来说，外贸和外援的支出不是很大，相反，它们往往会加重本国内市场的扭曲现象。

罗纳德·麦金农和爱德华·肖反对凯恩斯、凯恩斯学派以及结构主义学派的货币模型，根据20世纪50年代中国台湾地区的金融改革和60年代中期韩国的金融改革实践，提出了一套理论模型。与传统理论关注资本短缺不同，他们认为，发展中国家的金融体制和经济发展之间存在着相互制约的关系，即由于金融体制的落后和效率低下，约束了经济的发展。同时，经济的落后又限制了资金的积累，从而制约了金融的发展。两者的相互制约，便形成了恶性循环。正如爱德华·肖在他的《经济发展中的金融深化》一书中开篇所说的：金融机制会促使被抑制经济摆脱徘徊不前的局面，加速经济的增长；但是，如果金融领域本身被抑制或扭曲的话，那么，它就会阻碍和破坏经济的发展。

如果政府完全取消金融压制，使利率由市场供求关系决定，以达到均衡利率，这时，实际储蓄和实际投资还会进一步增加，从而最终导致国民收入大幅度地增长。政府放弃不适当的干预和管制政策，取消对利率和汇率的人为管制，使利率和汇率能真实反映资金和外汇的实际供求状况并能发挥其调节资金和外汇供求的功能，以刺激储蓄、投资及出口的增长，从而实现金融体系与经济发展之间的相互促进的良性循环现象，就称为"金融深化"。

三、金融深化论的发展

卡普尔（Kapur，1976；1983）、加尔比斯（Galbis，1977）、弗赖伊（Fry，1978；1980；1988）、李（Lee，1980）、马西森（Mathieson，1979；1980）和丘（Cho，1984）等人基于麦金农和肖的分析框架，提出了一些逻辑严密、论证规范的金融深化模型。

卡普尔（1976，1983）与马西森（1979，1980）都以封闭经济和开放经济条件下的发展中国家为研究对象。他们以麦金农－肖模型为基础，对发展中国家的货币金融、经济增长和经济稳定这三者关系作了比较系统的论述，特别是对发展中国家如何通过适当的货币政策和金融体制改革来同时实现经济增长与经济稳定做了比较深刻的阐述。卡普尔（1976）通过建立数学模拟，考察两种政策的短期影响，得出结论：采取"支付给货币的平均名义利率的初始提高"的政策在短期内对实际产出的影响要明显好于"货币增长率的初始下降"。对于开放经济模型，马西森（1979）假设经济起初处在"高通货膨胀率，低或零增长和国际收支赤字"状态。他指出，通过名义存款利率和名义贷款利率的初始骤然提高，实际汇率的过度下跌以及国内现金增长率的下降，可以实现价格的稳定，这样做可以带来经济增长率的立即下跌。在这些骤然变化之后，通过汇率的逐渐上升，名义存款利率和名义贷款利率的逐渐降低以及国内现金以低于货币增长率的速度增长可以达到稳定状态。

加尔比斯（1977）在《欠发达国家的金融中介与经济增长：一种理论探讨》一文中，在接受麦金农和肖的基本理论和政策主张的基础上，修正和补充了麦金农的"一部门模型"，运用"两部门模型"来分析资源配置和经济增长之间的关系以及金融中介如何影响资源配置，借以验证利率管制和经济增长的关系。

托马斯·孟（Thomas Mun，1571~1641）是重商主义的代表人物，他发现国与国之间，或者说地区和地区之间贫富差距分开，甚至拉大在很大程度上与金融有关。他在《英国得自对外贸易的财富》书中讲了一个十分有趣的故事。在意大利曾有一个大名鼎鼎的斐迪南一世公爵，此人住在一个贫困的小镇，为了改变这贫困小镇的落后面貌，这位具有远见卓识的富豪做出了一个出人意料的决定，慷慨解囊，把他的钱无偿地借给别人去经商。托马斯·孟本人就向这位公爵借了一万英镑，用了一整年且不用付任何利息。以一般世俗眼光来看，这位公爵不是傻了就是太善良了，要不然，怎么会把钱白让人使用而不要利息呢？没看到这位公爵以信贷促贸易，以贸易增加财富的不凡之举。托马斯·孟和所有的借款人都把从斐迪南手中借的钱都用来购买被斐迪南所管辖的地方生产的物品。由于有人购买，斐迪南领地的生产发展起来了，老百姓富裕起来了。所以托马斯·孟说斐迪南一世是一位了不起的人物，口里先吐一只小鸭子，过了不久又叼着一支又肥又胖的大鸭子回来了。正是由于斐迪南一世优惠的借款，他所属领土的绅士、甚至穷人也都单独或合伙经商，其邻国的商贾也都络绎不绝前往云集该地，天天都有人带钱来本地买东西，或者带东西来此地卖的繁荣盛景。这样斐迪南一世的领地很快就成为金融贸易中心且发展富裕起来了。因此，托马斯·孟不无感慨地说：因为有了钱的人们有了这种做法，就会立即替年纪较轻和财力较弱的商人们带来机会，使他们能够发迹，能够扩展他们的营业。倘使他们自己缺乏资金来这样做的话，那么他们就可以，并且必须，付出利息去借用资金。可见我们的钱，并不是死放着的，仍是用在交易上的。试看多少商人和店家，不都是以他们自己的微乎其微的资金开始营业，或者简直就是白手起家，只是靠着别人的钱来做生意，结果却成为巨富了吗？难道我们不知道，当贸易进行得又快又好的时候，许多人就会靠着他们的经验，并且靠着他们的信用出利息借款，将他们的买卖做得大大超过自己的资本的价值么？由于这些勤劳苦干的人们的努力，我们的国家社会的事业就将增进，我们的寡妇、孤儿、律师、绅士和其他人的钱也就会用到对外贸易途径上去，这些人本身是没有本领来搞这种工作的。可见，在托马斯·孟那里已经有了通过借贷、深化金融，富甲一方的思想。

大卫·休谟（David Hume 1711~1776）是18世纪英国著名哲学家、历史学家和经济学家，他在金融深化与区域发展问题上是相当保守的。货币多寡对一个国家来说是无关紧要的，银行和银行货币会破坏了黄金和物价的均衡，在该方面休谟比前人更集中更明确阐述了货币数量论，他认为：货币数量之多寡，对于一个国家内部的幸福安乐，是无关紧要的。休谟生活的时代，银行和其他信用机构在经济生活中的作用已经凸显出来，汇票、银行券、存款、支票、债券十分流行。但是休谟依然认为，银行业务、银行信贷和纸币代替金银造成物价上涨，给国家造成的弊大于利，公开呼吁取消纸币和信用，让硬币卷土重来。休谟直截了当地说：我们的现行政治接受了废除硬币的唯一方法——使用纸币，拒绝了那积累货币的唯一方法——大量囤积，同时采纳了五花八门的发明设计；所有这一切归根结底只会阻碍工业的发展，使我们自己以及我们的邻邦都失掉在技艺和自然方面的共同利益。不过要是人为地致力于扩大这样一种信用，恐决不会对任何贸易国家有利，只会使这些国家蒙受不利；因为超出同劳动和商品的正常比例来增加货币的行为，只能使商人和制造业出更高的价格去购买这些东西。因此，休谟认为，像英国这样的老牌商业国在世界市场失去某些优势就是银行信贷引起货币供给增加，物价上涨造成的。一些没有工业和金银不多的国家的经济能有所发展，是因为那里没有银行信贷，货币不足，物价低，吸引老牌工业国家的金银流到那里去，这引起落后国家积累了金银，老牌工业国家流出了金银，剩下的仅是花花绿绿的银行货币。据此，他建议：只有银行打破目前流行的惯例，把收进的钱都锁起来，永不把金库回收的部分投入商业，以避免增加流通中的货币——只有这样的银行才是最有益的。可见休谟是反对金融深化的，反对使用金融深化手段促进区域发展的。

四、评论

尽管金融深化理论及其实践存在着种种不足，然而，金融深化仍旧是发展中国家经济发展的总体方向和目标。从发展中国家实行金融深化改革的实践情况来看，以何种方式推进金融深化进程，应该根据各个国家实际情况而定。但是，在实现金融深化目标的过程中，考虑到金融深化论本身的缺陷和发展中国家的普遍情况（比如市场不健全、结构失衡和有效制度短缺等），需要注意以下几点：首先，要正确认识政府在金融深化过程中的作用，特别是政府在宏观调控上的作用。金融深化论的基本前提是市场的完全竞争，并且存在完全信息。但是，发展中国家的市场显然不具备这个条件，因此，政府的宏观调控是非常必要的。对于大部分发展中国家而言，问题的关键在于对政府介入金融的方式和职能进行改革。政府的独特作用：一方面在于通过金融制度创新与变迁培植市场力量；另一方面在于完善金融监管体系。金融深化并不意味着放弃政府对银行和其他重要金融机构的监督，让金融业完全放任自由。成功的金融深化不是简单地取消一切法规和管理，而是要求政府必须严格按照市场经济的规则来加强对金融机构和金融市场的有效管理与监督。拉美及亚洲发展中国家的金融自由化实践效果不佳的重要原因之一就是金融监管软弱乏力。由此可见，加强金融监管和维持金融机构的稳定经营是实现金融深化的重要条件。其次，金融深化改革应该适合本国国情，采取渐进方式，经济市场化的次序至关重要。

  金融深化是伴随着整体经济改革发展的一个渐进过程，金融深化的政策措施应该根据经济发展的成熟程度和经济运行的内在逻辑做出合理的时间选择与安排。麦金农在其著作中对此予以高度重视，指出：十分重要的一点是，每一个国家的自由化过程的先后顺序要正确。财政、货币与外汇政策如何排序是至关重要的。政府不能够也不应该同时采取全部的自由化措施。相反，经济自由化有一个"最佳"的顺序，由于各个国家最初的国情不同。因此这种顺序可能因国家的不同各异。一般认为，金融深化可以分为四步：第一，平衡由中央政府预算；第二，开放国内资本市场的同时仍旧对其实行管制，特别是对存款利率上限、贷款利率下限和抵押贷款比例的控制；第三，实现汇率自由化；第四，实现资本的自由兑换。然而，拉美和亚洲的一些发展中国家往往急于求成，采取了过于激进、超前的金融深化改革措施，在宏观经济条件还不具备改革时机的背景下，就加快金融自由化的步伐，特别是缺乏风险管理和金融监管的能力，过快地放开资本账户。除非金融稳定和国内市场利率已经形成，否则不宜开放资本账户，实行货币自由兑换，过早开放资本账户会助长资金流动，扰乱经济与金融秩序。最后，实施金融深化改革必须与其他改革相配套。麦金农在讨论财政体制改革中，主张应使税收具有弹性，使政府收入随国民经济同步增长以消除金融抑制。肖也强调理顺财政与金融体制的关系，并且使这些改革协调发展。只有相互配合，才能推进金融体系改革的深入发展。

第三节 金融自由化理论

一、金融自由化的概述

  20世纪70年代麦金农和肖提出的金融深化理论奠定了金融自由化的理论基础。由此也拉开了发展中国家以金融自由化为主要内容的金融改革的帷幕。与此同时，为摆脱凯恩斯主义经济政策的窘境，主张放松管制的新自由主义政策成为发达国家金融改革的主流。于是，金融自由化就成为了世界金融改革的主流内容。

"金融自由化"理论是美国经济学家罗纳德·麦金农（R. J. Mckinnon）和爱德华·肖（E. S. Show）在70年代，针对当时发展中国家普遍存在的金融市场不完全、资本市场严重扭曲和患有政府对金融的"干预综合征"，影响经济发展的状况首次提出的。他们严密地论证了金融深化与储蓄、就业与经济增长的正向关系，深刻地指出"金融压抑"（financial repression）的危害，认为发展中国家经济欠发达是因为存在着金融压抑现象，因此主张发展中国家以金融自由化的方式实现金融深化（financial deepening），促进经济增长。金融自由化就是针对金融抑制这种现象，减少政府干预，确立市场机制的基础作用。1973年麦金农和肖在《经济发展中的货币与资本》和《经济发展中的金融深化》两部著作中，分别从不同角度对发展中国家的金融现状进行剖析，得出了相同的结论。麦金农的互补性假说揭示了发展中国家金融市场自由化的内在原因，以及如何在不造成较大的社会与经济代价的前提下实现金融自由化。在所有经济单位都局限于自我融资，储蓄者和投资者没有实质性区别和投资支出具有不可分性两个假设前提下，储蓄倾向会强烈地影响实际货币余额的需求；而在任何确定的收入水平下，实际货币余额与投资之间存在互补性。麦金农认为，投资与实际利率水平也呈正相关。在发展中国家，由于实行利率管制，实际利率被压得很低，因此会出现因实际货币积累减少而阻碍投资进行的情况，从而使经济的发展受到严重影响。肖的债务中介观不认为实际货币余额与投资之间有互补关系，而认为这种互补关系是经济单位局限于"自我融资"的结果，即只要金融中介发挥作用，经济单位就会仅限于自我融资。他强调银行体系自由准入和竞争的重要性，并将此作为金融自由化成功的前提。肖同时也认为，发展中国家合乎逻辑的发展道路就是解除对利率的人为抑制，深入推进金融自由化改革。

金融自由化理论主张改革金融制度，改革政府对金融的过度干预，放松对金融机构和金融市场的限制，增强国内的筹资功能以改变对外资的过度依赖，放松对利率和汇率的管制使之市场化，从而使利率能反映资金供求，汇率能反映外汇供求，促进国内储蓄率的提高，最终达到抑制通货膨胀,刺激经济增长的目的。

金融自由化的主要方面是:利率自由化、合业经营、业务范围自由化、金融机构准入自由、资本自由流动,但都有引发金融脆弱性的可能。

二、金融自由化理论渊源

自20世纪70年代以来,金融自由化理论经历了两次划时代的革命。第一次理论革命是指"二战"后至80年代初期,一批西方经济学家,如罗纳德·麦金农(1973)、爱德华·肖(1973)、约翰·格利(1960)、雷蒙德·戈德史密斯(1969)等从发展中国家经济的"欠发达性"出发,针对当时发展中国家普遍存在的金融市场不完全,资本市场严重扭曲和患有政府对金融的"综合干预征"而影响经济发展的状况,主张发展中国家应该进行金融深化。第二次理论革命是指以罗纳德·麦金农(1993)、马克威尔·弗莱(1988)为代表的一些经济学家在总结发展中国家金融改革实践的基础上,于20世纪90年代初期提出的金融自由化次序理论。该理论认为,发展中国家金融深化的方法及金融自由化是有先后次序的,如果金融自由化按照一定的次序进行,就一定能够保证发展中国家经济发展的稳健性。金融自由化理论的产生与发展对于发展中国家正确处理经济与金融、政府与市场的关系具有重大的理论和实践指导意义。

长期以来,经济学家们一直将发展中国家经济发展迟缓的原因归结为"资本匮乏",认为发展中国家若要实现经济发展,要么提高储蓄率,要么引进外资,加速资本形成。在著名的哈罗德——多马模型中,资本积累被看作是经济增长的决定因素。以提出"二元经济结构论"而闻名的美国经济学家刘易斯也认为,经济发展的核心问题,是提高资本形成率。但是,这些学界权威的理论,一旦用于解释实践,似乎又显得有些力不从心。1973年,发展经济家麦金农和肖同时提出了一个开创性的观点,他们认为发展中国家的贫困,不仅在于资本的稀缺,更重要的是,金融市场的扭曲造成了资本利用效率低下,从而抑制了经济增长。1973年麦金农和肖同时出版了《经济发展中的货币和资本》和《经济发展中的金融深化》两本著作,建立起了一套关于"金融抑制"和"金融深化"的理论体系。

麦金农和肖认为,发展中国家的金融市场被人为地分割开来,相互隔绝,是不完全的市场。当大量的中小企业扩大规模,改进技术,更新设备而需要资本时,由于无法进入金融市场融资,只能"自力更生",依靠内源融资。与此同时,由于政府执行了错误的金融政策,人为地压低名义利率,或者由于高的通货膨胀,或者二者兼而有之,导致实际利率太低,甚至为负数。对储蓄者而言,由于低利率缺乏吸引力,居民不愿将剩余资金存入金融体系,金融市场出现了需求远远大于供给的情况,政府被迫以"配给"的方式提供信贷。在信贷配给制下,资金几乎是无偿使用,有时实际利率甚至为负。结果造成资金使用粗放,投资效益低下,产出水平低,国民收入扣除用于消费的部分后所剩不多,储蓄率下降。另一方面,低利率又阻碍了新增收入向投资的转化。经济发展所需的新投资来源不足,储蓄和投资的缺口进一步拉大,总需求和总供给的矛盾更加尖锐,经济停滞不前。而糟糕的经济状况,反过来又使储蓄资源萎缩,形成资金紧缺,迫使政府当局对利率实行更加严厉的管制,从而形成了恶性循环。麦金农和肖将这种人为压低利率,造成金融体系和经济效率低下的现象,称之为"金融抑制"。

针对发展中国家所普遍存在的金融抑制现象,麦金农和肖进而提出了他们的"金融深化"理论。该理论的核心思想是,放松政府部门对金融体系的管制,尤其是对利率的管制,使实际利率提高,以充分反映资金供求状况。这样,投资者就不得不考虑融资成本,充分权衡投资成本和预期收益,从而使资金配置效率大为提高。而且,高利率鼓励人们储蓄,从而提供了储蓄向投资转化的顺畅渠道。正如肖(1973)所说:金融自由化和金融深化的实质是放松利率,使之反映储蓄的稀缺性和刺激储蓄。

传统的金融深化理论特别是麦金农和肖的以金融自由化为主要内容的金融深化理论提出以后,立即引起了经济理论界对发展中国家金融改革与发展问题的广泛关注,并成为从20世纪70年代后半期开始并在整个80年代发展中国家进行金融自由化改革实践的主要理论依据。金融深化论是与当时在西方发达国家逐渐兴起的新自由主义思想理论相适应的,是新自由主义思想在金融理论和发展经济学中的反映。但由于在这一金融深化理论指导下所进行的拉美金融自由化改革暴露出了许多问题,而在理论上遭到了很多的批评。后凯恩斯主义学派主要从有效需求的观点对麦金农和肖的金融深化理论进行了反驳。他们认为,不是储蓄决定投资,而是投资决定储蓄。过高的实际利率将抑制投资,从而抑制储蓄。投资的减少通过乘数作用进一步降低经济增长率。针对麦金农和肖理论中所存在的不足,后来的一些经济学家包括麦金农和肖本人进行了进一步的研究与完善。从20世纪70年代中期到80年代初期,在这一方面做出主要贡献的经济学者有新加坡国立大学经济学教授卡普尔、国际货币基金组织经济学家马西森、美国加州大学教授弗莱等。他们对金融深化理论的贡献主要集中地体现在他们各自所建立的数学模型和研究方法上,特别是将麦金农和肖的静态分析发展成为动态分析。其代表性理论模型主要有卡普-马西森模型、弗莱的开放经济金融发展模型和加尔比斯的两部门模型等。他们从不同的角度论证了金融自由化的必要性,丰富和发展了金融自由化思想,使得金融自由化理论的实用性更加具体。

三、金融自由化理论的发展

20世纪80年代南美国家金融自由化的失败,引发了在决策圈和学术圈内激烈的辩论,以确定这失败的原因到底是出于政策设计本身,还是出于改革的排序有误。而90年代前后东欧转型经济体的改革浪潮,使这一辩论再度为人瞩目。

芬克(Funke,199)对具有代表性的观点进行了总结。关于经济改革和政策措施排序问题,对于发展中国家来说,大多数学者把财政与货币的稳定放在第一位,同时有学者还把国内金融体系的改革放在了第一位;除拉尔(Lal,1987)把资本账户自由化放在第二位外,大多数学者均把资本账户自由化放在改革的最后位。对于转型经济国家来说,大多数学者把体制改革置于改革首位,同时认为财政与货币稳定也应首先启动,而资本账户自由化应最后启动。经济学家对转型经济国家的建议不同于一般的发展中国家,因为对于存在金融压抑的一般发展中国家来说,国内金融市场的市场化改革是个中心任务;而对于从计划经济向市场经济转型的经济体而言,改革还要包括放开价格、私有化以及要素市场的培育和发展等内容。但绝大多数经济学家认为,在进行国内金融改革之前需要有个稳定的宏观经济状况,无论是对发展中国家还是对转型经济国家都是如此。

20世纪90年代中期,更重要的争论是发生在约翰·威廉姆森(John Williamson)和其他一些经济学家之间的、关于经济改革的大震荡方案和渐进改革方案的争论，其结果是越来越多的经济学家和决策者对渐进改革持肯定的态度（Ries and Sweeney，1997）。约翰·威廉姆森（1997）特别指出，过早开放资本账户还会引起资本的大量外流，而大规模的资本外流会把本国利率抬得过高，以致大部分企业无法获得融资，从而无法生存。他强调，把资本账户开放安排在改革后期进行是正确的。

四、评论金融自由化理论的应用与困境

（一）金融自由化促进了金融发展，金融发展促进了经济增长

理论和实证分析表明，金融自由化的收益大于风险，所以应当赞同金融自由化。在实践上，由于经济金融全球化的压力，金融自由化又是一个不得不走的过程。因此，必须推进金融自由化，而最优的金融自由化的政策安排，将减低其脆弱的一面，增大其收益的一面，所以金融自由化又要讲究方式。这一切同样适用于中国的金融市场化实践。

第一，金融自由化无疑增强了金融市场的竞争性，提高了世界金融市场的效率，促进了世界银行业的发展。金融自由化对所有的金融市场参与者，无论是借款者还是贷款人，都既形成了压力也提供了机会，使他们有可能，也有必要降低成本或提高收益。

第二，人们普遍认为在金融自由化的条件下，金融信息更具公开性，能够更为准确、更为迅速地反映市场的供求状况，亦即资金的稀缺程度，形成更为有效的价格信号体系。尤为重要的是，金融自由化减少了产品间、银行间的资金流动障碍，从而使资源配置更为接近最优化。

第三，金融自由化为金融企业提供了更多的盈利机会。一方面，金融自由化极大地推动了金融资本的形成，为金融企业提供了更广阔的活动空间；另一方面，分业管理制度的逐步解除为金融企业（尤其是商业银行）提供了更灵活的经营手段。

第四，金融自由化，尤其是分业管理制度的逐步解除，为商业银行在营利性与安全性之间的平衡选择提供了条件和手段。分业管理制度的建立原本着眼于商业银行的安全性，然而在传统的分业管理制度下，由于商业银行一方面囿于经营手段的匮乏，另一方面却面对国内外同业的竞争，安全性并未真正得到保障，银行破产倒闭现象依旧层出不穷。在分业管理制度逐步解除之后，商业银行的经营手段大量增加，从而有可能将高风险高收益的产品与低风险低收益的产品合理地搭配起来，使商

业银行从原有的两难局面中解脱出来。

第五,金融自由化推动了世界性的金融一体化,随着各国日益敞开本国金融市场的大门,资本流动的速度不断加快。如果不考虑时区划分,世界性金融市场应当说已经初具雏形。资本流动的自由化使资源配置能够在世界范围内得到改善。

(二)金融自由化加剧了金融脆弱性

金融脆弱性引发的危机促使经济衰退,这是金融自由化的二重性。

第一,金融自由化在某些方面提高金融市场效率的同时,却在其他方面也有其降低金融市场效率的作用。例如,金融市场的一体化、数不胜数的金融创新、大量金融机构的出现降低了金融市场的透明度。银行客户面对极端复杂的衍生工具,只能听从银行的建议,从而使银行对提高效率的积极性下降。此外,金融市场容量的扩张给银行带来了机会,同时也减弱了银行降低成本增加效益的压力。

第二,银行致力于金融创新的动力明显下降。在实行严厉金融管制的条件下,金融机构(尤其是商业银行)被迫不断推出新的金融产品,以便绕开金融管制,增强自身竞争实力。而在金融自由化已成气候的今天,当世界各国普遍实行利率、汇率自由化、分业管理的藩篱已基本拆除,金融创新的必要性也就不再那么突出。近些年,金融创新的势头减缓,传统业务的比重逐渐回升,便是根源于此。

第三,最为明显的,也是最少争议的是金融自由化加大了客户和金融业自身的风险。利率和汇率管制的解除导致市场波动幅度剧增。解除分业管理制度实行商业银行全能化之后,商业银行大量涉足高风险的业务领域,风险资产明显增多。资本流动障碍的削减以及各国金融市场的日益对外开放,加快了资本的国际流动。虽然从理论上讲,更为顺畅的资本流动有助于资源的最优配置,但在"半完善"市场条件下,游资的冲击有时也会造成巨大危害。

第四,在金融自由化之后,银行之间、商业银行与非银行金融机构之间,以及各国金融市场之间的联系更加密切,单一企业财务危机冲击金融体系稳定性的危险加大。

第五,由于银行客户面对极端复杂的衍生工具、茫然不知所措,只能听从银行的建议,由此而生的银行员工诈骗案件频频出现。而与此同时,在竞争加剧的条件下,为了追求效益,银行普遍出现了忽视风险追求利润的倾向，放松了客户审查，客户违约率不断上升，银行遭到诈骗的事件也屡见不鲜。

第六，在实行金融自由化之后，尽管商业银行获得了更多的盈利机会，但垄断地位的丧失和竞争的加剧、却又导致商业银行利润率出现下降苗头。上述情况都表明，金融自由化绝非有利无害。金融自由化在增强金融市场效率的同时，往往在其他方面又具有降低金融市场效率的作用；在提供了提高安全性的金融工具的同时又是增加风险的因素，切不可把金融自由化、理想化。即使是在金融体系相当完善的西方国家，金融自由化也是权衡利害之后的抉择，有时甚至是不得已而为之。以取消金融分业管理为例，80年代初英国的"Big Bang"金融大爆炸和1995年美国旨在取消格拉斯—斯蒂格尔法案的里奇法案都在相当大的程度上是由于在世界各国金融市场日益开放的条件下，采取分业管理的国家银行业受到外资金融机构严重冲击，因而取消分业管理加强本国银行实力的呼声日益高涨。

事实上，金融自由化之后金融风险加大的现象早已引起金融界，尤其是各国中央银行以及国际清算银行的高度重视，加强金融监管、强化商业银行风险自律的呼声极为高涨。然而迄今却迟迟未见行之有效的监管措施和风险管理手段出台。这一方面表明金融自由化以后（尤其是实行了商业银行全能化以后）金融监管和风险管理的难度加大；另一方面也反映了各国中央银行、商业银行和非银行金融机构投鼠忌器，犹豫不决的态度。就商业银行和非银行金融机构而言，不充分利用金融自由化之后所出现的宽松经营环境提高收益率，无视金融自由化后出现的机遇一味退守传统业务，就有可能在激烈的竞争之中败下阵来。而对于中央银行来说，一味加强监管，则有可能使金融自由化的成果付之东流，不仅对金融业，而且对国民经济（尤其是对外经济）将产生不可忽视的影响，因而不愿骤然采取过于严厉的措施。处于两难窘境之中的各国中央银行都在试图探索出一条两全之策，但又一时难以有所突破。虽然从逻辑上讲，金融自由化和强化金融监管并不冲突，但在实际运作中确实极难掌握。经过利害权衡，迄今为止，在金融自由化与金融监管之间产生不协调时，相当一些国家的金融监管部门采取了优先自由化、适当放松监管的态度，把控制金融风险的担子放在金融机构自己身上。

总而言之，决不可将金融自由化、理想化，把它假设成为在发达国家就是有百利而无一弊的灵丹妙药。事实上，在任何时间，任何金融体系中，金融体系改革必然是利弊交织，决策者所能指望的只能是利大于弊，而不是一个有百利而无一弊的选择。十余年来与我国金融体制改革并行的全球性金融自由化进程也证明了这一论点。无论是在金融市场较发达的国家，还是在金融市场较不发达的国家，只有用积极的、审慎的态度客观地评估每一项具体措施的利弊，权衡利害，大胆推进金融体制改革才是根本出路。

第四节 金融结构与发展理论

一、不同金融结构观

金融发展理论告诉我们，一个发达的国家金融系统可以减少信息和交易成本，分担和管理风险，这对于储蓄、投资决策和经济增长是至关重要的。而不同的金融体系结构、金融工具结构、金融市场结构和金融机构结构等，对于信息、交易成本和风险的影响是不同的。因此，金融结构是研究金融如何影响经济增长的切入点。国际上对金融结构的研究始于20世纪50年代。约翰·格利和爱德华·肖分别于1955年和1956年合作发表了《经济发展中的金融方面》和《金融中介机构与储蓄——投资过程》两篇文章，阐述了金融与经济的关系、各种金融中介机构在储蓄——投资过程中的作用等问题；雷蒙德·戈德史密斯也于1955年发表了《发达国家的金融结构与经济增长——关于金融形态的比较试验》一文。这些文章为金融结构研究拉开了序幕。

（一）格利和肖的金融结构观

1960年出版的《金融理论中的货币》一书，是格利和肖对以前关于金融与经济关系的观点的汇总和发展，提出了广义的货币金融理论与金融机构理论。格利和肖根据全社会"事后"总储蓄总是等于"事后"总投资，而各个经济单位"事后"储蓄与"事后"投资未必相等的事实，把整个经济化分为盈余部门（即收入大于支出）、平衡部门（即收入等于支出）和赤字部门（即收入小于支出），他们指出：只要经济部门之间存在着赤字和盈余,投融资行为便不可避免,于是,发行初级证券和购进金融资产,反映了储蓄和投资之间、取得收入与支出收入之间的部门分工。这种"专业分工"便是债务、金融资产以及金融结构赖以存在的基础。格利和肖进一步指出,投融资可以有两种形式:直接融资和间接融资。由盈余部门直接购买赤字部门发行的初级证券而进行的融资就是直接融资;由盈余部门购买金融中介机构发行的间接证券而进行的融资是间接融资。金融中介机构也可以分为货币系统和非货币的中介机构两类,它们都能在收入从盈余单位转移到赤字单位过程中发挥中介作用,区别只在于各自创造了独特形式的债务,即货币系统供应货币,而非货币的中介机构提供非货币的间接证券,且这种非货币资产在流动性这个意义上,可看作货币的替代品。因此非银行金融机构的发展,一方面给商业银行造成极大的竞争压力,有利于金融机构的健康发展;另一方面对货币政策的调控提出挑战,即如果货币当局只控制通货和银行存款,而不同时控制其他流动性资产,货币政策的效果就会大打折扣。为此,格利和肖认为控制货币的政策不是决策者可以依赖的唯一经济政策,影响金融制度乃至经济制度的应该是一套完整的金融政策,它包括了货币政策、债务管理政策以及财政政策。可见,尽管格利和肖没有明确提出金融结构的概念,但在他们的货币金融理论中,已包含了金融工具、金融机构、融资方式和金融政策等金融结构问题。

(二)戈德史密斯的金融结构观

戈德史密斯在其1969年出版的《金融结构与金融发展》一书中,对长达百余年的金融发展史及36个国家的金融结构现状进行了初步的比较研究,明确提出了金融结构的概念,即一国现存的金融工具与金融机构之和就构成该国的金融结构,包括各种现存的金融工具(分为债权证券和股权证券)与金融机构(分为负债为货币的金融机构和负债不是货币的金融机构)的相对规模、经营特征和经营方式,金融中介机构中各种分支机构的集中程度,等等。他认为,研究一国的金融结构,可以从八个方面进行数量描述:(1)一国的金融上层结构与经济基础结构之间的关系。(2)金融工具余额在其几种主要类型中的分布情况和金融资产总额在主要经济部门中的分布情况。(3)金融资产总额和各种金融工具余额在各个经济部门之间及其子部门之间的分布情况。(4)各个金融机构的相对重要性。(5)一国金融结构中的机构化程度。(6)将金融资产存量按金融工具种类和经济部门分类组合得到一个金融相关矩阵,以一目了然地反映汇总金融工具的发行、交易和持有过程。(7)金融结构的流量分析,可以参照上述存量展开。(8)各部门和子部门的资金来源及运用状况。在界定金融结构的基础上,戈德史密斯进一步指出,一国的金融结构不是一成不变的,会随着时间的推移而发生变化,因而,同一个国家不同时间点的金融结构也是不相同的,并认为金融结构的变化,世界各国的金融发展都是通过金融结构从简单向复杂、由低级向高级方向的变化来实现的,且都沿着一条共同道路在前进。通过对世界上的36个国家近200年金融发展的分析,并经过大量的比较研究和统计验证,戈德史密斯指出了现代金融发展在不同国家呈现出的12条规律,并指出金融发展与经济增长之间存在明显的正相关关系。

戈德史密斯曾指出:各类金融工具与机构的重要地位都无法模仿,它只能由基本的经济因素来决定。戈德提出的实质上是金融成长的内生性。金融成长的内生机制包含以下几个方面的含义:(1)企业和个人分别作为资金需求者和供给者,它们之间的供求关系是金融市场的基本内容;它们之间的间接资金供求关系构成金融部门进行金融工具与信用创造的前提。(2)家庭和企业部门对所在区域的国民收入分割占有并由此构成他们各自储蓄努力与投资努力的基础。(3)各个地区提出的不同的资金供给与需求,成为金融部门进行金融创新和深化的依据。在内生机制中,政府的作用不是不重要,而是介入的程序不同。一个完整的区域金融成长过程,需要由中央政府、地方政府、个人部门、企业部门和金融部门共同参与。所以,依据金融市场成长的内生机制的规定性,需要民族地区的地方政府以战略性的眼光为指导,重新定位政府职能,约束消极行为,积极地为金融成长提供制度性保障。

戈德斯密斯的《金融结构与金融发展》(1969),结合金融产业的性质,他提出了金融结构的概念,认为各种金融工具和金融机构的形式、性质及其相对规模共同构成了一个国家的金融结构,并给出了金融结构的度量标准、类型,指出金融发展就是指金融结构的变化,可以看出,由戈德斯密斯给出的金融结构的权威界定是结合金融业特质将产业组织概念、产业结构概念的有机结合。戈德史密斯通过对数十个国家前后长达百余年的统计资料的细致分析和整理,对金融发展和金融结构做了广泛的国际比较和历史比较研究。戈德史密斯的重要贡献在于三个方面:

其一，率先提出了综合全面的金融结构和金融发展概念。他认为金融结构就是一国金融工具和金融机构的形式、性质及其相对规模。其中，"金融工具是对其他经济单位的债权凭证和所有权凭证"，而金融机构则是"一种资产与负债主要由金融工具组成的企业"。其二，通过对各个国家金融发展状况和经济发展水平的观察，发现虽然各国的金融结构和经济发展水平不尽相同，但它们却具有大致一致的金融发展道路，且金融相关率、金融机构的相对地位等变化都呈现一定的规律。其三，开始关注发展中国家的经济发展问题，并且特别强调发达国家与欠发达国家在金融发展中明显的区别，认识到金融发展对于经济增长可能有相当重要的作用。

（三）麦金农–肖的金融结构观

麦金农–肖的金融深化理论并没有特别强调金融结构问题，他们分析的是发展中国家金融抑制的表现及其影响，强调金融市场的形成和完善的重要性。但对于发展中国家而言，金融结构的扭曲总是与金融市场受抑制相伴随的。为此，麦金农–肖专门对企业（或经济单位）的内源融资和外源融资两类融资方式作了详尽的分析，并由此提出了货币当局应该改变货币供应条件，提高货币的实际收益率，借以增加资本积累，改变内源融资占主导地位的政策主张，其主要标志是整个经济中金融部门的发展与社会货币化程度显著提高。因此，麦金农—肖的金融深化理论其实也是金融结构的动态化调整和优化的过程，也就是说，金融深化的概念隐含着金融结构的进步，金融深化与金融结构进步所变现出来的金融发展是并行不悖的。

二、内生金融结构观

内生增长理论是产生于20世纪80年代中期的一个西方宏观经济理论分支，其核心思想是认为经济能够不依赖外力推动实现持续增长，内生的技术进步是保证经济持续增长的决定因素。增长理论家主要在完全竞争假设下考察长期增长率的决定。内生增长模型又包含两条具体的研究思路：第一条是罗默和卢卡斯等人用全经济范围的收益递增、技术外部性解释经济增长的思路。代表性模型有罗默的知识溢出模型、卢卡斯的人力资本模型、巴罗模型等。第二条是用资本持续积累解释经济内生增长的思路。代表性模型是琼斯–真野模型、雷贝洛模型等。完全竞争条件下内生增长模型存在一定的缺陷：一是完全竞争假设条件过于严格，限制了模型的解释力和适用性。二是完全竞争假设无法较好地描述技术商品的特性，即非竞争性和部分排他性，并使一些内生增长模型产生逻辑上的不一致。

为了克服上述内生增长模型存在的问题，从20世纪90年代开始，增长理论家开始在垄断竞争假设下研究经济增长问题，提出了一些新的内生增长模型。这些模型又可以根据经济学者对技术进步的不同理解，分成三种类型：产品种类增加型内生增长模型、产品质量升级型内生增长模型、专业化加深型内生增长模型。这三类模型的提出，表明内生增长理论进入了一个新的发展阶段。

自亚当·斯密以来，整个经济学界围绕着驱动经济增长的因素争论了长达二百多年，最终形成的比较一致的观点是一个相当长的时期里一国的经济增长主要取决于三个要素（Tanzi and Zee，1997）：（1）随着时间的推移，生产性资源的积累；（2）在一国的技术知识既定的情况下，现在资源存量的使用效率；（3）技术进步是60年代以来最流行的新古典经济增长理论，依据以劳动投入量和物质资本投入量为自变量的柯布—道格拉斯生产函数建立的增长模型，把技术进步等作为外生因素来解释经济增长，因此就得到了当要素收益出现递减时长期经济增长停止的结论。可是，90年代初期形成的"新经济学"即内生增长理论则认为，长期增长率是由内生因素解释的，也就是说，在劳动投入过程中包含着因正规教育、培训、在职学习等而形成的人力资本，在物质资本积累过程中包含着因研究与开发、发明、创新等活动而形成的技术进步，从而把技术进步等要素内生化，得到因技术进步的存在要素收益会递增而长期增长率是正的结论。当然，许多经济学家早已看到了人力资本和技术进步对经济增长的作用（顺彼得Schumperter，1934；舒尔兹，1990；贝克尔，1989），但是，他们都把它们看作外生因素。罗默模型、卢卡斯模型和格鲁斯曼—赫普曼模型只是最著名的内生增长模型，还有很多其他模型侧重不同的增长方面，诸如金和罗伯森（King and Robson，1993）的知识传播内生增长模型、阿格赫恩和豪威特（Aghion and Howitt，1992）的模仿与创造性消化内生增长模型以及杨（Young，1991）国际贸易内生增长模型。所有这些模型表达出来的一个重要思想是：企业是经济增长的最终推动力，特别是这些模型试图说明企业如何积累知识，这种知识广义地包括人力资本和技术变化（Rogers，1997）。这种知识积累表示为增加人力资本、生产新产品和提高产品质量。这些模型表明，知识积累过程会出现外部性或知识外溢效应，需要政府政策的干预：各种政策旨在扶持研究与开发、革新、人力资本形成甚至关键性产业部门。

综上所述，我们对内生增长理论所表达的经济增长的原因做出如下简单的非技术性陈述：第一，获取新"知识"（包括革新、技术进步、人力资本积累等概念）；第二，刺激新知识运用于生产（市场条件、产权、政治稳定以及宏观经济稳定）；第三，提供运用新知识的资源（人力、资本、进口品等）。

内生增长理论突出了第一个方面，而第二个方面隐含在各种内生增长模型中，因为这些模型对企业面临的市场条件、产权和经济稳定性做了假定，同时，还强调了这两个方面出现于企业层次上。最后一个方面按理说也包含在内生增长模型中，因为，从数学上讲，这些模型都建立了消费者模型，用来解释（比如说）在人力资本投资的收益率是正的既定情况下，随着时间的推移消费者配置消费的动态最优化问题。

随着理论的进展，不少经济学家已经意识到，内生增长理论面临的最大问题就是如何进行实证分析。从目前的研究来看，这种实证研究事实上是沿着两条技术路线进行的：一条是进行国别间的研究，寻找内生增长证据；另一条是利用一国的长时段数据，研究一国的经济增长因素；或者单独讨论某个具体因素，如对外开放、税收、平等、金融进步、教育支出、创新等，对经济增长的作用。

从内生增长理论的进展来看，内生增长理论仍处于一个活跃发展的时期，尽管没有划时代的创新，但在现代方法与经典理论的结合方面取得了不少的成就，如对R&D（研究与开发）投入与经济增长之间关系的定量模型的建立、对熊彼特的创造性毁灭的重新探索等。另外，在实证分析方面，尽管目前仍存在大量问题尚未解决，但在估计方法、变量的调整、数据的调整、定性因素的量化等方面均取得了一定的成就。从未来的发展来看，内生增长理论的发展将沿两个方向进行：一是沿非线性动态模型路线进行，以更复杂的数学模型更精确地模拟现实经济世界；二是计量检验的研究，包括引入更多变量、对变量进行调整以具有现实性、定性因素的定量化等。

在进入20世纪90年代以后，经济学家对于内生增长理论的研究不断深入,并取得了新的进展。这些进展主要体现在对原有的内生增长模型的精致化方面。如自从罗默(Romer,1986)提出外在性以后,经济学家对经济增长的内生渊源进行了更深入的研究。如罗默(1990)将技术进步视为一种中间产品的扩大化,并且假定这种扩大来源于个体最优化决策。杨(1991)提出了一个有限的干中学模型,在这个模型中,干中学是有限的,因此,增长可能受到发明约束。杨(1993)针对中间产品的替代性与互补性,提出了一个具有中间产品与最终产品数量同时扩大的内生增长模型。奥蒂格拉(Oritigueira,2000)将闲暇引入到人力资本驱动的内生增长模型,由于闲暇的引入,效用函数不再是单调的,因而导致了多均衡的存在,增长路径不再稳定。巴苏和威尔(Basu and Weil,1999)则提出了一个将技术与特定的K/L比例相联系的增长模型,在这个模型中,增长由两个方面驱动,一方面是由干中学驱动的(K/L比例特定),另一方面是技术进步与资本积累共同驱动(技术进步要求一个改变了的K/L比例)。琼斯(Jones,1995;1999)及迪诺普洛斯等(Dinopoulos et al.,1999)、杨(1998)、西格斯托姆(Segerstrom,1998)则对经济增长模型中的规模效应进行了深入的讨论,他们认为Romer和Howitt等人所建立的增长模型都隐含着规模效应,但这种规模效应事实上没有经验支持,但如果在上述模型中去掉规模效应,则从根本上改变了模型的长期性质,增长亦可能从内生变成外生。因此,他们致力于建立一种没有规模效应的增长模型。李(Chol-Won Li,2000)则通过建立一个具有两个研究与开发部门(即新产品质量提高的研究与开发部门与增加中间产品品种的研究与开发模型),对增长的内生性进行了新的思考。在他的模型中,内生增长(即没有人口的增长)需要严峻的条件,半内生增长是一种更合理的解释。在最近的一些文献中,如经济理论杂志(Journal of Economic Theory,2001)出的一期关于内生增长模型与非线性之间关系的专刊,经济学家已经开始讨论内生增长可能导致的混沌路径或内生增长过程中的分叉点,将经济增长的研究引入到了非线性方向;另外也有一些经济学家讨论了增长中的不确定性,尤其是在增长路径中存在多个均衡点时(Kuzuo Mino,2001)。

内生增长理论在20世纪90年代的另一个重要进展是新熊彼特主义(neo-Schumpeterism)的复兴。自阿格赫恩和豪威特于1992年提出了增长过程中的创造性破坏的作用,在他们于1998年出版的《内生增长理论》一书中，花了大量的篇幅讲述熊彼特方法，并对技术进步的创造性破坏作用进行详尽的分析。阿格赫恩和豪威特在他们所建立的模型中，引入了新技术使原有技术过时的概念，从而使技术进步成为一种具有创造性的破坏过程。新熊彼特主义的另一个特点与技术进步的微观机制有关。在90年代关于增长理论的文献中，很多模型发展了市场结构与技术进步的关系（Aghion and Howitt，1998））。但是，如何建立一个市场结构内生的技术进步模型，仍是值得经济学家努力研究的。

以杨小凯为代表的分工驱动经济增长思想，由于引入角点解而将分工与增长模型化，逐步得到了主流经济学家的认可。尽管目前来说，基于分工的研究尚未在经济增长的研究中占据主流地位。由亚当·斯密第一次系统提出并强调的分工与经济增长之间的关系，由杨（1928）进行了发扬，但其间直至80年代才重获经济学家的重视。对于分工的概念及与增长的关系，经济学家的研究是沿着两条思路进行的：第一条思路是基于分工的生产迂回程度的加深，这是从厂商进行最优决策的角度来展开研究，如杨、罗默（1987）、格罗斯曼（Grossman，1991；1992）等人所作的研究；第二条思路是基于分工在经济中的个体（agent）最优选择的结果，体现为个体的专业化水平。沿这条思路进行研究的有贝克尔（G. Beker，1992）、杨小凯（1991，1992，1993）等人。沿第一条思路进行的分析，主要问题在于忽略了分工的生成与演进过程。虽然罗默（1987）以中间产品的品种数作为生产的迂回程度，并假定中间产品的非完全替代性与非完全互补性（事实上，罗默所运用的模型中的生产函数是一个D-S型的生产函数），解出了一个生产迂回程度的一般均衡解。但其分析过程中没有讨论因生产迂回程度增加而带来的交易成本增加问题，其模型对现实的意义并不太大。杨小凯的贡献在于其认识到了Romer模型忽略交易成本的缺陷，将分工与交易成本联系起来，用交易成本来解释分工的演进。然而，他认为分工是一个演进的过程，决定分工演进的是交易成本。但交易成本的定义与测度本身所存在的问题局限了杨小凯的模型的应用，而且，更为致命的是，在杨小凯那里，经济人的理性是有问题的，即在既定交易成本具有无穷的理性推理能力，但在预见交易成本的演进方面却一无所知。

随着理论的进展，不少经济学家已经意识到，内生增长理论面临着的最大问题就是如何进行实证分析。无论是沿着罗默的独立研究与开发部门研究路线进行的研究,还是沿着卢卡斯的人力资本溢出研究路线进行的研究,都面临着如何进行实证分析的问题。

从目前的研究来看,这种实证研究事实上是沿着两条技术路线进行的,一条是进行国别间的研究,寻找内生增长证据;另一条是沿着一国的长时段数据,研究一国的经济增长因素;或者单独讨论某个具体因素,如对外开放、税收、平等、金融进步、长周期、教育支出、创新等,对于经济增长的作用。

沿第一条技术路线进行的研究,大部分实质上是以著名的Barro型回归(Barro-type regressions)进行的,即以一国的人均收入增长率为因变量,同时以一国的人均收入为自变量,对国民收入增长率是否趋同进行回归检验。如巴罗(Barro,1995;1996)对92个国家、美国国内各州、日本国内各县的趋同趋势进行了检验;克里默(Kremer,1993)对于全世界有史以来的经济增长过程的研究表明,经济增长与人口规模存正相关关系,这在经验上支持了内生增长理论;迈克尔·波斯金(Michael J. Boskin,2001)对战后的经济增长进行了实证研究,他认为技术进步应同时体现在人力资本和物质资本的调整上,据此,他得出结论,技术进步对GDP增长的贡献率在50%以上,而可见资本为25%以上,而70年代以后增长率的下降则应归因于单纯物质资本调整型技术进步;格林伍德等(Greenwood,1998,NBER,W6647)对第二次世界大战后美国的经济增长进行了核算,认为美国的增长与技术进步之间有着很强的关联关系,同时,他们认为,经济增长过程中,人力资本与技术进步及资本改进之间有着强互补性,得到了一些内生增长的证据;阿格赫恩和豪威特(1998)所面临的问题是如何寻找到能代表国家间差异的数据,如一国与另一国之间所存在的增长率的差异,可能是因为两国间的文化传统与政治经济制度所造成的,同时国与国之间的GDP差距是否如汇率所显示的那么大,是值得探讨的,然而,对于GDP的调整,虽有PPP之类的方法,但迄今为止尚没有能得到广泛认同的方法。更为重要的是,沿着第一条技术路线进行的研究,并没有找到很多对内生增长理论进行支持的经验证据,如德隆(DeLong)和萨莫斯(Summers,1991)对美国的经济增长事实的研究表明,设备投资的增长是经济增长的重要因素。曼昆(Mankiw)、罗默、威尔(1992)所进行的研究(即著名的MRW检验)表明,有着递减报酬和外生技术进步的Solow-Swan模型,能够对经济增长率进行解释,而且,他们的工作也表明了条件趋同的存在;杨(1995)使用超越对数总量生产函数,对东亚新兴工业国家的全要素生产率的增长率进行了测算,杨的研究表明,东亚新兴工业国家,如中国香港、新加坡、中国台湾、韩国等国家和地区,在经济高速增长时期,其TFP的增长率是很低的,不足以解释其超过一般发展中国家的增长,杨认为,这些国家的经济增长来自于资本的大量积累、劳动力参与程度的提高、人均教育水平的提高等;琼斯(1995)研究了OECD国家在"二战"后的R&D对生产率增长的作用,他发现,战后OECD国家R&D开支的急剧提高,对于其生产率的提高并没有实质性的作用。迪诺普洛斯和汤姆斯(Dinopoulos and Thompos,1999)通过对经济增长中规模效应进行检验,认为并不存在对于规模效应进行支持的经验事实。所有这些均说明内生增长理论在与经验事实相吻合方面尚不尽如人意,正如汤姆斯(1999)所指出,对于增长的经验研究,在很大程度上支持了50年代类型的新古典增长理论。萨拉·伊·马丁(Sala-I-Martin,2001)亦指出新古典增长理论比AK模型更能解释趋同。

沿第二条技术路线进行的研究取得了广泛的成果,尽管这些成果之间对于各个单个因素对经济增长的作用的结论仍缺乏一致性。阿比吉特、班纳吉(Abhijit. V. Banerjee)的《不平等与增长》、道格拉斯-霍尔茨-埃金(Douglas Holtz-Eakin)的《代际冲突、人力资本积累与经济增长》、伯德里和大卫-格林(Paul Beaudry and David Green,2001)的《人口增长、技术应用与经济产出》、爱德华兹(S.EDWARDS,1997)《开放、生产率与增长》使用93个国家的数据,研究了开放与TFP增长之间关系的强健性,得出了肯定的结论,恩根(Engen,1996)的《税收与经济增长》一文使用了历史数据分析方法、国别分析方法、微观分析方法等对税收与经济增长的关系进行了实证研究,得出了在短期内税收近似中性,而在长期内的累积结果显著的结论等,分别对影响经济增长的因素进行了详尽分析。但从总体上看,正如本凡(Ben Fine,2000)所指出的,许多内生增长理论的经验分析工作仍然与旧的全要素生产率(TFP)分析方法相似,只是投入要素被更宽泛地解释,以包含产生增长的因素,这样,能够在一个微观的基础上,对市场不完全背景下所产生的增长更深刻地进行刻画。

新经济增长理论发展的另一个方向是研究经济增长与结构变动之间

的互动关系。例如，约翰·莱特纳（John Laitner，2000）讨论了结构变化与经济增长之间的关系，他认为，一个国家在工业化过程中，储蓄率内生地上升，因此，经济增长率也随之发生变化。约翰·莱特纳的这种观点事实上是对90年代后兴起的两部门（或多部门）增长模型的一个重要扩展。

从未来的发展来看，内生增长理论的发展将沿两个方向进行，第一个方向是沿非线性动态模型路线进行，以更复杂的数学模型更精确地模拟现实经济世界；第二个方向是计量检验的研究，包括引入更多变量、对变量进行调整以具有现实性、定性因素的定量化等。

在论述银行中介和金融市场的内生形成、各类金融中介对经济增长的作用机制以及金融发展与经济增长的关系的基础上，许多学者着眼于企业外源融资，通过金融市场（如股票、债券融资）或金融中介（如银行贷款）融资的角度，将一国金融划分为以金融市场为主的金融体系和以银行中介为主的金融体系，从而考察金融结构与经济增长的关系，实际上就等于试图回答不同金融结构在经济中的比较优势。

三、金融结构的"二分法"、功能观和法律观

（一）金融结构的"二分法"

金融结构的"二分法"的含义是，根据各国的融资方式的差异，将各国分为银行导向型和市场导向型的融资体系。理论研究表明，无论哪一种融资体系，对经济增长都有积极的促进作用，但促进的方式有显著的差异。简单地说，银行可以通过在信息获取与处理上的规模经济；通过对企业管理者实施有效的监督而降低道德风险；通过与企业建立长期关系来降低因信息不对称而导致的资源配置效率损失。因此，银行在动用储蓄、识别优良项目、监督管理者和管理风险等方面起着积极的作用。然而，相对于银行而言，金融市场的功能突出体现为：为风险性较高的项目融资、通过风险分散促进资本积累和技术创新、促使投资者对管理者监督和公司的控制等。

第一，以银行为导向金融结构观。相对于市场所存在的重复劳动和搭便车问题，银行可以减少获得及加工有关公司、经理的信息成本；艾伦（Allen）和盖尔（Gale）认为银行可以通过降低交易成本提供跨代风险分担和戴蒙德（Dimond）认为通过降低交易成本可以减少流动性保

险；西里和图法诺（Sirri and Tufano）认为通过降低交易成本和克服信息不对称，银行可以更好的动员储蓄。

部分学者认为金融市场导向的金融结构存在诸多问题；斯蒂格利茨（Stiglitz）指出在信息生产方面，市场存在着搭便车的现象，银行可以在信息披露前就进行投资，因而可以避免这个问题；艾伦和盖尔认为市场虽然有利于跨部门风险分散，但却无法进行的跨代风险分散；施莱费尔和萨默斯（Shleifer and Summers）认为由于内部人有更多的信息和富有流动性的市场对恶意兼并者有利，却有碍于社会的总体福利，导致市场导向的金融结构不能实施有效地公司控制；Vishny认为导致市场导向的金融结构不能实施有效地公司控制的原因还有由于富有流动性的市场降低了投资者的退出成本，但却因此而导致股权分散于众多散户手中，而散户一般很少有激励去监督企业；在一个原因就是经理人员对外部接管的反抗以及董事会同经理之间的勾结会降低公司的治理效率。

第二，以市场为导向的金融结构观。这种观点有如下优点：首先，运转良好的股市可以促进信息的获取和信息的扩散。股市规模越大，流动性越强，当事人就越愿意花费成本去研究公司信息。其次，除了事前的信息获取之外，运转良好的股市有助于在事后通过兼并和收购来实现有效地公司治理。在风险管理方面，股市可以有效地实现跨部门风险分散，同时，市场的流动性也保证了股市可以减少流动性风险。最后，马尔凯特斯（Marketeers）还认为市场通过减少交易成本和信息不对称可以更加有效地动员储蓄。由于有效地会计标准、信息披露机制、订约系统以及做市商关心自己的声誉，股市在动员储蓄方面有很强的能力。

以市场为导向的金融结构的缺陷：首先，在银行导向系统中，银行通常对企业有很强大的影响，这就产生了很多问题。例如，银行具有企业的内部信息，因而可以获得企业投资的租金，这就会导致企业在考虑投资项目是要剔除更多的预期利润，这就会让企业失去创新的动力。同时，银行因为要保持现有企业上获取的租金，它们会对新兴的企业进行压制，导致经济中出现普遍的信贷配给。其次，银行具有谨慎的内在取向，因此，银行导向系统会阻碍创新与经济增长。对日本的研究发现了这方面的证据，有主银行的公司通常倾向于：（1）采用保守的经营策略，其增长较没有主银行的公司慢。（2）因为可以从主银行那里获得资本支持，从而就会使用过多的资本密集型的技术和生产过程。（3）由于采用保守的经营策略和银行可以获得租金,这样就会降低利润。再次,在公司治理中,银行是按照自身的利益来行事,而且银行家也会受公司经理的影响和控制。如果经理对银行家很慷慨,后者就会阻止外部人来替换这个经理。德国的情况分析后发现:银行控制了公司中的投票权,而银行本身的治理又受作为所有者的其他银行控制,因此整个银行系统就控制了德国的主要企业,而证据表明,银行对企业的影响常常不是有利于社会公众和公司治理效率的。最后,在风险管理方面,银行提供的是标准环境下耗费不大的基本风险管理服务;而市场随着技术进步却可以提供量身定做的风险管理服务,这一点在成熟和发达的经济体中尤为重要。

（二）金融功能观

在以银行导向的金融结构观与以市场导向的金融结构观的争论中,他们说的都有道理,但是都有不足之处,这样的混战正好为列文（Levin）推出"金融服务观"埋下伏笔。他认为,金融系统的功能在于提供各种金融服务,如评估潜在的投资机会、项目融资后对公司的监督、风险评估以及动员储蓄等等。默顿和博迪（Merton and Bodie, 1995）,莱文（2002）,他们的研究表明:由融资合约、金融市场和金融中介体所构成的金融安排通过提供一定的金融服务削弱了市场不完美性所造成的不利影响。也就是说,金融安排的形成和演进有利于评估潜在投资机会、实施公司控制、便利风险管理、增强市场流动性和动用储蓄资金。通过效率或高或低的金融服务,不同的金融体系对经济增长所产生的促进作用亦有大有小。根据这一观点,在金融结构与经济增长之间的关系中最重要的问题并不在于金融体系是市场导向型的还是银行导向型的,而是金融中介体和金融市场能否提供完善的金融服务。

随后,艾伦和盖尔（2000）的研究也阐述了金融体系是通过提供一定的金融服务来对经济增长产生影响的这一思想。他们指出:金融中介体和金融市场所提供的风险管理功能是不尽一致的。金融市场允许个人通过利用投资组合对冲异质风险,投资者可根据自己的风险承担能力来调整资产组合的风险。这种在既定的时点上,投资者可以进行风险互换的做法称为横向风险分担（cross-sectional risk sharing）。金融市场所提供的这种横向风险分担功能使其为投资者表达不同的意见提供了一个良好的机制。与金融市场不同的是,金融中介体提供的是跨时期风险分担（intertemporal risk sharing）功能。因为金融中介体可以通过对不同时期的损益进行调整来防止资产价格的过分波动，从而平滑了不同期间的投资收益。

（三）金融法律观

关于法律因素对金融结构影响的经验研究的基本观点是：（1）法律传统事先使得对私人投资者权利保护在各国之间存在差异。（2）对私有产权保护是缔结金融合约和金融发展的基础。（3）几种主要的法律传统在几个世纪前形成于欧洲，然后通过侵略、殖民和模仿等方式被移植而世界各地，从而可以揭示移植国和被移植国在金融发展和金融结构上的差异。科斯以来，经济学家一直强调制度在经济增长中的作用，制度作为一种行为规则，限制和约束了人们的行为选择集合，对人们相互发生的关系提供了框架，构造了人们在政治、社会或经济方面发生交换的激励结构，并通过对交换和生产成本的影响来影响经济绩效。在所有的制度中，产权制度是最根本也是最重要的制度安排。以后，大部分经济学家认为，好的经济制度要保护产权免受邻里和国家的侵犯。在金融市场中，产权保护具体表现为对投资者权利的保护。外部投资者的权利常常受到来自于公司管理者和有控制权的股东的侵害，此时投资者可能无法获得其应有的投资回报，这削弱了对投资者的投资激励，进而阻碍了金融发展。因此，保护者权利免受管理者和大股东的侵害对于提高投资者的投资积极性，促进金融发展有着决定性的影响。拉·波塔、洛佩兹、施莱费尔和维什尼（Lslporter、Lobpezde、La Porta, Lopez-de-Silanes, Shleifer and Vishny，LLSV）4位学者研究发现（1998），各国法律制度对投资者的保护存在着系统性的差别。实行普通法的国家不仅对股东提供了完备的法律保护，而且对债权人也提供了完善的权利保护。但是实行成文法的国家对债权人和股东都未能提供充分的法律保护，因此，不存在某种法律体系偏重债权人保护而忽视股东保护或偏重股东保护而忽视债权人保护的情况。研究还发现，尽管高效的法律执行机制能够弥补法律制度本身的不足，然而，实际上，实行普通法的国家不仅法律制度较为完善，而且还具有高效的法律执行机制。相比之下，实行成文法的国家不仅法律制度存在不足，而且法律执行效率也比较低。其中法国这样一个实行成文法的国家不仅法律体系不够完善，其法律执行机制也最差。虽然富国法律体系的完备程度和执行效率可能要高于穷国，但是，消除国民收入差异的影响后，上述结论依然成立。

根据49个国家组成的样本，LLSV考察了法律保护对金融市场发展的影响。LLSV发现，在法律较为完善且执行效率较高的实行普通法的国家中，金融市场得到了良好的发展。由于融资条件较为优越，企业家可以出售更多的股票或融通更多的债务，资本市场具有较高的市场价值（股票市值/GDP），也具有更高的广度（股票初次发行数量/人口）。但在实行成文法的国家，尤其是法国，由于法律不够完善，执行效率比较低，因而资本市场的规模较小且较狭窄。莱文研究了法律保护对金融中介发展的影响。他发现，在重视债权人利益保护的国家，银行业得到了较好的发展。而且，法律执行效率也相当重要，在法律和契约得到严格执行的国家，银行业往往较为发达。LLSV（1999）发现，在法律对小股东权利提供较好保护的国家，企业具有较高的市场价值，而在对小股缺乏法律保护的国家，企业的市场价值较低。因此，加强投资者保护并不会损害上市企业的利益，相反，加强投资者保护有利于提高企业市场价值，降低企业融资成本。德米尔居奇—昆特和马克西莫维克发现，在法律环境对投资者越有利的国家，获得长期外部融资的企业在全部企业中所占的比例越高，通过金融体系获取外部融资的企业也越多。因此，法律环境决定了企业的外部融资能力，进而决定了企业的竞争能力。

另一种解释是因为不同的法律传统对私有产权的保护程度是不同的。马奥尼（Mahoney，2001）运用工具变量回归分析法对1960~1992年的有关数据进行计量检验后得出：普通法是通过对产权和合约权利的保护而促进金融发展的。克莱森斯和莱温（Claessens and Laeven，2002）认为，产权会对企业的资源配置和资产配置产生影响。其检验结果表明，对私有产权的保护程度越高的法律体系，越能促进金融发展水平的提高。贝克和莱文（Beck and Levine，2002）的实证研究亦表明：尽管在对禀赋和其他一些国家特征因素进行控制后，法律起源和金融中介体发展之间并不存在稳定的相关关系；但是，法律起源的不同仍能够解释各国在私有产权保护方面存在的差异；同时，在对宗教因素进行控制后，法律起源与金融市场的发展之间存在稳定的相关关系。

四、世界金融结构的变革

我们赖以生存的世界经济正处于一个空前深刻的改造过程之中，金融结构的变革逐渐成为左右全局的主导因素。

以美国1980年和1982年颁布的两个银行法为代表的金融自由化浪潮迅速涌入日本和西欧地区，与当地蓄之已久的变革呼声相合，导致从根本上动摇了30年代以来形成的金融制度，产生了的所谓"金融革命"。其内容大体有：第一，取消利率限制，促进金融业竞争。1980年美国终于逐步取消了旨在限制银行业进行价格竞争的"Q项条例"，挽救银行业面对难以承受的来自证券公司和财政部的强大压力，并予其在竞争中以生存和发展的机会。日本、西欧诸国亦唯美国马首是瞻而纷纷效尤，放松本国利率限制。整个西方金融界终于面向市场而不是听命于政府从事经营了，从而迈出从管制走向自由竞争的关键一步。第二，放松经营限制。1983年，美国国会中已提出《平等法案》（FSGEA），旨在允许银行与证券双方通过持股公司合法地参与对方业务，这将使美国证银分离体制名存实亡。第三，金融商品创新高潮。1971年美国证券业率先推出"货币市场互惠基金"（MMMF）和"现金管理账户"（CMA），以这种高流动性的新证券向银行业进攻、随后，银行业又以"货币市场证书"（MMC，1976）及"小额储蓄证书"（SSC，1980）这样高收益的新型存款进行反击。两大阵营的激烈竞争使50年代成为金融商品创新时代。以美国、日本为主推出的新金融商品已达百余种，为投资人提供了较为完整和丰富的金融资产系列。第四，金融国际化趋势。经济全球化进程、金融自由化浪潮及现代电信网络的快速发展都迫使各国金融制度在80年代"开放门户"，面对国际资本市场调整本国金融结构。

五、我国经济学者的金融结构观点和变迁

（一）国内金融结构观

随着西方金融结构与金融发展理论在中国的逐渐引入和传播，中国经济学者也开始研究金融与经济的关系，但在20世纪90年代以前基本上停留于宏观层面的分析，并且从其研究体系和内容方面看，基本上还是货币银行学的翻版，因而其研究也没有完全摆脱货币银行学的理论范式。

改革开放以前，中国金融结构处于一种典型的初始经济状态，其特征可以概括为：（1）货币几乎是金融资产的唯一形式，主要履行交换媒介职能而不是价值储藏手段。整个社会的收入分配在相当程度上带有福利性、实物性分配性质，居民货币化所得出消费外剩余有限。（2）银行是财政的出纳而非金融中介。（3）证券市场并不具有实质意义，国家既

是储蓄主体也是投资主体，储蓄者和投资者并未真正的分离。

改革开放以来，伴随着中国国民收入分配体制、投融资体制和金融体制的改革，中国金融结构才开始具有实质意义并逐步深化。（1）国民收入分配逐渐货币化，货币实质上开始履行价值储藏职能，居民开始成为储蓄主体。（2）银行开始作为金融中介发挥作用。目前银行信贷已经成为企业间接融资的主要渠道。（3）证券（包括债券和股票）工具及相关经营机构和市场开始飞速发展。逐渐实现金融工具的多样化、金融结构的多样化和金融市场的深化和发展。

在20世纪80年代前期，黄达在1984年在"从综合平衡的角度正确认识财政与银行的关系"报告中研究了中国社会主义财政信贷综合平衡问题，强调了这种平衡在货币流通中的地位。指出了从综合平衡的角度来看，财政和银行共同担负着向经济建设供应资金的任务。就银行来说，它提供的贷款都是属于向经济建设供应资金这个范围的，短期贷款是流动资金贷款，设备贷款是固定资金贷款，现在银行对财政有透支，这个贷款是不是非生产性的呢？按中国的情况，银行对财政的贷款还应该说是生产性的。从银行对财政贷款的数量来看，还没有超出解决经济建设这个范围。黄达（1995）注意到当时中国资金宏观配置的畸形格局，即财政"相对贫困化"、银行"独木撑天"、企业资金紧张的格局，强调了资金宏观合理配置及其对金融调控政策的影响。贝多广于1998年在吸纳国内的综合平衡理论和译校格利和肖（1960）、戈德史密斯（1969）的金融结构理论的同时，从国民收入循环流程出发研究了社会资金流动过程。谢平（1992）较早的实证分析了1978~1991年中国金融资产结构的变动情况，希望由此说明中国的金融深化进程和金融改革对中国经济运行的深刻影响。易纲（1996）分析了中国金融资产结构状况及其政策含义。方贤明（1999）从制度变迁的角度系统分析了中国金融结构的调整。

自90年代起，一些中国经济学者在借鉴国外研究成果的基础上，对国内金融经济关系进行实证性检验，并有学者专门研究和探索金融结构问题。如王广谦（2002）认为：金融结构是指构成金融总体（或总量）的各个组成部分的规模、运作、组成与配合的状态。一般来说，一个国家或地区的金融结构是金融发展状况的现实体现，在金融总量或总体发展的同时，金融结构也随之变动。李建（2000）认为：把反映一定时期各种金融工具、金融市场和金融机构的形式、内容、相对规模和比例理解为一国的金融结构。一定的金融结构反映了一定的金融功能及效率，也反映了一个经济的金融体系的特征。从存量角度看，金融结构反映的主要是金融资产与实物资产在总量上的关系；金融资产与负债总额在各种金融工具中的分布，金融资产与负债在各个金融机构和非金融经济单位中的分布，金融资产与负债在各个经济部门的地位，金融流动对社会资源配置及对经济增长的影响等。白钦先认为：金融结构可以是狭义与广义的。狭义的金融结构指短期金融与间接金融同长期金融与直接金融比例的不平行发展，以及后者对前者的逆转，即"金融倾斜及其逆转"。广义的金融结构就要复杂得多了。它可以包括全球不同类型国家或一国不同时期金融结构、金融工具、金融资产、金融市场、金融商品、金融衍生商品、实质经济与虚拟经济（金融）的数量变化（比例）与质量高低，上述因素不同时间不同空间不同要素的变化与比例等。张立州（2002）认为：金融结构实质上包含宏观和微观两个层次，在宏观上是指在金融体系中金融机构、金融业务、金融工具、金融资产等各个组成部分的比例、相互关系及其变动趋势，具体可以概括为金融产业结构、金融机构结构、金融工具与金融资产结构和金融业务国际结构四个方面；在微观层面上是指上述各个组成部分内部构成、比例关系及其变动趋势，具体包含金融机构的资产结构、金融机构的业务结构和金融机构的收益结构三个方面。徐诺金在（2006）《金融生态论》一书中，他认为金融生态系统结构是金融和非金融成分环境之间通过资金和信息的流动相互作用、互相依存而构成的一个整体。它由金融生态主体、金融生态环境、金融生态调节三部分组成。如银行、证券、保险、民间借贷等金融机构和组织，在一个发达的金融生态系统结构中，其主体是多样化的，不仅数量多，而且种类多。如美国有大约三万多家银行和上千家基金公司。

（二）中国金融结构的变迁

中国自50年代中期以后到1979年这一时期实行的是高度集中的计划经济体制。与这一经济体制相适应，中国的金融结构呈现出金融发展初级阶段的特点，具体表现有：（1）内源融资占主导地位，外源融资只起补充作用。（2）外源融资形式单一，只有唯一的国家银行融资。（3）典型的封闭型金融。

1979年以来的经济金融体制改革，彻底打破了传统落后的、单一的金融结构，使中国金融结构出现了以下三大变化：（1）从内源融资主导型转向外源融资主导型。(2)外源融资方式从单一的国家银行融资转为以国家银行融资为主体的间接融资为主、直接融资为辅的格局。(3)从封闭型金融逐渐趋向开放型金融。

改革开放之前,在改造私营金融业过程中,把所有的金融机构统一为全民所有的一家大银行——中国人民银行。经济体制改革对金融体制改革提出新的要求,要求放松金融管制,实现金融机构和筹资渠道的多样化。在改革开放的推动下,金融机构纷纷建立和快速成长,金融产业结构进一步多元化。1994年成立国家开发银行、中国进出口银行、中国农业发展银行三家政策性银行,分离了政策性金融与商业金融。国家专业银行逐渐打破专业分工的界限,明确其商业银行性质,按市场化原则改革并向国有商业银行转化。建立了以国有商业银行为主体,包括股份制商业银行、城市商业银行在内的多层次商业银行体系。证券业和保险业迅速发展,新组建和重组了一批证券公司和保险公司,新成立了许多期货公司和基金管理公司。同时,金融业对外开放不断深化。一方面,外资金融机构的数量持续增长,种类逐渐增多,包括引入合格境外机构投资者;另一方面,中资海外金融机构的数量与种类也得到适度增长。

六、金融结构与发展的比较研究

戈德史密斯的研究证明了金融结构的趋同性,从而金融发达国家为发展中国家的金融发展提供了经验与教训。许多研究已经证明。以下几方面对发展中国家的金融结构调整具有重要意义。首先,要打破单一银行体系。中央银行的政策业务从金融业务中分离出来,形成多家、多性质的银行共存的格局;其次,金融市场的开放,主要是针对中小金融机构,特别是非银行金融机构及外资金融机构准入制度障碍的削减;再次,实施相关的金融深化措施,推进金融制度和金融工具创新,如价格和利率市场化改革、开放货币市场、银行体系表外业务的拓展;最后,资本市场的建立与发展,改变单一间接融资的金融机构主导的市场结构以及政府宏观调控技术途径的多样化,监管体系的科学化。

应该注意:一是国家金融中介机构与资本市场之间的互补大于竞争,高效运作的资本市场需要健康的中介金融机构作为支付和清算体系予以支持。推进商业银行的改革,打破垄断,形成良性竞争的格局,增强金融机构的自生能力极为重要。二是金融结构趋同并不意味着金融发展的程度相同，金融结构的改革与调整应考虑本国的金融改革起点、宏观经济政策的现实取向以及本国特有的人文因素。

外资流入对弥补本国资本形成所需资金的不足发挥着十分重要的作用。但随着外资流入的增加和对外资依赖的提高，将增大一国的外债负担。外资流入以后，可能使国内资源短缺加剧，从而导致大量进口，形成国际贸易巨额逆差，最终导致本币贬值，进而使国内储蓄贬值。并且，如果外资多流向非生产性领域，尤其是特别偏好消费品工业投资形成的消费偏好导向的需求结构；与国内私人投资争夺消费品市场，产生消费挤压效应。这种需求结构限制了国内经济的增长，也不利于国内资本积累机制的形成。因此，无论是外资流入还是货币发行都无法从根本上弥补投资——储蓄缺口。

资本持续形成带来的积累对社会发展的各个阶段都起着十分重要的作用，必要的资本积累是重要的催化剂。按照罗斯托的现代化理论，发展中国家必须立足于国内金融体制的发展来建设完善资本形成与积累机制。20世纪40年代末建立的哈罗德—多马经济增长模型进一步论证了只有持续的资本形成，发展中国家才会有持续的经济增长。对发展中国家来说，资本投入的加强是经济增长最重要的源泉。资本形成是实现经济增长的前提，是发展中国家经济持续发展的先决条件。在一定的条件下，资本形成的多少决定着经济发展水平的高低，因而资本形成是经济发展的关键或约束条件。

但值得注意的是，高投资率、高资本形成率并不必然带来经济的持续高速健康增长。拉美国家经过20世纪70年代的高投资下的经济增长就是一个典型的反面教材。从发展中国家资本形成发展历程可以得出这样一个结论：经济发展不仅取决于资本形成水平，而且还要注意该国银行体系动员储蓄、储蓄——投资转化效率和投资效率，对于这些方面，金融体系的发展起着决定性作用。再者，如果在金融相关比率的计算公式中考虑通货膨胀因素，则发现通货膨胀对金融发展存在负面影响。

目前，制约我国金融发展和货币政策操作的主要因素在于金融结构的不均衡。在金融改革与发展的实践过程当中，应特别注意金融发展对经济增长的引致效应，金融结构改革与调整不仅是量的扩张，更要注重质的提高，即把握金融发展的内在规律，考虑国情，逐步推进金融结构调整与结构优化。同时，也应该加强对金融发展与经济增长互动关系的深入研究，关注金融发展与结构优化对经济增长的储蓄与投资的结构效应，充分认识伴随经济发展金融结构的变动与发展趋势和金融中介机构的地位调整。从历史与科学的角度深入认识金融体系的职能，并从金融发达国家的金融发展进程中吸取经验与教训，立足实际，建立和完善具有中国特色的金融体制。

金融发展的制度分析

第一节 金融制度的发展

一、金融制度

(一)金融制度的内涵

金融制度是一个国家通过法律、规章制度和货币政策等形式所确定的金融体系结构,以及组建成这一金融体系的各种要素之间的职责分工、相互关系及各自的行为规则。

金融制度的概念还可以这样表述:金融制度是指有关资金融通的一个体系或系统,它包括构成这一系统的各个重要组成部分(包括个人或机构),各类金融机构在这一系统中的地位、作用、职能,以及它们彼此之间的关系;整个社会资金在这一系统中如何进行融通,以及各资金融通机构的运行机制;在这一系统中的金融监管机制。

按照新制度经济学的对制度内涵的研究成果,金融制度又可理解为:有关金融交易的规则、惯例和组织安排,它通过提供这些规则和组织安排,界定人们对金融交易过程中的选择空间,约束和激励人们的金融行为,降低金融交易费用和竞争中不确定性所引致的金融风险,进而保护债权债务关系,促进金融交易的顺利进行和提高金融资源的配置效率。

通过前面的梳理,我们可以从三个层次来理解金融制度:(1)金融制度的最高层是法律、规章制度和货币政策,即一般意义上的金融活动和金融交易规则。他将抑制可能出现的任意行为和机会主义行为,使金融活动和金融交易在一定程度上变得可以预见。(2)金融制度的中间层是由金融体系构成,包括金融机构和监管机构。从形式上看,金融制度是一个外在制度,是被自上而下强加执行的;但金融制度本身又具有内在制度的某些特征,即金融制度在某种意义上是由金融活动主体的行为规范合成的。(3)金融制度的基础层是指金融活动和金融交易参与者的行为。参与者的行为很大程度上要受上层规则的约束;但反过来,参与者的行为又会影响整个金融体系,并进一步影响规则的制定与修改。因此可以说,金融制度是由金融活动和金融交易的参与者共同确定的。

显然,金融制度不是简单的金融体系构成,也不是简单的经济规范。建立一定的金融制度是为了统一协调整个金融体系的活动,以适应国民经济和社会发展的需要。但金融制度能否实现其目标,取决于金融制度本身的合理性和效率性。

还要说明的是,金融制度是金融活动和金融交易参与者共同所有的,其有效贯彻需要建立某种惩罚。只有运用惩罚,才能使参与者的行为变得具有可预见性,才能创造出秩序。

(二)金融制度的构成

金融制度系统主要由两部分构成,即非正式制度和正式制度,加上制度的实施机制共同形成一个制度系统的完整有机体。

1. 金融非正式制度

(又称为非正式约束)是人们在长期交往中建立起来的一种"约定俗成"的规则,构成社会、经济和文化中的一部分的制度形式。非正式制度是正式制度的先验模式或萌芽形式,是正式制度得以建立的基础。非正式制度包括价值观念、伦理道德、风俗习惯、意识形态。其中意识形态是核心,它常常成为正式制度安排的理论基础和行动准则。这种制度的特点是,缺乏强制性及实施成本较高。

2. 金融正式制度

正式制度是指由国家的代理人、政府部门或主管当局(如中央银行)制定的政策法律等。主要包括政治规则、经济规则和契约,以及由这一系列的规则构成的一种管理结构。他们共同约定人们和组织的行为。金融制度中的正式制度的主要作用在于界定金融组织和人在自己所处社会分工的责任和应遵守的规则,规定金融组织和人们可以做什么和不能做什么,衡量金融组织之间以及人与人之间的交流和交易的公平性,规定对违约者的惩罚规则。《中华人民共和国银行法》《商业银行法》《票据法》《贷款通则》《金融违规处罚条例》等均属于金融正式制度的范畴。

（三）金融制度实施机制

制度的实施机制是指制度发生作用的实施和传导的手段和措施。一种制度设立后，其实施效果如何，是否有效，除了制度本身是否完善以外，很大程度上取决于制度实施传导机制的健全与否。实施机制是制度发挥有效功能的载体、媒介和手段，同时还是一种保证交易和人们相互关系的强制性保证措施。因此可以这样理解，实施机制的建立和完善，其目的在于：（1）为适应交易的复杂性和降低交易成本。（2）追求利益最大化。因为人们所处的外部环境具有极大的不确定性，人们对环境的适应能力有限，正因为如此，制度通过设立一系列规则就能减少环境的不确定性，并通过制度实施机制提高人们认识和改变环境的能力，同时每个人也会与环境对应建立起适合自身的行为模型，从而使人们利益上的选择差别同制度规则上的要求尽可能协调，及金融运行的正常程序得以建立。（3）避免金融交易或合作双方因信息不对称导致的交易实施变形或契约失效。

（四）金融制度的功能

金融制度具有以下一些基本功能：节约功能，可以降低交易成本；激励功能，可以通过规则或机制使金融活动主体达到一种特定的状态；约束功能，可以抑制金融交易中的机会主义倾向；配置功能，对金融资源进行配置；稳定功能，可以设计和创造和谐的金融秩序。

1. 降低金融交易费用

金融制度的演进往往是以节约金融交易费用为根源和动力的。所以节约功能实际上构成了金融制度的首要功能，金融制度所提供的规则和惯例可以降低人们在金融交易中的利益冲突和讨价还价所造成的成本；金融制度所提供的组织安排和金融工具可以节约人们在搜索交易对象、搜集信息以及检验金融商品数量和质量方面所花的成本；金融制度所提供的规则可以降低金融交易中的无序造成的费用；金融制度所提供的管理和调节机制可以降低宏观金融运行和金融风险所造成的损失或费用等等。金融制度的节约功能对金融绩效的意义在于：储蓄动员的数量和规模与金融交易的费用密切相关，如果金融交易的费用无穷大，闲置的货币资金则会被消灭而转化为投资。现实的情况显然介于这两个极端之间，对金融交易的单位费用的降低和节约，主要依赖于金融交易方式的变革即制度的创新。

2. 为经济部门提供激励

金融制度能为人们追求利益最大化和经济组织的最大化效益目标提供一种激励。这是因为金融的发展与深化依靠的是发展有效率的金融组织来推动，而有效率的金融组织一定是在明晰的产权制度前提下有一套制度化的保障体系，这样才能保障个人和金融部门的收益率最大化并不断使个人和金融部门的收益率趋近于社会收益率，也即是经济主体的成本——收益趋于合理，防止和避免"搭便车"、寻租、投机暴利等不公平现象。个人和金融部门收益率接近社会收益率的过程，也就是金融领域的所有权制度和分配制度不断完善的过程。尽管这一过程是十分复杂并且很难达到理想状态，但制度的功能恰恰就是要不断促使人们去努力，并给各金融主体提供一种持续的激励。

3. 资源配置，资金融通的功能

金融商品是经济发展到一定程度的产物，它是与信用货币紧密相连的经济范畴。资源配置机制是在一定体制下形成的，是整个经济运行的反映。但现代经济是信用经济，社会资源的很大部分都是通过信用方式来配置的。而货币制度、信用制度又是金融制度重要的内容。由此可以推论，金融制度的首要功能在于促进社会资源配置、生产要素组合和提高其利用效率的经济功能。所谓制度（按制度经济学理论）实质就是关于生产的制度结构，是关于资源通过某种制度下的人的行为转换成更有价值的形态。这里的生产过程在金融领域则表现为金融交易过程或货币资金运动的全过程。金融制度就是指关于金融交易的全部制度，更确切地讲，是关于金融交易在特定制度条件下的效率和组织结构等达到社会资源的最有效合理配置的全部过程。只不过由于金融制度的特殊性，以及我国社会主义市场经济体制的特征，决定了金融制度对社会融通资金和调剂自己余缺的功能。在一个经济社会中，总存在一部分资金盈余单位（储蓄者），同时也存在一部分或为投资或为消费需求的亏损部门和个人，他们之间的资金余缺在现代经济中要么通过金融中介部门（间接融资），要么通过金融市场（直接融资）来给予调剂，并将储蓄转化为投资。在这一过程中，金融制度扮演着重要的角色。货币资金本身尽管不是生产要素，但它具有引导和配置其他资源的作用，即通过信用方式来参与引导资源配置，因而货币资金的配置及其运动形式，很大程度上影响甚至决定着资源的配置。货币资金的运动以及各种信用方式的总和就构成了这种意义上的金融制度，从这个意义上讲，金融制度具有了资源配置和资金融通的功能。例如通过金融中介组织，将分散的闲置资金集中起来，再通过借贷行为变储蓄资金为投资资金。又通过金融市场的直接融资方式，以金融商品（货币信用）为载体，以金融交易为手段，不断的调剂、组合，配置货币资金在不同部门、地区、行业的比例，以达到优化资源配置的目的。

4. 约束功能

金融制度的约束功能是指金融制度所提供的旨在对金融交易活动中的机会主义行为倾向加以抑制的机制和组织。机会主义行为属于"分配性努力"而非"生产性努力"，如金融领域的投机行为，金融活动中的隐瞒行为和要挟行为，以及"寻租"和"搭便车"行为等，其行为结果不是增加而仅仅是分割金融资源。这种机会主义行为的广泛存在，无疑会造成金融运行的紊乱和无效性，导致交易费用上升和社会福利的损失，为此金融制度就需要有某些旨在监督和惩罚的机会主义行为的机制和组织，以减少交易费用和提高金融活动的效益性。另一类更为积极的方式是通过一定的规则和组织方式来改变导致机会主义行为的环境条件。如机会主义行为与信息不对称、政府不适当干预和外部不经济等有密切关系，那么用某种信息分布均衡的环境取代不对称环境，在金融体系中引入竞争机制，减少政府干预以及提高个人收益（成本）与社会收益（成本）的一致程度等，就不失为金融制度设计所应考虑的对付机会主义的有效方法。

5. 稳定功能

金融制度同其他制度一样注重和谐和稳定问题。我们并不假定金融活动中有什么自然的、和谐的稳定。而金融制度的功能之一，便是设计和创造出和谐、稳定的秩序。

二、金融发展与金融制度

（一）金融发展中的制度因素

1. 制度通过提高金融机构的适应效率促进金融发展

金融发展与深化不仅仅是金融规模在量上的增加和扩大，更重要的是金融体系及货币资金融通效率的提高问题，这是金融发展的基本目标，金融体系的运行效率首先是通过各种各样的金融机构的运营效率来反映的，即金融体系的整体运行效率是各个具体金融企业运行效率的集合，而金融制度的首要功能就是能有效地提高各种金融组织的适应效率。因为从制度经济学的原理来讲，制度经济学是研究生产的制度结构，在金融领域就是研究金融交易即资金融通和制度结构。当市场环境和制度环境发生变化时，企业内部制度也会随之发生变化，其经营、生产交易行为也会随之变化，并最终导致金融供给结构的变化。故从这个意义上讲，可以认为关于金融制度的研究即是对资源通过金融中介在某种制度下的借贷行为转换成更有价值的形态这一过程的研究。例如，在"大一统"格局下国有银行的借贷行为，由于制度缺陷使其"生产"行为不符合市场经济原则，其借贷行为的结果是导致大量资源的浪费和呆滞，社会资源即货币资金的运营效率极其低下，这无不与金融制度及企业的金融行为有关。当然，提高金融体系和金融组织的适应效率还有其他因素，如金融商品的创新、人力资本的改善、信息及通信技术的广泛应用，但制度是重要的因素之一。因为制度通过提高金融机构的适应效率和提供更有效率的组织经济活动的途径，而促进金融发展，并进一步导致金融发展再进行基础性的调整。

2. 制度能提供更有效的组织金融活动的途径和手段

同一般经济活动一样，经济制度的功能之一就在于能使生产要素的经济功能得以有效发挥。这实质上反映的是经济活动的管理与组织问题。就是规定和界定个人或金融组织的分工中的责任，界定人们和金融组织可以干什么和不可以干什么的规则。个人和经济组织都是追求利益最大化的行为主体，如果没有一种有效的制度来界定约束人们的行为、分工，没有一种有效的制度规则来激励经济组织把资源通过某种制度下的生产行为转化为更有价值的形态，即社会资源的有效配置，或者进一步讲，如果没有关于惩罚的规则在告诉人们违反制度要付出什么样的成本，那么经济金融活动将出现无序、无效率或极大的不公平性。如过度投机、寻租等。

3. 良好的金融制度环境优化社会资源的配置

良好的金融制度环境通过社会资源的配置以有利于金融发展和深化的具有社会效率的方式进行。所谓制度环境，是指一系列用来建立生产、交换与分配基础的政治、社会、法律基础规则，制度环境是一国或者某一经济领域的基础制度规定和基础性制度安排。在金融制度环境中，其中以中央银行法和商业银行法、证券法、保险法、票据法等金融法律法规最为重要。制度环境是可以改变的，但与其他制度安排相比较，制度环境的变迁要相对缓慢且难度大得多。制度环境的改变是由社会权利结构决定的，社会权利结构可能为了保护既得利益而阻止或促成制度环境的改变。制度环境作为一种基础性制度安排的重要经济功能在于为社会资源的优化配置提供基本的服务和保证框架，提高和扩展制度主体的选择空间。

关于制度环境对资源优化配置的作用，最有力的佐证就是在计划经济体制下的制度环境和在市场经济体制下的制度环境的比较。在计划经济体制下，资源配置的方式和方向是由计划决定的，相对应的则是"大一统"高度集中的金融体系，银行作为中介机构，却并不具有分配社会资源的经济功能或市场功能，仅仅是执行计划的一种手段，充当出纳而已。信用高度集中和单一，资金管理也高度集中，整个金融体系的信贷资金为适应和符合国民经济计划管理的要求，统存统贷，统收统支，统调统配。这个时期的基本制度环境，即使有关国民经济计划的一系列基本管理办法，银行信贷收支平衡最后决定于财政收支平衡，一些市场经济条件下的基础性制度安排，如中央银行法都没有。因为中央银行并未独立存在，商业银行法、保险法、证券法就更不用说了。在对商品货币存在都不承认，且货币化程度又极低的条件下，金融市场也就自然不在讨论之列了。但历史证明这种传统落后的制度环境，尽管有其存在的历史经济背景，但这种金融资源配置方式却限制了市场的作用，降低了资源配置效率，使经济的基础结构畸形，造成金融组织体系约束弱化等诸多弊端。而在现代经济条件下，资源的市场配置是商品经济的客观要求，在信用经济条件下，资源的大部分是通过信用方式配置的。但这种配置方式同计划经济条件下的资源配置具有质的不同。前者是按照市场经济原则，在竞争条件下，由市场资金供求关系所决定的均衡价格来引导和决定的，是通过金融交易来实现的。因此货币资金如何分配及其运动形式，在很大程度上影响甚至决定着资源的配置。货币资金的运动以及各种信用方式的总和就构成了制度意义上的金融交易。交易行为是一种产权的让渡，故必须受到市场和交易规则上的约束。

4. 金融制度有助于金融市场获得"正确的价格以防止和解决市场失灵"

通常，从经济学的角度讲，市场的有效或无效始终是同供求价格的变动动态联系在一起的。而价格又是同供求关系始终联系在一起的，之所以提出制度有助于获得"正确的价格"（这里的价格指的是一般意义上的价格，不是具体的某一商品的价格），是因为供给和需求的相互作用（交易行为）是通过制度媒介进行的。金融市场和金融交易过程中金融资产价格是否正确，取决于货币资金供求关系的相互作用。金融交易是受制度约束的，其一，金融市场（广义的）中资金价格的获得要依赖于金融制度；其二，无效率的制度安排不仅无助反而将从基础上破坏和扭曲制度的运行，使价格规定不当而影响市场的正常运行；其三，金融制度变迁和制度结构的调整将通过获得"正确的价格"过程，来对金融发展中的制度变化过程发生实质性影响。

5. 金融创新是金融发展和深化的重要内容

金融创新的进程依赖于一套复杂的制度安排。其中不仅包含生产创新的制度，而且还包括确定所有权和新式契约（即交易方式变化后的契约方式）或分担各种因衍生工具的出现而存在的外部性风险制度。事实上，金融创新在相当大程度上依赖于制度投入和制度创新，因为即使不把金融创新引入金融发展模型，我们也能看到，由于金融交易发展规模的扩大和复杂性的增加，也有在制度上做重大变化的客观需要。例如，伴随着金融创新而引起的金融交易复杂化，市场的不确定性和风险的增加，将使金融交易费用上升，这就要求有契约管理、控制过度投机、抗风险能力和监管能力增强等方面的法律与之适应。以至于像货币这样的基本制度也会发生很大变化（如欧元的产生所体现的国际货币一体化趋势）。实际也说明了随着金融创新的推进，金融交易的深度、广度、方式、结构等的变化一定会提出制度的需求，而相应的制度的产生则是这种金融发展过程的客观必然。

（二）金融制度与金融发展

上面分析了金融发展与深化过程中的制度因素。制度在哪些方面，又是如何影响金融运行的？

1. 金融制度与金融交易

在现代信用经济条件下，金融交易活动体现为整个经济运行的价值形式，即金融活动通过资金运动进行资源的配置，具体来讲就是金融部门通过货币供给，信用创造以及各种各样的金融商品和金融服务，深刻地影响着社会经济的运行效率和运行秩序。而现代金融的发展使金融本身的内在不稳定性有所增强，如果完全由市场原则来安排整个经济中的金融、货币、利率、证券市场，金融的稳定有序发展将难以保障，金融市场难以在稳定和低通货膨胀率的条件下满足经济增长对货币的合理需求，甚至由于现行信用创造的无节制会导致货币的不稳定与过度增长。另一方面也不能完全不按市场原则办事，完全依行政计划命令来完成金融的经济使命。这也会导致严重违背经济规律的资源配置，产生低效率及大量的资源浪费。必须让金融主体和金融组织机构像其他经济主体一样，要能根据经济发展的客观需要，按市场经济原则和规律运营，建立起自主经营、自由交易、公平竞争等一系列属于金融制度范畴的行为规则和制度。

2. 金融制度与金融运行

金融系统的运行将解决如何处理好调节与管理、发展与风险等矛盾问题。现代金融发展的实践证明，唯一切实可行的办法是通过设立有效的制度安排将金融系统的宏观管理、调控与金融微观经营分开。形成充分独立行使权力的中央银行制度，集中掌握货币供给和货币发行，专门实施金融的宏观管理和调控，同时还形成其他商业性金融组织按市场原则以及金融交易活动的二级金融制度。特别是与中央银行制度相关联的各项制度安排在现代金融中具有不可替代的重要作用。因为现代经济是信用经济，在信用经济条件下，中央银行制度是同现代市场中的货币制度相联系的。而货币经济向信用经济的转化，信用货币成为流通中的主要货币，这一方面大大利用金融交易活动节约和降低了交易费用；但另一方面信用经济的内在不稳定性，即本身无任何价值的信用货币由于没有实体价值保障而在理论上有可能人为无限创造而出现发行失控，从而导致货币的购买力下降和通货膨胀等风险。又由于货币稳定关系到整个社会经济的有序运行和稳定发展，这在金融制度上就要求有稳定货币的专门制度安排——中央银行制度。而且随着金融深化的推进，中央银行制度功能的相关制度安排也还会不断创新和完善。

3. 金融监管制度

现代经济金融中，没有一个国家对金融完全采取自由化市场制度。

监管是现代金融交易活动重要的内容和内在要求,因为它体现和保护着金融交易主体的一般利益,避免市场失灵,防止金融交易中的机会主义倾向、利益冲突和摩擦,弥补信息不完全和弱化外部效应因素的存在。除此之外,纸币制度、部分准备金制度、信用创造、利率波动、证券市场、金融商品创新等,都使得金融交易具有更大的风险性,使监管制度不仅显得十分必要,而且还应认识到其中的复杂性。因此,金融监管制度是现代金融制度体系中不可或缺的有机组成部分。金融监管质量直接决定着金融体系运行的稳定性和有效性,这也是引导金融制度有效发挥功能的重要条件。

  国际经验表明,金融作为国民经济的核心,在一国的经济增长中发挥着十分重要的作用。特别是在高度发达的现代市场经济中,金融发展已经成为经济发展的重要因素和先导力量。金融发展理论显示,金融发展速度的快慢、金融发展水平的高低以及金融发展阶段的先后,最主要取决于金融发展的推动力。在许多发展中国家,有效的金融制度和制度创新是金融发展的主要推动力之一。

三、金融制度创新

(一)金融制度创新的内涵

  所谓金融制度创新,就是指在金融领域内,制度的设立、替代、转换、完善交易的过程,是各种制度要素的重新安排,制度结构的重新调整和组合,是为追求新的潜在收益而进行的经济关系和利益格局的调整和所进行的社会经济改革。对金融制度创新这一动态过程、概念的理解和认识应从以下几方面入手:

  其一,应动态和历史地看待金融制度的创新。即应引入时间因素来考察金融制度的变迁过程。从货币的起源到货币制度的形成,从原始钱庄到现代银行制度的产生,金融伴随着经济发展的内在需求而总是处在一个不断演进和变动的过程之中,人们总是在不断从追求制度最优中获取最佳的收益和资源的最佳配置和利用,金融制度创新的轨迹就是金融经济的发展史。

  其二,金融创新和金融制度创新是两个既相互联系又有区别的不同概念。通常所说的金融创新是指在金融领域内建立新的生产函数,是各种金融要素的新的结合,是为了追求利润机会而形成的市场改革。它泛指金融体系和金融市场上出现的一系列新事物，包括金融工具、融资方式、新的金融市场、新的支付清算手段以及新的金融组织形式和监督管理方法等在金融领域内所发生的创造性变革和开发活动。它不仅包括了金融微观领域，而且也涵盖了金融宏观领域。而金融制度创新，是从属于金融创新这一概念的，它是指一种效益更高的制度对另一种制度的替代过程，它所反映的是一种与经济制度互相影响、互为因果的制度改革。是制度要素的重新组合，制度结构的重新调整，金融组织制度的变革，金融文化的创新等。它并不涉及具体金融工具、金融商品的创新。但由于金融制度就是通过信用方式使社会稀缺资源通过某种具体制度安排下的生产行为转换成更有价值的形态的过程，因此金融制度对金融领域建立新的生产函数或各种金融要素的重新组合，包括对金融商品和金融工具的创新都起着至关重要的作用。

其三，促成金融制度创新的因素主要有金融市场规模的扩大，金融工具和金融商品的不断创新，以及由前两者引起的金融领域中一定经济部门或个人对预期收益的重新判断。具体讲金融市场规模的扩大所增加的不确定性和金融工具、金融商品创新常常会改变特定制度下的成本和收益。

（二）金融制度创新的制约因素

尽管金融制度创新具有一系列积极的功能，实践中的金融制度创新进程却并不像想象的那样顺畅。而且，在不同的国家，金融制度创新的路径与特征也存在巨大差别。这表明，金融制度创新存在着相当强的制约因素。

一国的基本经济制度模式及其变迁，从逻辑上说，作为一国经济制度体系中重要的组成部分，金融制度必然要受制于其基本经济制度。金融制度创新说到底只能在一定的经济关系下运行，亦即特定的经济制度框架限制着金融制度创新可能的空间。进一步说，特定的经济制度框架下形成的不同的金融分配偏好和产权格局会直接决定着金融制度创新的必要性、可能性与空间。

金融制度创新成本的高低与新金融制度迅速、有效地投入运行密切相关。一种金融制度一旦形成，就会在运行中产生巨大的相关投入，而此后的任何金融制度变更都不可避免地面对巨大的成本问题。换言之，金融制度创新必须克服对已形成的金融发展路径的依赖性。一般而论，如果既有的金融制度形成、运行的时间相对较短,在这个过程中形成的沉没成本相对较低,金融制度创新的代价就较小,实施难度也不会太大。反之,金融制度创新的代价就会很高,代价也相对更大。除了创新的经济性代价外,这里还存在制度创新的风险问题,大规模的金融制度创新必须面对这样的问题:它是否能够很快替代原有的金融制度,并成熟、有效的运行?制度转换过程中或多或少会形成某种制度真空,如果大规模的制度创新导致大量制度约束地带的真空,且不能迅速填补,则必然造成金融混乱,由此形成巨大的转换性损失。

金融资源的稀缺程度。一国金融资源的稀缺程度也会在很大程度上制约其金融制度创新。金融制度创新的主要动机是提高金融运行的效率,实现稀缺金融资源利用的最大化和最优配置。在一国金融资源较为紧张时,客观上通过金融制度创新来缓解这种矛盾的需要就更为强烈。反之,如果一国金融资源较为宽裕,则通过金融制度创新来解决金融资源利用最大化的动机就会弱化。

金融竞争的激烈程度。创新的基本动力之一就是竞争。在缺乏竞争的条件下,创新的效应与其制度变迁的成本是不对称的,即后者通常会远远高于前者,而且创新本身能否完成也是令人怀疑的,这边在客观上抑制了金融创新的冲动。反之,在金融竞争十分激烈的情况下,各类金融主体之间的摩擦将是十分强烈的,金融风险问题会变得更为突出,寻求公正而普遍适用的规则即对制度协调的内在要求也会更加强烈。

经济、金融的开放倾向。不同的经济、金融共同体在开放倾向上存在差异,有的较为封闭,有的则趋于开放。一般情况下,开放倾向较强的金融系统会有更强的制度创新欲望,或者说,它除了有内生的创新动机外,还会由外部催生出创新动机。

技术进步态势。金融制度创新一方面需要技术角度的支持;另一方面又从技术进步中获取动力。例如,某些基于金融安全保障的监管类制度创新,需要高度的信息获取、整理和分析条件,而某些更有效的交易制度的采用也依赖于计算机网络技术的发展。当信息技术的进步提供了相应的条件后,这类制度创新便会突破技术"瓶颈"和供给的成本限制,很快得到实施,这是技术进步为采用新的有效的金融制度提供支持的情况。还有一种情况是,技术进步进程的加快总是导致大量新金融工具的出现,而要保证这些新金融工具正常运用,客观上迫使相关金融制度作出适应性的创新反应。

（三）金融制度创新中政府的作用

从新制度经济学的观点看，金融制度的创新带来金融制度的变迁。研究金融创新中的政府其实就是在研究金融制度变迁中的政府。金融制度变迁是由于金融交易和范围的扩张以及出于方便交易和流通、节约交易费用、降低交易成本的目的和结果。在货币化程度较低、金融市场不发达、金融机构和金融工具较少的情况下，金融资产的专用程度较高，因而交易费用也高，交易成本也大，于是就产生了金融制度创新的需求。

在金融制度的变迁过程中政府的作用是至关重要的，政府干预经济的方式和程度是形成各国金融发展模式的主要因素。金融制度的建立和发展并不是完全根据需求被动进行的，合理高效的金融体系并不会自动生成，政府应成为金融制度的供给主导角色，在有效的金融制度建立过程中发挥主导作用。特别是在经济发展的早期阶段和对于金融市场不发达的发展中国家，政府往往是经济现代化和工业化的设计者和推动者，政府对经济运行的干预程度较高。这主要是由于经济发展的早期阶段市场发育不成熟，经济发展不成熟要求政府建立能充分利用稀缺资本的金融体系来支持产业发展和经济结构的调整，银行因其在筹集资金上的优势，自然成为政府支持经济发展较为理想的选择。因此，在政府干预经济程度高的国家，为实现经济发展，政府往往在金融结构方面制定了许多特殊的金融政策。从资金易得性和降低交易成本的角度看，银行贷款依然是发展中国家企业外部融资的一个重要来源。

第二节 金融约束理论

一、金融约束理论的产生

发展中国家金融自由化的结果曾一度令人失望，许多经济学家开始对以往经济发展理论的结论和缺失进行反思和检讨。新凯恩斯主义学派认为，由于市场失灵的存在，政府在金融市场中的作用显得十分重要。市场上存在的信息不完善、外部性、规模经济和垄断竞争等都将增加不稳定程度。斯蒂格利茨在新凯恩斯主义学派分析的基础上概括了金融市场中市场失败的原因，他认为政府对金融市场监管应采取间接控制，并依据一定的原则确立监管范围和监管标准。在此基础上，赫尔曼、默多克和斯蒂格利茨（Hellman, Murdock and Stiglitz, 1997）在《金融约束：一个新的分析框架》一文中提出了金融约束的理论分析框架。

二、金融约束理论的主要观点

（一）金融约束理论的核心内容

金融约束是政府通过一系列金融政策在民间部门创造金融租金机会，以达到既防止金融抑制的危害又能促使银行主动规避风险的目的（Hellman, Murdock and Stiglitz, 1997）。这里的租金不是指属于无供给弹性的生产要素的收入，而是指超过竞争性市场所能产生的收益。金融政策包括对存贷款利率的控制、市场准入的限制，甚至对直接竞争加以管制，以影响租金在生产部门和金融部门之间的分配，并通过租金机会的创造，调动金融企业、生产企业和居民等各个部门的生产、投资和储蓄的积极性。政府在此可以发挥积极作用，采取一定的政策为银行体系创造条件鼓励其积极开拓新的市场进行储蓄动员，从而促进金融深化。他们指出，发展中国家金融市场存在着严重的信息不完全以及由此产生的激励问题。在发展中国家，掌握企业内部信息的银行若自身资本额太小，银行经营者就没有动力进行长期经营，不会积极监督企业贷款的使用，而热衷于投机或瓜分银行资产，从而损害银行和社会公众的利益。此外，金融业过度竞争会使先发现好的储蓄来源的银行得不到额外收益，这样，银行就没有动力花成本去吸收存款。因而，他们主张政府应该实施金融约束策略，对金融市场进行干预，通过在银行部门设立租金，使之有动力吸收存款并对贷款企业进行严密的监督。同时调动银行部门的积极性，以银行部门的信息优势来克服由信息不完全引起的金融市场失灵问题。

（二）金融约束的前提条件

虽然金融约束理论从不同方面论证了金融约束对发展中国家来说是合理的金融政策，但金融约束与金融抑制在某些方面还是有相同之处（Hellman, Murdock and Stiglitz, 1997）。金融约束的政策在执行过程中可能转变为金融抑制。因此，要保证金融约束达到最佳的效果，必须具备一些前提条件，如稳定的宏观经济环境，较低的通货膨胀，正的实际利率。银行是真正的商业银行,政府对企业和银行的经营没有或有很少的干预,可以保证银行和企业的行为符合市场要求。他们指出,金融约束是一个动态的过程,因此当金融深化加深到一定程度,即此时带来的益处已不再能超过因利率控制而导致的成本时,就必须放弃对金融业的管制,即金融约束政策。

(三)金融约束与金融抑制的区别

虽然金融约束和金融抑制运用的手段相类似,但两者也有本质上的不同(Hellman, Murdock and Stiglitz, 1997)。因为金融约束创造的是租金机会,而金融抑制下只产生租金转移,租金机会的创造与租金转移是完全不同的。在金融抑制下,政府造成的高通胀使其财富由家庭部门转移至政府手中,政府又成为各种利益集团竞相施加影响进行寻租活动的目标,其本质是政府从民间部门夺取资源。这种租金的转移改变了收入的分配,当事人有可能更愿意通过有影响力的活动来获得与其地位不相称的租金份额,而不是进行生产性投资。如在贷款利率很低的情况下,企业家们就有可能千方百计地通过各种关系从银行取得贷款,然后转贷出去,或从事效益低的生产;而金融约束政策的目的则是为民间部门创造租金机会,尤其是为金融中介创造租金机会,这会使在竞争性均衡下供给不足的活动的收益和福利递增。这些租金机会是因控制存款利率造成存贷利差而产生的,银行通过扩张其存款基数以及对贷款资产组合实施监控获得这些租金,以此促进金融深化。在金融抑制下,政府将实际利率压得很低,政府通过把名义利率保持在远低于通货膨胀的水平而间接地从金融部门获得租金;而在金融约束情况下,政府运用各种干预手段所创造的租金全部由金融中介和企业获得,政府本身不获得任何租金。

(四)金融约束的效应

资本要求虽然也是一个防止银行发生道德风险的工具,但在发展中国家,存款利率控制比对银行资本控制更为有效(Hellman, Murdock and Stiglitz, 1997)。首先,存款利率控制可以造成一种环境,给银行得到更多的盈利,增加特许权价值的机会;而资本要求则强迫银行选择一定的资产组合。其次,存款利率控制的经济成本是低存款利率导致的储蓄流失,资本要求的成本是银行被迫持有政府债券组合,其利率收益率一般都低于民间借贷市场贷款组合收益率。在存款利率控制的情况下,银行能更快地积累股本。再次,在存款利率控制下,银行吸收存款的动力要比资本要求更强，因为银行吸收的存款数量与利润有直接的关系。最后，存款控制既容易实行，又容易进行监督；资本要求则由于建立在银行净值的会计核算的基础上，本身就难以衡量，因此，对其进行监督也有一定难度。在金融约束的环境下，银行只要吸收到新增存款，就可以获得租金，这促使银行不断寻求新的存款来源。如果此时政府再对市场准入进行限制，则更加促使银行为吸收更多的存款而增加投资，从而增加资金的供给。建立合理数量的储蓄机构，可以吸收更多的存款，而金融机构吸引更多的储户是发展中国家金融深化的一个重要组成部分，因此，金融约束可以促进金融深化。

金融约束理论认为，在实际贷款利率过高的情况下，道德风险或其他违约破产的风险会产生代理成本，代理成本越高，银行遭受的损失就越大，投资的社会效益也就越低。如果利用金融约束来限制贷款利率，使贷款中蕴含租金，增加银行鉴别企业的能力，就可以使拥有高素质管理人才和良好投资机会的企业从金融约束中得到更多的租金份额。因此，金融约束可以加快与企业素质相关的股本自然积累过程，这个股本效应的存在，通过减少代理成本，最终会提高投资的社会效益。另外，限制贷款利率，可以提高申请借款人的整体质量，降低企业破产的概率，代理成本也随之降低。由此可见，限制贷款利率，不但可以为生产部门设立租金，还可以使投资资金供给增加，提高经济中的总投资水平。

适当的金融约束可以使资金配置更加合理（Hellman, Murdock and Stiglitz, 1997）。这是因为，在自由竞争的环境中，由于存款保险制度的存在以及随着贷款利率的提高，会发生逆向选择和道德风险问题；而在政府严格控制贷款利率的条件下，银行就会改变根据企业投资项目的预期收益而确定的贷款顺序，就有可能使许多效益好的企业得不到贷款，而效益差的企业却有可能得到贷款，严重扭曲了资源的配置。金融约束论证明，如果实行适当的金融约束政策，可将银行之间的竞争和政府的行政引导结合起来，则其结果可能由于自由市场竞争或贷款严格控制的结果。在金融约束条件下，企业与银行将对租金的分配进行谈判。当存在多类借款人时，企业为证明在同一类贷款人中自己的投资项目具有优越性，并与其他潜在的借款人有区别，则会增加自己在投资项目中的股本投资，以表明其风险程度低于同类其他企业的风险。一方面，企业可能得到较低利率的存款；另一方面，由于贷款的风险减少，企业的预期收益也将增加。因而,银行既可避免因严格控制贷款利率下可能产生的逆向选择和道德风险,又可使效益较好的企业得到贷款,贷款者和借款者的效益同时得到提高。

三、对金融约束理论的评价

金融约束理论是赫尔曼、默多克和斯蒂格利茨等对东南亚金融危机观察后的理论思考,他们认为危机从反面证明了他们的理论。首先,由于银行体系存在道德风险,所以对银行的监管始终是政府监管的重要方面。在金融自由化之后,政府对银行的监管始终是政府监管的重要方面。在金融自由化之后,政府对银行监管的主要手段是资本充足率要求。虽然这一措施因增加了银行经营者的剩余索取权而控制了银行的风险行为,但也增大了银行的经营成本,激励了银行从事有风险的贷款。对银行资本充足率的要求最终降低了均衡的存款利率,因此金融自由化并没有真正使利率自由化,甚至还增加了银行体系的风险。其次,在经济转轨时期,保持较低的存款利率是十分必要的。因为自由化对银行提高自有资本比率的要求不是在短期内就可以达到的,而且银行资本积累的一个主要途径就是将获得的特许价值资本化。如果在金融自由化之时就取消银行获取特许权价值的权利,又增加对银行资本充足率的要求,银行体系的风险必然会增多,出现银行危机的可能性就会大大增加。因此,他们认为,在转轨时期政府应实施更加严格的监管,并由此提出"规制超调"(regulatory overshooting),以此强调利率控制等政府干预行为在转轨经济和金融发展过程中的重要性。

批评金融约束理论的学者大多从其前提条件入手,对其进行分析。严格来讲,金融约束理论要想成立必须满足三个基本条件:限制市场准入,在此条件下银行业充分竞争;限制直接融资,防止直接融资对银行信贷的替代;宏观经济环境稳定,通货膨胀率较低并且可以预测,从而保证实际利率为正。这三个条件在现实中都不可能完全满足。如果限制市场准入,许多中小银行将被排斥在市场之外,而先前进入市场的银行由于处于垄断地位,进而会失去金融创新的动力。结果将导致金融业缺乏竞争,反而会阻碍产业的健康发展。直接融资也不可能被严格限制,任何一个国家都需要融资渠道多元化,只有这样才能更好地满足经济发展的需要。因此,政府不可能也不情愿对资本市场进行严格的限制,即使有所限制，也一定不会是长期的。另外，居民在进行投资时也不会选择单一银行信贷资产，这不符合理性的投资理念；同样，宏观经济也不可能一直保持稳定，通货膨胀率的上下波动也是经济运行的常态。由此可以得出结论：金融约束理论的假设过于严格，现实中根本不能满足。因此，无论从理论上还是现实来看。金融约束理论都存在着很大的局限性。

当然，也有学者从各个方面对金融约束理论的科学性进行了论证。他们认为，世界上并不存在放之四海而皆准的理论。任何理论都有其特定的适用范围，依据假设的不现实性来对某一理论进行批评是不合理的。经济学分析中，衡量理论有效性的标准是看该理论的结论是否符合经济现实，而不是去衡量其假设现实性的大小。金融约束理论的直接结论是政府对金融市场一定程度的直接干预是有效的，它显然得到了东亚经济快速增长这一事实的有力支持。即使东南亚金融危机后东亚经济增长速度放缓，也不影响金融约束理论对特定国家一定时期的经济发展现象的解释能力。对于有观点认为银行业充分竞争是金融约束理论成立的前提条件，而价格管制与银行业充分竞争又不可兼容，因此金融约束理论的理论逻辑存在冲突，他们认为，金融约束政策恰恰是通过适当限制银行业的自由竞争来为银行制造租金机会，而限制银行业的自由进入与过度竞争是为了保证发现新储源的银行的租金不会因竞争而缩小甚至消失，这与适度的银行业竞争是并行不悖的。因此，对于金融约束理论我们应该给予充分的肯定，而不应该妄加指责。

事实上，金融约束是发展中国家从金融抑制状态走向金融自由化过程中的一个过渡性政策，它针对发展中国家在经济转轨过程中存在的信息不畅、金融监管不力的状态，发挥政府在市场失灵下的作用，因此它并不是与金融深化理论完全对立的政策，相反是对金融深化理论的丰富与发展。

金融创新理论

第一节 金融创新的界定

所谓创新,从经济学的角度讲,就是创造或引进新的经济事物。这种新的经济事物的外延相当之宽,它既包括可以物化的新产品、新工艺、新工具、新技术,也包括新的组织形式、新的管理方法、新的制度安排,以及新观念、新思想、新思维方式等精神的东西这两方面的创新有着密切的逻辑关联,后者创新往往成为前者创新的先导和条件,对前者创新具有重要的推动作用。

在西方经济学界,与凯恩斯同年出生的著名经济学家J.A.熊彼特是创新理论的创始人,他提出了较为系统、完整的创新理论,并以此为核心内容,构建了一个涉及领域宽泛,独具特色的经济理论体系。对资本主义经济发展中许多其他人所提出的理论问题,熊彼特都进行了考察分析,阐发了与其他西方经济流派迥然有异的、独到的理论观点。他的理论体系不仅对当代西方经济发展理论的形成与发展发挥了重要作用,而且对新制度学派的经济学说具有重要影响,成为当代西方创新经济学的理论基石。

在熊彼特看来,所谓创新,就是作为创新个体的企业家对生产要素实行"新的结合"建立一种"新的生产函数"亦即把一种过去从未有过的关于生产要素和生产条件的"新组合"引入生产体系。这种创新可分为五个方面:一是引入一种新的产品或提供一种产品的新的质量;二是引进新的技术,即采用一种新的生产方法;三是开辟一个新的市场;四是采用新的原材料或控制原材料的供应米源;五是实行一种新的企业组织形式。熊彼特认为，创新是指在经济活动中引入某种"新的"东西，与技术上的新发明并非可以同日而语。技术上的新发明孤立存在时，它只是一项发明。只有当其被应用于经济活动，与经济活动相结合时，才成为"创新"。显然，熊彼特理解的"创新"，是一个经济概念而非技术概念。

熊彼特创新理论的一个重要方面，还在于他用"创新"来说明经济周期的变动，认为资本主义经济的周期性变化，是与"创新"活动直接相关并由创新决定的。无论是经济周期两阶段的更替，还是经济周期四阶段的循环，都可以从"创新"那里找到答案。按照熊彼特的理论，在创新出现之前，经济处于静态的均衡之中，不会发生周期性变化。而创新活动正是打破这种均衡的基本力量。由于实行生产要素的新组合比原有组合能够带来更多利润，从而会激发企业家进行各种形式的创新活动。一个企业家的创新又会引起众多厂商群起效仿，形成创新高潮，从而导致生产要素需求迅速扩大，盈利机会增加，使经济步入繁荣阶段。而当创新处于低潮时，企业对生产要素的需求下降，盈利机会减少甚至趋于消失，经济亦走向衰退。正是创新由高潮到低潮的不断转换，使经济在繁荣和衰退两个阶段不断轮回。只不过由于创新所处轮次和位置的不同，后一轮创新较之前一轮更能引起经济产出的增加和经济结构的变化。

熊彼特从生产要素和生产条件组合的角度说明创新，把创新作为其动态经济发展理论的精髓和主体，强调创新在资本主义经济发展中的重要作用，用创新来解释资本主义的基本特征和发展动力，对西方经济学的发展做出了重要贡献。他对创新概念的理解和他的创新理论，对我们理解"金融创新"概念有着重要的借鉴意义。

国内经济学界对金融创新概念同样存在一定程度的歧见，大致有以下几种观点：

一是将金融创新划分为广义金融创新和狭义金融创新两种类型。具体说来，又有两种划分方法。第一种认为"广义的金融创新包括市场创新和金融业结构的变化"，而狭义的金融创新是"新的金融工具的创造活动和过程"。第二种认为广义的金融创新"是没有时间和地理限制的金融创新全过程"，而狭义的金融创新"仅指当代和国界之内的创新"。这两种划分方法的区别在于第一种从金融创新内容的角度出发，把金融创新内容的宽狭作为区分广义金融创新与狭义金融创新的标准；而第二种则从金融创新时空的角度出发，把金融创新时空的宽狭作为区分广义金融创新与狭义金融创新的标准。

二是认为金融创新是各种金融要素的新的结合,是为了追求利润机会而形成的市场改革。它泛指金融体系和金融市场上出现的一系列新事物,包括新的金融工具、新的融资方式、新的金融市场、新的支付清算手段以及新的金融组织与管理方法等内容。整个金融业的发展史就是一个不断创新的历史,金融业的每一次重大发展,都离不开金融创新信用货币的出现、商业银行的诞生、支票制度的推广等这些是历史上最重要的金融创新。

准确地界定金融创新,应把握三点:(1)这种界定要符合创新理论的基本原理,因为创新理论同样适用于金融创新;(2)对金融创新的本质特征应做出较为严密、科学的抽象归纳,客观地回答金融创新"是什么"的问题;(3)这种界定应超越时空限制,具有广泛的可接受性和普遍的应用意义,因为金融创新是一个动态发展的,在世界范围内广泛使用的概念。本着这样的要求,可将"金融创新"界定为:金融创新是创新主体通过对金融要素新的组合,创造或引进新的金融事物,以适应市场环境变化,增加经营利润的能动行为。

第二节　金融市场

一、金融期货市场

期货交易(futures trading)是一种与"一手交钱、一手交货、钱货即刻交割结清"的现货交易不同的交易方式,即买卖双方预先签订买卖某种商品合同,而货款支付和货物的交割则在约定未来时间内进行。期货交易主要功能是避免风险和保值。期货交易始于商品期货交易,在商品经济环境中,国际市场商品价格经常涨跌不定,人们为了使自己产品能够卖出好价格,就在认为价格最合适时候将尚未到手或尚未产出的产品卖掉,从而把跌价风险转嫁给愿意承担风险而从事投机买卖以获得高额投机利润的人们。国际上商品期货交易已经有几百年历史。而金融期货交易是在传统商品期货交易基础上于20世纪70年代发展起来的。

金融期货交易专指期货交易的是金融商品,包括外汇、有价证券类的金融资产(中、长期政府债券,抵押存款证,商品票据等)、股票指数等。换言之,金融期货交易都是由传统金融产品(如货币、股票、汇率、借贷利率)衍生出来的,由于它是衍生物不能独立存在,其价值在相当程度上受制于相应的传统金融工具。这些衍生物一方面脱离传统金融产品实物形态存在,另一方面它以传统金融产品为基础进行交易。金融期货交易发展导致了金融期货市场产生,进入20世纪70年代以后,金融期货市场异军突起,为金融市场创新开创了新纪元。

二、金融期货市场交易商品的种类

(一)外汇期货及其交易

外汇期货(currency future)交易是指买卖双方按照事先约定的价格在期货交易所买进或卖出某种货币,而在未来一定时间进行交割的一种外汇买卖业务。外汇期货是20世纪70年代中期在传统的商品期货交易基础上发展起来的一种新型金融业务。目前已成为远期外汇市场的重要补充。

1972年5月美国芝加哥商品交易所(CME)设立国际货币市场(IMM),专门经营外汇期货交易之后,其他西方主要国家相继推出了外汇期货业务,使得外汇期货交易量倍增,外汇期货市场迅速发展。目前,世界上共有10多个国家和地区建立了外汇期货市场,其中以美国芝加哥商品交易所国际货币市场规模最大,它主要进行英镑、欧元(以前为德国马克)、日元、瑞士法郎、加拿大元等货币交易。

伦敦国际金融期货交易所(The London International Financial Future Exchange, LIFFE),它建立于1982年,虽比美国国际货币市场晚了近十年,但发展速度很快,目前在全球已具有相当规模和影响。在该市场上交易的货币主要有英镑、欧元(以前为德国马克)、日元和瑞士法郎。

(二)利率期货及其交易

利率期货(interest rate future)交易是指买卖双方按照事先约定的价格在期货交易所买进或卖出某种价格的有息资产,而在未来一定的时间内进行交割的一种业务。进行利率期货交易主要是为了固定资金的价格,即得到预先确定的利率或收益。

1975年10月美国芝加哥商品交易所率先推出了利率期货市场交易,最先交易的对象为抵押债券,这一利率期货交易成功,大大刺激了其他利率期货出现。1976年1月芝加哥商品交易所国际货币市场创办了90天短期债券期货交易；随之又于1977年8月引进了长期债券期货交易；90天期的商业票据期货合约和30天期的商业票据期货合约也分别于1977年和1979年在芝加哥交易所挂牌上市，1979年芝加哥期货交易所开始经营中期国库券期货合同，1981年7月芝加哥交易所、纽约期货交易所和芝加哥商品交易所国际货币市场都开始了定期存单期货合同交易。其后，利率期货交易在全球全面展开，同时利率期货规模也呈几何级数跃升。目前，各国期货市场大多开办了利率期货业务。

利率期货是金融期货的一种，与其他种类金融期货一样，也具有避险保值和投机这两类作用和功能。

套期保值者主要是通过买卖利率期货合同来避免利率波动带来的风险。利率期货保值原理与其他期货一样，通过期货买卖抵消利率变动对现货交易可能造成的损失，即在现货市场买进一种金融资产同时，又在期货市场卖出数额相等的同一金融资产，或做相反交易。这样，在这种金融资产利率发生变动时，期货和现货利率一般同方向变动，但因交易方向相反，盈亏可相互抵消，从而起到保值或防范风险的作用。利率期货保值交易可以分为空头套期保值交易和多头套期保值交易两种。

空头套期保值包含期货的卖出，一般是那些已经持有固定收益证券的投资者预期利率上升（即证券价格下跌），但又必须在将来卖出所持有的证券以维持对现金的需求时，为保险起见，卖出利率期货，以将证券价格维持在目前较高水平；或是那些欲固定未来借款成本的债务者为避免利率上升造成不利影响，也做空头套期保值。

（三）股票指数期货及其交易

股票指数是通过选择若干种具有代表性的上市公司或企业股票，经过计算其每天成交市价而编制出的一种价格指数，它表示的是股票市场平均涨跌变化情况和幅度。股票指数种类繁多，每个国家都有其代表性的股票指数，著名的有：美国道·琼斯股票指数、日本日经指数（即日本经济新闻社道·琼斯股票平均价格指数）、英国金融时报工业普通股票指数等等。

股票指数期货（stock index future）是以股票指数作交易基础、买卖双方按照事先约定的价格买进或卖出某种股票指数而在未来一定时间交割的一种金融业务。

1984年2月24日，美国堪萨斯期货交易所推出了根据1700种股票所编制的，被称为价值线（value line）综合平均指数的股票指数期货交易。这种交易是为了保证股票持有人不受损失或少受损失而提供的一种有效套期保值方式，买卖双方在市场上根据股票指数涨落事先约定买卖价格和交割时间。由于股票指数期货交易能够起到防范风险的作用，因此，它一问世就受到了广大股民的热烈欢迎。随之，其他种类股票指数期货交易也相继引入金融期货市场。

1982年4月2日，芝加哥商品交易所推出了标准普尔（stand and poor's）500种股票指数期货、它代表了在纽约证券交易所、美国证券交易所和场外交易买卖的500种普通股的加权平均指数，这种指数以全新概念开拓了大量新的投资领域和机会。因此，世界各地证券交易所竞相效仿。使得这种期货规模不断扩大，市场地位不断提高。以20世纪80年代末期为例，在世界期货交易市场交易额中，交易额最大的前10名里，占第七位的就是这种股票价格指数期货。1982年5月6日，美国纽约期货交易所开始按照1525种综合股票指数经行期货，之后，1984年7月23日芝加哥交易所也开始按著名的道·琼斯工业股票平均指数（即主要市场指数major market index）经营期货。至此，股票指数期货交易不仅在美国国内广泛推广，而且也备受其他国家和地区金融界青睐，其他一些国家和地区也纷纷开始了本地股票指数期货交易。

1983年澳大利亚悉尼期货交易所依据澳大利亚证券交易所普通股票指数推出了自己的股票指数期货交易。1984年2月英国在伦敦开始按"金融时报证券交易所100种股票指数"经营期货。在亚洲国家和地区中，中国香港率先于1986年5月正式在香港期货交易所推出恒生股票指数期货，日本东京和大阪股票指数期货交易也于1988年开张。

（四）金融期权市场

期权（option）是种选择权，即买卖某种商品的选择权利。期权交易就是期权买方向期权卖方支付一定费用（通常称保险费）后，获得在规定时期内的任何时候，按事先确定的协定价格（strike price），向期权卖方购买或出售一定数量的某种商品（包括实物商品和金融商品）合同权利的买卖。期权对于期权合同买方来说，只是一种权利，而不是义务，即不负有必须买进或卖出义务。在期权合同有效期内任何时候，买方可以行使或转卖这种权利，如果买方认为行使或转卖期权对自己不利，还可放弃这种权利，任其作废，买方损失的只是购买期权的费用。而期权卖方由于收取了期权保险费，则负有期权合同到期或到期前由买方所选择的交割履约义务和责任。

期权交易与期货交易主要都是为了在市场波动对交易者存在风险情况下，提供最大限度的价格保护，但期权交易有不同于期货交易之处，那就是期权交易者不像期货交易者那样被束缚于某个具体的最高价格和最低价格，而是可以灵活地根据市场走势随时决定是否履行合同。正是由于期权这个特点，以及可采取与期货交易相结合运用的种种灵活交易战略，吸引了众多投资者和有关人士，使得期权交易迅速增加，也使得期权市场成为金融市场不可缺少的一部分。

三、期权市场的发展、规模及其结构

期权产生已有多年，最初出现的只有商品期权，后来在商品期权基础上发展了各种金融期权，即在将来规定日期以前事先确定协议价格，买卖某种金融商品的选择权。然而，20世纪70年代前由于条件限制，金融期权交易量很小，并且几乎都是在场外市场（over the counter，OTC）进行的。到了20世纪70年代，动荡不定的国际金融和世界经济形势，涨跌不定的利率和汇率，加大了金融风险，人们对挖掘市场潜力，发展和完善更好的避险措施产生了强烈的需求，从而刺激了期权交易向规范化的场内交易发展。

1973年4月，美国芝加哥期权交易所（Chicago Board of Option Exchange）成立同时推出了标准化股票期权合同，并正式挂牌交易，它标志着金融期权场内市场交易的开始。随后，1978年英国伦敦证券交易所、荷兰欧洲期权交易所都开办了股票期权业务。到1982年，世界上其他一些交易所步入以上几家交易所之后尘，先是加拿大蒙特利尔交易所、美国费城股票交易所（PhiladelphiA Stock Exchange）引进了外汇期权合同交易，然后澳大利亚悉尼期货交易所和美国的芝加哥交易所又分别开始了银行票据和带息证券期权（即利率期权）交易，芝加哥商品交易所则全面开展了股票指数期货、期权等业务。在这种背景下，20世纪70年代末到80年代初，金融期权市场得到了迅速发展，金融期权交易日益活跃。自1982年以来，金融期权进入新的发展阶段，无论是场内还是场外金融期权交易量都迅速增加，市场规模也不断扩大，这标志着金融期权市场

逐步进入成熟阶段。

在金融期权市场交易中，现货期权和期货期权不同之处主要表现在以下几个方面：

（1）期货期权在资金效益方面比现货期权更具优势。出于交易的金融商品是期货，因此，在建立头寸时，是以差额交付保证金；而在正式清算时则是以差额结账的。所以可用较少的资金来完成交易。而进行现货期权交易，手头必须有一大笔资金才行。

（2）期货期权在标准化方面比现货期权更具优势。期货期权交易的金融商品是一种低标准化的合同，具有较高的流动性；而现货期权交易的金融商品却不具备这种标准化，而具有统一化的特点。因此，期货期权比现货期权易于进行交易，且信用风险也小些。

（3）期货期权在交易灵活性方面比现货期权差。期货期权是在交易所进行交易的；而现货期权既有交易所（场内市场）的交易，也有场外交易，这主要因为上市的金融商品种类有限，基本限定了期货期权的品种，而现货期权由于它在自由决定期权协议价格、期限等交易条件方面具有灵活性，因而它在商品种类、协议价格、期限决定等方面比期货期权有较大灵活性和自由度。

（4）期货期权和现货期权在交易执行后头寸方面有差异。期货期权执行后买卖双方各持有的是某种金融商品期货，而现货期权执行后买卖双方各持有的某种金融商品的现货。

四、期权交易分类和基本要素

（一）期权交易分类

根据期权交易买进和卖出的性质划分，期权可分为三种，即买权、卖权和双向期权。

1. 买权（call option）

买权也称看涨期权，购买这种期权可以获得在未来一定时期内根据合同确定的价格购买一种特定的商品或资产的权利。它是人们预期某种商品或资产未来价格将上涨时购买的期权，因此也被称为看涨期权。

2. 卖权（put option）

卖权也称看跌期权，购买这种期权可以获得在未来一定时期内根据合同确定的价格卖出一种特定商品或资产的权利。它是人们预期某种商品或资产未来价格将下跌时购买的期权,因此也被称为看跌期权。

3. 双向期权(dual option)

双向期权是使其购买者在未来一定时期内根据合同约定价格买进或卖出某种商品或资产的双向权利,即购买者在同一时间既购买看涨期权,又购买看跌期权,双向期权购买者事实上获得了买进和卖出某种商品或资产的权利。当预测某种商品或资产未来市场价格将大幅波动,并对波动方向把握不住时,人们乐于购买双向期权,因此无论未来市场价格是升还是降,双向期权购买者只要根据市场价格实际变化执行权,就可获利。双向期权的特点给予了其持有者更高自由度和更多获利机会,但它的保险费却高于单向期权。

根据期权合同执行时间划分,期权又可分为两种,即欧式期权和美式期权。在期权合同有效期内任何时候都能执行的期权称为美式期权;在合同到期日才能执行的期权称为欧式期权。根据期权交易标的物不同,期权还可分为各种商品的期权和各种金融资产的期权,如利率期权、外汇期权、股票期权、股票指数期货期权等。

(二)期权交易基本要素

1. 商品或金融资产种类和金额

期权合同中指定的商品或金融资产既有现货,也有在交易所进行交易的期货,交易所必须有相关商品或金融资产的期货交易,才被准许进行相同商品或金融资产的期权交易,如交易所必须开办了某种货币(如英镑)期货交易,才能从事该种货币的期权交易,并且期权合同上规定的商品或金融资产金额也是以期货合同规定为依据,前者的金额与后者金额相同,或是后者金额的1/2。

2. 期权交易参与者

期权交易必须有买卖双方在市场进行交易、出售期权合同一方称为期权合同发行人或签署人(Writer),购买期权合同方称为合同持有人(Hoder),在金融资产期权交易中,一般前者是银行,后者是企业,也可以是另一家银行。期权交易中,买卖的是期权发行人随时应期权买方要求买进或卖出一定数额的商品或金融资产的保证。对于期权买方而言,期权合同赋予其在规定期限内按有利的市场价格买进或卖出某种商品或金融资产的权利,如果市场价格发生了不利于期权买方的变化时,则可放弃行使期权,任其作废,所以期权买方是主动性履约。对于期权卖方而言，则有责任或义务在规定的期限内卖出或买进期权交易对方买进或卖出的某种商品或金融资产，所以他是被动性履约。

3. 协议价格

期权协议价格（strike price或exercise price）又称行使价格，是指期权交易双方商定在规定未来某时期内执行买权和卖权合同的价格。协议价格是以当时市场行市为基准制定的。如果某种商品或金融资产的市场价格趋于上涨，则该商品或金融资产期权协议价格比当时行市高一些，若某商品或金融资产的市场价格趋于下跌，期权协议价格就比当时行市略低一些。

4. 期权价格

期权价格（option price）也称期权保险费（premium），它是购买期权的费用，或者说是期权卖方向买方收取的交易费用。对于期权卖方来说，收取期权保险费是为了补偿今后商品或金融资产价格波动造成的损失。对于期权买方来说，期权保险费是买方的成本，代表了买方进入期权市场所承受的最大风险，即期权买主最大损失金额。期权价格是由期权市场供求关系决定的。

5. 期权合同交割时间

期权合同交割月份与期货合同交割月份相同，也是在3月、6月、9月、12月。但期权交割日常常是在规定相关商品或金融资产期货合同交割月之前一个月的某一天。例如，12月期权合同的期权在11月某日交割，但名称仍为12月期权。这是为了在期权买方欲行使期权、期权卖方为履行责任或义务必须买进或卖出某种商品或金融资产期货合同前，让期权卖方能有一段时间在期货市场上做反向期货合同交易以冲抵之，从而避免期权卖方可能不愿进行实际交割。

第三节　互换市场

一、互换交易及其市场的产生和发展

（一）互换交易的产生

互换的产生有三个方面的原因：（1）回避利率和汇率变动可能造成的风险损失。（2）通过利率和货币互换降低成本。（3）消除资本市场、

货币市场差异以及各国外汇管制不同造成的壁垒，开拓更广阔的筹资途径。以前的互换只是一种平行贷款，近年发展起来的互换作为套做工具是一种金融创新，它主要用来为互换交易当事人经纪套做，或出售给其他当事人，还有金融机构或其他机构为自己进行套做。

互换作为20世纪80年代的重大金融创新之一，它的产生主要有以下两个方面的背景：

一是欧洲债券市场是互换交易的温床。在国际债券市场上，由于各个市场规模、债券种类和期限、债券投资者构成以及进入各个市场的债券发行人的资信评级各异，因而在各个市场上发行债券的条件不同。各国金融管理法规不同及其独自习惯做法，也使这些市场环境以及市场与市场之间存在极大差别。正是这些差异，构成了互换产生的背景。

与外国债券市场相比，欧洲债券市场有两个明显特色：(1) 具有充分的自由性。欧洲债券市场不存在任何官方管理机构，特别是占总额75%以上的欧洲美元债券，除了对其回流国内，美国政府有所限制外，其他方面它是一个高度自由的市场，无论何人，以什么条件，发行什么形式债券来筹集资金，只要市场接受，都是可行的。在欧洲债券市场上可以非常自由地、富有创新性地推出各种各样的筹资方式。(2) 具有高度的自控机制。欧洲债券市场是一个选择力很强的市场，它的市场机制很健全。发行欧洲债券，不同于其他债券，它没有官方机构管理，也没有资信评级，凡投资者熟悉的资信优良的政府、企业、国际机构等作为最佳发行人能够参与该市场。承购债券的也是具有最强销售能力的承购人和机构，它们来自世界各知名的证券公司和银行。这些活跃在欧洲债券市场上的最佳投资人、发行人和承购人自己控制市场发展。自由和自控客观上为互换的产生创造了条件，使欧洲债券市场成为互换交易不断发展的温床。

二是对资产负债管理的重视促使互换交易产生。现代企业经营日趋国际化，企业资产负债构成由于受利率、汇率频繁变动影响，特别是在浮动汇率制度下，其管理因此而变得更加复杂。只重视资产管理的传统思想显然已经落伍。因此，重视资产和负债管理，包括资产和负债的平衡管理以及在利率与汇率变动时采取对策这两个方面已成为银行、企业日常管理的重要内容之一。重视资产负债管理进行互换的主要方面是：(1) 尽量通过互换回避利率、汇率风险，解决不同机构对资产负债管理需求与资本市场需求不一致的矛盾;(2)运用剩余资金,采用资产负债两者相结合的管理方法,通过利率互换合理安排负债期限长短期比重和债务结构,尽可能降低企业成本。因此,重视资产负债管理必然促进互换交易和互换市场的发展。

(二)互换市场的发展

1. 平行贷款转化为互换阶段

平行贷款是来自两个不同国家的交易者各自以本国的货币向对方提供一笔等值贷款,这两笔贷款期限相同。这种贷款交易在大多数国家实行外汇管制的20世纪70年代得到了发展。它为非本国居民提供了避免汇率或利率上升而造成风险的工具。但这种贷款交易有两个弱点:一是平行贷款是资产负债表的"表内业务",即提供的贷款增加了双方各自的负债额,这对平衡资产负债带来一定的影响;二是两笔贷款必须签订两份协议分别成交,若其中一方不能如约偿债,另一方仍须继续履约支付债务。而货币互换交易能有效地避免平行贷款的不足之处:(1)货币互换是资产负债表的"表外业务",它既不增加交易双方资产负债表上的资产负债额,也不会减少资产负债额。(2)互换交易只需签订一份合同即可成交,若一方不能如约偿债,另一方就不再负有支付债务的义务。这样,互换交易在一定程度上避免了平行贷款中单份合同可能导致的信贷风险。因此,人们一般将货币互换看作平行贷款的演变和发展。

2. 机构介入互换初期阶段

20世纪80年代初,人们逐渐认识到互换交易在用做低成本、高收益资金融通方面的重要作用以及如何利用互换交易进行投机获利的诀窍。由于同种货币存在着浮动利率与固定利率、不同货币利率之间的差异,使得套利套汇成为可能,而互换交易为这种套做提供了机会和工具。如20世纪80年代初第一例发生在美国IBM公司和世界银行之间的货币互换,就是利用不同货币利率之间的差异进行的。当时,IBM公司绝大部分资产是以美元构成的,希望其负债以美元为主与之对称。而世界银行则希望IBM用绝对利率最低的瑞士法郎或西德马克这类货币来进行负债管理。此时,世界银行正要通过发行欧洲美元债券筹资,其成本要低于IBM公司筹措美元资金的成本;IBM公司正要通过发行瑞士法郎债券筹资,其成本可以低于世界银行筹措瑞士法郎成本。在这种背景下,通过互换交易银行中介撮合,双方签订互换协议后,世界银行将其发行的

2.9亿美元债券与IBM公司等值的瑞士法郎债券互相交换。这样，通过货币互换交易双方都达到了降低筹资成本、解决各自资产负债管理需求与资本市场需求之间矛盾的目的。由此可见，只要存在市场价格的差异，就存在套利的机会，也就为互换交易创造了条件。

3. 市场成熟阶段

当互换这种新的金融工具出现后，紧接着的就是如何构造互换市场，提高互换交易效率。在互换交易及其市场的发展初期，主要是一些发达国家的投资银行、证券公司、商业银行等充当互换中介机构，它们为各种各样的交易者搭桥牵线，安排互换交易。这是一种效率较低的经营方式。后来，随着互换市场发展，信誉较好的互换最终使用者开始"独立"地寻找互换者，迫使互换中介机构改变以往的做法，采取另外一种方式，即直接参与互换交易，互换中介机构以互换最终使用者的身份先与一个互换最终使用者直接签订互换合同，然后寻找互换交易另一方的配对，与另一个互换最终使用者签订反方向互换合同，以此完成整个互换交易。这样就大大提高了互换交易的效率。但同时也产生了一定的风险，主要是那些尚未配对的互换也有可能产生利率或汇率风险，要么尽快为未配对的互换找到另一方交易者，要么及时对它们采取避险保值措施；随着各种避险保值措施的出现，远期、期货、期权等交易方式的发展为消除这类风险提供了基本保障。

二、互换交易的种类及其特点

（一）利率互换交易

利率互换（interest rate swap）是指交易双方在约定的一段时间内根据双方签订的合同，在一笔象征性本金数额的基础上互相交换具有不同性质的利率（例如，同一数量的欧元的固定利率和浮动利率）款项的支付。在利率互换交易中，交易双方无论在交易的初期、中期还是末期都不交换本金，本金是交易双方的资产或负债，它并不转手，交换的只是利息款项。交换的结果是改变了资产或负债的利率。利率互换主要有三种类型，息票利率互换、基础利率互换和交叉货币利率互换。

利率互换具有许多方面的优点，主要有：（1）互换双方风险小。由于利率互换并不涉及本金交换，而只是双方同意互换利息的流量，所以风险相对比较小，因为有风险的金额只限于应付利息这一部分，它与借款或债券本金无关。(2)方便不同资信等级的银行。一些资信等级较低的银行可利用利率互换将借到的浮动利率借款交换成固定利率借款,以克服因资信等级较低发行中长期固定利率债券的困难。(3)扩展金融市场的交易。利率互换手续简单,且不涉及本金交换,对参加互换双方财务报表没有什么影响,故易于成交,从而促进了金融市场交易。(4)有利于银行等调整资产负债结构。出于利率互换可降低筹资成本且灵活方便,故银行等积极利用其来调整资产负债的搭配。

(二)货币互换交易

货币互换是指交换具体数量的两种货币的交易。交易双方根据所签合约规定,在一定时间内分期摊还本金及支付未还本金的利息。通常每种货币都以同等利率计算。货币互换一般以即期汇率为基础,两种互换货币之间存在的利率差,则按利息平价原理,由货币利率较低方向货币利率较高方定期贴补。

1. 货币互换交易操作

货币互换交易基本步骤:(1)确定和交换本金,其目的是按不同的货币数额定期支付利息。本金的交换既可以是名义上的互换,也可以是实际的转手。(2)利息的互换。互换交易双方按货币互换合约规定的各自固定利率,以未偿债务本金为基础支付利息。(3)本金的再次互换。互换交易双方到期换回原先确定和互换的本金。

2. 货币互换的特点和作用

(1)有利于企业和金融机构避免汇率风险,从而降低筹资成本,获得最大收益。

(2)有利于企业和金融机构加强资产负债管理。企业和金融机构可以根据需要将一种货币的资产或负债通过货币互换交易转换成另一种货币资产或负债,从而适应资产和负债需求一致的资产负债管理战略要求。

(3)货币互换还可用于投机获利,增加参与互换交易金融机构的"表外收入"。

(4)有助于自由地进入欧洲资本市场筹资。有些国家政府定有规章条令,阻碍其本国机构和公民进入某种欧洲资本市场,而通过货币互换交易就可绕过人为障碍,自由地、间接地进入。

(5)货币互换完全不同于以前外汇市场上的外汇调期。尽管两者英文都是Swap,外汇调期只是在签约日和到期日做反向的本金货币交换,而在交易有效期内,它没有一系列的利息交换,并只限于外汇市场。而货币互换除了本金交换外,还有一段时期内的一系列的利息交换,并出现在各类金融市场中,发挥的作用更大更重要。

（三）其他种类的互换交易

在利率互换和货币互换基础上,近年来又出现了一些其他类型互换,主要有:(1)具有复杂结构证券的交换,它包括可赎回证券互换、可出售期权互换、可到期互换以及远期互换和期权互换。(2)分期偿还和贷款之间的互换,主要用于大型建筑工程项目筹资。(3)倒转互换和再安排互换。再安排互换重复用于重定浮动利率票据的公式,并通常用来补进和持有这些票据,或限制一定期限的商业票据在欧洲美元利率间利差变化的风险。

（四）外汇市场创新

外汇市场的发展使外汇交易方式经历了两次创新阶段。第一次创新是20世纪70年代前,在外汇现货市场交易基础上形成的远期外汇交易,它避免了现货交易因汇率波动而造成的风险损失。第二次创新是20世纪70年代,随着期权诞生并引入外汇交易,形成了期权、期货、互换等并存的套期保值工具系列。虽然期权能赋予客户买卖外汇的选择权利,既避免了汇率波动风险,又弥补了远期外汇交易和外汇期货交易不足,但期权也有不足之处,如购买期权成本较前两者高,购买期权缺乏预算等。有鉴于此,世界各大银行在现有外汇期权交易基础上千方百计推出了新的外汇交易方式,形成了第三次外汇交易创新,其中主要几种类型如下。

1. 可变式远期外汇交易

可变式远期外汇交易（the break forward）又称破约式远期外汇交易,由米兰蒙塔吉银行首创,其具体做法是:(1)交易双方签订远期外汇买卖合同,但允许期权打破它。(2)规定一个固定汇率,低于此汇率时,客户不承担损失。(3)规定一个破约汇率（break rate）,一般由银行规定,客户可以打破原定交易,自己利用市场有利形势进行买卖,其损失只限于固定汇率与破约汇率之间的差额。(4)期权保险费包括在远期汇率之内,不用另付。

2. 分利式远期外汇交易

分利式远期外汇交易（the participating forward）,所谓分利即银行与客户分享客户所获利益,这种交易也是把期权和远期外汇买卖结合起来,但它比以上可变式远期外汇交易更加灵活，它最早由所罗门（Solomon）银行推出。它的特点：（1）客户与银行商定买卖远期外汇汇率低限（floor），市场汇率低于此限时，客户即可获利，而在可变式远期外汇交易中，客户只能在市场汇率超过"破约汇率"时才可获利。（2）在客户与银行商定买卖远期外汇汇率低限时，即根据双方对外汇市场预测来决定分享利益比例。在计算利益分享比例时，应付佣金已包括在内，不必另付佣金。

3. 圆筒式期货交易

圆筒式期货交易（the cylinder）是在汇率有利时，客户放弃部分应得收益，换取少付部分费用而仍得到避免汇率风险之保障的外汇交易方式，由花旗银行首创。其具体做法：（1）客户在买进一项期权的同时，卖出另一项同期限、同金额、但不同价格的期仅，将买进期权应付的保险费与卖出期权应得的保险费相互抵消，实际只向银行支付少量保险费。（2）客户根据自己预备放弃多少收益和承担风险程度来调整买进期权和卖出期权的价格，并分别将其作为上限和下限。（3）买进期权仍受到协议价格保障，汇率低时，客户不承担损失。

4. 定幅式远期外汇交易

定幅式远期外汇交易（the ranged forward）是在圆筒式期权基础上演变而来的，它指在将汇率波动限定在一定幅度或范围内，从而使客户在汇率涨跌不定情况下仍能获得相对稳定的收益。它的特点和具体做法：（1）双方签订合同，规定汇率被动的上限和下限。在上下限范围内，如果汇率上升，客户可受益；如果汇率下跌，客户可得到保障，免受损失。（2）客户选定合同期限和汇率上下限的一端，银行根据市场行情选定另一端，并把代客户支付的佣金差额也计入其中。（3）合同到期时，如果汇率在波幅之内，客户就按市场汇率买卖；如果汇率已经超越波幅，客户则按合同规定上限或下限买卖。

5. 投标期间买汇期权

投标期间买汇期权（tender to contract option）是银行根据参加投标客户特点而设计的一种外汇交易方式。由于一般情形下，客户投标只有五分之一的中标可能，如果采用普通远期外汇买卖方式，无论中标与否，都得受到期的损益，而单纯外汇期权交易方式，当中标机会不大时，付出费用太多，不合算。银行推出的投标期间买汇期权克服了单独使用远期外汇交易方式或外汇期权交易方式的缺陷,使客户在参与投标的同时能有效地避免汇率风险,这种交易方式的特点和做法如下:(1)银行为客户投标期间外汇兑换提供担保。(2)如果客户未中标,银行所作担保自动消失。如果客户中标,则按普通远期外汇买卖进行交易,按既定汇率结算,而不能像外汇期权那样,在市场汇率有利时放弃行使。如果市场汇率对客户不利,客户则将受到银行担保的保护。也就是说,这种交易主要是在汇率对客户不利时对其提供保护,而汇率对客户有利时不允许其获得额外收益。(3)客户必须先支付一部分期权保险费,其余在中标后一次补足。

6. 防止出口投标风险期权

防止出口投标风险期权(export tender rist avoidance option)是由汉布罗斯银行首创的,其特点和做法:(1)若客户中标,在市场汇率发生不利于客户的变动时,客户可以得到保护。(2)期权保险费事先必须交足,若未中标,银行退回保险费的一半,但客户就放弃了因汇率变动有利而获利的机会。

7. 投标中分享权益的期权

投标中分享权益的期权(share currency option under tender)是银行为了方便参加国际投标客户而对期权作了重大修改后推出的,它由米兰银行首创。这种交易的特点:(1)招标人从银行买来期权,然后再将其转卖给所有投标人,购买期权的费用由投标人分摊,这样投标人只需支付正常费用的一部分就能买到期权而获得保障,无后顾之忧地参加投标。(2)无论哪个投标人中标,期权就自动属于中标人,以后中标人再按期权受益程度偿还未中标人所摊付期权费用。(3)假若未宣布中标结果或宣布结果时已超期权的有效期,那么投标人可按比例分享期权利益。

这种变化了的期权的长处是,对招标人而言,能得到有竞争力的投标,而对投标人而言,花较少保险费就获得了汇率保护,即使未中标,也可由中标人偿还保险费,实际上没遭受任何损失。谁受益,谁就付费,中标获益者,保险费对其而言,是避免汇率风险的成本,支出是理所当然的。

金融可持续发展理论

第一节 金融资源

一、金融资源的含义

金融资源这一概念是由白钦先教授首先提出来的。白钦先教授在《金融可持续发展研究导论》一书中,对金融资源的概念进行了深入详细的阐释,他把金融资源概括为三个紧密相关的资源层次:"第一个层次是广义的货币资产(资金);第二个层次是金融组织体系和金融资产(工具)体系;第三个层次是金融体系的整体性功能。第一层次和第二层次称为金融资源的硬件,第三层次称作金融资源的软件。"

中山大学岭南(大学)学院教授、博士研究生导师陆家骝在白钦先教授认定的内容的基础上对金融资源这一概念提出了一个修正的观点,认为"一个国家或一个经济所拥有的金融资源就是这个国家或这个经济的金融体系。由金融体系表现的金融资源系统主要包含四个方面的内容:货币资产和货币制度、金融产业(包括金融机构、非货币金融资产和金融从业人员)、金融管理组织和管理体制、金融意识。金融体系作为金融资源总体在一个经济中所产生的外部性效应,就是金融资源对这个经济所产生的整体性功能,它反映这个经济体系的金融资源的质量特征;而金融体系作为金融资源总体所具有的内部绩效,则体现这个经济体系的金融资源的积累成本和服务收益性质。"

金融资源有广义和狭义之分。广义上,金融资源是一种特殊的社会经济资源,包括货币资源、资本资源、体制资源、商品资源、负债资源、金融工具资源。广义金融资源是整个社会经济资源的一个子系统，与整个社会经济资源是从属关系。狭义金融资源是指金融自身资源，包括银行、非银行金融机构以及储蓄、信贷、结算等金融工具和手段。狭义金融资源服务于广义上的金融资源的开发和配置。

资源是一个十分广泛的概念，白钦先教授把资源分成两大类：一是自然资源；二是社会资源。自然资源是指自然界存在的可供人类开发利用的资源，如矿产资源、水资源、土地资源、环境资源、生物资源、空间资源等。社会资源是指社会领域可供人类开发利用的资源，如资本资源、人力资源、智力资源、信息资源、决策性政府资源等等。金融资源属于社会资源的范畴。

金融资源作为一种特殊的社会资源，与自然资源既相互联系，又具有独立性；既存在共性，又存在明显的区别。第一，都具有有用性，都可以被人类使用并获得期望的利益。但有用性的表现形式不同。自然资源的有用性及其有用性的大小是通过社会生产力作用及其作用大小表现出来的；金融资源的有用性则是通过人类的社会金融活动体现出来的。第二，都具有储藏性，但是两者的储藏形态不同。自然资源大多数以有形形态储藏，形成于自然，储藏于自然，人类可以根据需要和能力改变它们的形态和性质；金融资源作为一种社会资源则是以无形形态储藏，储藏于人类创造的各种金融载体。第三，都具有开发性。开发性是所有资源的共同性质，不能开发的资源和无法开发的资源都不是现实的资源。因此，资源在具有开发性的同时，还必须具有现实性，金融资源也是如此。第四，都具有有限性。资源的有限性是指资源原始储藏量的有限性。自然资源储藏量的有限性是容易理解的；金融资源储藏量的有限性，不仅表现为量的有限，而且表现为开发、配置有效期间的有限。

金融资源与社会资源的某些种类既存在着区别又存在着相互联系、相互作用、相互转化的关系。如资本资源，可分为货币资本和物化资本两种形态，而作为货币资本形态，正是金融资源货币化的社会财富，金融资源总是以一定量的货币资本形态进行配置并投入消耗过程的。资本作为货币形态是金融资源的必然表现形式，二者存在着不可分割的关系。但又不能把货币直接说成是金融资源，货币只有作为资本形态存在时才能成为金融资本，才能具有被人类开发和配置进而获得期望利益的属性。同时金融资源与资本资源的物化形态又存在相互依存和转化的关系。一定量金融资源的有效开发和有效配置的结果,一部分将以货币资本形态存在,一部分将以物化资本形态存在,主要表现为社会物质财富。而物化的有效利用,对金融资源的有效开发和配置又有重要的导向作用。其他社会资源,如人力资源、智力资源、信息资源、决策性政府资源等,与金融资源特别是与金融资源的开发和配置也存在着相互联系、相互作用的关系。

明确金融资源与社会资源的相互关系具有重要意义,总结近几十年来世界各国经济发展的主要经验教训,就是对金融资源与其他资源之间的关系缺乏明确的认识,金融资源开发和配置处于盲目状态,是导致金融危机爆发的认识根源。许多国家以及他们的金融管理机构和社会成员都把金融要素当作外在于其他资源来理解和加以利用,始终没有深刻认识金融资源的开发和配置与其他资源以及经济运行的相互作用的关系,特别是忽略了金融资源的有效发挥对其他资源和社会经济发展的依赖性。他们把金融作为盲目追逐社会财富的唯一手段,结果导致了整个国家乃至区域经济泡沫化的连锁反应,爆发了严重的金融危机,导致了严重的经济衰退。只有深刻认识金融资源与整个国家或地区的其他资源和经济发展的关系,才能合理地开发和有效地配置金融资源,才能保证对其他资源的有效开发、利用,推动社会经济的持续发展。

二、金融资源的构成

金融资源的构成,主要体现在两个层面,一是金融资源作用的层面上,二是金融资源存在形态的层面上。

(一)金融资源作用层面

在金融资源作用层面上,依据白钦先教授的研究成果,可以概括为以下三个紧密相关的金融资源。

1. 基础性核心金融资源

基础性核心金融资源是货币资本。货币资本是金融资源的最基本的构成层次。货币资本的大量聚集或剩余是进行金融活动的前提条件。正如白钦先教授所指出的,在现代化大生产条件下,一些经济主体的自有货币资本往往不能满足其生产经营活动的需要;另一些经济主体则可能拥有相对过剩的货币资本。通过金融活动,货币资本需求者和货币资本盈余者就可能达成一定时期的有偿让渡过剩货币资本的协议,从而双方都能从中获益。对货币资本需求者而言，盈余者的过剩货币资本无疑是其有待获得的金融资源；对盈余者而言，其贷出的货币资本则是使其货币资本增值的金融资源。这个分析说明，没有大量的货币资本聚集或剩余，就不可能有货币资本的借贷与运动，货币资本的借贷与运动是金融活动最直接的表现形式。没有货币资本的借贷与运动，也不可能建立规模宏大的现代金融体系。因此说，货币资本是基础性的核心金融资源，是金融资源最基本的构成层次。

2．实体性中间金融资源

白钦先教授指出，实体性中间金融资源是金融资源的中间构成层次，包括金融组织体系和金融工具体系两大类。金融组织体系为银行机构、非银行金融机构、金融市场以及规范金融活动的法律、法规和政策等；金融工具体系包括所有传统的金融工具和创新工具。金融组织体系为货币资本的借贷与运动提供必要的条件和环境，金融工具则为货币资本的借贷与运动提供必要的载体和手段。只有借助了金融组织体系和金融工具体系，货币资本的借贷与运动及其各种功能才有可能成为现实。因此，金融组织体系与金融工具体系就构成了金融资源的实体性中间层面。

3．整体性功能高层金融资源

金融资源的最高层次是货币资本的借贷、运动以及金融组织体系、金融工具体系与现存经济发展的相互作用和相互影响。金融资源能否有效地发挥促进经济发展的作用，不仅依赖于货币资本是否高质量地借贷与运动，而且有赖于金融组织体系和金融工具体系是否完善。在这里，金融资源作用的发挥是整体性功能的发挥。它不仅发挥调剂社会货币资本余缺的功能，而且还发挥资产避险功能、产业结构调整功能、引导消费功能等等。金融资源整体性功能的不断优化和完善越来越成为经济发展的重要方面。这一层次的金融资源一般是无形的，但它的影响和作用是巨大的，一旦被破坏其后果不堪设想。

（二）金融资源存在形态层面

1．货币资源

货币是金融资源的基础性内容，也是最有活力的金融资源。在现代经济运行中，货币与商品的对立依然存在。因此，货币仍在继续履行价值尺度、流通手段、支付手段、贮藏手段、世界货币的职能。但是，随着现代经济的高度发展和现代科学技术的普遍应用，货币的属性和功能发生了极为深刻的变化,传统的货币职能理论,已经不能解释货币在现代社会经济中的特殊作用。白钦先教授指出,"人类社会发展到今天,货币的资源属性被人类以科学的态度阐明和提示出来,在经济生活中发挥着越来越特殊的作用,存置于经济领域的货币资源或者说是货币资财……已经成为了社会财富的一种特殊的索取权,现代的货币与马克思所分析的从一般商品中独立出来的金属货币以及那个时代的纸币或信用货币有着许多不同"。这就是说,在现代经济条件下,货币作为金融资源的构成要素,形成了许多新的特征:(1)垄断性特征。垄断性是现代货币的基本特征。货币作为金融资源是中央银行根据社会经济发展的需要发行后储藏于经济生活和再生产过程中的货币总量,其他任何社会组织或个人都被剥夺了发行货币的权力。货币的这种垄断性特征,使货币资源成为金融资源的重要构成要素。(2)基础性金融资源的特征。金融资源对其他金融资源的开发和配置及作用具有决定性的意义。正如白钦先教授指出的"不论是延伸性的资本资源还是派生性的商品资源或操纵于中央银行手中的体制资源,都是建立在货币资源开发和配置基础之上的再开发行为或结果,或者说都是后者为达到各自具体的目的而对前者的利用。历史的经验告诉我们,任何一次金融动荡,都是来自于货币资源基础性地位的动摇"。因此说,货币资源在金融资源的构成中,是一种起基础作用的要素。(3)开发性特征。在现代经济中,货币通过不同经济行为主体的开发就会转化为资本资源并配置于经济生活的各个领域,发挥创造新价值的功能。而货币一旦以固有的形态被积累和储存下来,则会转化为存置形态的货币资源。(4)高度流动性特征。高度的流动性,是货币资源最为明显的特征。货币资源的高度流动,使金融资源的有效开发和有效配置具有了现实的可能性。

2. 资本资源

在金融资源的构成中,资本资源是金融资源的重要构成要素。白钦先教授指出,金融资源理论体系中的资本资源主要是指由货币资源和物化资本转化而来的货币资本资源,即价值形态的资本资源。

资本资源作为金融资源的构成要素,具有以下特征:(1)增值性。增值是资本的本质属性,作为有增值功能的资本资源与货币资源是不同的。作为尚未资本化的货币资源,只是在商品流通中充当价值尺度、支付手段等职能,在这个过程中,货币资源并不直接创造新的价值,只是满足中介商品交换和消费的需要，是价值的外在的量化表现。因此，货币资源本身不具有直接增值新价值的特征，具有价值增值特征的是资本资源。资本资源的增值性特征，是促使人们将货币资源与物化资本转化为资本资源并进行再投入的内在动力。正因为资本资源本身固有的这种增值性特征，才使其成为金融资源的构成要素。（2）对社会财富的支配或配置性。资本资源的价值增值欲望，是资本资源支配或配置社会财富的巨大的内在动力，资本资源只有通过支配或配置社会财富才能实现价值增值。资本资源对社会财富支配或配置是一个自然历史过程，是资本资源实现价值增值的客观要求，具有不以人们的意志为转移的客观规律性。从对社会财富支配或配置的角度来理解资本资源，就必须考虑资本资源的这种内在要求，考虑社会、经济条件对资本资源的吸纳能力和程度。只有这样，才能最大限度地降低资本资源在支配或配置社会财富过程中的盲目性，最大限度地发挥资本资源价值增值的功能。资本资源对社会财富的支配或配置性特征与金融资源对社会财富的支配或配置具有一致性，而且金融资源对社会财富的支配或配置又往往是通过资本资源的流动来实现的，因此说，资本资源是金融资源不可缺少的构成要素。（3）开发性。资本资源的开发性特征，是由资本资源的本质属性所决定。资本资源的本质属性就是价值增值。那么，资本资源的价值增值是如何实现的呢？资本资源的价值增值是在生产过程中完成的，在商品流通过程中实现的，离开生产过程和商品流通过程，就谈不上资本资源的价值增值和价值实现。把资本资源投入到生产过程和商品流通过程，就是资本资源的开发过程，也是资本资源开发的基本方式。这里需要特别指出的是，资本资源的价值实现，是在资本资源与实物形态（商品）的社会财富相对立的情况下完成的。这个意义上的资本资源的开发，只能实现资本资源的价值，而不能创造出新的价值，其作用是促成了社会财富的再分配，但是这种作用却是资本资源再度被开发的重要前提。资本资源的这种开发性特征，使资本资源成为金融资源的重要构成要素。

3. 金融商品资源

白钦先教授指出："金融商品资源是根据资本资源开发和配置的需要而开发的派生性金融资源，主要包括金融期货、期权、信用证以及各种金融票据等金融类有价证券。"这与传统金融理论中的金融工具具有很大的区别。传统的金融理论把金融商品不加区分地称为金融工具，但实际上，只有金融期货、期权以及各种金融票据，才是具有开发价值的金融商品。而信用卡、定期存折等金融商品并不具有开发价值，它们只是具有最终消费品特征的金融工具。因此，作为金融资源构成要素的金融商品资源必须是具有开发价值的金融商品。金融商品的特征，使其直接成为金融资源的构成要素。金融商品资源对金融资源包括货币资源、资本资源的配置和流动具有载体性，但其本身并不具有价值。金融商品资源的有效开发，有利于金融资源的有效配置，提高货币资源和资本资源的流通速度，从而取得最佳经济效益和社会效益。离开金融商品资源的有效开发，金融资源的有效配置及流动是不可能的。

4. 体制资源

体制资源是金融资源的特殊领域。体制资源，是指一定历史条件下形成的金融体系，包括金融法规、金融组织体系、金融政策和金融文化、金融职业道德等要素。作为金融资源的体制资源具有滞后性特征，这是因为，金融体制资源具有公共性的特点，它的开发和创新往往只是一个国家或一个金融企业的投入，而借鉴和使用则是大众化的，所以，任何一个国家或金融企业不愿意以较多的代价和冒很大的风险去开发创新体制，这也造成了金融体制的开发长期落后于其他金融资源的开发。而正是金融体制资源的这种滞后，使其具有深广的开发性，金融体制资源的开发不过是一个相对缓慢的过程罢了。金融体制资源的另一特征是不完善性。金融体制资源的滞后必然导致金融体制的不完善，进而导致金融体制的创新落后于人们的需求。有的金融学家把这种情况概括为"金融体制资源"稀缺。金融体制资源不论是不完善还是稀缺，都使其更具有开发价值，人们终究要不断地去借鉴和创造新的金融体制，开发新的金融体制资源，为其他金融资源的开发和配置创造更为有利的条件。

三、金融资源的属性

金融资源是一种不同于自然资源的社会资源，具有鲜明的社会性。深入了解金融资源的属性，有助于我们从不同的层面和角度把握与认识金融资源。

（一）金融资源具有社会财富索取权属性

按白钦先教授的观点，金融是社会财富的索取权，是货币化的社会资财。金融资源当然具有金融的这种属性。金融资源作为索取社会财富的权力,是通过人类所创造的社会财富的再分配渠道得以实现的,金融资源的配置手段则是这种权力实现的基本方式。任何一个社会成员、一个社会集团、一个国家,只要他获得了一定量的金融资源,也就具有了配置相同比例的社会财富的权力。掌握不同社会成员、集团、国家手里的一定量的金融资源,其支配权和通过行使支配权所获取的利益属于这个社会成员、集团和国家。在现代经济活动中金融资源如何配置决定着社会财富存量结构和动态结构的存在方式和基本样式,换句话说,金融资源如何配置实质上决定着一个地区、一个国家乃至整个世界的经济布局和产业分工。近年来提出的所谓金融安全问题,实际上就是指金融资源配置上的不合理和社会财富索取权不公平的问题。在经济全球化和金融全球化的条件下,金融安全问题愈来愈突出。这是因为,金融资源的流动,不仅会发源于国际游资的拥有者,而且也来自拥有巨大金融资源的国家和地区。金融资源配置的不合理和金融索取权的不公平,往往会使不发达的国家和地区受到巨大的冲击和掠夺,甚至会导致严重的金融危机。所以正确认识金融资源的配置权或者对社会财富的索取权,是把握国际、国内金融动态,建立科学的国际、国内金融资源的配置体系的基本前提。

（二）金融资源具有价值属性

金融资源,特别是以货币资源为基础性核心的金融资源,表示的是一定时期的一定量的价值积累和凝结,是对其他各种资源的索取权、支配权和拥有权。由于金融资源具有价值属性,因此,一般很少受到社会集团、国家和地区的限制,任何一个社会集团、一个国家、一个地区,都可以在不改变或不转让所有权的条件下通过借贷的形式,在一定时间内取得对金融资源的使用权和支配权,并能达到价值增值的目的。正是金融资源的价值属性,才使巨额资本在社会集团之间、国家之间、地区之间乃至全世界范围内进行流动和配置,才可能有资本的输出与输入。同时,金融资源的价值属性,使金融资源的流动和配置或金融交易活动能够相对地脱离真实的生产过程和商品交换过程的需要,以价值符号等形式通过金融体系,运用金融工具,借助金融功能的总体发挥,在不同集团之间、地区之间、甚至全世界范围内进行流动与配置。由于金融资源具有价值属性,可以相对地脱离生产过程和商品交换过程的需要,因而会产生一定程度的虚拟性,这给过度投资、疯狂的金融投机以及泡沫经济的形成提供了可能性，对此我们必须保持高度的警惕性。

（三）金融资源具有价值增值属性

金融资源的基础性核心是货币资本，货币资本的本质属性就是它的价值表现和价值增值功能，并在此基础上形成对自然资源、人力资源、技术资源及其他资源的调节和配置，进而达到价值增值的目的。金融资源的价值增值属性，一方面可以促使人们对金融资源进行合理开发和有效配置，创造社会财富；另一方面可以使人们在对金融资源的开发和配置上产生盲目性，利用金融资源的支配权盲目地追逐社会资财，这种行为可能会造成经济危机、金融危机和社会动乱的严重后果。因此，我们在开发和配置金融资源的过程中，既要看到和充分发挥金融资源价值的正面效应，又要注意和规避金融资源价值的负面效应。

（四）金融资源具有高度流动属性

金融资源的高度流动性以及金融信息的高速扩张性是金融资源最显著的特征之一。在现代经济生活中，金融资源具有跨国家、跨地区，在全世界范围内高度流动的特点。特别是随着经济全球化、自由化和国际金融市场的迅速发展，通过现代化的技术手段和金融工具，大笔资金可以转瞬间在全球各金融市场间进行划转，金融信息可以在全球各个金融市场之间迅速转移。跨国银行的大量涌现以及以各种金融政策协调为目标而建立的国际经济组织和金融组织，使各国的金融资源和金融信息可以在各个层次上以多种方式和形式转移和传播。金融资源的这种高度的流动性和金融信息的高度扩张性，为人们在更广泛的领域内对金融资源进行开发和配置提供了现实可能性。

（五）金融资源具有风险属性

金融资源的风险性总是伴随在对金融资源开发和配置的过程当中。金融资源风险性的根源在于金融资源的虚拟性。金融资源的虚拟性常常表现为不真实的金融信息，而这种不真实的金融信息又诱导人们进行过度的投资和进行金融投机，进而形成泡沫经济。也就是说，金融资源的虚拟性会导致人们不能合理地开发和配置金融资源。金融资源风险具有渐进积累的特点，因而具有一定程度的隐蔽性，尤其初始阶段不易被人们所察觉，甚至还会转移人们的注意力或形成某种误导，而当风险积累到一定程度时就会突然爆发，破坏正常的经济秩序和金融秩序。1997年东南亚金融危机，就是金融资源风险渐进累积的结果。这场金融危机来势之猛、传导程度之烈、破坏速度之快、影响程度之深，前所未有，它使马来西亚的人均国民财富水平倒退了10年，使泰国的国民财富损失近一半，经济发展水平倒退了12年。这场金融危机还使1998年全球经济增长率降低了1个百分点。

此外，金融资源还具有稀缺性、不可替代性、可再生性等特征。

综合以上分析，可以得出结论：金融资源是资源，是一种特殊的社会资源。正如白钦先教授所指出的：金融资源的属性有点像金属货币的本质——既是商品又是固定充当一般等价物的特殊商品，具有双重属性特征。一方面，它本身是一种资源，是一种社会性战略资源，是稀缺性资源，这是它的自然属性，是它的一般资源属性；另一方面，它又是一种可以对其他所有资源包括自然资源和社会资源具有配置功能的资源，这是它的社会属性，是它的特殊资源属性。白钦先教授还指出：金融资源一方面使金融发展即金融资源的开发和利用作为发展的一个组成部分，纳入到一般的经济发展框架中；另一方面，也是更重要的一个方面，则是使金融发展对整个经济发展具有了全局性的决定意义。

第二节 金融生态理论

一、金融生态的定义

关于金融生态解释存在的争议主要有两方面，一是金融生态是否等同于金融生态环境；二是金融生态主体的范围如何界定。目前比较有代表性的说法有以下几种。

周小川（2004）认为"金融生态"是指金融运行的外部环境，包括法律、社会信用体系、会计与审计准则、中介服务体系、企业改革的进展及银企关系等方面。王松奇（2005）认为，金融生态是金融结构和金融活动所面临的由政治、社会、文化、意识形态、体制条件、政策约束、微观基础、法律法规、传统习惯等多种因素构成的环境条件，它对金融机构的业务行为、经营效果、绩效评价有着各种各样的牵制和影响。这类观点强调金融生态环境对金融机构行为及运行结果的影响，然而从研究角度看，这种概括不太全面。

徐诺金（2005）将金融生态概括为各种金融组织为了生存和发展，与其生存环境之间及内部金融组织相互之间在长期的密切联系和相互作用过程中，通过分工、合作所形成的具有一定结构特征，执行一定功能作用的动态平衡系统。这一阐述将金融生态升华到系统的本义，遗憾的是将金融主体只局限于金融组织。

谢太峰（2006）将金融生态界定为各类金融活动主体之间、金融活动主体与其外部生存环境之间通过相互作用、相互影响而形成的相互依赖的动态平衡系统。相比较而言，这一阐述较为全面，丰富了金融主体的内涵，但它同样忽略了生态环境各因素间的相互作用。

二、金融生态研究的主要内容

（一）金融生态主体存在的问题

近几年来，商业银行改革已使中国金融主体的状况得到了明显的改善，但还存在一些问题。金融产权的制度性缺陷阻碍了金融主体的健康成长。前些年在处理包括城信社、农村基金会、信托等机构的风险时，所有处置成本都由中央银行和政府承担。目前全部产权还是一种以公有制为绝对主体的金融，其他产权主体对金融的介入尚未做出明确的基本法律规定和保护。没有突出产权主体——股东在法人治理结构中的核心地位，股东作用弱化，理事会、监事会形同虚设，内部人控制现象极为普遍（徐诺金，2005）。金融机构和金融市场带有明显的行政痕迹。国有银行的垄断地位加之国家的信用担保机制，极大地破坏了优胜劣汰的竞争规则，国有银行在支持国有企业解困过程中，积累了大量不良资产，导致了金融风险大量集中于银行体系。此外，中国的上市公司"重筹资轻转制"，股票市场"圈钱"现象严重，投机特征明显，其有限的容量和"政策市"特点使股票市场偏离了合理配置资源、分散风险的基本功能（杜朝运、王丽娜，2006）。金融监管机构对金融中介和金融市场的调节严重错位。中国现有金融监管重审批、轻监管，重合规、轻风险，重检查、轻处罚，重被监管对象的利益、轻社会公众利益，重救助、轻防化，重抽象说教、轻实实在在的问责制度。

（二）金融生态环境存在的问题

随着中国金融体制改革的深入，中国金融生态环境发生了根本性的改善，但还存在缺陷和不足。法制环境不完善。中国的法制体系在金融主体、金融业务和金融监管等方面都不完善，金融执法效率低下，司法不规范，金融案件执行时间长、费用高、抵债资产回收效果差。诚信环境恶化。这主要表现在个别企业有钱不还，千方百计利用会计、审计、资产评估等不实信息骗贷，悬空金融债权，大量转移金融资产。上市公司通过过度包装、欺诈上市、虚假信息披露、不提供正常投资回报等恶意欺骗投资者。征信体系建设滞后。信用风险防范与承担机制不健全，征信数据采集困难，有关征信业的法律制度不完善，征信业务活动不规范等是制约中国征信业发展的因素（刘秀林、冯彦明，2005）。会计与审计准则的标准及执行质量有待提高。中国的会计制度体系目前没有统一规范的标准，这对银行评估企业财务信息造成困难。目前企业对国家会计与审计准则的执行并不普遍，银行无法了解到企业的真实情况，使得企业有机会提供虚假信息，导致金融欺诈率较高。行政干预过多。中国金融生态中的许多问题与过多的政府干预、不规范的政府行为有关。例如，政府干预银行信贷，造成银行大量不良贷款；有些地方政府协助企业"包装"上市，影响了上市公司的质量；政府的行政干预影响金融案件的执法力度等。

（三）金融生态系统各要素间的关系

现有文献研究重点集中于金融生态主体与金融生态环境之间的相互作用。一方面是金融生态环境对金融生态主体的影响。金融生态环境制约金融主体的发展，不同环境要素会对金融主体产生不同的约束，使得金融主体的行为出现不同的特征。周小川（2004）分析了法制环境对金融主体发展的影响。他认为，法制的好坏会明显改变微观经济主体的预期。如果法律制度存在漏洞，经济主体的预期就会扭曲，一些特殊主体利用漏洞谋取不正当利益，这有可能产生数量很大的不良资产。而不良资产的积累，造成银行"惜贷"现象严重，也可能导致金融危机，对整个经济的发展产生不利影响。萧安富、徐彦斐（2005）以西部老工业城市自贡为例，认为经济结构和制度环境这两方面因素通过不同途径影响金融运行的成本和效率，进而影响金融资产的质量、增量和规模。自贡金融运的新特点，如金融机构存贷比逐年下降、存贷差急剧扩大，金融机构资产质量差、盈利水平低，本地银行异地贷款力度加大等等，反映了该地区金融生态环境对金融发展影响的范围和力度。另一方面是强调金融主体行为对金融生态环境的影响。我国金融生态恶化很大程度上归因于金融主体的行为有意无意破坏着其赖以生存的外部环境。例如，借款人违约行为的不断累积导致了我国信用环境的不断恶化；上市公司对投资者尤其是中小投资者的恶意欺骗造成投资者信心丧失，企业诚信大大降低等等。在强调金融生态环境对金融主体影响的同时，不能忽视金融主体对外部环境的反作用，只有两者实现良性互动，才能更好地改善整体金融生态状况。

（四）法律制度是金融生态环境的核心

狭义的金融生态环境涉及政府、市场、企业三个主体，而同时能约束三方的只有法律，这也是许多文献中提到"法律因素是金融生态环境的核心"的根源所在。徐诺金（2005）从立法思想、法律体系、执法效率、司法规则四个方面分析了中国金融生态环境在法律方面存在的问题，即立法思想滞后，法律体系不完善，金融执法效率低和司法不规范，针对这些问题，提出如何建立符合市场经济要求的金融法律制度。李晓西（2006）借助生态的理念分析我国金融法制环境的功能。他从生态的有机性分析法律结构的适用性，从生态的系统性分析法律的完整性，从生态的灵敏性分析法律的有效性，从生态的自组织性分析法律的秩序性，提出要保护金融组织的合法权益，从而促进金融体制改革和法律完善很好地结合。匡国建（2005）从制度经济学的角度分析了法律制度对金融生态的影响，认为好的法律制度，有利于降低金融交易费用，提高金融交易效率；好的法律制度是金融发展的重要保障；好的法律制度会明显改变微观经济主体的预期，发挥制度的激励作用。进而从金融主体、金融业务、金融监管、金融环境四个方面阐明了中国金融法律制度存在的问题，提出改善的措施。

三、金融生态的基本特征

（一）金融生态具有关联性

如同自然生态中各个生态因子之间紧密关联一样，金融生态的各种要素之间也具有十分密切的关联性，这种关联性首先表现为金融活动主体内部的相互关联，就是说，资金供求者与金融中介机构之间的紧密联系及其相互交易，维持着金融系统的日常运转。其次是金融活动主体与其外部环境之间的关联性，这种关联性直接影响着金融生态系统的平衡状况。

（二）金融生态具有适应性

在自然界中，生物与生物之间、生物与生存环境之间通过相互作用而形成一定的生态平衡，一方面，外界环境条件的不同会引起生物形态构造、生理活动、化学成分、遗传特性和地理分布的差异；另一方面，生物为适应不同的环境条件也必须不断调整自己。金融生态也是如此。由于各国的法律体制、经济条件、社会特性、文化传统等各种外部环境不同，必然会造成各国金融生态具有不同的印记。同时，为了适应各自特殊的外部环境，一国的金融活动主体也必须动态地调整自己的交易原则和交易策略。正因为如此，我们在发展金融时，绝不能简单拷贝成熟市场的金融生态，而必须立足中国的实际，给出中国特殊市场条件下的金融发展模式。

（三）金融生态的各个因子之间具有相互依存性

在自然生态中，各种生物之间由于食物链的存在而处于相互依存的状态，生物与其赖以生存的环境之间也存在依赖关系。金融生态也不例外。金融生态的相互依存性主要表现在两个方面：

一是金融活动主体之间的相互依存性，例如，资金供应者为资金需求者提供的融资为后者的生存和发展增加了动力来源；资金需求者又为资金供应者创造出运用多余资金获得收益的机会和渠道；资金供求双方的融资也为金融中介机构提供了业务内容和利润来源；金融机构的活动便利了资金供求双方的资金调剂，促进着双方资本运作规模的扩大和资本收益的提高。

二是金融发展对其外部环境的依存性，例如，没有一个适宜的法律环境、健康的经济环境、良好的社会环境和宽松的政策环境，就必然会窒息金融主体的金融活动，阻碍金融的良性运行与发展。因此，营造金融主体之间以及金融与外部诸环境之间的和谐共荣关系是改善金融生态的核心所在。

（四）金融生态具有演进性

在人类产生以前，自然生态的平衡过程表现为各种生物之间以及各种生物与外界环境的自发性互动。当人类产生以后，自然生态的平衡则表现为人与自然（包括自然生物与自然环境）的互动，人类的行为既要受自然环境的影响，又影响着自然环境，在这种相互影响中便形成了自然生态的动态演化。金融生态的发展同样呈现为不断演进的动态过程。

自从金融活动产生以后，金融主体就沿袭着自然形成的文化、理念、传统、法理等不断进行或发展着金融活动。这种自发的金融活动虽然通过系统内部的自调节功能可以在一定程度上达到系统的平衡，但随着经济、社会中各种新生因素的出现，金融系统自调节功能的有效性逐渐遭到削弱，金融生态原有的平衡也随之被打破，其表现便是金融主体之间、金融与外部环境之间关系的失衡以及由此不断引发的金融风险与金融危机。为规范金融关系和金融行为，防范金融风险和危机的发生，国家就需要制定相关的金融法律法规和政策，并着力营造适宜的经济、社会和文化环境，以恢复金融生态的平衡。可见，金融生态的平衡实质上表现为从平衡到不平衡再到平衡的动态演化过程，也是从过去的"自发"平衡到现代的"自为"平衡的过程，在现代金融生态的自为平衡过程中，政府作为金融管理者和调控者发挥着十分重要的作用。

第三节 金融可持续发展理论

一、金融可持续发展的内涵

（一）金融可持续发展的含义

金融可持续发展理论是在金融资源论的基础上形成的，主要研究经济可持续发展中对金融资源的永续利用问题。可持续发展的核心问题是资源的永续利用，因此从对金融发展的资源开发和利用内涵以及经济生态环境内涵的认识，导出了金融可持续发展与经济可持续发展的辩证关系，因此研究金融可持续发展问题时，必须保持与经济可持续发展问题的关联性。金融可持续发展理论的最终目的是实现经济金融与社会的可持续发展。

（二）经济可持续发展与金融可持续发展

资源和环境的极限引发了可持续发展问题，对人类具有永恒和普遍的意义。同时，确立的金融是资源的理论又把金融及金融发展与可持续发展问题逻辑地联系了起来。

首先，金融作为一种资源，必然自动地进入可持续发展函数之中。

可持续发展以现实的增长不能以未来的停滞为代价，既然金融是资源，当然就包括金融资源的可持续利用，即金融资源的永续开发和利用也是实现经济可持续发展的充分条件之一。

其次，金融作为一种特殊的社会性资源，又构成了经济增长或经济发展的生态环境——金融生态环境。可持续发展并不否定经济增长，尤其是发展中国家的经济增长。经济增长是促进经济发展、促使社会物质财富日趋丰富和人类的文化及技能的提高，从而扩大个人和社会的选择范围的原动力。但是，可持续发展所要求的经济增长必须是长期的、适度的、注重经济增长质量的提高，要以无损生态环境为前提，以可持续为特征。

最后，金融作为资源和经济的社会性生态环境决定了要实现经济和社会的可持续发展，必须首先实现金融本身的可持续发展。可持续发展函数的丰富，代表着一种强调不能割裂发展要素中的相互依存、相互作用关系的新的发展观。随着金融全球化、经济金融化和金融自由化的迅速发展，金融对经济的作用和影响日趋重要。这种重要性已经使金融在经济增长或发展函数中成为一个比自然资源和生态资源更加突出的可持续发展决定因素。

（三）金融发展的资源开发和利用性内涵

金融发展是一个不断开发金融资源、扩大金融资源基数、改善金融资源利用效率的过程，并且这个过程的直接结果就是促进和推动经济的发展，这就是所谓的金融发展的资源开发和利用内涵。金融发展是一个扩大金融资源基数同时又提高金融资源利用动态平衡过程。在一定时期内，金融资源开发利用不足或过度的非均衡性，决定了这两种金融运行和发展趋势都是不可持续的。而从跨时期来看，金融发展的持续性又取决于一个动态可调整的各层次金融资源扩张协调配合的结构安排。因此，从金融的资源属性来考虑，注重基础性核心金融资源、实体性中间金融资源以及整体功能性高层金融资源的开发利用之间的动态协调配合，是实现金融发展可持续性的根本途径。

二、金融可持续发展的基本原则

（一）金融可持续发展是量和质统一的金融发展

金融发展的量的方面，即量性金融发展，主要表现为经济中金融资产总量的增长，金融工具种类的增多，金融机构的数量和种类的增加等。

量性金融发展扩大了金融的规模,使得金融得以在一个更大的规模上运行。金融发展的质的方面,即质性金融发展,主要表现为动员和配置金融资源的效率提高,金融对经济的渗透加深,金融对经济发展亲和力提高,等等。质性金融发展改善金融效率,最终使金融对经济的作用增强,在一个更有效的金融体系基础上进一步发展。

量性金融发展和质性金融发展是金融发展的两个方面。量性金融发展是质性金融发展的基础,而质性金融发展又能促使量性金融的进一步发展。因此,金融可持续发展要求兼顾两方面的同时,尤其注重质性金融发展。

(二)金融可持续发展是相对稳定发展与跳跃发展并存的金融发展

一方面,发展的稳定性是金融可持续发展追求的目标之一。经济发展需要一个相对稳定的金融环境,金融可持续发展是经济可持续发展的前提条件之一。金融危机不仅使金融发展停滞中断,而且还会使经济发展受阻。因此,相对稳定的金融发展是经济可持续发展的内在要求。另一方面,金融可持续发展不排斥跳跃性金融发展,而是包括跳跃性金融发展。金融创新是金融发展的动力,金融创新能够保持金融和社会经济技术的协调和相适应,并提高金融效率。因此,金融可持续发展包括金融创新带来的跳跃性发展,是由金融发展的内在规律决定的。

(三)金融可持续发展是金融整体效率与微观效率并重的金融发展

效率是金融可持续发展的保证,又是金融可持续发展所追求的目标之一。金融体系的效率包括三个层次:(1)金融体系的各构成要素自身功能和获利能力,即金融微观效率;(2)金融体系内部各构成要素之间,如直接金融与间接金融间、中央银行于商业银行和非银行金融机构间,相互协调适应吻合程度,即内部总体效率;(3)金融体系整体与社会环境、经济环境和技术条件相互协调适应的程度,即外部总体效率。后两者共同构成金融总体效率。一般说来,金融微观效率是总体效率的基础,在总体效率中内部总体效率又是外部总体效率的保证。金融可持续发展的效率目标应包括金融总体效率和微观效率两方面。

在金融发展实际过程中,各效率目标之间往往并非一致,对单个金融要素是有效率的,并不能说明总体是有效率的;而且金融业作为一个独立的经济部门,其效率目标也可能与整体经济相背离。因此,金融可持续发展要在保证微观效率的同时，更注重总体效率的提高。只有这样，金融和经济才能共同协调、一致发展，金融可持续发展才能实现。

三、金融可持续发展的政策

（一）实现金融发展与经济发展的协同

保持金融发展与经济发展的协同，目的是通过金融资源的合理适度开发利用，实现金融与经济相互促进的良性循环，最终实现金融与经济的可持续发展。具体来说，政策重点主要包括：

首先，充分但又适度地利用市场机制开发、利用和配置金融资源，适时推进金融自由化进程。对于发展中国家来说，利用市场机制开发、利用和配置金融资源的时候，首先面临的是市场机制不健全、不完善问题。市场机制的不健全、不完善导致了发展中国家金融资源的开发、利用要么不充分，要么过度，而且配置效率也比较低下，导致金融资源的稀缺和浪费现象往往同时存在。因此，对于发展中国家来说，实现金融可持续发展的首要问题是推进经济金融市场化。

其次，金融市场化进程与经济的市场化进程应同步展开，金融与经济不可分割的相互作用和相互影响关系，决定了金融的市场化进程与经济市场化进程统一性。

最后，注意保持金融市场化和自由化的顺序，特别注意整体性高层次金融资源即制度性金融资源的适时开发和利用。扩大金融资源基数，提高金融资源的开发、利用水平以及配置效率，实现金融的市场化，并在市场化的基础上实行金融自由化是有效和必然的途径。

（二）保持稳定和谐的金融生态环境

金融可持续发展对金融生态环境稳定的依赖，要求金融制度变迁必须至少解决制度变迁的稳态均衡和制度变迁成本的合理分配这两个基本难点。从一国金融可持续发展的政策实践来讲，这涉及金融改革模式的选择、金融改革的制度相容性和金融稳定机制的加强三个方面。

（三）追求公平竞争的全球金融资源配置和共享

经济金融的自由化有利于一国可开发利用的金融资源基数的扩大，有利于金融体系效率的提高，促进金融发展。而不断加深加快的金融全球化，则使一国金融资源的开发、利用和配置促使金融发展具有了全球性的意义。

金融全球化使各国的金融运行紧密地联系起来，相互依存的关系日益加强。在金融全球化下，世界各国的金融可持续发展必须通过全球金融资源的公平竞争实现合理配，必须建立在全球各国共享的金融资源基础上。

第四节 金融脆弱性理论与金融安全理论

一、金融脆弱性理论

（一）金融脆弱性的含义

金融脆弱性（financial fragility）有广义和狭义之分。狭义的金融脆弱性是指金融业高负债经营的行业特点决定的更易失败的本性，有时也称之为"金融内在脆弱性"。广义的金融脆弱性简称为"金融脆弱"，是指一种趋于高风险的金融状态，泛指一切融资领域中的风险积聚，包括信贷融资和金融市场融资。现在通用的是广义金融脆弱性概念。

金融脆弱性的概念产生于20世纪80年代初，但其研究却可以追溯到费雪和凯恩斯，甚至自金融机构成立之初，就奠定了金融脆弱的根基。对金融脆弱性的研究着重于两个方面：一是对引起金融脆弱性原因的研究，即回答"为什么"的问题；二是对如何防范和化解金融的脆弱性的研究，即回答"怎么办"的问题。这两方面的研究是互相联系、互相补充的，更为关键的是对金融脆弱性的研究随着环境的变化而变化。

（二）金融脆弱性理论

对金融脆弱性的研究，大体上可分为信贷市场上的脆弱性和金融市场上的脆弱性两个大的类别。明斯基和克瑞格研究的是信贷市场上的脆弱性，所不同的是前者从企业角度研究，后者则从银行角度研究。信息经济学将信息不对称概括为金融脆弱性之源，适用于信贷市场和金融市场，但其分析思路还是着重于金融机构信贷的角度。金融市场上的脆弱性主要来自于资产价格的波动性及波动性的联动效应。

1. 明斯基的金融脆弱性理论

明斯基（1985）较早对金融内在脆弱性问题做了系统阐述，形成了"金融脆弱性假说"。金融脆弱性假说认为，私人信用创造机构特别是商业银行和其他相关的贷款人的内在特性使得他们不得不经历周期性危机和破产浪潮，银行部门的困境又被传递到经济体的各个组成部分，产生经济危机。

明斯基的分析基于资本主义繁荣与衰退长期波动现象（周期为50年）的总结之上，他指出在经济的繁荣时期就播下了金融危机的种子。这个50年的长周期以20年或30年的相对繁荣开始，在经济上升时期，贷款人（银行）的贷款条件越来越宽松，而借款人（工商企业）则利用宽松有利的信贷环境进行积极的借款。

明斯基将借款的企业分为三类：一是抵补性的借款企业；二是投机性的借款企业；三是庞氏企业。

在明斯基看来，商业周期的存在将诱使企业进行高负债经营。在一个新周期开始时，绝大多数企业都属于抵补性企业。随着经济的进一步繁荣，市场显现出一派利好气氛，企业预期收益上升，纷纷扩大借款，投机性企业和庞氏企业迅速增多。这样，在借款人中高风险的后两类借款人的比重越来越大，而安全的第一类借款人所占比重却越来越小，于是金融脆弱性愈来愈严重。然而资本主义经济的长波必然迎来滑坡，任何打断信贷资金流入生产部门的事件都将引起违约和破产，而这又进一步反馈影响金融体系。金融机构的破产迅速扩散，金融资产价格的泡沫也迅速破灭，金融危机就爆发了。

自从有金融以来，金融危机就不断发生着，危机的过程被不断重演。那么具有怀疑情结的银行家为什么不能从中吸取教训呢？经济行为人为什么要按照那种破坏自身利益的非理性方式来行事呢？对这一问题的回答是金融脆弱性内生理论的关键。对此，明斯基提出了两种可能的原因：一个被称为代际遗忘解释，认为是由于今天的贷款人忘记了过去的痛苦经历，一些利好事件促成金融业的繁荣，而此时距离上次的金融灾难已过了很久，人们贪婪的动机已经战胜了恐惧，价格的上涨推动更多的购买，因为人们预期当前的资产价格趋势会继续下去。银行家的道德风险还会代际遗忘大大缩短时间。因为，从借款开始高涨到最终的结账日，期间的间隔可能是如此之长，以至于发放贷款的银行家从来不会为他们自己的行为后果而直接遭受损失。另一个被称为竞争压力解释，认为贷款人是出于竞争的压力而作出许多不审慎的贷款决策，因为如果不这样做他们将失去顾客和市场。第一个解释，在今天看来已经不太适用。20

世纪80年代以来，金融危机4~5年就会发生一次，即在同一个银行家身上，就会多次重复错误，显然银行家是不会如此健忘的。银行家的道德风险也会因惩戒期的很快来临而有所削弱。第二个解释，有一定的说服力，并且在实践上，它已成为许多东南亚和中国银行家的托词。然而，这必须基于银行家更看重短期利益。可见，明斯基对金融脆弱性成因的解释是难能令人满意的。

2. 克瑞格的金融脆弱性理论

为了更好地解释明斯基的金融内在脆弱性，克瑞格（1997）引用了"安全边界"这个概念。安全边界可理解为是银行收取的风险报酬，包含在借款人给银行支付的贷款利息之中。当由于不测事件使得未来没有重复过去的良好记录时，安全边界能够给银行提供一种保护。对于贷款人和借款人来说，仔细研究预期现金收入说明书和计划投资项目承诺书，是确定双方都可以接受的安全边界的关键一环。

银行家具有怀疑情结，对安全边界很执着。与借款企业比较，银行家对整体市场环境和潜在竞争对手更为熟悉。简言之，银行家既不缺乏理性，也不好骗。然而银行家最终还是被骗，是为什么呢？

也许有比借款人的甜言蜜语（siren song）和夸大的收入预期说明书更能使银行家心动的东西。即使银行家了解本地区的市场竞争状况和竞争者的未来计划，他们对未来市场状况的把握也不会比别人好多少。这样，银行家的信贷决定还是遵守所谓的摩根规则（J. P. Morgan rule），即是否贷款主要看借款人过去的信用记录（credit history），而不太关注未来预期。银行家关心的是"将来我能不能把钱收回来"以及"我还能再贷款给他吗"。这由借款人过去的信用记录和预期收入说明书中的数字来决定。说明银行家对借款人本身的"信用风险"的重视超过了对贷款项目风险评价的重视。这种"向后看"而不"向前看"的思想，实际上是假定"未来将是过去的重复"。

经济扩张助长了银行家和企业家的想法。经济稳定扩张，使得有良好信用记录的借款人越来越多。

借款人一方也会经历类似银行家的过程。只不过借款人是从银行家的次命题开始的。即所投资的项目将会产生足够的利润用来还本付息。在向银行家借款之时，借款人的这个命题并没有击穿，但随着时间的推移，实际情况越来越多地印证甚至超过预期，使得借款人对自己当初的投资决定充满信心。这种"实际情况"有时并不是真实的,正如凯恩斯所指出,这种成功并非是企业有什么特殊的本领,而仅仅是由于投资在一个扩张的环境中。因为"5%的经济增长率比0.5%的经济增长率更能掩盖一个2%的投资预测错误"。

金融脆弱性的想法正是建立在安全边界的变化上。就是那些缓慢的、难以觉察的对安全边界的侵蚀,产生了金融脆弱性。当安全边界减弱到最低程度时,即使经济现实略微偏离预期时,借款企业为了兑现固定现金收入流量承诺,也不得不改变已经计划好了的投资行为。这意味着拖延支付,或者另找借款。若不能实现,就只能推迟投资计划,或者变卖投资资产。结果,债务紧缩过程开始了:价格下跌、实际债务负担加重和供求法则逆转(即价格降低导致供给增加、需求减少)。于是,金融危机发生。

总之,银行家用了不恰当的方法——借款人的信用记录和其他银行的行为来估价安全边界。在经济持续稳定时期,企业家的乐观感觉因自己过去的成功而不断加强,借款人的信用记录得以改善,最终打消了银行家根深蒂固的怀疑情结,而批准了对低安全边界项目的贷款。

二、金融安全理论

(一)金融安全的内涵

关于金融安全的概念,国内外学者从不同的角度加以界定,从金融实质的角度出发,强调的是金融安全的广泛性。从国际关系学角度出发,强调的是金融本身的安全和国家的金融主权,以及金融安全对国家其他方面安全的影响程度的控制。从金融运行角度,强调的是金融运行是动态稳定状态。

要准确界定金融安全的概念,应考虑以下因素:金融的含义与主要内容、安全的含义、国际经济环境的变化。

因此,从金融发展的角度来说,金融安全可以定义为:在保持一国金融体系高效运转和金融发展的前提下,能够采取各种手段抵御来自内外的各种威胁和侵袭,确保金融主权不受侵害、金融体系保持稳定运行,并以此促进经济快速发展。从狭义层面看,金融安全是指金融产业本身的安全;从广义层次看,金融安全包括国家的经济安全,这主要是由于金融在现代经济社会中的地位决定的。金融安全程度表明国际金融体系或一个国家、地区金融结构、运行状态与质量的状况,是对一定的空间内金融体系的运行及发展的总体评判。

（二）金融安全的特点

1. 金融安全是动态发展的安全

金融安全应该是动态发展的安全状态。这是因为，经济运行的态势是一种连续不断地变化过程，而在这一过程中，金融运行往往处在一种连续的压迫力和惯性之中。在经济快速增长时期，银行会不断扩张信贷，其结果有可能导致不良资产增加；在经济衰退时期，银行经营环境的恶化迫使其收缩信贷，从而又使经济进一步衰退。因此，金融安全是基于信息完全和对称及其反馈机制良好运行基础上的动态均衡，安全状态的获得是在不断调整中的。

2. 金融安全是金融全球化的产物

金融安全问题的提出是特定历史发展阶段的产物，是金融全球化的产物，更确切地说，金融安全问题是应对金融全球化负面影响的产物。尽管金融全球化具有促进世界经济发展的积极效应，但不可否认，金融全球化也带来了众多负面影响，金融全球化蕴藏着引发金融危机的风险。在金融全球化的发展过程中，与其相伴的蔓延效应使金融危机迅速扩散，产生巨大的波及效应和放大效应，国际金融动荡已成为一种常态。因此，金融安全问题被作为应对金融全球化的一个重要战略而提出，它已成为国家安全战略的一个重要组成部分。

3. 金融安全赖以存在的基础是经济主权独立

如果一国经济的发展已经受制于他国或经济主体，那么无论其如何快速发展，应当说金融安全隐患始终存在，也就无从谈起金融安全的维护。金融全球化的发展使国际社会日益重视统一标准的制定与实施，由于发达国家掌握了金融全球化的主导权，按发达国家水平制定规则必然不利于发展中国家，使其难以获得发展资金，从而进一步加大了其与发达国家的差距。国际金融中存在着不平等的客观现实，促使一些国家开始关注金融安全。

（三）影响金融安全的内外在因素

1. 影响金融安全的内在因素

一国金融安全状况如何、其金融安全程度高低，主要取决于该国防范和控制金融风险的能力与市场的感觉与态度。这种客观上的能力与主观上的感觉与态度是以用于减轻与处理危险的各种相关资源为后盾的。

也就是说，金融安全问题的国别差异使各国维护金融安全的能力与信心有所不同，从而影响各国金融安全的因素也就有所不同。但是，从整体上来看，一国维护其金融安全的能力至少受制于内在因素和外在因素的影响。内在因素是指经济体系本身的原因引起的金融形势恶化，包括实质经济和金融体系本身。

首先，国家的经济实力。国际经验表明，如果一国发生金融危机，当局通常都是通过动用各种资源来控制局势、摆脱危机。可动用的资源有行政资源和经济资源。行政资源如动员社会力量、争取国际社会的支持等，但更重要的是经济资源，而且要动用大量的经济资源来进行救助。显然，救助能否顺利实施、信心缺失的弥补，都将取决于国家的经济实力。

其次，金融体系的完善程度。可从两个方面理解，一是该国的宏观经济环境是否与金融体系相协调，即金融体系的正常运行是否有良好的宏观经济环境；二是金融体系自身制度环境的完善程度，如金融机构的产权制度状况、治理结构状况、内部控制制度状况等。

2. 影响金融安全的外在因素

首先，在国际金融体系中的地位。一国在国际金融体系中的地位极大地影响着其维护金融安全的能力。如该国的货币是否是主要国际储备货币，该国是否拥有制定国际金融规则的主导权。从西方主要发达国家的情况来看，他们不仅拥有相当健全的金融体系，而且在国际金融体系中占据主导地位，从而对国内金融市场和国际金融市场都具有极强的控制操纵能力，维护金融安全的资源极为丰富。在这些发达国家，即使金融安全发生了问题，通常也不会扩展为全局性的金融危机，金融仍可以维持稳定发展。与发达国家的状况相反，发展中国家在国际金融领域处于劣势，无力改变甚至难以影响国际金融市场，而且其发育程度低的内部金融市场和脆弱的金融体系往往受到来自于发达国家的金融资本的控制。因此，对大多数发展中国家来说，如果金融安全发生了问题，往往会危及金融体系和金融制度的稳定，甚至还会危及经济社会安全。

其次，国际游资的冲击。来自一国经济外部的冲击，特别是国际游资的冲击将有可能成为引发金融体系不安全的直接原因。从近年来爆发的金融危机来看，国际游资通常都是将已经出现明显内部缺陷的国家或地区作为冲击的首选目标，特别是那些短期外债过多、本币汇率严重偏离实际汇率的国家或地区往往是首当其冲。国际游资通常采用的手法是：同时冲击外汇市场和资本市场，造成市场短期内的剧烈波动，实现其投机盈利。在国际游资的冲击下，市场的剧烈波动必然影响投资者的市场预期和投资信心，这样就有可能出现市场恐慌，出现资本大量外逃，其结果导致汇率和股票价格的全面大幅度下跌。为了挽救局势、捍卫本币汇率，中央银行往往采用提高利率的方式吸引外资，从而进一步打击国内投资、恶化经济形势，使本国经济陷入恶性循环。东南亚一些国家在亚洲金融危机中的情况基本上符合这一过程。

金融地理与区域金融发展理论

第一节 金融地理理论

金融地理理论是一个新兴的边缘交叉理论,它是从地理学的视角对金融进行研究,一方面给予了金融学发展一个地理学上的表述,探讨金融发展与地理环境之间的关系;另一方面则借用地理学的相关概念、理论和方法来作为研究金融的辅助工具和手段,如金融地图的运用。

一、金融地理理论概述

金融地理理论的研究始于20世纪50年代,但自80年代以来,随着社会经济发展大背景的变化,它才得以迅速发展。总的来说,以下四点原因促成了金融地理学研究的发展:第一,大卫·哈维(David Harvey)的专著《资本的局限》的出版,其中心章节是有关货币、金融和信用的;第二,地理学家不得不注意到20世纪80年代,世界范围内的金融工具、金融机构、金融服务以及金融劳动力的动态扩张,这种新现象不得不纳入有关增长和衰落的主流地理学的分析框架;第三,由于发达国家和发展中国家周期性的债务和破产危机,金融繁荣的负面效应应受到重视;第四,货币与金融制度地理学本身成为经济结构的更加显著的组成部分,构成覆盖全球的富有影响力的网络形式。现阶段,自然条件、技术条件、经济条件和社会条件等方面都存在着显著的地域差异,货币与金融运行呈现出越来越明显的地域性,忽视货币与金融运行中的空间作用将无法对真实经济现象做出很好的解释。因此,金融地理理论研究如今已成为经济地理学的重要分支之一,它的产生反映了科学研究沟通文理的要求和潮流。

在金融地理理论中,常用空间和地理的视角来考察区域的金融问题,突出了非经济因素对金融发展的作用,认为现代社会是一个因素众多、目标多样、情况复杂、彼此紧密联系相关的复杂系统。在这个复杂的巨系统中,人类的社会活动、经济活动和金融活动是紧密相关、相互影响、相互促进和相互制约的,因此,经济、社会和金融这三大子系统存在关联性和互动性,任何一个子系统各要素的动态过程,都会与同样处于动态过程中的相关要素产生动态关联性。从而,考虑金融问题必须结合社会系统和经济系统来综合考察。

迄今为止,虽然国外的很多学者致力于研究金融地理,但是对该理论的概念和研究范围始终没有达成共识。国内唯一的一本译著《金融地理学》(瑞斯托·劳拉詹南,2001)也只是指出:本书是对国际金融和资本市场所作的一个地理学的表述。为了简洁与方便,起名为金融地理学。正如莱申(Leyshon,1998)所言,从金融地理学的文献来看,我们还只是处于入门阶段,但是金融地理学家们在某些相关问题上观点是一致的,至少我们可以把地理学的科学性在金融领域加以发扬。地理学的空间差异、空间过程和空间的相互作用在金融领域有着广泛的应用。

二、理论渊源——经济地理学

金融地理属于地理学庞大体系的一个分支,更准确地说,它是经济地理学的一个子集。从事金融地理这一领域研究的莱申曾指出:《资本的局限》一书是经济地理学分支学科产生的催化剂。由此推断,在莱申看来,金融地理学是由经济地理学分化而来的。瑞斯托·劳拉詹南(2001)也曾指出:很难想象经济地理学如果没有对金融领域的基本了解如何能进行研究,这个领域把大大小小的无数工厂、商店、办公室以及人类居住地都编织在它的网络中。因此,瑞斯托·劳拉詹南同样认为金融地理是由经济地理学衍生而来。

(一)经济地理学

经济地理学是以人类经济活动的地域系统为中心内容的一门学科,它主要研究经济活动的空间组织和配置、世界资源的使用,以及世界经济的扩张和分布状况。商业地理学是经济地理学的前身,它产生、发展于15世纪到19世纪的欧洲大陆发现与拓殖时期。当时经历刺激与冒险的商业地理学家在海上航行,他们为其他商人和政府官员记载并报告了世界其他地域的大量客观事实与信息。1760年俄国科学家罗蒙诺索夫首先提出了"经济地理学"这个名称,他指出研究国家经济必须结合地理条件来进行。经济地理学同以前出现的商业地理学相比,研究范围更为广泛,内容也更系统化,这标志着经济地理学已从地理学中分化,独立成为一门学科。此后,德国经济学家屠能于1826年提出农业区位论,韦伯于1909年提出工业区位论,地理学家克里斯塔勒于1933年提出中心地学说,经济学家廖什于1940年发表《区位经济学》,逐渐充实了经济地理学的理论。

作为研究的一个特殊领域,经济地理学主要围绕以下三方面展开研究:(1)人与环境的关系;(2)地区差异;(3)空间组织。这三方面的研究一直持续至今,伴随着"量化革命"的兴起,经济地理学家在社会学和生物学中发现了他们要找的理论,其中包括著名的区位理论。20世纪七八十年代,区位理论又产生三个分支,即行为地理学、环境地理学和结构主义地理学。

(二)新经济地理学

在传统的经济地理学理论中,地区差异化的原因主要是由地区的地理位置(如距离港口的远近)、自然条件等因素决定的,它并不能解释一些地理位置不是很优越的地区经济金融为何也能发展得很好。正是这个原因促使了新经济地理学的崛起。20世纪90年代初,以克鲁格曼(Pual Krugman)为代表的一批经济学家重新拾起并发展了空间经济学的计量方法,用来分析经济活动的集聚和空间过程。这被克鲁格曼称为"新经济地理学"或地理经济学。

1991年,克鲁格曼在《政治经济学杂志》上发表了论文《收益递增与经济地理》,对新经济地理理论进行了初步探讨,并在随后的一系列论著中对其思想进行了深入的阐述。他的新经济地理理论的基础假设为:经济决策者的完全理性;均衡理论。另外两个次要假设为:规模报酬递增和外部经济。该理论主要研究"报酬递增规律"如何影响产业的空间集聚,即市场和地理之间的相互联系。

传统的区域经济理论主要建立在新古典经济学基础之上,通过无差异空间、无运输成本等严格假定,提出相应的区位理论、区域增长理论等。而克鲁格曼认为，以往的主流经济学，正是由于缺乏分析"规模经济"和"不完全竞争"的工具，才导致空间问题长期被排斥在主流经济学之外。现在，由于"规模经济""不完全竞争"等分析工具的发展，有望将空间问题纳入主流经济学的范畴。新经济地理理论将运输成本纳入到了理论分析框架之中，因为运输成本的减少会引发聚集经济、外部性、规模经济等问题，把这些要素融入企业区位选择、区域经济增长及其收敛与发散性问题中，就会得出不同于传统区域经济理论的观点。所以，克鲁格曼提出，新经济地理理论是继"新产业组织理论""新贸易理论""新增长理论"之后最新的经济理论前沿。

然而，地理学家眼中的"新经济地理学"与经济学家的"新经济地理学"并不相同，他们对经济学家"新经济地理学"的方法持批评态度。地理学家认为，人类的环境并不是单纯的，不仅有各种自然的和生命的环境，而且还有每时每刻影响我们的活动、信仰和价值观的许许多多的社会的、文化的、政治的、经济的、法律的以及其他的环境。任何一个数学模型都无法将这些因素全部囊括，而克鲁格曼依然依赖不现实的假设模型，并用之代替真实世界中问题的核心部分。地理学家眼中的"新经济地理学"更多地考虑了区域的个性，文化、社会、历史、制度这些要素普遍受到重视。这种"新经济地理学"的"新"体现了三个基本特征：一是对经济行动社会根植性的理解。通过将"经济"嵌入到"文化""制度""政治"中，大大拓展了经济地理学对"经济"的理解，并对新古典经济学缺乏社会化的经济行动理论提出了严峻挑战。由于任何经济、文化、制度和政治均是地方性和空间性的，因此，经济行为带有根本性的"社会空间根植性"。二是对经济行动者变动的属性是如何依性别、种族、阶级、文化而在空间上产生分异的理解。通过将"社会行动者"概念化为具有多元性和多中心性、根植于社会实践中的经济单元，大大拓展了经济地理学对"经济行动者"的理解。即经济行动者决不是受利润最大化这一逻辑支配的，它同时受权力关系管制下的和由行动者的性别、种族、阶级、文化等属性影响下的多元实践的约束。三是对情景在时间上和空间上塑造和认识经济行为的作用的理解。通过将"经济行为"嵌入到其所发生的特定情景中，大大拓展了经济地理学对经济行为者和其所处的情景之间关系的理解。由于经济行动和行为的多中心性，在历史上和空间上，事先决定经济后果是不可能的。对经济行为者来讲，情景并非外部的，而是经济行动整体的有机组成部分，是情景设定了经济行动得以实现和分析的权变条件。正是情景的权变性质，使新经济地理学反对实证主义的逻辑决定论和马克思主义的结构决定论。

在新经济地理学基础上发展而来的金融地理学秉承了新经济地理学超越传统地理学框架分析问题的特点，并且发展出了更加综合分析问题的视角，强调跨学科的研究，从政治、经济、文化、历史等多个角度来研究区域金融的发展。由此看来，国外研究金融地理理论的学者更加推崇地理学家的"新经济地理学"。

三、金融地理理论研究历程

（一）早期萌芽阶段（20世纪50年代）

对货币与金融地理理论的研究至少可以追溯到20世纪50年代，缪尔达尔（G. Myrdal）于1957年对区域金融问题的研究开始。缪尔达尔在累积不均衡区域发展理论中指出，作为一种回流效应，地区资金从国家银行系统中流出，对外围地区经济的发展具有负面影响。尽管他的不均衡区域发展的累积因果模型对于区域经济学和经济地理学有着深刻影响，但其与之相关的金融学论述却没有得到应有的重视。货币与金融地理学在经济学界和地理学界被忽略了。

有学者将货币与金融地理学被忽视归咎于如下原因：第一，区域经济学家大量借用新古典增长理论的内容。这些理论假定劳动和资本可以自由地和无成本地在区域间流动、信息可以充分而免费地获得，等等，这就排除了货币的任何区域作用。第二，即使货币在决定区域收入和就业中有某些作用，但由于区域经济的开放性和区域货币工具的缺乏，区域经济学就没有任何的货币性。如果货币是非中性的，它也只能是在国家层面上如此，区域货币分析对应于全球货币主义，区域像所有小型开放经济一样，面临水平的货币供给、利率给定。假定金融资本可自由地从一个区域流动到另一个区域，区域间的货币流即为真实流，区域的货币变量只是对区域真实变量差异的反映。除非某些市场失灵能抑制这种适应性行为，货币和货币流被认为是区域经济差异的结果而非区域经济差异扩大的一个因素。因此，区域收入决定的传统模型，如新古典模型、累积因果模型、I-O模型和多部门模型，都排除了货币变量。

(二) 发展阶段（20世纪70年代至80年代）

经过一个时期的沉寂，直至20世纪70年代中期，货币与金融地理学开始有所发展。由于发达国家产业大规模向外扩散以及产业活动的流动加快，一些"激进"地理学家开始研究城市和区域内部金融资本的动态性，关注金融机构在引导特定地区资本流动过程中所起的作用。1974年，法国人珍·拉巴斯（Jean Labasse）将区域经济学与经济地理学的早期研究成果进行融合，发表了一部涵盖大部分货币与金融地理领域的综合性著作。其内容包括银行网络的扩张、城市金融形态、国家和国际的金融中心体系、地区收支平衡体系、中心城市的金融环境以及欧元在全球金融体系和离岸中心的流通等等。20世纪80年代，受全球产业转移和发达国家产业"空心化"的影响，西方国家的地理学者开始关注于服务业的空间性研究，其中的代表性人物是大卫·哈维（David Harvey）。他的著作主要集中于分析金融地理的格局及其发展过程，金融服务空间的不均衡性，金融在资本主义积累中扮演的角色，特定金融制度的空间组织与运作，金融中心的发展，金融流动与产业发展的关系等。20世纪80年代末，地理学家和经济学家迎来了货币与金融地理研究的浪潮。

（三）繁荣阶段（20世纪90年代至今）

进入20世纪90年代，货币与金融地理学的研究得到了快速发展，这与80年代后期在西方经济学和主流经济地理学研究中开始出现的"空间经济研究的再度兴起"和"文化和制度转向"这两大转变有关。一方面经济学家开始将兴趣转向地理学，并对地理学进行重新认识。如克鲁格曼、波特、巴罗、阿瑟和维纳布尔斯等，都在积极推动新一轮的经济学与地理学的融合，这又被称为"新经济地理学"运动。另一方面，从80年代末期以来，在资本主义发展的"新现实"和以多元化为特征的后现代主义哲学的共同推动下，西方经济地理学也出现了多维度的理论转向，构成这次转向的重要特征，有制度转向、文化转向、关系转向、尺度转向。随着新经济地理学的多维转向，经济地理学家对货币与金融地理的研究在方向上比前一阶段有所变化，同时分析尺度也在转移。一部分研究更加关注于社会的决定因素，包括对货币网络和金融网络的研究等方面。

20世纪90年代以来金融体系的发展出现了三个贯穿且相互增强的变化进程：放松管制（金融监管的改变）、技术创新（包括信息技术与衍生性商品的创新）和金融全球化，这些变化也成为金融地理研究的主要内容：放松管制推动了金融创新，给金融从业者更大的空间；信息技术的广泛应用引发了金融格局的变革，使金融资本在国内以及国外流动速度加快；全球化进一步深化了这种变革，对金融行业的地理性分布研究提出了新的要求。

近年来，随着金融地理学研究的不断深入，不少学者开始从更微观的层面研究金融地理的发展。例如，道（Dow）通过对银行业以及信贷关系的空间发展过程的研究，指出金融业的空间发展具有阶段性。银行业的市场范围不断扩大，从最初服务于当地社会，到银行系统在国家间展开，出现银行系统和其他非金融机构的竞争。随着金融组织和机构的不断整合，地方金融机构不断向全国和国际性的方向发展，金融业在空间上会呈现出金融活动和金融机构在少数重要金融中心的高度集中。

四、金融地理理论的研究现状与内容

近二十多年来，国际上有不少学者关注货币、金融业区位与空间经济的研究，这些成果涉及金融地理学的诸多方面。我们对金融地理学的研究做以下梳理。

（一）地理环境与金融发展的关系

随着技术的发展，地理区位对经济活动的影响也在发生变化，金融运行是否具有或者在多大程度上具有地理空间性是理解金融地理的关键。在这方面，"地理终结"的观点曾引起了非常广泛的争论。传统的观点是以奥布莱恩（O'Brein）为代表的"地理已死"观点。他认为，地理区位在金融业中不再至关重要，或者远不如以往重要。对于金融公司来说，这意味着只要对信息和计算机系统进行适当的投资，地理区位的选择就可以大大地放宽，当然仍将存在维持地理控制的力量。然而，随着市场和法规的一体化，地理的实用价值以及基于地理而进行决策的必要性将要发生改变，而且是不断减小。随后，凯恩思（Cairncross）也从电子通信对距离成本的影响角度出发，提出了"距离已死"的观点。

当然，很多学者对这种观点进行了批驳，认为此类观点夸大了技术变革和全球化对空间的影响，地理区位对全球金融业的布局仍起着重要作用。例如，马丁（Martin，1994）认为，新的"流动空间"将取代、重塑旧的"位置空间"，但金融全球一体化并没有削弱国家边界的影响，因

此有关地理已经终结的观点过于狭隘。克拉克（Clark）认为，即便电子信息技术使金融系统的地理性减弱，金融系统的地理性依然存在，特别是市场信息的地理差异仍然较为明显。波特卡斯（Portocus, 1995）认为，尽管存在当今的电讯革命，借贷双方的物理距离仍是金融交易的重要影响因素。他认为在证券抵押的二级市场上（即金融产品相对标准化的流动市场），借贷双方的相邻性大大影响到证券的收益；在金融产品非标准化的市场上，信息不对称创造了更大的空间效应，银行由于与借贷者在距离和关系上的邻近性，导致有关非标准化贷款的风险减小。因此，关于金融服务业中"地理已死"说法是不可靠的。正如劳拉詹南在《金融地理学》中所争论到的，尽管金融服务具有很大的自由流动性，但实际上不同地区的金融景观是完全不同质的，具有极端的异质性和不规则性，即金融服务业是具有明显地理特征的经济活动，应成为地理学家重要的研究对象。

尽管对地理因素、地理环境的表述方式不同，如有学者将其称为"社会资本""制度氛围""粘性空间"等，但均强调了地方环境的重要性，金融的发展当然不可能不考虑地理因素。

（二）货币地理学

在金融地理学中，关于货币地理方面的研究相对来说是最多的。实际上，不仅金融地理学者关心货币地理的研究，地理学家、经济学家、社会学家同样关注货币地理的研究。

货币地理研究最早起源于哈维，他在1973年出版的"Soeial Justice and the City"一书中首次提到应该对货币、空间和地点之间的关系展开研究。Harvey在城市空间内寻找分裂的、深层次的、结构性原因的做法使许多地理学家开始重新调查研究城市。他们关注金融机构在从某特殊地区吸纳与贷放资金中所起的作用。许多研究分析了住宅市场，以及对欠发达地区的歧视性做法（如信用配给、拒绝房产抵押、房屋唆使生意）加深了城市的不平衡。

当前，对货币地理的研究分为两个派别，第一种是经济学家眼中的货币地理研究。他们大多是从经济学角度研究货币乃至金融，主要探讨货币关系的空间组织形态。17世纪的威斯特伐利亚和会创建了世界政治的最基本单元—民族—国家，从此货币空间逐渐被视为发行国独立的主权范围，即出现了所谓的货币地理"威斯特伐利亚"模式。后来随着市场驱动，国家间竞争越来越激烈，政府管制与市场力量重新分配，货币管理出现放松管制的趋势，货币关系的空间组织也发生了变化，一国货币更多地在其发行国之外流通且渗透到别国的货币空间中，货币空间格局不再是完全的国家地理版图，原有的"威斯特伐利亚"模式被打破。学者需要在功能上重新定义货币地理。例如，欧元的产生及发展就是这类研究的有力例证。

第二种是地理学家、社会学家关心的货币空间性与地理性问题。相对于经济学家，地理学家更多地侧重于货币的空间性及其分布与扩散等问题，最终落在空间问题上。这类研究的大背景是货币的逐渐放松管制。尽管货币是无形的，看似自由流动，但是金融业却具有经济地理属性。因此地理学家多是从金融行业大环境下来考量货币的空间地域特性。莱申等所著的三篇报告，为我们提供了货币、金融地理学的一个概览：第一份报告致力于研究货币和金融的政治经济学方法（Leyshon，1995）；第二份报告对有关货币、金融的其他可选择的理论的兴起进行评述，这些理论源于对政治经济学和传统社会理论的批判，并且在分析货币和金融系统时，引入了自反性的意识和文化与人文力量的作用（Leyshon，1997）；第三份报告探讨了研究货币金融的新方法，要求更加关注性别、主体代表，进行具体化分析，以便了解货币和金融地理学的构成。社会学家多德（Dodd）通过确认货币重要和抽象的特性而试图在货币功能性和物质性理论之间寻找一条中间路径，并且为鉴别不同时空货币系统的变化提供了方法，他认为货币网络嵌入在社会关系网络中，信息是货币网络拓展的基础。地理学家思瑞夫特（Thrift）主要致力于金融网络的研究，将货币视为"一组网络"，可以延伸到每一个地方的表面。他的地理学方法在很多方面都得到多德的赞同与支持。

（三）金融流动

克拉克（2003）讨论了全世界时空范围内金融的流动。利用从BIS和世界银行获得的官方数据绘制了金融流动情况地图，将重要市场的流动联结起来成为24小时交易圈（如东京、纽约、伦敦市场）。时间和空间、流动和贸易、跨越时空的金融机构的交叉和核算都是理解金融流动的重要因素。

此外，很多学者从信息以及交易成本角度对金融的流动进行了讨论。波茨和拉伊（Portes and Rye，2000）探讨了股权资本跨界流动的决定因素。他们的研究成果表明,交易流动的最主要决定因素是市场规模、交易效率和距离,距离与交易呈负相关关系。对于这一关系,波茨和拉伊是这样解释的:一是因为资产不像货物,它是没有重量的,距离不能够代表运输成本;此外,如果投资者想要分散投资,他们会愿意购买相距较远的国家的债权,因为这些国家的商业周期与本国的商业周期有着很低或是负的相关关系,出于多样化的需求,距离反而对资产的交易起到了正面的推动作用。

(四)金融中心

金融中心问题同样是金融地理学家的研究热点,它往往是金融行业的区位选择、金融业的集聚与扩散等问题的研究切入点。对于"金融中心"这一概念,人们通常将其理解为银行和其他金融中介的分支及其他附属机构在一定区域内的集中。金融中心不仅平衡个人储蓄和投资的时空关系,将金融资本从储蓄者手中传到投资者;而且也会影响不同地区间的金额和交换成本。

对于导致金融活动不断集中的因素,学者分别从不同角度进行了研究。莱申从影响金融机构进入的主要因子角度进行分析。他认为,首先是收入和阶层的影响,不同的收入群体会产生不同的消费需求,促使不同的金融机构进驻。其次表现为已有的银行分支机构及其溢出的效应。研究表明,金融业具有很强的集聚和溢出效应:一个地区存在的金融机构越多,提供的服务越多样化,这一地区越容易吸引其他银行等金融机构的进入。最后是居民的金融素养以及当地的金融文化。例如,人们对信用卡等金融产品的依赖程度,对银行的信赖度等。

格里克(Gehrig)重点对金融中心的影响因素进行分析,指出存在着影响金融中心产生的向心因素和离心因素。其中,向心因素包括:(1)规模经济,即当地的经济规模、已经存在的金融业规模,包括已有的银行数、股票市场的营业额、双边贸易流动及外资量等指标。这一因素对于金融行业聚集至关重要。由于规模效应,金融业者相互间可以获得更多的信息,从而降低成本,提高效益。(2)信息溢出效应。金融机构的集中使得有效信息更容易扩散,增大了从业者间的交流,有利于新思路、新想法的产生。(3)市场的流动性。投资者往往更倾向于选择风险小的地区,而在流动性强的市场中,单独交易者对价格的影响比不流动的市场要小。因此,市场流动性强,相应的交易量也更多。离心因素则是指市场进入成本，政治上的干涉以及地方保护等。这些因素往往造成金融业进入的壁垒，不利于金融中心的形成。例如，政府行政上的干预，投资环境不完善等。同时，格里克（1998）利用市场摩擦理论和大量的实证分析，证明了某些金融活动在地理上的聚集趋势与另外一些金融活动在地理上的分散趋势并存。为了理解这看似矛盾的现象，需要根据信息内容对金融活动进行分类。信息敏感性的证券交易更易集中于相关证券信息更集中、更易交流的地区，而标准化证券可能较之更自由，对成本差别的反应更敏感。他同时讨论了金融市场的离心力与向心力，探讨了金融中心的未来。格里克指出，技术的发展会减少进入市场的物理成本以及收集、交流、散播信息的技术成本。只要交易费用仍然为正，即使很小，地理因素就继续会发挥作用。

波蒂厄斯（Porteous）通过研究一系列强而有力的工具去说明和解释区域金融中心的发展。比如，"路径依赖"能有效地解释为何某城市能长久地在区内维持优势；而"不对称信息"理论和"信息腹地论"则能解释为何"路径依赖"优势会被改变甚或削弱。Zhao、Smith 和 Sit 首次将信息腹地理论应用到中国金融问题的研究当中，并探讨了中国金融中心的演化。他们研究指出，信息外部性及不对称信息不仅是塑造信息腹地和决定金融中心的重要因素，而且是影响地区等级和全球层次的重要因素。通过对经济和制度的分析，结合一系列公司总部区位选择的调查资料，揭示了由于加入世界贸易组织，中国信息腹地和中心地的变化及对该地区金融系统的空间重组的影响，指出了各金融中心，如香港、北京、上海、广州和深圳重要地位的空间转换，认为北京将取代上海，与香港共同构建信息走廊。他们甚至认为，在互联网时代，地理因素比以往更重要。

（五）金融排除

20世纪90年代以来，西方一些发达国家的金融业出现了一系列重要变化，如放松管制、信息技术的广泛应用等。这些变化给金融行业带来了新的发展空间，使金融业者开始对其内部进行一系列的改革和重组。一些银行和其他金融机构出于降低成本、增加利润的考虑，将一些中小城市的银行分支机构纷纷关闭，从而造成这些相对落后地区缺少金融机构，由此产生了金融排除。金融排除对当地社会结构和经济的影响也是当前金融地理学者关注的重要问题。

学者们主要从银行分支的关闭,在几乎没有金融服务的特别社区低收入人群的聚集,以及汽车所有权的缺少等角度,来分析金融排除对社会经济空间产生的影响。随着经济地理学研究的文化与制度转向,经济地理学者越来越多地从社会文化和制度角度来分析实际的金融地理问题,包括金融排除。肯普森(Kempson)等曾对金融排除的直接承受者进行分析,指出居住在英国的50个最贫困地区的居民,比一般人更有可能处于金融排除,往往是两倍的可能性。莱申通过调查英国零售金融服务,通过其应用中不断变化的社会和空间分层,列出金融排除的经济和社会结果,以此阐述城乡间不平等的经济发展过程中金融排除所扮演的角色,从而揭示金融部门不同水平的社会分割很大程度是阶级和收入的结果。

金融排除的最大影响是产生了地方货币系统(local currency system)。地方货币系统是指地方货币生产、供应、分配、消费的循环,为当地金融提供便利服务的机构。因为金融排除,而人们有存在着这种需求,因此地方货币系统本身具有非常广泛的实用性。但是,由于这种地方金融系统存在着法律与道德意义上的缺陷。比如,很多的地方货币系统都是非正规渠道,非常规地设立起来的,而且往往会演变成地下钱庄,带来一定的法律和社会问题。

(六)区域金融系统演化模式

基于一些发达国家的实践过程,英国学者道(Dow)概括了银行业空间系统演化的六个阶段:(1)服务于当地社区的金融中介;(2)经营者凭借信誉拓展了市场,但仍限于本地;(3)银行系统向全国发展;(4)立足国内向海外拓展;(5)在全国市场上与非银行金融机构全面竞争;(6)放松管制带来国际竞争,最终导致相关金融活动集中于金融中心。该过程可概括为,银行系统开始于当地或区域银行阶段,通过全国性银行的分支分散阶段和金融活动在特殊区位集中形成区域性和全国性金融中心阶段,达到国际发展和向国际金融中心集中阶段。道的演化模式的核心内容反映了银行组织形式的空间拓展和金融活动的地理集中,该理论构架对今后的研究奠定了重要的基础,但由于各国国情均不相同,因此,转轨经济国家运用这一模式时需要进行一定的调整。

(七)全球化与地方经济的关系

金融全球化是金融地理研究最为热衷的课题之一,而在金融地理的全球问题研究中,全球化与地方经济的关系是一个热点问题。在理论层面上，金融全球化与地方的关系可追随经济地理学中全球化与地方化的一般框架，但由于金融全球化的主体跨国银行的跨国经营有特殊之处，比如，银行内部产品联系十分密切，产品空间移动便捷，新发展地区的信用风险对银行跨国发展影响很大，各国对银行业准入法规与生产性企业不同，因此，跨国银行与当地的关系比生产性跨国公司更为复杂。相关理论包括：空间化的马克思资本积累和货币循环理论，地方、区域、国家资本通过金融系统转向全球资本；水银理论认为的货币在全球的流动是按照"水银"流动的规律，即汇聚（地方性金融系统）、通道快速流动（金融流动）、遇阻重新汇聚（区域或全球性金融中心）、有害性（监管不当会导致金融、经济危机）等；价值链理论认为在地方金融发展中，与金融相关联的部门的状况也起着重要作用。

五、金融地理理论的发展前景

金融地理作为一门交叉学科，不仅关注自然地理环境的作用，而且强调社会、文化等人文因素，主张综合、全面、系统地考虑问题，即用系统的思想来分析问题。系统思想要求人们在认识事物时克服单维度看问题的传统思维方式，转而采取多维度全方位看问题的思维方式，用复杂系统的观点来看待和分析问题

莱申（1995）曾指出，金融地理学已不同于往昔，这门学科越来越反映其研究对象的多样性，冒险猜测其未来的研究方向是十分困难的。但是莱申和思里夫特（2001）还是提出了研究会沿着三条主方向进行：（1）越来越多地强调机构投资者的涌现，他们是金融世界的中坚力量。这些投资者拥有自己特殊的城市地理学，反过来，他们也在创造投资和排斥的新地理学。（2）更多地强调金融消费者，尤其强调其知情程度以及由此在当代金融系统中运用中介的能力。消费者有来自新技术发展的帮助，从而使其有可能更多地控制其金融生活。（3）更多地强调货币文化。货币不是抽象的工具，它是由具备多种用途、方式和代表形式的模式构成。解释货币的文化意味着，货币地理学越来越多地同人文地理学的"文化转折"相交叉。正如处处都有货币一样，金融地理学也将无所不在。

对于一些难以用传统理论解释的金融现象和金融难题，新的理论与方法的涌现为我们开拓了思路，提供了新的分析视角。采用多种分析工具，而非仅仅一种理论，将有助于对现象的理解。金融地理学的研究方

法同地理学、演化经济学、社会学、历史学等学科不仅相通而且互补。金融地理学强调基于过程的方法论,而演化经济学不仅对初始条件,而且对过程条件在演化中的重要性给予极端的、高度的重视。耗散结构理论创始人普里高津对演化的分岔点把演化的历史性引入自然科学各个领域所做出的功绩,给予了高度评价,这同地理学中强调时空一致性的观点相辅相成。而演化的自组织理论本质上就是重视条件的环境条件方法论,地理环境的作用当然亦不可小觑。钱学森曾经指出,"地理科学是开放的复杂巨系统"。而演化的自组织理论即复杂系统理论。许多具体理论如分形论不仅在演化中应用广泛,而且在地理学和证券理论中也有广泛的应用。因此,目前进行经济问题的分析与研究,已不再局限于新古典的分析方法。

虽然金融地理学目前的研究琐碎、繁杂、不系统,但它不断汲取其他学科的最新营养,强调跨学科的研究,必将有着广阔的发展前景和应用领域。

第二节 区域金融发展理论

金融作为现代市场经济的一个主要推动力,不仅在经济增长因素分析中得到了理论支持,而且也得到了实践验证。将金融置于区域范畴,分析金融在空间上的结构形态与作用机制是金融发展理论的中观层次,区域金融发展是现代市场经济下大国经济发展的一种客观现象。区域金融成长构成了区域经济发展的最主要方面,它与区域经济发展存在着大致平行的关系,金融运行和发展本身不仅呈现明显的区域性特征,而且经济发展的区域性很大程度上要借助于金融的区域化运行得以实现。

一、区域金融理论概述

区域金融理论是金融发展理论的重要组成部分。近些年来,有关区域金融的研究得到国内外学者越来越多的关注。然而,到目前为止,区域金融还没有形成自己完整的理论体系。区域金融的研究内容十分广泛,本部分将对区域金融相关概念及属性做一介绍。

（一）区域的定义

研究区域金融问题，首先要弄清楚的一个基本概念就是什么是区域。当然，不同的学科对区域的含义有着各自不同的理解。

首先，区域（region）是地理学的一个概念，《现代地理学辞典》中把区域解释为"是具有一定地理位置和可度量的实体，各要素有内在本质的联系，外部形态特征相似"。然而，目前对"区域"的认识已不再局限于"地理区域"的概念，还有"文化区域""行政区域""经济区域"等。例如，政治学就把区域看成是国家管理的行政单位。《简明不列颠百科全书》对区域的定义是："区域是指具有内聚力的地区。根据一定的标准，区域本身具有同质性，并以相同的标准而与相邻的诸地区相别。区域是一种学术概念，是通过选择与特定问题相关的特征并不排除不相关的特征而划定的。"

截至目前，经济学中对区域这一概念还没有一个明确的定义，比较有影响的观点是美国著名经济学家胡佛（E. M. Hoover，1970）给出的定义："区域是基于描述、分析、管理、计划或指定政策等目的而作为一个应用性的整体加以考虑的一片地区。它可以按照内部的共同性质或功能一体化原则进行划分"。由此看出，区域是一个多侧面、多层次而且相对性极强的概念，表明的是一国经济范围内划分的不同经济区，或者说是国家的一个特殊的经济上尽可能完整的地区。但作为整体的地理范畴，区域内部事物具有同类性或联系性，而在区域间则构成差异性。典型的区域划分为三种方式。一是同质区域（homogeneous region），即以某些典型而重要的因素为标准，按照其特征的一致性或相似性而界定的一组区域。如以人均收入和就业率指标，划分为贫困地区和发达地区等类型。我国主要根据经济技术水平的相似性，将全国划分为东部、东北、中部和西部四大经济地带。二是极化区域（polarizable region），即由若干异质部分构成的、在功能上联系紧密的区域。最常见的是以大城市为中心，依照其内聚力和辐射范围，把城市与乡村联结在一起的城市经济区的界定。如长三角、珠三角、环渤海地区。三是规划区域（planning region），即政府在经济决策时，按政策的目标而界定的区域。

（二）区域金融

区域金融与区域经济一样，是现代市场经济条件下大国金融发展的一种客观现象。金融系统作为一国国民经济体系的组成部分，不仅直接反映经济的区域性特点，而且金融运行和发展本身也呈现出明显的区域性特征，经济发展的区域性很大程度上要借助于金融的区域化运行得以实现。

所谓区域金融，是指一个国家金融结构与运行在空间上的分布状态。在外延上它表现为具有不同形态、不同层次和金融活动相对集中的若干金融区域，这些区域的金融结构差异、差异互补和相互关联构成一国的区域金融体系。

区域金融是社会经济发展的一种十分普遍的现象。由于金融资源的供给与需求在空间分布上的不平衡，金融运行必然具有区域的非均衡性存在。已往区域经济理论研究的重点主要集中在物质资源的区域化运行与配置规律的研究上，而对于资金的区域化运行问题并没有给予足够的重视。事实上，随着现代市场经济的发展，价值流引导实物流运行是经济发展的一种必然趋势，因而区域经济与区域金融的互动关系必然会更加复杂和日益重要。

（三）区域金融的属性

概括地讲，区域金融的基本属性表现在以下几个方面。

1. 空间性

区域是一个空间的概念，区域金融则表现为一个相对完整的地理单元，金融是其内容，地域是其空间表现形式，并且这种空间表现形式会随着时间的变化而发生变化。由于自然条件、经济条件、社会条件和技术条件的地域差异，经济地域运动呈现出明显的不平衡性和地域性。金融作为区域经济发展的重要推动力，不仅要直接反映经济的区域性特征，而且经济发展的区域性很大程度上要借助于金融的区域化运行得以实现。显然，把金融运行和发展置于一定的空间加以考察，是正确理解区域金融理论的前提。

2. 金融结构与发展水平差异性

区域金融理论是从空间角度研究金融结构与发展的理论。从本质上看，区域金融差异的核心表现为金融结构与发展水平的差异。其中金融发展水平是从量的角度反映区域金融差异问题，包括金融资源与金融交易数量的差异，以及货币化及金融深化程度的不同；而金融结构则是从质的方面反映区域金融的差异问题，包括金融机构、金融工具、融资方式、融资机制和金融行为的不同特点等。金融结构与发展水平的差异共同构成决定区域金融差异的关键因素。

3. 吸引与辐射性

一定的金融区域是以金融中心为核心的，而金融中心吸引与辐射功能的大小是决定该金融区域空间外延和层次地位差异的重要因素。发挥金融中心核心作用主要是通过加强中心城市的吸引（极化）作用和辐射（扩散）作用来实现的。吸引作用主要是指金融中心对周围地区经济与金融发展的渗透和作用能力；辐射作用在于使整个区域金融结构与发展水平不断提高。在一个金融区域内，金融中心的吸引与扩散作用是同步进行的，但在发展前期通常以吸引作用为主，只有当金融中心达到相当实力时，其辐射与扩散作用才能明显地表现出来，金融中心的渗透和带动作用才能明显加强。金融中心的吸纳与辐射功能也是引起金融资源空间流动和区域金融结构变动的重要力量。

4. 环境差异性

金融在现代经济发展中发挥着愈来愈重要的作用，已经成为社会经济发展的关键性约束条件。而特定地区的社会经济环境对区域金融的运行与发展有着深远的影响，是构成区域金融不同特点的重要基础。社会经济环境可分为硬环境与软环境两个方面。硬环境主要指金融区域所处的地理位置、交通与通信设施、区域经济条件、市场规模等；软环境主要包括区域经济与金融政策、地方法规、税收制度、历史与文化背景、居民金融意识等，它们从生产关系的意义上深刻地影响着特定地区的金融运行与发展状况。

总之，一国内不同区域的金融结构存在差异，金融结构的转变往往是一个渐进的过程而不是突变的过程。因此，区域金融理论就是主要研究金融增长与金融发展空间结构变动的规律，反映金融结构与金融运行的空间差异和具体分布状态，它实质上就在于找出决定一区域金融结构的主要经济因素，并阐述这些因素怎样通过相互作用而形成金融发展。

二、理论基础

目前，区域金融理论尚未形成一个完整的理论框架。从理论渊源来看，对区域金融理论的分析必须要建立在金融发展理论和区域经济理论的基础上。

(一）金融发展理论

区域金融发展理论从根本上说是属于金融发展理论的范畴，所以研究区域金融问题就不能不较大程度地运用金融发展的一般理论和相应的分析方法。

金融发展理论萌芽于20世纪50年代，"二战"后，一批新独立的国家在推进经济发展的进程中都不同程度地受到储蓄不足和金融体系运转低效的制约，这个问题引起了一大批经济学家的关注，他们试图通过解剖这些国家的金融结构来探究经济发展滞后的基本原因，由此导致金融发展理论悄然崛起。金融发展理论是发展经济学的重要内容，以发展中国家（地区）的货币金融为研究对象，主要研究金融发展与经济发展的因果关系，并说明各种金融变量的变化及金融制度变革对经济发展的长期影响，由此得出发展中国家为促进经济增长所应采取的金融发展政策。

对金融发展的深刻认识源于20世纪60年代。美国耶鲁大学美籍比利时经济学家雷蒙德·W.戈德史密斯（Raymond. W. Goldsmith，1969）在《金融结构与金融发展》中将所有金融现象归结为金融工具、金融机构和金融结构三个方面。他认为金融结构是一国金融工具和金融机构的形式、性质及其相对规模的综合，金融发展就是金融结构的变化。面对发展中国家如何走向金融发展之路这一金融发展理论难题，美国经济学家罗纳德·麦金农（R. I. Mckinnon）和爱德华·肖（E. S. Show）1973年出版了《经济发展中的货币与资本》和《经济发展中的金融深化》两本书，他们认为传统金融与经济关系理论以发达国家为对象，偏重实物要素的研究方法，在货币和物质资本具有替代关系的假设基础上，得出金融部门的有效运行离不开政府干预的结论不符合发展中国家的实际。二人分别以广大发展中国家为样本，针对发展中国家货币化程度低、二元金融结构、金融市场落后、金融体制效率低下、政府对金融过于严格控制的特点，从不同的角度论证了金融与经济的辩证关系。提出了与传统金融发展理论完全不同的"金融抑制论"（financial depression）和"金融深化论"（financial deepening）。麦金农和肖认为"金融发展"是指金融市场的形成和完全化的过程。但无论是哪种概念，"金融发展"最终表现为金融资源和金融资产相对规模的扩张。因此，多数学者在研究金融发展问题时，主要研究的是金融发展在数量上的表现，即金融发展的水平。

金融发展理论是货币经济走向金融经济、货币外延扩大和金融功能扩张这一背景下的理论,金融发展理论既是关于金融自身如何发展的理论,又是关于金融发展如何作用于经济发展的理论。就其现实的表现来看,金融发展表现为发展中国家的金融深化过程和发达国家的金融创新过程。就其发展形势和内容来看,金融自身的发展一般是从金融工具和金融机构两个方面来标度的,而金融在这两个方面的多样化发展,就孕育了金融功能的扩张以及金融政策的相应调整,表现出金融发展对经济发展越来越复杂的作用过程,这就构成了金融发展理论的研究内容。

（二）区域经济理论

区域经济是大国经济发展非均衡的表现。一个国家的经济之所以会出现地域空间上的差异,形成不同的专业化产业和分工、经济结构和水平相异的区域,有其内在的、本质的必然原因,由此形成区域经济理论产生和发展的客观基础。区域经济理论既揭示区域经济的总体运行趋势规律,又探讨区域各组成要素、各经济因素的相互作用及其变化规律;既研究在国家宏观经济体系中区域经济的地位与功能的变动规律,也研究区域之间的分工协作以及区域内部经济结构与变动规律;既研究各经济因素在不同区域的不同组合规律,也研究不同区域条件对经济因素的作用与效率规律等等。

自1826年德国经济学家冯·杜能在其名著《孤立国》中提出了农业区位理论以来,区域经济理论发展至今已有170多年的历史。但是,把区域及区域经济作为一个独立的生产力系统来研究,其理论体系直至20世纪50年代才开始建立起来,它是适应现代经济组织与发展的客观需要而产生的。然而当时,进入这一研究领域的大部分经济学家把它看成是其所在学科的一个分支,60年代末70年代初,当区域发展计划成为国际开发行动的一个重要组成部分,区域差异问题日趋严重而缩小区域差距又成为区域经济发展的一个重要目标时,区域经济理论研究才开始作为一个独立的经济学科而存在。而以克鲁格曼（Paul Krugman）为代表的新经济地理理论的产生,以及由此所引起区域增长及区域发展模式的转变,使得人们对区域经济理论的研究进入了一个新的阶段。

区域经济学是一门研究一定区域范围内的经济活动的科学,其研究主要集中于物质资源的区域化运行与配置规律上,它秉承经济学分析的传统,研究中特别强调模型分析的方法。区域经济学理论研究主要沿着两条主线进行:区位选择和区域经济发展。微观经济活动主体理性的区位选择导致经济活动在某一优势区位的集聚和扩散，在宏观上表现为区域经济增长。更细致的区分应该是微观主体区位的选择的结果导致产业的集聚、城市层级体系的形成以及区域经济的非均衡发展，其中，区位的选择是城市、区域等空间经济现象的基础。

三、区域金融理论主要内容

国内外对区域金融问题的研究主要涉及货币政策和公开市场操作的区域效应、区域货币乘数、区域金融市场、区域经济增长与金融发展等方面。从已有研究来看，国外在金融发展与经济增长、货币政策方面研究已经相当深入，为国内研究提供了借鉴的来源。但就区域金融市场理论而言，相比货币经济学流派百家争鸣的繁荣景象，理论研究则较为匮乏。除了罗伯茨和菲什金（Roberts and Fishkind）、摩尔和希尔（Moore and Hill）在理论上的开拓性工作外，再难以找到新的理论模型。

（一）货币政策区域效应研究

在分析货币政策的区域影响方面，经典的研究主要是菲什金（1977）建立了1958~1973年印第安纳州经济的一个短期出口基地模型，模型包括了货币政策的三个渠道：资本成本，包括在住房投资方程中；资本的可得性，也包括在住房投资方程中；财富效应。具体的模型由34个方程组成，其中17个是随机方程。通过对紧缩性货币政策时期（1969~1970年）和宽松性货币政策时期（1971~1972年）的某些区域经济指标和国家的这些指标进行了比较，检验美国货币政策对印第安纳经济的影响，检验结果表明，在紧缩性货币政策时期，印第安纳经济的增长慢于美国的经济增长；而在宽松的货币政策时期，印第安纳的经济增长与美国相同，这种不对称行为可用国家经济的相对组成解释。米勒（Miller，1978）出版了《美国货币政策的区域效应》一书，他建立了一个短期、两区域的宏观经济静态乘数模型，把一般的货币主义方法、平衡表和货币供给的区域表述相结合，检验货币政策影响区域经济的渠道，模型包括区域货币供给机制等内容，并进行了比较静态分析，考察公开市场操作的区域效应，得出结论，一旦引入区域维度，公开市场操作就不是中立的，每个区域的效应取决于诸如价格、支出的利率弹性、每个区域的货币需求函数、总货币冲击中的相对规模、区域乘数的指等参数。

此外，从20世纪七八十年代起，有许多学者对货币政策的产出不对称效应进行研究（Toal，1977；Garrison and Chang，1979；Ganley and Salmon，1997；Carlino and DeFina，1998，1999；Hayo and Uhlenbrock，1999），在前人研究的基础上，从区域比较角度做了大量的研究工作，遗憾的是这些研究并没有太多新的发现。而另一些学者（Ivo J. M. Arnold and Universiteit Nyenrode，1999；Michael T.Owyang and Howard J. Wall，2003）的研究却获得一定突破，前者在利率调整速度以及金融结构、税收、法律和市场管制等制度方面解释了地区差异，后者则从货币政策冲击传播机制的变化解释了不同时期货币政策区域差异效应的原因。

（二）公开市场操作区域效应的研究

公开市场操作区域效应的研究与美国20世纪50年代和60年代的经济与金融经历密切相关，主要是评估公开市场操作和准备金率作为美国联邦储备委员会的货币控制工具的相对有效性。赞成公开市场操作的人认为它非常灵活、容易应用、易于调节。那些反对公开市场操作的人认为，准备金率变化对所有区域性联邦储备区有直接的影响，而公开市场操作从中央传递到非中央市场较慢。

对公开市场操作区域效应最早进行研究的是斯科特（Scott，1955），他对1951年6月至1953年5月公开市场操作从纽约到其余地区传递的时滞进行了研究。斯科特比较分析了各储备区和银行的自由准备的时间，把自由准备作为限制货币政策效率的反向指标，他的推理是，公开市场操作决定银行储备；银行保持固定自由储备率；银行在自由储备耗尽时通过减少贷款传递紧缩性货币政策；有自由储备的银行不追随一般形式，因此与紧缩性货币政策对立。由此得出结论，公开市场操作从中央市场到其余各州的传递有重要的时滞。后来的一些学者用相同的方法研究表明，这些时滞过去是存在的，但在60年代和70年代随着美国货币市场的运行，这些时滞已经消失了。

实际上，有许多研究通过分析美国银行体系的制度安排和狭义的货币政策工具的影响，来研究公开市场操作的区域效应，然而到目前为止，如何评价公开市场的区域金融效应仍未能很好地从理论上加以解决。

（三）区域货币乘数的研究

对于区域货币乘数的研究，主要是证明在引入区域维度时如何修正标准的国民货币乘数模型，即区际经济关系（贸易和金融流）可能对区域货币基础产生的影响。当把货币乘数模型用到区域环境中时，和国家层面比较，在区域环境中就出现了基础储备增长的新的来源。在区域环境中，除了公开市场操作和准备金率变化外，"区域基础货币"也可能由于区域间真实流（商品和服务）的存在而发生变化，区域间真实流产生货币流，即区域间商品和服务或者金融资本的输出或输入。

道（1982）对区域货币乘数做了较为经典的研究，他比较了发达地区和不发达地区两个地区货币乘数的值，发现对于发达地区而言，国家货币增加的效应会是更加扩张，因为其流动性偏好较低，输入倾向较低。道在研究中还引入了行为参数，如银行和借款人的流动性偏好，来分析货币变化传递的作用，并特别指出经历了较高流动性偏好的区域，货币乘数就越低。摩尔（1985）也对此问题进行了研究，他提出区域货币乘数的值取决于投资于区域内而非区外的可贷资金的比例。

（四）区域金融市场的研究

区域金融市场的研究成果主要集中在利率和信贷市场的研究上。国外关于区域利率和信贷市场的理论研究以罗伯茨和菲什金的区域利率波动模型以及摩尔和希尔的小型开放经济区域间套利模型为代表。他们分别研究了区域利率波动差异和银行的区域间套利行为，后者还推导了区域货币供给乘数模型。道（1987）考虑流动性偏好，哈根和麦格尼戈（Harrigan and McGnegor，1987）考虑了银行现金流反馈作用分别对摩尔和希尔与模型进行了修正。实证研究则探讨了可能解释区域利率差异的因素，如 Edwards（1964）发现银行市场集中度与区域利率差异有直接关系。凯勒赫（Keleher，1976）估计了美国担保贷款和企业贷款的区域利率决定模型，指出区域金融市场是一体化的，区域间利率差异的存在是因为金融资产的成本、风险和性质的不同。罗科夫（Rockoff，1977）发现美国1870~1914年某些区域利率较高是由于银行失败率较高等。拜厄斯（Bias，1992）试图确认利率敏感度上的区域差异并应用了摩尔和希尔提出的区域货币供给模型。

（五）区域金融发展与经济增长的研究

在区域金融发展与经济增长的研究方面，自从金和莱文（King and Levine，1993）的文章"Finance and Growth"发表以来，大量经验证据和跨国比较研究证明，一个国家的金融发展水平影响其经济增长能力。这一结论在一个拥有一体化金融市场的国家内部是否成立，即国内不同地区的金融发展水平是否对区域经济发展有贡献，引起了大量学者的关注。津加莱斯（Zingales，2002）以意大利为例的研究是区域金融发展推动区域经济增长理论的典范。意大利国内金融市场，无论从政治还是从规制的观点看，在最近140年里都是高度一体化的，其一体化水平代表了国家金融市场一体化水平可能达到的上界。因此，在这样一个金融市场高度一体化的国家，如果发现其各地区的金融发展水平对区域经济增长重要的话，那么就可得出在可预见的将来，区域金融发展将持续对区域经济增长起作用的结论。为此，他们基于金融市场越发达，个人和企业利用外部资金的机会越多这一理念，构造了一个新的金融发展指数。利用这一指数他们对意大利的研究发现，区域金融发展对区域经济增长有很强的促进效应。假定其他条件不变，如果一个经济主体从金融发展弱的地区迁移到金融发展强的地区，其开办商业的机会会增加33%。在多数金融发达的地区，人均GDP年均增长速度要比金融不发达地区快1%。他们的实证研究结果表明，区域金融发展是区域经济成功的一个重要决定因素，即使在资本流动没有摩擦的环境中亦是如此。

四、国内研究成果

对区域金融的概念，张军洲（1995）给出了定义，并概括了区域金融的内涵要素。唐旭在其博士论文《货币资金流动与区域经济发展》（1995）及其著作《金融理论前沿》（1999）中主要讨论区域经济发展引起的资金流动的原因、途径、趋势和效果，指出我国资金流动和配置呈现出巨大的不平衡状态，而这一点对制定差别化的区域金融政策有重要意义。刘仁伍（2003）从戈德史密斯提出的金融结构概念拓展为区域金融结构的概念，即区域金融结构是指金融工具、金融机构、金融市场和金融制度等金融要素在政治上、经济上、地理和地缘上、行政管理上具有一定相对独立性地区的存在。周立（2004）指出中央政府推行了纵向分割式的金融改革，地方政府强化了横向分割式的金融控制，政府过度介入导致了金融条块分割。艾洪德（2006）揭示了制约区域经济发展的金融结构因素，如金融机构体系单一，国有商业银行改革整体滞后，中西部非银行中介机构的发展。田霖（2006）从金融地理学的视角观察到了中国金融成长重心存在从东南向西北和西南移动的趋势，以及行政区金融的空间结构演化趋势：经济区金融。

中国现有的区域金融的研究成果已经为区域金融研究打下坚实的理论基础，区域金融研究将不断地汲取相关学科领域的研究内容和研究方法，以尽快形成自己完整的分析框架和理论体系，从而对国家宏观调控、调节资源配置起到重要的指导作用。

基于行为的金融发展理论

第一节 金融行为与发展

金融是一种社会现象，具有一般社会人的属性，不能仅仅看作是理性人的行为。从20世纪60年代后，金融研究的视野得到拓宽，兴起了基于行为的金融研究，取得了丰硕的果实。金融行为研究，尤其是对金融文化、社会、组织和心理行为的研究，形成了行为金融学、金融环境学、金融组织学等金融理论，这些金融理论把金融还原到了现实之中，成为大众的金融、社会的金融。诸如金融组织理论等已在其他章节进行了介绍，因此，本章将系统的介绍金融行为研究的一个最为重要方面——行为金融理论。

传统金融理论以投资者理性为基础，一方面，传统金融学建立了其核心内容——有效市场假说。根据有效市场假说，传统金融学建立了包括现代资产组合理论、资本资产定价模型、套利定价模型、期权定价模型等一系列理论。然而，最近二十多年来，研究者发现金融市场上存在不能为传统金融理论所解释大量异象。另一方面，实证研究者也不断对投资者的理性假定提出越来越多的质疑。针对传统金融理论的缺陷，基于行为的金融发展理论迅速崛起。行为金融理论（behavioral finance，BF）作为一门新兴的金融理论是在20世纪80年代以来才开始真正兴起，它广泛吸收心理学、社会学、人类学、尤其是行为决策研究的成果，跳出了传统资本市场理论的框架，以一种新的视角来研究实际金融市场上正常而非理性的金融活动主体的判断和决策行为，力图揭示金融主体的决策行为的基本规律。尽管行为金融理论尚未形成一个完整的理论体系，但它的发展与崛起给现代金融理论带来了巨大的冲击与挑战，目前已经成为西方和国内金融研究和实践的前沿领域。

一、行为与金融行为

（一）行为

对古典经济学来说，行为是一个因欲望产生动机，因欲望满足而终止的过程，因此，古典经济学强调心理动机和欲望满足是行为产生的原因。古典经济学分析的规范形式，包括消费理论、生产理论等都是基于这种人类行为的特定方式的。因此，价值、价格、需求、供给、工资、利润等概念，完全可以从对个人行为的分析入手，从逻辑上推导出来。在这个意义上说，心理学及其行为理论是金融学分析的理论基础。

在心理学中，行为（behavior）一词常被赋予不同的含义。以华生为代表的行为心理学家，把人与动物对刺激所做的一切反应都称为行为，这里的行为既包括一切遗传的与习得的外显行为，也包括一切遗传与习得的内隐行为。华生否定心理现象对行为的影响和支配，认为人的思维是一种内隐行为。格式塔学派心理学家K.勒温认为，人的行为是由人与环境的相互联系决定的，行为是受心理支配的外部活动。现代心理学认为，行为是指在主客观因素影响之下产生的外部活动，既包括有意识的行为，也包括无意识的行为。马歇尔说，最根本和最长期地影响人类行为的两种力量，一个是经济的，另一个是宗教的。

（二）金融行为

在一般意义上，所谓金融行为是指人们在金融资源利用和配置过程中进行判断和选择，以达到满意水平的决策行为，包括企业的投融资行为、投资者的投资和投机行为、管理者的监管行为等。法国经济心理学家阿尔布认为：经济行为是指经济单位（个人或集团）为了在以物质匮乏为特点的背景中，生活得好些、更好些，而展开的全部物质的和象征的活动，这不仅是指解释世界，而且更重要的是指改造世界。熊彼特说，经济分析所讨论的问题是人们在任何时候怎样行为以及产生什么经济效果，而人类行为"不仅包括行动、动机和偏好，而且也包括与经济行为有关的社会制度如政治制度、财产的集成、契约等"。

人们的金融行为是为了规避风险、获取利润，但行为金融学意义上的金融主体行为的目的可能更复杂，比如为了自尊、自我价值的实现、避免后悔等。人类是自然演化的结果，因此，人们的行为也是演化的结果，而不是理性选择的结果。

二、行为金融发展历程

（一）早期萌芽阶段（1940年以前）

1. 大卫·休谟

大卫·休谟（1711~1776）是对亚当·斯密产生极大影响的经济学家和社会学家，在1739年的《人性伦》等著作中，研究了经济心理学的本质和意义。熊彼特认为休谟以及孔狄亚克、哈特利等人的观点本质上是内省主义的，把分析者对自己心理过程的观察看作是知识的有效来源。休谟强调心理过程不仅能解释个人和集体行为的心理机制，能解释社会事实如何反映在个人和集体的心灵上，如何被个人和集体的心灵所理解，而且还能解释这些社会事实本身。当然，他们不会否认，为了解释某一实际事件、制度或过程，除心理事实外，还必须考虑其他事实。休谟还明确指出，亚里士多德的学说往往过分注重人类行为中的理性因素，实际上，"指导生活的不是理性而是习俗"。他认为对财富、权力和享乐的追求以及对贫贱的鄙视都是亘古不变的人性，"自私和人性是不可分离的"，将同情视为一种社会化的心理动力，是一个人的人性也是所有人的人性。

2. 亚当·斯密

斯密（Adam Smith，1723~1790）在1759年的《道德情操论》一书中，探讨了人类行为的规范，论述了人与人、人与社会、政府间的关系，分析了支配人类行为的利己心、同情心及其对社会和经济过程所起的作用。斯密认为，世界的物质性和激发人类行为的利己心是经济行为的动力，以追求利润为中心的经济活动将推动经济发展，导致财富增长，为社会带来公益。

斯密在1776年出版的《国富论》中，提出"理性经济人"的假设。古典政治经济学就是依据"理性经济人"概念演绎阐述的。斯密的理论贡献可归结为：（1）探索了经济过程的内在原因；（2）指出了人类行为的利己心是经济行为的动力，追求利润为中心的经济活动推动经济发展，导致财富增长，为社会带来公益；（3）"理性经济人假设"是现代市场经济学的基本前提假设。

3. 门格尔

门格尔（C. Menger，1840~1921）是奥地利著名学者，他在1871年所著《国民经济学原理》一书中，指出要认识经济机制中的需求、价值和判断等，认为只有通过内省的心理分析，才能真正把握经济规律。在经济学说史上，门格尔第一次把心理学的内省法引入经济学研究。门格尔还提出"心理的"价值理论，用心理物理定律来解释边际效用价值论，即随着人们所获得的每种货物的数量不断增加，人们对每增加一"单位"的欲望的强度则不断下降，直至达到零点。

他认为，第一，人们有各种不同的需求、爱好或欲望，如对吃、穿、住等的需求，这些不同的需求给货物这个概念下了定义，并可以按一确定的（主观）重要性的次序予以排列。第二，在每一种需求内，作为心理实体，对每种货物增量的欲望，都有一个确定的次序，这是当人们连续消费这些增量时所能体验到的。门格尔的边际效用分析创造了一种适用于所有经济问题的分析工具。

4. 帕累托

帕累托（Pareto，1848~1923）是著名的新古典经济学的创始人，也是著名的社会心理学家，虽然他坚信微观经济运行主体的理性行为，强调经济运行的帕累托效率，但也坚持认为在实际生活中，逻辑行为与非逻辑行为"几乎混杂在一起"，"社会效用"是不同于"个人效用"的概念，是"非逻辑""非数理""不能测量""感情冲动"的。

帕累托深信，人类的大部分社会行为都是非理性的，而社会科学家的任务，就在于揭示人们用来使自己的行为理性化的各种各样的理论，以便鉴别隐匿在这些理论背后的最基本的情感或精神状态，即揭示出确定的、反复出现的趋势，即剩余物。帕累托颇为生动而深入地研究了政客说服、引诱、鼓动公众的心理手段。他强调，说服听众和读者的最有效方法之一，就是无休止地重复同一件事情，而一件事情是否符合理性并不重要，重要的是给人留下推理的印象。

5. 加布里埃尔·塔尔德

塔尔德（Tanrde，1843~1904）是法国一位法学家和社会学家，长期对社会现实的经济方面感兴趣，他于1902年把在法兰西学院授课用的教程分两卷出版，该书的书名就叫《经济心理学》。这标志着经济心理学的真正诞生，因此，一般认为经济心理学起源于法国。1890年，他出版的

《模仿律》一书被认为是"社会心理学第一部真正近代的著作"。

塔尔德认为,要真正能对经济现象做出解释,必须关注经济现象的主观方面。他认为经济学家根本不了解各门社会科学里有十足的心理特性,而政治经济学只是社会科学的一个门类。他认为,一切社会现象都是个人行为相互影响、相互作用的结果,个人行为受以信念和愿望为基本因素的心理活动所支配。因此,社会学只有以社会的心理分析为前提,才能对社会现象作出科学、合理的解释。

6. 凯恩斯

凯恩斯(Keynes)是最早强调心理预期在投资决策中作用的经济学家,认为人是最活跃的经济活动力,因为人具有"多血质和主要在事业中占一席之地的建设精神"。1936年,凯恩斯在其成名作《就业、利息和货币通论》中,大量运用了心理分析,并提出三大心理规律来解释资本主义经济危机和供需不平衡矛盾,即"心理上的边际消费倾向递减规律""心理上的灵活偏好""心理上的资本边际效率递减规律"。他基于心理预期最早提出股市"选美竞赛"理论和基于投资者"动物精神"而产生的股市"乐车队效应"。

但有的经济心理学家评价凯恩斯,只是在英国把心理学作为自己爱谈的话题,他的心理学好像纯粹是为了装饰门面,很大程度上只是对心理学作表面上的理解。熊彼特甚至认为,凯恩斯的关于消费倾向的著名心理法则,实际上是一种纯属滥用的伪心理学。

(二)基础理论确立阶段(20世纪60年代至80年代中期)

1. 皮埃尔·路易·雷诺

第二次世界大战以后,经济心理学又悄然兴起,其标志是1942年法国著名经济学家雷诺(1908~1981)撰写的"第一部将经济学与心理学有机结合的系统性著作"《政治经济学和实验心理学》一书,1964年,他又出版了《经济心理学》一书。

雷诺是法国罗·巴斯德大学的政治经济学教授,很早就对心理学产生了兴趣,试图用实验心理学来理解客观经济现象。他发现"人的行为并不是严格合乎逻辑的,而往往是一半合乎理性的"。他希望制定出一种有关这种"非理性的人"的经济理论,认为这种"非理性的人"是由"外部刺激"或自己的"内部冲动"决定的。他强调了"整合"概念对心理学和经济学的重要性,着重指出了"心态层次""阈限""动力"想象这三个基本概念。雷诺认为,经济心理学的最终目的就在于说明"关键阈限"的位置和性质,以便能够用心理力量来超越这些"关键阈限";以便能建立一种把人类的进步同个人的首创精神结合起来的概括经济学。

2. 乔治·卡托纳

卡托纳(G. Katona,1901~1981),被称为美国经济心理学之父,原籍匈牙利,曾是一位教育心理学家,热衷于格式塔心理学,后来在芝加哥的雅各布·马尔克教授的影响下,转而研究经济学,曾担任过美国总统财政顾问。1951年出版第一本著作《经济行为的心理分析》。1950~1972年,他在密执安大学同时主持心理学和经济学讲座,并且把两个知识领域完整地结合起来,推动了经济心理学的极大发展。同时他提出了民意抽样测验和消费者感情指标两种经济心理学的研究方法,使经济心理学逐步成为一门独立的学科。

1960年卡托纳出版了《强大的消费者》,1964年出版了《大众消费社会》,对消费心理学进行了研究,提出了"消费者主权"的概念,认为消费者有"自由决定权",消费需求不仅仅决定于财政因素,而且还受到消费者购买倾向的影响,如顾客的动机、倾向和期望。卡托纳对20世纪50年代美国富裕社会所引起的消费行为的变化进行了系统的研究。他认为贫困时代,消费是收入的函数,但是富裕社会,人们的生活消费方面发生了五种变化:(1)收入增加;(2)储蓄中资产增加;(3)赊销的普及;(4)非必需耐用品的比重增加;(5)经济信息迅速传播。因此消费者行为会发生如下三种趋势的变化:一是契约性的、习惯性的、必需的消费减少;二是自由酌量处理的支出增加;三是自由酌量处理的投资增加。

3. 布鲁尔

布鲁尔(O. K. Burrell)是美国奥兰多商业大学的行为金融学家,1951年发表《以实验方法进行投资研究的可能性》的论文,应用实验将投资模型与人的心理行为特征相结合,开拓了行为金融学的独特研究领域,因而是现代意义上行为金融理论的最早研究者。

4. 巴曼和斯洛维克

1969年,巴曼和布鲁尔(Bauman and Burrell)发表了《科学投资分析:是科学还是幻想?》,他们批评了主流金融学片面依靠数理模型的研究范式,认为金融学新的研究领域的重点应该放在数量模型和传统行为方法的结合上,这样会更贴近实际。斯洛维克(Slovic)是Oregon大学心理学的教授，1969年发表了一篇从行为的角度来研究投资过程的文章。1972年Slovic教授和Bauman教授合写了《人类决策的心理学研究》，着重分析了主流金融学关于风险的错误观念，为行为金融学理论在人类决策过程的心理学研究方面做出了开创性的贡献。

5. 卡尼曼和特维斯基

卡尼曼（Daniel Kahneman）和特维斯基（Anoos Tversky）是行为金融学历史上成就卓著的两名学者，1979年，他们在发表的《期望理论：风险决策分析》中，正式提出了行为金融研究中的代表学说"期望理论"，该理论以其更加贴近现实的假设，批判了传统金融学所依赖的期望效用理论，并为行为金融学奠定了坚实的理论基础。正是因为如此重大的贡献，卡尼曼教授获得了2002年诺贝尔经济学奖的殊荣。

（三）行为金融发展繁荣阶段（20世纪80年代中期至今）

这一阶段是行为金融理论发展的最主要阶段，市场不断发现的异常现象引起金融学界的注意，大量的证据表明许多金融理论还不完善，再加上期望理论得到广泛认可和经验求证，所以这个时期的行为金融取得了突破性的进展，行为金融的许多重要理论和观点是在这个时期形成的。

1985年，德·波特（DeBondt）和沙勒（Thaler）发表了《股票市场过度反应了吗？》一文，他们应用的代表性（representiveness）概念、（Tversky and Kahneman, 1974）来分析市场定价，并认为，投资者对好消息和坏消息都反应过度，所以，反应过度导致对过去收益较好的股票定价过高，对过去收益较差的股票定价过低。他们的研究工作被学术界视为行为金融研究的正式开端。同在1985年，赫什·舍夫林（Hersh Shefrin）和梅厄·斯塔曼（Meir Staman）验证，在美国股票市场上，投资者确实存在处置效应现象（处置效应，即投资者倾向于过长地持有亏损的股票，过早地卖掉盈利的股票）。

20世纪90年代，大量学者投入了行为金融学的研究工作。希勒（Shiller, 1981, 1990）主要研究了股票价格的异常波动、股市中的"羊群效应"（herd behavior）、投机价格和流行心态的关系等。泰勒（Thaler, 1987, 1999）研究了股票回报率的时间序列、投资者心理账户等问题。德朗等人（Delong et al., 1990; 1991）研究了噪声交易者对整个市场的影响，研究了套利的有限性，发现采用正反馈交易策略的理性套利者对资产价格的影响。1994年，舍夫林和斯塔曼挑战资本资产定价模型，提出了行为资产定价模型。1999年，两人又挑战资产组合理论，提出了行为组合理论。至此，行为金融资产定价模型初步确立。1999年，舍夫林出版了《远离贪婪和恐惧：感悟行为金融和投资心理学》，拉斯特维德（Larstvede）出版了《金融心理学》，并创办《金融分析家杂志》。在1999年《金融分析家杂志》最后一期以专辑的形式专题研究了行为金融理论。因此，90年代这段时间被称为行为金融理论研究的黄金时代。

2000年3月希勒教授出版了《非理性繁荣》一书，该书从行为金融学的角度对美国股市的泡沫进行了分析，成功预测了一个月后美国股市在人类历史上最大的一次股灾。可以说，这是行为金融学在挑战传统金融理论的过程中，在实际应用方面取得的一次辉煌胜利。

三、行为金融学的理论框架

（一）认知偏差理论

认知偏差理论是研究人们在利用经验法则进行决策判断时所产生的错误。心理学研究显示，人们在解决复杂的问题时，由于时间和认知资源的限制，人们不能对决策所需的信息进行最优分析。长期以来，自然选择的结果是人们运用经验法则处理信息。这些经验法则主要指的是直观推断法（heuristic）。直观推断法又包含三种具体的形式：代表性推断法（representativeness）、可得性（availability）推断法、锚定和调整（anchoring and adjustment）推断法。这些经验法则的使用，虽然使人们在处理问题时可以化繁就简，但是容易产生决策偏差。

1. 代表性推断法与偏差

代表性推断法是指当个体进行判断时，会倾向于根据过去传统或相类似的情况，对事件加以分类，然后在判断另一事件发生概率高低时，会过分相信历史重演的可能。也就是说，在评估某事件发生的可能性时，常常过分依赖自己所感受到的其他相类似事件的经验，误以为小样本也服从大数法则（law of large numbers），误用了均值回归（regression to the Mean）这个概念，一个明显的例子就是赌徒谬误（gamblers fallacy）。在金融市场上投资者的行为如果受到代表性推断法的影响，就会产生类似赌徒谬误的决策偏差。例如，在3年的多头市场之后预测会过度悲观，在3年的空头市场之后预测会过度乐观。这都是受限于过去既有的想法。

2. 可得性推断法与偏差

可得性推断法是指个体的判断推理过程受到可用的记忆材料的影响。当估计概率时,个体会倾向于认为容易想起的事件比不容易想起的事件更常见(即容易想起的事件的可用性高),并由此推断常见的事件的发生概率大于不常见到的事件。在可得性推断法的影响下,个人对于自己不太能想象的事件,会低估其发生的可能性,这可能会造成个人过度自信和过度反应的情况。在金融市场上,投资者受可得性推断法的影响,往往倾向于对热门股票进行大量的关注,从而在与媒体的接触中投资者容易形成该类股票上涨概率大的判断,因而可以说,股市的非理性繁荣来自于大众传媒对投资者的影响。

3. 锚定和调整推断法与偏差

锚定和调整推断法是指人的大脑在解决复杂问题时往往选择一个初始参考点,然后根据获得的附加信息逐步修正正确答案的特性。在很多情况下,人们从一个最初的经过调整的值出发来进行估计而得到结果。然而,这种调整常常是不充分的,不同的初始参考点导致不同的带有偏差的估计结果。形成这种判断偏差的机制即为锚定。

(二)展望理论

展望理论(prospect theory,也称前景理论)是决策论的期望理论之一,研究投资者在不确定条件下作出决策的过程和其中的决策偏好的理论。展望理论用权数函数和主观价值函数两个变量描述人的效用。权数函数描述未来前景中单个事件的概率的变化对总效用的影响。主观价值函数直接反映前景结果与人的主观满足大小之间的关系。

根据展望理论,人们对风险的态度是由主观价值函数和权数函数联合决定的。在此基础上,展望理论得出了以下四点结论:(1)人们不仅看中财富的绝对量,更加看中的是财富的变化量。与投资总量相比,投资者更加关注的是投资的盈利或亏损数量。(2)人们面临条件相当的损失前景时更加倾向于冒险赌博(风险偏好),而面临条件相当的盈利前景时更倾向于实现确定性盈利(风险规避)。(3)财富减少产生的痛苦与等量财富增加给人带来的快乐不相等,前者大于后者。(4)前期决策的实际结果影响后期的风险态度和决策,前期盈利可以使人的风险偏好增强,还可以平滑后期的损失;而前期的损失加剧了以后亏损的痛苦,风险厌恶程度也相应提高。对于投资者来说,投资者从现在的盈利或损失中获得的效用依赖于前期的投资结果。

(三) 行为金融理论的发展

自从1979年展望理论提出后,就有许多学者利用展望理论进行了进一步的研究,并构建了一些理论模型,这不仅丰富和发展了行为金融理论,而且还完善了现代金融体系。一方面,在对投资者决策偏差的系统研究及展望理论的基础上,建立了基于行为的投资模型,这些模型解释了传统金融理论无法解释的金融市场上的异常现象。比较突出的有BSV模型、DHS模型及HS模型等。另一方面,把行为金融理论与传统金融理论结合起来,创建了行为资产定价模型(BAPT)和行为组合模型(BPT)。

1. BSV模型

BSV模型(Barberis, Shleffer and Vishny, 1998)建立在两个行为心理依据上:(1)选择性偏差,即投资者过分重视近期数据的变化模型,而对产生这些数据的总体特性重视不够,从而导致股价对收益变化的反应不足(under-reaction)。(2)保守性偏差,一旦个体形成一种判断,投资者不能及时根据变化了的情况修正自己的预测模型,导致股价过度反应(over-reaction)。BSV假设投资者有两种状态,每一种状态有一个不同的收益模型。在模型1中,收益是均值回复的;在模型2中,收益是正的自相关表现出"趋势"的特征。模型1使得投资者对信息反应过度,而模型2则使得投资者反应不足。在BSV模型中投资者没有用随机游走模型来预测收益,而是综合模型1和模型2来预测收益,从而导致证券市场的价格偏离其真实价值,证券的价格,是随机游走模型产生的价格,而是对真实价格的偏离,反映价格对消息的过度和不足反应。

2. DHS模型

DHS模型,由丹尼尔、赫内弗和萨伯曼(Daniel, Hirsheifer and Subramanyam)于1998年提出。DHS模型把投资者分为无私人信息的投资者和有私人信息的投资者。无私人信息的投资者不存在决策偏差,而有私人信息的投资者存在着两种决策偏差:对私人信息的过分自信和自我归因偏差。对私人信息的过分自信意味着他们过分夸大私人信息的准确性,导致对私人信息的过度反应。自我归因偏差意味着公共信息对私人信息的影响是不对称的,即当公共信息与私人信息相符合时,有此偏差的投资者更加确信私人信息的准确性;而当公共信息与私人信息有冲突时，有此偏差的投资者仍然重视私人信息，相对忽视公共信息，因而导致对公共信息的反应不足，往往产生股价的短期连续性，而当最终公共信息战胜投资者的偏差时，出现长期回报的反转。

3. HS模型

HS模型，又称统一理论模型（unified theory model），由Hong和Stein于1999年提出。该模型认为，在金融市场上存在着两类非理性投资交易者：信息关注者（news watchers）和动量交易者（momentum investors）。信息关注者接受和搜寻关于基本价值的私人信号，而且在信息关注者群中传播，这些投资者在自己信号的基础上形成价格预期，但并非完全理性，他们忽视当前和过去价格。动量交易者，则完全依赖于股票过去和近期的价格变化进行交易，这些投资者也并非完全理性，他们忽视了基本信息。HS模型研究了这两类投资者的互相作用机制对股价的影响。HS模型假设私人信息在观察新信息交易者之间缓慢传播，导致观察消息者对最初的私人信息反应不足。动量交易者意识到了观察消息者的这种反应不足的倾向，试图通过买入最近股价上涨的股票来盈利。

4. 行为资产组合理论

行为资产组合理论（BPT），是在现代资产组合理论（MAPT）的基础上发展起来的。MAPT认为投资者应该把注意力集中在整个组合，最优的组合配置处于均方差有效边界上，而BPT认为现实中的投资者决策不同于此，在行为人进行决策的时候，并不是权衡了全局的各种情况进行考量，而是在心里无意识地把一项决策分成几个部分来看，也就是说，分成几个心理账户（mental acoount），对于每个心理账户行为者会有不同的决策。斯塔曼（1999）认为行为金融组合者具有金字塔层状结构的资产组合。资产组合金字塔的每一层都对应着投资者特定的投资目的和风险特性（方差）：一些资金投资于最底层（风险低的安全资产）防止变得一无所有；一些资金则被投资于更高层次（风险较高的资产）用来力争变得更加富有。这是由于人们都有既想避免损失又想变得富有的心态，因此，人们会把两个心理账户分别开来，一个用来规避贫穷，另一个用来一朝致富。而且，在考虑问题的时候，行为者往往每次只考虑一个心理账户，把目前要决策的问题和其他的决策分离看待。也就是说，投资人可能将投资组合放在若干个心理账户中，不太在意它们之间的相关系数，这也就从另一个角度解释了行为者在有些情况下的非理性行为及其导致的资产价格异常。

BPT的研究在现代金融学的基础性理论中引入行为因素,在行为金融与传统金融的结合上走出了有益的一步,其结果亦表明考虑行为后的金融理论有别于传统金融理论的结果。

5. 行为资产定价模型

行为资产定价模型(behavioral asset pricing model,BAPM),是对现代资产定价模型(CAPM)的扩展。根据CAPM模型,投资者关心的是其组合的期望收益与方差,在观点相同的理性投资者的相互作用下,得到一个决定期望收益的风险测度贝塔(beta)系数,最终达到市场均衡,形成均衡价格,即CAPM价格。而行为资产定价模型(BAPM)将投资心理与资产定价相结合,探讨了投资心理与资产定价的关系,该模型最早由舍夫林和斯塔曼(1994)提出。

BAPM将金融市场上的交易者分为两类:信息交易者(information traders)和噪声交易者(noise traders)。信息交易者是严格按照CAPM行事的理性交易者,不会出现系统偏差,只关注组合的均值和方差,而且不同个体之间表现有良好的统计均方差性;噪声交易者则不按CAPM行事,他们会犯各种认知偏差错误,不同个体之间具有显著的异方差性。市场中两类交易者互相影响,共同决定资产价格:当信息交易者是代表性交易者时,市场表现为有效率;而当噪声交易者成为代表性交易者时,市场表现为无效率。BAPM的贡献就在于把信息交易者和噪声交易者以及两者在市场上的互相作用同时纳入到资产定价的框架之中。

另外,在BAPM中,证券的预期回报是由其"行为贝塔"(behavioral betas)决定的,行为贝塔是"均值方差有效组合"(mean-variance efficient portfolio)的切线斜率。这里,均值方差有效组合并不等于CAPM中的市场组合,因为现在的证券价格受到噪声交易的影响。例如,由于噪声交易者倾向于高估成长型股票的价格,导致此类股份上扬,此时,BAPM的均值方差有效组合,会向价值型股票倾斜,而不再等于市场组合。"行为贝塔"相对于"标准贝塔"而言,计算更加困难。因为在计算"标准贝塔"时,我们可以用股票指数作为市场组合的替代物,而在计算"行为贝塔"时,由于均值方差有效组合会随时间改变,这个月还在起关键作用的行为因素下个月可能变得微不足道,市场组合替代的选择会更加困难。

四、行为金融学发展的局限性

纵观其发展的历史轨迹，行为金融理论受到了某些限制。从最早的20世纪初心理学研究的行为主义流派，到1972年斯洛维克（Slovic）发表第一篇行为金融学论文《人类判断的心理学研究对投资决策的意义》，再到1979年卡尼曼和特韦尔斯基（Kahneman and Tversky）用更现实的行为假设取代主观预期效用决策模型，提出行为金融学重要的理论基础——期望理论，然后是进入20世纪90年代以来有关行为金融的理论模型与应用体系陆续出现，包括著名的BSV（Barberis, Shleifer and Vishny, 1998）模型、DHS（Daniel, Hirshleifer and Subramanyam, 1998）模型、统一理论模型（Harrison Hong and Jeremy Stein, 1999），以及行为资产定价模型（BAPM）和行为组合理论（BPT）等。应当承认，行为金融理论的发展并不缓慢，但是应该认识到，已成型的行为金融理论模型还不多，且已有的模型大多只停留于以非系统的心理学依据为基础来解释金融市场中价格的一些异常表现，应用体系也仅限于微观层面（主要是投资者的投资策略），行为金融尚没有建立起统一的理论体系。当然，原因是多方面的，但是行为金融理论自身发展存在局限是其难负重任的根源。

纵观目前行为金融学的研究，现代金融理论的深层次根基虽被质疑，但若不能提供明确且更有说服力的替代者，而仅是予以简单地补充，质疑将永远停留于质疑，这便是当前行为金融理论自身发展的局限所在，也是导致其难成体系的根本原因。郭晔（2003）分析了行为金融理论对现代金融理论的三大深层根基——理论分析框架、理论分析工具、理论基础的重建过程，指出重建中存在的自我局限性是阻碍行为金融理论继续发展的关键。

第二节　行为金融理论在金融市场中的应用

行为金融学产生于20世纪80年代，它的诞生带来了对传统金融理论的重要变革：首先，心理学的有关研究成果被引入到行为金融学的研究领域，成为行为金融学的重要研究内容之一；其次，证券市场上长期存在的不能为传统金融理论所解释的"未解之谜",行为金融理论都能对其进行较为合理的解释。

一、行为金融学概论

(一) 行为金融学研究内容

行为金融学(behavioral finance,BF)是金融学、心理学、行为学、社会学等学科相交叉的边缘学科,力图揭示金融市场的非理性行为和决策规律。行为金融理论认为,证券的市场价格并不只由证券内在价值所决定,还在很大程度上受到投资者主体行为的影响,即投资者心理与行为对证券市场的价格决定及其变动具有重大影响。它是和有效市场假说(efficient market hypothesis,EMH)相对应的一种学说,主要内容可分为套利限制(limits of arbitrage)和有限理性两部分。

1. 套利限制

有效市场假说认为理性交易者(也称为套利者)会很迅速的消除非理性交易者(也称为噪声交易者)引起的证券价格对其价值的偏离。行为金融学认为即使当一种资产被广泛地误价时,纠正这种误价的策略可能非常有风险。

2. 有限理性

行为金融学融汇了心理学基本原理,其主要表现在信仰(过度自信、乐观主义和如意算盘、代表性、保守主义、确认偏误、定位、记忆偏误)及偏好(展望理论、模糊规避)在行为金融学的应用。它用"前景理论"描述人的真实性,认为金融市场中的投资者是不具有长期理性行为的,至多拥有"有限理性"。短期来看,在某个具体的决策上,投资者可能是理性的、正确的;但从长期来看,投资者不具有统筹的、连续性的最优投资决策,不能严格按照"贝叶斯规则"行事,其投资行为是非理性的,甚至是错误的。

(二) 行为金融学的理论基础

第一,期望理论。期望理论是行为金融学的重要理论基础。卡尼曼和特韦尔斯基(1979)通过实验对比发现,大多数投资者并非是标准金融投资者而是行为投资者,他们的行为不总是理性的,也并不总是风险回避的。期望理论认为投资者对收益的效用函数是凹函数,而对损失的效用函数是凸函数,表现为投资者在投资账面值损失时更加厌恶风险,而在投资账面值盈利时，随着收益的增加，其满足程度速度减缓。期望理论成为行为金融研究中的代表学说，利用期望理论解释了不少金融市场中的异常现象：如阿莱悖论、股价溢价之谜（equity premium puzzle）以及期权微笑（option smile）等，然而由于卡尼曼和特韦尔斯基在期望理论中并没有给出如何确定价值函数的关键——参考点以及价值函数的具体形式，在理论上存在很大缺陷。

第二，行为组合理论（BPT）和行为资产定价模型（BAPM）。一些行为金融理论研究者认为将行为金融理论与现代金融理论完全对立起来并不恰当。将二者结合起来，对现代金融理论进行完善，正成为这些研究者的研究方向。在这方面，斯塔曼和舍夫林提出的BPT和BAPM引起金融界的注意。BPT是在现代资产组合理论（MAPT）的基础上发展起来的。MAPT认为投资者应该把注意力集中在整个组合，最优的组合配置处在均值方差有效前沿上。BPT认为现实中的投资者无法做到这一点，他们实际构建的资产组合是基于对不同资产的风险程度的认识以及投资目的所形成的一种金字塔式的行为资产组合，位于金字塔各层的资产都与特定的目标和风险态度相联系，而各层之间的相关性被忽略了。BAPM是对现代资本资产定价模型（CAPM）的扩展。与CAPM不同，BAPM中的投资者被分为两类：信息交易者和噪声交易者。信息交易者是严格按CAPM行事的理性交易者，不会出现系统偏差；噪声交易者则不按CAPM行事，会犯各种认知偏差错误。两类交易者互相影响共同决定资产价格。事实上，在BAPM中，资本市场组合的问题仍然存在，因为均值方差有效组合会随时间而改变。

（三）行为金融学的发展

行为金融学揭示了新古典传统的经济学和金融学的一个根本性缺陷——完全理性假设，这使得行为金融学得到高度关注。与标准金融学不同，行为金融学认为市场中的参与者不是完全理性的，他们只是准理性人或者有限理性人，他们在进行风险决策时并不依照贝叶斯规则进行，而是采用简单而有效的直观推断法。在多数情况下，这些直观推断法是有效的，但其中往往包含一些系统性误差，这些误差在有些情况下，成为影响全局的错误。在这种情况下，市场选择的结果是不确定的，其机制常常会失灵，非理性交易者完全有可能在市场中生存下来。

行为金融学与标准金融学在分析方法上的不同主要体现在行为心理

决策分析法和风险度量方法上。行为金融学将人类的一些心理学特性如人类行为的易感性、认知缺陷、风险偏好的变动、遗憾厌恶、自控缺陷以及理性趋利特性和投资者情绪等价值感受引入到资产定价理论体系中,认为决策者的偏好一般是多方面的、易变的,这种偏好常常只在决策过程中才形成;决策者具有很强的适应性。通过对投资者行为心理决策的分析,行为金融学成功地解释了资产价格反应过度和反应不足、动量效应、季节效应、小公司现象等一些标准金融学无法解释的异常现象。

行为金融学用自己独特的分析方法,以马柯维茨投资组合理论和资本资产定价模型(CAPM)为基础,针对其缺陷提出了修正模型,即行为组合理论和行为资产定价模型(BAPM)。

舍夫林和斯塔曼(2000)提出了行为组合理论来替代传统的马柯维兹投资组合理论。在马柯维兹投资组合理论中投资者具有恒定不变的风险厌恶程度,他们将资产组合看成一个整体,并且在构建资产组合时只考虑不同证券之间的协方差。而行为组合理论中的投资者则投资于具有金字塔层状结构的资产组合。资产组合金字塔的每一层都对应着投资者特定的投资目的和风险,一些资金投资于最底层以规避风险,一些资金则被投资于更高层来争取更大的收益。行为组合理论确立了以预期财富 $E(W)$ 和 $Prob(W \leqslant S) \leqslant a$ 来进行组合与投资选择的方法基础。与马柯维兹投资组合理论相比,行为组合理论和目前十分流行的以 VAR(value-at-risk)构筑资产组合的方法在理论与实践上具有较好的一致性。

行为资产定价模型 BAPM 则是对现代资产定价模型 CAPM 的扩展(Barberis et al., 1998; Daniel et al., 1998; Thaler, 1999)。BAPM 将投资者分为信息交易者和噪声交易者两种类型。信息交易者为按照 CAPM 模型进行投资的投资者,他们从不犯认知错误,而且不同个体之间表现有良好的统计均方差性;噪声交易者则是那些处于 CAPM 框架之外的投资者,他们时常犯认知错误,不同个体之间具有显著的异方差性。两类交易者互相影响,共同决定资产价格。当信息交易者占主导地位时,市场表现为有效率,当噪声交易者成为代表性交易者时,市场表现为无效率。将信息交易者和噪声交易者以及两者在市场上的相互作用同时纳入资产定价框架是 BAPM 的一大创举。BAPM 中证券的预期收益决定于均值方差有效组合的切线斜率,即 β 值。因为噪声交易者对证券价格的影响,均方差有效组合不同于 CAPM 中的市场组合。

（四）行为金融学对传统理论的质疑

传统的有效市场假说（EMH）是金融学领域一个非常重要的理论模型。EMH认为金融市场中的价格包含了一切信息，同时在任何时间证券价格可以看作投资价值的最优估计。根据行为金融学理论，EMH存在两个有关投资者行为方面的假设前提：一是投资者在使他们所拥有的证券组合价值最大化时所采取的行为模式是没有偏差的。二是投资者总是以自身利益最大化为目标。

行为金融学认为EMH本身并没有保证这两个前提一定成立。相反，行为金融学根据对实际情况的分析，对这两个假设前提的正确与合理性产生了质疑，认为投资主体因为心理因素的影响会经常出现违反这两个假设前提的情况。传统理论中未能考虑到基金经理心理因素造成的主观错误与投资失误是较明显的缺陷，心理因素影响应该成为选择基金进行投资与选择基金经理时非常重要的考虑因素。

二、投资者的心理特征

（一）关于投资者心理特征的主要观点

对于投资者心理特征主要有四个观点：

第一，自信情结（over confidence）。高估自己的判断力，过分自信。心理学研究发现，当人们称对某事抱有90%的把握时，成功的概率大约只有70%。

第二，回避损失（loss-aversion）。趋利避害是人类行为的主要动机之一，而在经济活动中，人们对"趋利"与"避害"的选择是首先考虑如何避免损失，其次才是获取收益。马科维茨首先注意到了人类的这种行为方式，后来的实证研究进一步表明，人们在从事金融交易中，其内心对利害的权衡是不均衡的，赋予"避害"因素的考虑权重是"趋利"因素的两倍。

第三，追求时尚和从众心理。位置消费理论告诉我们，人们对相对经济地位的追求在空间上表现为与他人相比。可见，人们的相互影响对各人决策行为有很大的影响，而追求时尚与从众心理便是其中最突出的特点。因此，在金融投资领域，金融学家已经开始将这一特点作为重要的投资决策因素加以考虑。

第四，后悔与谨慎。这种心理状态普遍存在于人们的经济活动中。

即使决策结果相同,如果某种决策方式可以减少投资者的后悔心理,对投资者来说,这种决策方式仍然优于其他决策方式。

(二)决策行为的一般特征

1994年舍夫林和斯塔曼开始研究可能对金融市场行为产生系统影响的决策行为特征。到目前为止,一些决策行为特征已经得到行为金融学家们的公认,并将它们作为对决策者的基本假设:(1)决策者的偏好是多样的、可变的,他们的偏好经常在决策过程中才形成;(2)决策者是应变性的,他们根据决策的性质和决策环境的不同选择决策程序或技术;(3)决策者追求满意方案而不一定是最优方案。

尽管这些对于决策特征的研究还处于尝试性阶段,而且它们之间相互作用的特点和对市场的影响并不十分明确。但一些实证研究表明,投资者决策行为特征与市场中的有关投资特性是相关的:股票价格的过度波动性和价格中的泡沫;投资者中存在追随领导者和从众行为;对风险的高估;过早的售出盈利投资和过晚售出失败投资;投资者对现金股利的不同偏好;对时间性分散投资组合(通过不同期限的投资组合来分散风险)的不同态度,等等。

三、投资行为模型

大量的事实证明,投资者的行为方式及其深层次的心理特征对投资活动的结果具有直接的、重要的影响,在研究复杂的金融市场时,必须考虑人类自身行为所具有的复杂多变性特点。在借鉴行为科学、心理学及社会学研究成果的基础上,初步形成了以投资活动当事人的心理因素为基础的行为金融理论体系。对应于现代投资理论的假设,行为金融理论给出自己的理论假设:(1)人是有限理性的;(2)非完全市场的存在;(3)投资者的投资具有群体行为特征。在此基础之上构造的行为金融投资决策模型有:(1)BSV模型与DHS模型;(2)统一理论模型(unified theory model);(3)羊群效应模型(herd behavioral model)。

1. BSV模型

BSV模型认为,人们进行投资决策时存在两种错误范式:一种是选择性偏差(representative bias),即投资者过分重视近期数据的变化模式,而对产生这些数据的总体特征重视不够,这种偏差导致股价对收益变化的反映不足(under-reaction)。另一种是保守性偏差(conservation),投资者不能及时根据变化了的情况修正自己的预测模型,导致股价过度反应(over-reaction)。BSV模型是从这两种偏差出发,解释投资者决策模型如何导致证券的市场价格变化偏离效率市场假说的。

2. DHS模型

DHS模型将投资者分为有信息和无信息两类。无信息的投资者不存在判断偏差,有信息的投资者存在着过度自信和有偏的自我归因(self-contribution)。过度自信导致投资者夸大自己对股票价值判断的准确性;有偏的自我归因则使他们低估关于股票价值的公开信号。随着公共信息最终战胜行为偏差,对个人信息的过度反应和对公共信息的反应不足,就会导致股票回报的短期连续性和长期反转。所以法玛(Fama,1998)认为DHS模型和BSV模型虽然建立在不同的行为前提基础上,但二者的结论是相似的。

3. HS模型

HS模型(Hong and Stein,1999),又称统一理论模型。统一理论模型区别于BSV和DHS模型之处在于:它把研究重点放在不同作用者的作用机制上,而不是作用者的认知偏差方面。该模型把作用者分为"观察消息者"和"动量交易者"两类。观察消息者根据获得的关于未来价值的信息进行预测,其局限是完全不依赖于当前或过去的价格;"动量交易者"则完全依赖于过去的价格变化,其局限是他们的预测必须是过去价格历史的简单函数,在上述假设下,该模型将反应不足和过度反应统一归结为关于基本价值信息的逐渐扩散,而不包括其他的对投资者情感刺激和流动性交易的需要。模型认为最初由于"观察消息者"对私人信息反应不足的倾向,使得"动量交易者"力图通过套期策略来利用这一点,而这样做的结果恰好走向了另一个极端——过度反应。

4. "羊群效应"模型

该模型认为投资者羊群行为是符合最大效用准则的,是"群体压力"等情绪下贯彻的非理性行为,有序列型和非序列型两种模型。序列型由巴纳吉(Banerjee,1992)提出,在该模型中,投资者通过典型的贝叶斯过程从市场噪声以及其他个体的决策中依次获取决策信息,这类决策的最大特征是其决策的序列性。但是现实中要区分投资者顺序是不现实的。因而这一假设在实际金融市场中缺乏支持。非序列型则论证无论仿效倾向强或弱,都不会得到现代金融理论中关于股票的零点对称、单一模态的厚尾特征。

四、行为金融理论投资策略

现代金融理论由于忽略了对人的心理活动及其行为模式的研究，造成了理论与实证的背离。行为金融理论将心理学尤其是行为科学理论融入到金融学之中，从微观个体行为以及产生这种行为的心理、社会动因来解释、研究和预测证券市场的现象和问题，逐步形成了自己的理论框架，建立了行为投资决策模型。在对证券市场的大量统计研究基础之上，行为金融理论家们已获得了关于投资者投资行为的大量实证研究结论，从而为投资者提供了良好的证券投资策略。

（一）行为金融对投资者行为的实证研究结论

1. 过度自信

人的心理中往往有过分高估自己能力和知识的倾向，表现为投资决策中过分相信自身的判断和决策，而忽视了客观情况变化造成决策失误的可能性。由上交所组织完成的《中国证券投资者行为研究》指出，中国股市6500万投资者中无业者占较大比例，有理由相信这些无业者中有相当一部分人是缺乏市场竞争力的人，由于无事可做，也不考虑自己的能力，就想到股市赚钱，由此可见我国投资者过度自信之严重程度。

2. 抛锚性错误

人们在对某件商品的价值进行判断时，通常需要一定的信息锚作为判断的参照标准。同样，投资者对于证券价格的变动预测也需要一定信息作为参照的锚。抛锚性往往导致投资者对新的、正面的信息反应不足。中国投资者往往是利用类似行业、板块、股本大小、经营业绩等的股票价格来衡量其投资股票的价格的。但是锚并不能长时间一直保持准确性和有效性，即锚会使投资者判断出错。

3. "羊群行为"

股市中的"羊群行为"是指投资者由于受其他投资者投资策略的影响而采取相同的投资策略。其关键是其他投资者的行为影响投资者的投资决策，并对他的决策结果造成影响。中国股市中存在的大量"跟风""跟庄"、投资基金的投资组合类同等都是典型的"羊群行为"。孙培源（2002）通过构造股票收益率的横截面绝对偏离和市场收益率的非线性检验，证实了中国股市羊群效应的存在。

4. 噪声交易

非理性投资者把与价值无关的信息认为是与价值有关，或者某些投资者人为地制造虚假信息，而其他投资者无法识别其真伪，这两种信息被认为是噪声，相应产生的交易称为噪声交易。我国股市近400%的年换手率中至少300%可以归因于噪声交易。施东晖（2001）实证研究表明，由于技术分析方法在上海股票市场被广泛使用，当某些技术信号显示"上升"或"下跌"趋势时，将引发大量的买卖行为，从而强化现有的股价趋势。

5. 过度反应与反应不足

过度反应是由邦特和泰勒（DeBondt and Thaler，1985）最早发现的，他们发现投资者对于近期的好消息不是做出正确的贝叶斯反应，而是过度反应致使股票价格超过其内在价值。王永宏（2001）运用DT的方法研究了中国股票市场的过度反应现象证实了中国股市存在着明显的过度反应现象。反应不足是指投资者对自身的判断过度自信，或是一味依赖过去的历史经验作为判断的参照标准（犯抛锚性错误），对市场中出现的新趋势和新变化反应迟钝，丧失了获利的良好时机。中国股市中存在的"轮涨效应"就是一种"反应不足"。

6. 处置效应

"处置效应"是指投资者长时期持有套牢的股票而过早抛出盈利的股票的现象。这意味着当投资者处于盈利状态时是风险回避者，而处于亏损状态时是风险偏好者。赵学军（2001）等人的研究结论是：与国外相比，中国投资者更加倾向于卖出盈利股票，继续持有亏损股票。中国股市的处置效应在年末相对增强，个人投资者的处置效应强于机构投资者。

7. 动量效应

在一定持有期内，平均而言，如果某只股票或某些股票组合在前一段时期内涨幅较好，那么，下一段时期内，该股票或股票组合仍将有良好表现。通过对中国股市历年大盘及个股的统计分析，我们认为无论是在大盘还是在个股上，中国股市都存在动量效应。大盘的动量效应以日为时间单位比较明显，而一些典型个股无论是以日、周还是以月为时间单位都非常显著。

8. 过度恐惧与政策依赖性心理

当股市虚假消息满天飞、股市暴跌时，投资者不计成本的大量抛出股票，表现出十足的恐惧。在股市暴跌时，中国投资者往往把自己的希望寄托在政府的救市政策上，这种对政策的依赖超过了世界上任何一个国家。

9. 遗憾

遗憾理论认为投资者为了回避曾经做出的错误决策的遗憾和报告损失带来的尴尬，可能避免卖掉价格已下跌的股票。还有，即使决策结果相同，如果某种决策方式能减少投资者的后悔心理，对投资者而言，这种决策方式就优于其他决策方式。因此，投资者有从众心理，倾向于购买本周热门或受大家追涨的股票，因为当考虑到大量投资者也在同一投资上遭受损失时，投资者可能降低其情绪反应或感觉。

10. 暴富心理与赌博心理

中小投资者短线频繁操作，其目的是为了快速致富。面值1元的股票炒到100多元还有人敢去追涨；公司亏损了几亿元，已经资不抵债还有人敢去接盘；ST现象是指那些被冠以特别处理的上市公司，其股价在特别处理消息公布后不跌反升的现象。明知上市公司巨额弄虚作假还有人敢去抄底，这些都充分暴露了中国投资者实足的赌性。

11. 轮涨轮跌效应（补涨补跌效应）

在一次行情中，如果某些股票没有上涨（下跌），那么它们就具有补涨（补跌）的潜力。没涨的要无条件补涨，没跌要无条件补跌。长期以来中国股市个股轮番炒作就是一例。

12. 小盘股、新股效应

中国股市对小盘股、新股独有情忠，逢小必炒、逢新必炒已是中国股市的惯例。我们统计分析发现在过去的10年中，中国小盘股、新股的收益率显著高于大盘股和老股。但自2001年6月中国股市长期下跌及证券投资基金大量发行以来，这一状况有所改变。

（二）行为金融理论指导下的证券投资策略

行为金融学的理论意义在于确立了市场参与者的心理因素在投资决策行为以及市场定价中的作用和地位，否定了传统金融理论关于理性投资者的简单假设，更加符合金融市场的实际情况。行为金融学的实践指导意义在于投资者可以采取针对非理性市场行为的投资策略来实现投资盈利目标。在美国证券市场上，目前有数家资产管理公司在实践着行为金融学的理论，其中有的基于行为金融的共同基金取得了复合年收益率

25%的良好投资业绩。考察我国证券市场的投资者行为特点,我们总结出中国金融市场的投资策略:

(1)针对过度反应的反向投资策略。反向投资策略就是买进过去表现差的股票而卖出过去表现好的股票来进行套利的投资方法。行为金融理论认为,由于投资者在实际投资决策中,往往过分注重上市公司的近期表现,从而导致对公司近期业绩情况做出持续过度反应,形成对绩差公司股价的过分低估,最终为反向投资策略提供了套利的机会。

(2)动量交易策略。即预先对股票收益和交易量设定过滤准则,当股票收益或股票收益和交易量同时满足过滤准则就买入或卖出股票的投资策略。行为金融意义上的动量交易策略的提出,源于对股市中股票价格中间收益延续性的研究。

(3)成本平均策略。指投资者在将现金投资为股票时,通常总是按照预定的计划根据不同的价格分批地进行,以备不测时摊低成本,从而规避一次性投入可能带来的较大风险的策略。

(4)时间分散化策略。指根据投资股票的风险将随着投资期限的延长而降低的信念,建议投资者在年轻时将其资产组合中的较大比重投资于股票,而随着年龄的增长将此比例逐步减少的投资策略。

(5)小公司效应策略。小公司效应是指小盘股比大盘股的收益率高。邦兹(Banz,1981)发现股票市值随着公司规模的增大而减少的趋势。西格尔(Siegl,1998)研究发现,平均而言小盘股比大盘股的年收益率高出4.7%,而且小公司效应大部分集中在1月份。根据小公司效应而采用的投资策略称为小公司效应策略。

(6)组合投资策略。行为金融学认为,证券市场并不是有效的(一般指半强式有效,semlstrong efficient)。这就意味着传统的证券组合投资理论中,"在有效市场中,投资者不可能获得与其所承担风险不对称的额外收益"的提法在实践中是不成立的。也就是说,通过选择合适的组合投资策略,投资者将可能获得额外收益。

(7)针对羊群行为的相反策略。由于市场中广泛存在的羊群行为,证券价格的过度反应将是不可避免的,以致出现"涨过了头"或者"跌过了头"。投资者可以利用可以预期的股市价格反转,采取相反投资策略(contrarian strategy)来进行套利交易。中国的股票市场素有"政策市"之称。考察中国证券市场的历史走势,我们会发现在重要的顶部或底部区域，在消息面上总是伴随着一些重要的股市政策的出台。不同的投资者对政策的反应是不一样的。针对个人投资者的行为反应模式，投资基金可以制定相应的行为投资策略——相反投资策略，进行积极的波段操作。

（8）购买并持有策略。个人和机构投资于股票应执行几种能帮助控制认识错误和心理障碍的安全措施。控制这些心理障碍的关键方法是所有类型的投资者都要实施一种严格的交易策略——"购买并持有"策略。投资者在为组合购进一只股票时，应详细地记录购买理由，而且要制定一定的标准以利于进行投资决策。长期采取"购买并持有"策略，通常业绩将超过高周转率的短期交易策略。

（9）利用行为偏差。心理学和决策科学提出，在某种情形下，投资者并不是尽力使财富最大化，并且在某些情形下投资者还会在智力方面犯系统性判断错误，这些行为偏差将导致证券定价的错误，合理利用这些偏差将给投资者带来超额收益。行为型投资人则尽力寻找由于行为因素而被市场错误定价的证券从而获取超额利润。可见，对人类行为偏差的正确把握是获取市场超额利润的来源之一。

（10）ST投资策略。上市公司被宣布为特别处理，意味着公司陷入严重困境。但同时，ST公司也成为潜在的并购目标。考虑到其资源在中国证券市场上的稀缺性，ST公司的价值无疑是巨大的。作为一种投资策略，ST公司是可以被纳入证券投资组合之中的。

总之，行为金融理论寻求并确定投资者可能对新信息产生反应过度或反应迟钝而导致证券定价错误的市场情形。行为金融学投资策略的目标就是在大多数投资者认识到自己的错误以前，投资那些定价错误的股票，并在股票价格正确定位之后抛出获利。

（三）应用行为金融理论指导证券投资要注意的问题

行为金融学的科学性在于它始于公理，并寻求建立在公理上的理论能解释金融市场的行为。它试图理解和预测心理决策过程的系统的金融市场意义。如上所说，中国股票市场中存在着普遍的运用传统金融理论无法解释的金融现象，而用行为金融理论却可以很好地解释，并由此导致了许多有价值的行为投资策略，但在具体运用这些投资策略时还要注意以下几点问题。

第一，行为金融理论本身也是处于不断发展之中。行为金融理论的投资策略是：在大多数投资者尚未意识到错误时投资于某些证券，随后当大多数投资者意识到错误并投资于这些证券时卖出这些证券。一旦证券市场的绝对多数投资者认识到这一问题并采取相同的策略，那么结果又会怎样？我们相信随着行为科学的深入研究、证券市场的不断变化和发展，会进一步发现更多的行为金融问题，并且一些已有的行为金融现象可能会淡化甚至消失。因此在应用行为金融投资策略时，要防止教条化。

第二，要切忌对国外现有行为投资策略的简单模仿。现有的行为金融理论主要是在发达的金融市场产生的。中国证券市场同成熟的证券市场比较，还是一个新兴的证券市场——历史短、不规范。中国金融市场与发达的金融市场的共性与特殊性决定了我们在运用行为金融投资策略时，不是对国外现有行为投资策略的简单模仿，而应当掌握行为金融学的理论方法，对中国证券市场的行为特点进行深入研究，探索适应中国证券市场运行特点的我们自己的行为金融学投资策略。

第三，行为投资策略不是一成不变的。随着金融市场的发展、金融监管的深入及投资者结构的改善，中国金融市场行为金融现象会发生很大的变化。例如小公司效应现象就不如过去明显、庄股由于监管的加强从而动量效应也明显减弱。我们预言随着管理层对股市认识的转变和管理水平的提高，中国的ST现象迟早会消失。

第四，不同投资者需要有不同的投资策略。将行为金融学的研究成果运用到中国证券市场的实践中，可以合理引导投资者的行为。对于广大中小投资者，要通过教育来使其趋于理性化，提高证券市场投资者的投资决策能力和市场的运作效率。对于机构投资者，要提高其投资管理水平。投资者决策中的心理偏差是与生俱来，而这些认知偏差可以通过学习、训练等手段得到有效缓解，因此，不同投资者应该采用不同的投资策略，只有呼吁所有各层次的投资者共同参与探讨中国行为金融问题，行为金融投资策略才能在我国有用武之地。

五、行为金融学在我国证券市场中的启示和应用

市场参与者的非理性造成的行为偏差导致了市场价格的偏离，而若能合理利用这一偏差将能给投资者带来超额收益。这就形成了行为金融学的投资策略。传统投资策略还存在投资者搜集信息，处理信息能力的变动，而人类的心理决策特征是长期演化过程中逐渐形成的，所以某

些行为是稳定的和跨文化的，行为金融投资理念的交易策略相应也就更具有相当的持久性。从国外看，基本市场异象的行为金融学投资策略主要有价值投资策略与反向投资策略：动量交易策略，成本平均策略和时间分散化策略等等。近年来，美国的共同基金中已经出现了基本行为金融学理论的证券投资基金，如行为金融学大师理查德·泰勒（Richard Thaler）发起的Fuller-Thaler资产管理公司，其中有一些还取得了复合收益率25%的良好投资业绩。

中国的证券市场是一个新兴的市场，在许多方面尚未成熟。目前的一个突出问题是过度投机性，而其产生的最主要原因就是众多中小投资者的非理性行为。证券市场的投资者可分为机构投资者与普通投资者，前者在资金实力、分析手段与信息获得与把握上具有优势；而后者由于势单力薄，经常揣摩、打听前者的消息或行动，作为自己决策的参考依据。

在中国，中小投资者占投资者的绝大部分，他们的决策行为在很大程度上决定了市场的发展状况，而他们又以弱势人群的姿态出现，其决策行为的非理性严重导致了市场的不稳定。因此，仅借助现代金融学的方法无法正确分析中国证券市场，我们应充分重视行为金融学这一新兴理论方法，利用它来发展、完善现代金融学，并将其应用到中国的证券市场。

将行为金融学的研究成果运用到中国证券市场的实践中，合理引导投资者的行为。对于广大中小投资者，要通过教育来使其趋于理性化，提高证券市场投资者的投资决策能力和市场的运作效率。对于机构投资者，要提高其投资管理水平。例如，行为金融学对我国开放式基金的发展具有重要的指导作用。开放式基金的一个突出问题是基金份额的赎回，基金经理要根据其对赎回量的估计确定资产的流动性，而这就不可避免地要估计投资者的行为决策方式。投资者往往在受到压力时高估风险，稍有风吹草动，他们就可能大量赎回，而从众心理又可能深化这种趋势，使基金受到更大的压力。另外，由于投资者的后悔与谨慎心理，他们常常利用代理人制度转移其对经济结果的责任及受到的压力，通过深入分析这一点，基金经理就能确定合理的管理费率，提高基金的运作水平。

资本市场与机构投资者的发展使得投资基金逐渐成为资本市场中的主要投资机构，以共同基金、养老基金及对冲基金等众多投资基金为主体的投资机构已经成为市场中最重要的投资主体。投资基金地位的上升也使得投资基金逐渐成为居民投资者的重要投资对象，因此如何在众多投资基金中确定投资对象就成为众多学者研究的课题。投资基金经理是投资基金的管理层，是基金投资策略的确定者和实施者。投资基金的选择在很大程度上就是对基金经理的选择。基金经理层的专业学识与心理素质也成为选择基金时的重要考虑因素。对于基金经理的选择以前主要是以传统的有效市场理论和信息理论为指导，但是随着金融理论的发展，行为金融学理论在这个领域显示出越来越重要的意义和作用。

根据行为金融学理论，结合中国证券市场的实际，中国投资者在确定投资对象与选择基金经理时，除了传统金融理论中的考虑因素，还必须从行为金融理论出发进行考虑。

第一，优秀的基金经理应该具有雄厚的专业学术基础和丰富的金融专业理论与实践知识。

受过正规教育，知识背景丰富的经理对市场信息的收集分析能力和对市场的形势判断能力相对较强，这一点在发达国家中表现得较明显。1994年7月第四期的"Business Week"曾经公布过一个调查结果：将美国的大部分基金按照该基金中同样位置的经理是否是常青藤盟校毕业生划分，结果发现由常青藤盟校毕业担任经理的基金比其他基金的回报率高出40个基本点。芝加哥大学学者朱迪斯·撒特（Judith Chiert）和MIT学者格伦·埃利森（Glenn Ellison）抽取了1988~1994年美国的492个基金经理（限于增长和收入型基金）的样本数据进行了分析，研究表明：拥有MBA学位或者在作为学生期间SAT成绩优秀的基金经理，其管理的基金业绩显著优于没有MBA学位和SAT成绩平常的基金经理管理的基金业绩。基金经理毕业学校、学习成绩、从业年限等因素的差别所导致基金业绩的差别实际反映了经理金融专业知识、从业经验、利用社交关系网络能力、收集处理市场信息能力等方面的差别，因而也是投资者选择基金经理时应该考虑的因素（Judith chier and Glenn Ellison，1999）。

第二，优秀的基金经理不仅应具有良好的信息收集与信息分析处理能力，还应当了解市场中的投资者和自己会产生什么样的心理和行为偏差。

优秀的基金经理应当能够避免由于自身的心理因素造成重大失误并且了解投资者的心理偏差和决策失误对市场产生的影响，并采取相应的投资策略。例如，根据行为金融学的理论，市场中的投资主体可能会对市场中的信息反应迟缓，在利好消息造成某种证券价格上涨后，这种上涨的趋势就有可能持续一定的时间。因此，买入价格开始上涨的证券，卖出价格开始下跌的证券的动量投资策略（momentum strategies）就成为投资基金可以选择的投资策略。此时，基金经理对于投资者的心理、对于市场延迟反应影响的性质和程度，以及证券价格变动的趋势和持续时间必须有深刻地了解和准确把握，才能在合适时机买入和卖出证券。此时对于投资大众心理的研究和把握就成为优秀的投资基金经理必备的一项重要能力。

第三，从大众投资者的角度来分析，在选择投资基金确定自身投资组合时必须考虑到基金经理对预期风险收益的影响和偏差。

如前文所述，基金经理可能由于过于自信而过高估计自身的能力，此时基金经理就有可能为了获取较高的投资回报从事风险较大的投资（De Long J. Bradford and Rei Shleifer, Lawrence H. Summers and Robert J. Waldmann, 1991）。同样在一段时期内投资业绩优秀的基金经理有可能为了保持自己的声誉而采取较以前更稳定的投资策略以降低基金投资组合的风险程度，从而锁定基金的投资收益。在以上两种情况下，居民投资者投资组合的预期风险状况均有可能由于基金经理的行为被放大或缩小。因此，投资者在选择基金时必须对于经理人的心理变化和行为倾向进行关注，避免选定的投资组合的风险收益发生意外的变化。

第四，行为金融学投资策略。行为金融学对中国开放式基金的发展具有重要的指导作用。开放式基金的一个突出问题是基金份额的赎回，基金经理要根据其对赎回量的估计确定资产的流动性，而这就不可避免地要估计投资者的行为决策方式。投资者往往在受到压力时高估风险，稍有风吹草动，他们就可能大量赎回，而从众心理又可能深化这种趋势，使基金受到更大的压力。另外，由于投资者的后悔与谨慎心理，他们常常利用代理人制度转移其对经济结果的责任及受到的压力，通过深入分析这一点，基金经理就能确定合理的管理费率，提高基金的运作水平。

机构投资者本应成为中国证券市场中投资理念和投资策略的领导者，应采取相应的行为金融学投资策略。

（1）反向投资策略与价值投资策略。该策略就是买进过去表现差的股票，而卖出过去表现好的股票。如选择低市盈率的股票。选择股票市值与账面价值比值低的股票、选择历史收益率低的股票等。行为经济学认为，反向投资策略是对股市度反应的一种纠正，是一种简单外推的方法。

中国的股票市场素有"政策市"之称，不同的投资者对政策的反应是不一样的。普通个人投资者由于消息的不完全，往往对政策信息表现出过度反应，尤其是中国的个人投资者对政策面消息的反应尤为强烈。而机构投资者的信息库和专家队伍则可以对政策的把握有一定的预见性，针对个人投资者的行为反应模式，可以采取反向投资策略，进行积极的波段操作。中国证券市场还存在大量的"跟风""跟庄"的羊群行为。使整个市场的预测出现系统性偏差。导致股票价格的偏离，并随着投资者对价格趋势的积极跟进而进一步放大了价格与股票基础价值的偏离。这些对股票价值的高估或低估最终都会随着金融市场的价值回归而出现异乎寻常的股价下挫或上扬，也就带来了相应的价值投资机会。

ST股的股价往往在特别处理或特别转让的消息公布后现出不跌反涨的现象。从现为金融学的角度看，由于中国证券市场上壳资源的稀缺性，这类公告效应带来的不仅是公司陷入严重困境的角度看，更是该公司可能会成为潜在并购目标，紧接着就有资产重组等大动作，给投资者带来其未来收益流价值的预期。这类股票也可以成为机构投资者资产组合中的构成之一。

（2）动量交易策略。该策略的核心内容是寻求在一定期间中股价变动的连续性。如股价变动连续趋涨，则采取连续卖出的策略；如股价变动连续趋低，则采取连续买入的策略。

中国投资者的"处置效应"倾向比国外同类研究的发现更加严重。根据赵学军、王永宏（1998~2000年）的实证研究发现中国股市中投资者卖出赢者的概率是其卖出输者概率的两倍，而奥登（Odean,1998）的研究中，国外证券市场中投资者卖出赢者的概率是其卖出输者概率的1.5倍。处置效应会带来股票基本价值与市场价值之间的差幅，而这一差价最终的收敛意味着那些有大量资产收益未实现的股票一般要比那些有大量资产亏损未实现的股票有更高的预期回报。利用这一异象可以采用动量交易策略，也就是基于过去股票价格的走势，通过差幅获利。

另外，由于投资者的过度自信带来的锚定效应等也会导致其对新的信息反应不足，使得股票的上扬或下挫趋势会维持一段时间，因此对此也可以运用动量交易策略,从业绩变动与事后股价的这种关系中捕捉到获利的机会。

(3)技术分析策略。中国投资者典型的"羊群行为"带来的信息骤集效应也增强了技术分析的有效性。将图形分析视为一种进行短期决策的信息,当越来越多的投资者采用这一主法,骤集在这一"信息"上由此分析得出相似的结论,并据此进行交易时,投资者就会从中获利,进而又吸引了更多的投资者采用图形分析的手段,最终使技术分析所预测的预测值与未来的资产价格确实呈现出现正相关关系。

六、行为金融的发展前景

行为金融学起源于对金融市场"异象"的解释。库恩(Kuhn,1970)指出,历史地看,对于显著的异象存在三种回应。第一,一开始出现的异象可以随即在原有的理论框架下解释。第二,认为现有的知识无法解决这个问题,留给未来的研究者去解决。第三,理论基础发生改变,使得异象在新的框架下被解释。显而易见,行为金融的研究努力就是第三种回应。行为金融在试图解释异象的时候,借助于心理学研究中的人类心理和行为模式,从而使得其理论的前提假设逼近现实,即是改变了现代金融理论的理论基础。

目前成型的行为金融学模型还不多,研究的重点还停留在对市场异常和认知偏差的定性描述和历史观察上,以及鉴别可能对金融市场行为有系统影响的行为决策属性。由于人类决策心理是多样化的,仅仅根据某一或某几种心理效应来解释特定的市场现象是远远不够的。行为金融的反驳是无力的,最终要被现代金融吸收同化(Frankfurter and McGoun,2002)。笔者并不赞同这种观点。因为目前行为金融研究虽然比较松散,但这是最终建立具有系统解释能力的统一的行为金融理论所不可逾越的阶段,只有经过这一阶段的积累才可能最终建立统一体系。目前已经鉴别的具有潜在公理地位的心理决策属性包括:决策者的偏好一般是多方面的,对变化是开放的,并且常常形成于决策期间本身;决策者是适应性的,决策的性质和环境影响决策过程和决策技术的选择;决策者追求满意的而非最优的解,等等。因此,继续将心理学的研究成果应用于金融研究之中,以期建立一个统一的、系统的决策心理框架,根据这个框架发展出完整的行为金融理论,这将是行为金融研究的一般过程和发展方向。并且,随着这一过程的终结,行为金融将自然而然地取代现代金融理论而成为金融理论的主流。现代经济学发展的一个明显趋势就是越来越注重理论的微观基础,越来越注重对个体行为的研究,如博弈论、信息经济学和企业理论的发展所揭示的那样。行为金融学打开了传统金融理论中所忽视的决策黑箱,从人类真实的心理和行为模式入手,对于传统金融理论而言优势是明显的。并且由于它是一门边缘学科,随着心理学、社会学、行为经济学、决策理论等其他学科的进一步发展,其发展前景将是十分广阔的。

第九章

金融内生发展理论

第一节 金融内生理论

在金融发展理论付诸实践的过程中,很多发展中国家特别是拉丁美洲国家开始于20世纪七八十年代的金融自由化尝试并不如麦金农—肖学派认为的那么有效,一些经济学家认识到了麦金农—肖理论及其扩展的局限及其政策主张的过于激进。具体来说,麦金农—肖学派对金融发展和经济增长关系的研究大致停留在经验式的主观判断上,对这种关系的刻画较为粗糙,经不住仔细推敲,其结果是在麦金农—肖及其扩展理论中,金融发展和经济增长关系过于简单,启发性不强,麦金农—肖学派的政策主张很难有效。由此,金融内生理论逐渐产生发展,一方面形成以阿罗-德布鲁(Arrow-Debreu)模型为基准点的古典内生金融理论,另一方形成是以制度为视角的现代内生金融理论。

一、金融内生发展理论的起源和发展

(一)在融合了内生增长的基础上发展了金融发展理论

在金融发展和经济增长的关系上,20世纪90年代金融发展理论家批判地继承并发展了麦金农—肖学派的观点,并克服了麦金农—肖理论及其扩展的上述缺陷。一方面他们认同金融发展(包括金融中介体的发展和金融市场的发展两个方面)既对经济增长产生影响又受到经济增长的影响。另一方面,他们使上述观点具体化和规范化了,挖掘更深层次的问题:金融发展的内生根源是什么?金融体系是如何在经济发展过程中

内生形成的？为什么有的国家形成了有利于经济发展的金融体系，而有的国家则没有？

带着这些疑问，90年代的金融发展理论家在汲取80年代中后期兴起的内生增长理论的重要成果的基础上，将内生增长和内生金融中介体（或金融市场）并入模型，对金融中介体（或金融市场）的内生形成以及金融中介体（或金融市场）与经济增长的关系等问题进行全新的论述。这意味着，这些人已突破了麦金农—肖框架，特别是在信息经济的研究取得重大突破的条件下，他们在模型中考虑了更多与现实颇为接近的因素，如抛开完全竞争的假设，在模型中引入诸如不确定性、不对称信息和监督成本之类的因素，对金融机构和金融市场的形成做出了规范意义上的解释，从而使他们的政策主张较之麦金农—肖学派显得更加符合各国（特别是发展中国家）的实际，尽管模型的复杂程度大为提高。为了叙述方便，我们把这样发展起来的金融发展理论称为"金融内生增长理论"。

（二）金融内生理论论证了金融中介体和金融市场的内生形成

该理论认为资金融通过程中的不确定性和信息不对称等因素产生金融交易成本，随着经济发展，这种交易成本对经济运行的影响越来越大，为了降低交易成本，经济发展到一定程度就会内生地要求金融体系形成和发展。内生金融中介理论以本西文加（Bencivenga）和史密斯（Smith）、施雷夫特（Schreft）和史密斯（Smith）、杜塔（Dutta）和卡普尔（Kapur）为代表人物，从规模经济、不确定性、信息不对称三个方面分析了金融中介降低了交易成本。而内生金融市场理论方面，布和塔科尔（Boot and Thakor, 1997）将金融中介和金融市场都看作参与资金融通的当事人的集合。认为金融中介的优势是可以有效地监督生产者的行为，从而缓解诸如资产替代之类的道德风险；金融市场则在信息搜寻和汇总方面存在优势，这一优势，使得金融市场得以形成和发展。格林伍德和史密斯（Greenwood and Smith, 1997）则分析了金融市场是如何随经济发展而内生形成的。

（三）解释了内生出来的金融中介体和金融市场如何与经济增长发生相互作用

20世纪90年代初，金和莱文（King and Ievine, 1993）为代表的一些经济学家放弃了既有金融发展理论以发展中国家为研究对象的传统，转而寻求建立一种包括发展中国家和发达国家在内的一般金融发展理论，为现代金融发展理论的形成和发展奠定了基础。他们在内生增长理论的基础上采用最优化方法重新分析金融在发展中的作用。根据最简单的内生增长模型——AK模型，得出金融发展对经济增长的影响，正是通过影响一个国家的储蓄率和资本配置效率而影响其经济增长的。利用80个国家1960~1989年的数据，在系统地控制了影响长期经济增长的其他因素的情况下，金和莱文发现，金融中介的规模和功能的发展不仅促进了经济中的资本形成，而且刺激了全要素生产力的增长和长期经济增长。因而金融发展是因，经济增长是果。一直以来，许多金融学家们一直未能找到计量金融功能的指标，金和莱文等人衡量了金融功能在经济增长中的贡献，取得了突破性的进展。这使金融发展理论在沉寂了多年后重返主流学术界，但他们有意无意地坚持了金融发展研究的机构观，从既有的机构出发来研究金融功能，导出其产生、发展和作用于经济的机制，依然具有一定局限性。

二、交易成本、信息不对称和内生金融发展理论

从20世纪80年代后期至21世纪，随着内生经济增长理论的发展，金融发展理论从三个方面扩展：一是突破M-S范式，引入不确定性、信息不对称和监督成本等因素，对金融发展和经济增长的相互关系进行分析；二是从以发展中国家为主要研究对象扩展到所有国家；三是将以金融发展和经济增长的之间的关系为核心的研究扩展到金融市场、金融机构的产生形成以及金融体系的功能及其比较上。

（一）金融中介和金融市场的内生形成

格林伍德和约万诺维奇（Greenwood and Jovanovic, 1990）、圣保罗（Saint-Paul, 1992）、兹立鲍丁（Zilibotti, 1994），布莱克本和洪（Blackburn and Hung, 1998）建立了各种各样的模型来解释金融市场和金融中介的内生形成。不过20世纪90年代金融中介的内生形成模型较多，因为"早期的金融体系是银行主导型的"（Boot and Thakor, 1997）；这些模型主要从不确定性、信息不对称和交易成本等三方面展开。本西文加（Benston George, 1976）和法玛（Fama, 1980）提出了金融中介理论中的交易成本思路。莱文（Levine, 1991）、杜塔和卡普尔（Dutta and Kapur, 1998）则从不确定性的角度研究了金融中介形成的原因。本西文加和史密斯（1991）提出的具有多种资产的内生增长模型中，当事人随

机的（或不可预料的）流动性需要导致了金融中介的形成。在施雷夫特和史密斯（1993）模型中，空间分离和有限沟通导致了金融机构的形成。艾伦和盖尔（1997）把金融中介视作市场不完全条件下提供跨期平滑作用的制度机制。在巴凯塔和卡米拉（Bacchetta and Caminal，1996，2000）建立的两阶段模型中，金融中介因为借贷双方之间的信息不对称而产生。查特（Chater，2001）认为金融中介产生的原因在于它能降低由于投资收益不确定性而产生的风险。在贝克、伦德伯格和梅杰诺尼（Beck, Lundberg and Majnoni，2006）的模型中金融中介因为减轻代理成本和企业家的现金流动限制而产生。在早期的金融发展理论中，"金融市场的发展状况通常被视作由法规和政府管制等外生因素决定的（BencivengA and Smith，1991）。但金融市场的发展及其在金融体系中地位的上升促使人们把金融市场和金融中介放在同一个框架下考察，以金融中介为参照来阐释金融市场的形成机制。金融市场的内生形成的模型以布和塔科尔（1997）、格林伍德和史密斯（1997）的模型为代表。布和塔科尔（1997）的模型表明在信息获取和信息汇总（information aggregation）上的优势导致了金融市场的形成。格林伍德和史密斯（1997）指出金融市场和金融中介的运行成本或参与成本导致了金融市场和金融中介的内生形成。

（二）金融发展和经济增长的相互作用

以内生增长理论为基础，从金融中介、金融市场（主要是股票市场）、整个金融体系、行业成长、企业资本结构和经济增长的关系等多个层面，分别运用跨国面板数据或采用时间序列数据进行计量经济分析，多角度地解释金融发展和经济增长的关系。在金融中介和经济增长方面的研究以金和莱文（1993a，1993b）的研究最有代表性。他们使用80个国家1960~1989年的数据的实证结果表明金融中介不仅和经济增长有很强的正相关性，而且金融中介发达程度也分别与未来的资本积累率、未来的投资率和未来的经济效率的提高有很强的正相关关系。在金融市场（主要是股票市场）发展和经济增长关系方面的研究较多，昆特和莱文（Demirgüc-Kunt and Levine，1996a）提出一组包括6个指标的指标体系，用以反映股票市场发展状况，通过实证检验发现在人均实际GDP较高的国家，其股票市场发展程度也较高。莱文和泽尔沃斯（Levine and Zervos，1996）使用了41个国家1976~1993年的数据实证检验股票市场发展和长期经济增长之间的关系，结果显示股票市场总体发展和长期经济增长之间有很强的相关关系。阿特和约万诺维奇（1993）利用40个国家的有关数据发现股票市场的发展具有增长效应（对经济活动增长率的影响）和水平效应（对经济活动水平的影响）。莱文和泽尔沃斯（Levine and Zervos，1998）在回归模型中加入了一些反映股票市场发展状况的指标而扩展了金和莱文（1993a）对金融中介和经济增长关系的分析，利用47个国家1976~1993年的数据进行实证后得出结论：银行发展和股票市场流动性不仅都和同时期的经济增长有着很强的正相关关系，而且都是经济增长的很好的预测指标。昆特和马克西莫维奇（Demirgüc-Kunt and Maksimovic，1996）使用30个发展中国家和工业化国家的1980~1991年数据，发现在发达的股票市场上，股票市场的进一步发展会导致股权融资对债务融资的取代。拉詹和津加莱斯（Rajan and Zingales，1998）等通过研究金融发展对企业外部融资成本的影响来研究金融发展对行业成长的促进作用。莱希等（Leahy et al.，2001）以OECD国家为样本，克莱因和奥利维（Klein and Olivei，2001）以发达国家为样本，而施皮格尔（Spiegel，2001）只采用APEC国家或地区的数据，对金融发展和经济增长之间的联系进行研究。还有一些文献采用分析个案的方法来研究金融发展和经济增长的关系。汉森和约恩（Hansson and Jonung，1997）运用瑞典1830~1991年的历史数据发现银行发展和经济增长的关系是一致的，但不稳定。卢梭和瓦赫特尔（Rousseau and Wachtel，1998）运用1870~1929年的数据对美国、英国、加拿大、挪威和瑞典的研究发现金融和经济具有持久的同向变动关系。博尔博尔等（Bolbol et al.，2005）利用埃及1974~2002年的数据研究了金融系统和全要素生产率（TFP）之间的关系。卢梭和西拉（2005）运用美国1790~1850年说明了金融发展对新公司产生和投资有显著影响。尼沃博格等（Nieuwerburgh et al.，2006）运用比利时1830~2000年的布鲁塞尔股票交易所的数据实证检验说明股票市场发展显著地影响经济增长。伯霍普（Carsten Burhop，2006）运用德国1860~1913年的历史数据证明了在德国早期现代化进程中银行资产影响工业部门的资本形成，但金融部门并非起主导作用。

  以上大多数研究虽然能够得到金融与经济增长的某种平行发展的关系，但是这些联系缺乏因果关系（世界银行，1999）。哈里斯（Harris，1997）发现股票市场增长效应要比阿特和约万诺维奇（1993）所发现的弱得多。哈里斯（Harris，1997）、德达和法图（Deidda and Fattouh，

2002）实证研究显示在总收入水平较高的情况下金融发展和经济增长有较高的正相关性，在总收入水平较低时这种正的相关性较弱且并不显著，甚至是负的相关。发展中国家的时间序列数据的研究显示了经济发展过程中金融并没有主导作用（Demetriades and Hussein，1996；Xu，2000）。用VAR模型对希腊1986~1999年银行、股票市场和经济绩效的实证研究显示，从长期来看金融对经济增长的促进作用很小（Hondro-yiannis et al.，2005）。运用中东11国最近20年的面板数据计量分析的结果表明，银行、股票市场发展和经济增长不存在显著关系，在控制股票市场变量后，银行发展甚至和经济增长负相关（Samy Ben Naceur and Samir Ghazouani，2006）。建立的模型表明，金融发展对经济增长的效应是模糊的，金融发展本身是不可持续的，在竞争性经济体中金融中介均衡水平是无效率的（LucA G. Deidda，2006）。

对这一问题的另一研究思路是对发展程度相似的国家进行金融结构的比较，即银行主导型金融体系与市场主导金融体系的比较。如早期对德国和英国的比较（Alexand er Gerschenkron，1962）；20世纪90年代以来德国与美国的比较以及日本与美国的比较（Rand aPozdena and Volbert Alexand er，1992；Allen and Gale，1995，2000；et al.）。不过这些研究的结论争论较大，关于金融结构对经济增长的影响还难以达成共识。

还有一些文献研究金融发展和宏观经济波动之间的关系，例如，金融发展可以降低宏观经济波动性的研究（Easterly，2000；Denizer，2002；Hausmann and Gavin，1996；Raddatz，2006）。贝克、伦德伯格和梅杰诺尼（2006）运用63个国家1960~1997年的面板数据实证表明金融中介发展对经济增长波动没有显著影响。贝卡尔特等（2006）发现国际、国内资本市场的一体化和股票市场自由化（推动金融发展）会加剧经济增长的波动性。

（三）金融结构、金融体系和金融功能

不同的金融工具结构、金融市场结构、金融机构结构和金融体系结构等对于信息、交易成本和风险的影响是不同的，研究金融发展和经济增长的关系问题不可避免地会涉及金融结构和金融体系功能。

银行主导型金融体系优势论者主要从信息、交易成本等角度展开研究。拉詹和津加莱斯（1998）指出，在法律制度与会计标准不完善的国家中，强有力的银行能够促进企业披露信息，偿还债务，促进信用扩张，从而实现长期经济增长。银行主导型金融体系形成的长期、紧密的银企关系也有助于企业信息流动,改善资源配置(Porter, Aoki and Patrick, 1993; Hoshi, Kashyap and Scharf Stein, 1991)。在银行主导型金融结构下,银行很努力地收集信息,却不用马上将获得的信息在公开市场上披露,加上银行对企业所做的都是长期的承诺(Stiglitz, 1985, 1993; Boot, Greenbaum and Thakor, 1993),因此降低了信息不对称程度,推动了经济的迅速增长。股票市场流动性的提高降低了退出成本,使所有权更为分散,造成每个单个股东作为有效监督管理者的激励下降(Bhide, 1993),进而妨碍公司控制,阻碍资源配置,使长期经济增长放缓(Allen and Gale, 1999, 2005a)。风险化解和参与成本引入到金融中介的研究(Allen and Santomero, 1997, 1998),论证了金融市场的扩大并没有使人们对金融中介的依赖程度降低,传统中介的重要性降低了,但新型金融中介得到了迅速发展。艾伦和盖尔(2005a)对银行主导与市场主导的金融系统做了全面考察,发现中介主导的国家在推动经济增长中的多数领域同样甚至更加具有效率。

市场主导型金融体系优势论的论述基本上是针对银行强势所产生的问题而言的。拉詹(1992)认为银行利用为企业融资过程中得到的内部信息获利,企业要付出更大的成本。特别是在进行新投资或者债务再谈判的情况下,银行会攫取企业预期未来收益中更大的份额,以致企业不愿意从事有创新的、有利可图的风险投资。银行对于低风险高收益的项目有一种天然的偏好。但是低风险项目的收益率一般都很低,因此银行主导型金融结构可能会损害技术创新和长期经济增长,特别是生产力的发展(Weinstein Yafeh, 1998)。银行主导型金融结构在公司治理方面的优势也受到了质疑与攻击(Black and Moersch, 1998)。国外学者认为普通法国家会形成金融市场主导的金融体系(Levine, 1999; Ergungor, 2004),实证证明了市场主导的金融体系比银行主导的金融体系的经济增长更快(Ergungor, 2003)。拉詹和津加莱斯(Rajan and Zingales, 2003)却认为20世纪初普通法国家并没有比大陆法国家更多地依赖于市场主导的金融体系。还有些学者建立静态模型对这一问题进行研究(Dewatripon and Maskin, 1995; Holmstrom, 1996; Bolton and Freixas, 2000; Bolton and Freixas, 2000; Baliga and Polak, 2004)。建立动态的一般均衡模型解释了为什么即使两个经济体的基本经济特征相同而金融结构不同(Cyril

Monnet and Erwan Quintin，2006）。

关于银行主导型和市场主导型金融系统比较的现有文献存在一个缺点，即这些比较集中于人均GDP水平相似的一个很窄系列的国家——德、日、美、英，而这些国家有一个非常相似的长期增长率，这就意味着实行何种金融结构关系不大（Demirgüc-Kunt and Levine，1999）。莱文（1997）和其他的学者认为金融安排（包括合约、市场和银行）提供了重要的金融服务。不同的金融体系提供这些金融服务的功能不同从而造成了不同国家的经济增长率不同。默顿和博迪（Merton and Bodie，1993；1995）系统地提出了金融系统功能观，给出了金融结构比较和金融发展水平衡量的标准。随后的进一步研究大大拓展了金融发展理论的视野。

（四）风险管理、交易成本、信息不对称等和金融发展的关系

1．风险管理与金融发展

金融有一个重要的功能就是风险管理和分散功能，金融中介作为"流动性蓄水池"可以有效地降低交易双方的流动性风险（Diamond and Dybvig，1983）。因此风险管理水平的高低是衡量金融发展程度一个重要的指标，风险管理水平越高，金融发展得越好。

2．交易成本与金融发展

减少交易成本是金融最为核心的功能之一，金融中介机构通过利用借贷两方面的规模经济，从而有利于降低金融交易的技术成本（Gurley and Shaw，1960；Diamond，1984），金融市场在信息获取和传播方面的比较优势也将有利于减少交易成本。因此交易成本越低，金融就会越发达。

3．信息不对称与金融发展

作为投资者联合体的金融中介能够有效降低信息不对称（Leland and Pyle，1977），金融市场通过对投资者信息的搜寻和披露也有利于缓和信息不对称。金融功能中降低信息不对称的机制越完善，金融发展就会越好。

三、法律、文化、社会习俗和新制度金融发展理论——内生金融理论的进一步拓展

LLSV（La Porta，Lopez-de-Silanes，Shleifer，Vishny，1997，1998，1999）开创了法律与金融研究的新领域，在此基础上金融发展理论得到了巨大的发展，金融发展和经济增长之间关系的研究已经从以前的结构——绩效研究范式过渡到制度——绩效研究范式，通过这种范式的转

换，经济学家们更关注法律、政治、文化和社会习俗等与金融和经济增长之间的复杂关系，也更加注重研究金融市场、金融中介以至整个金融系统自身的发展规律，形成了新制度金融发展理论。

(一)法与金融发展及经济增长

LLSV（1997，1998）延伸了金融服务的观点，认为金融是一组合约，这些合约是通过法律权利及其执行机制来界定的。而功能完善的法律体系有助于金融中介和金融市场的运行。LLSV（1999）利用世界上最富有的27个国家数千家公司的数据实证研究结果表明投资者保护程度高的国家企业价值大。随后LLSV（2000a，2000b，2002，2004）分别从代理成本和分红政策、投资者保护和公司治理、投资者保护和公司价值等多个角度研究了法律和金融发展。莱文（2000）认为通过建立强有力的法律体系并有效地执行法律来保护外部投资者对于提高金融服务水平非常重要。昆特和莱文（2001）以不同国家、不同行业和公司层面的数据进行的实证研究发现不同的金融体系在解释不同国家的经济增长率方面并不重要，强有力地支持了金融服务和法与金融的观点。

克拉森等（Classen et al., 1999）发现当投资者保护程度低时，集中所有权反而会提高公司的价值。约翰逊等（Johnson et al., 2000）从公司治理角度研究了投资者保护和金融危机之间的关系。伯卡等（Burkar et al., 2002）从动态角度论证了随着投资者保护程度的提高，公司价值也会得到提升。贝克、昆特和莱文（2004）用38个国家4 000多个企业的数据实证研究表明，在具有法国式法律起源的国家中，企业获得外部融资的障碍明显高于习惯法国家中的企业。

贝克、昆特和马克西莫维奇（2002）用44个样本国家研究了一个国家的金融制度和法律体制的特性如何影响一国最大工业企业所能达到的规模。贝克、昆特和马克西莫维奇（2003）还研究了企业规模、企业增长所面临的金融与法律制约问题。他们使用来自企业的详细调查数据库（包括54个国家）调查了企业所报告的制约因素：不同的金融、法律和腐败问题是否实际影响其增长率。

马奥尼（Mahoney, 2001）从不同的法律传统对私有产权的保护程度不同出发来论述法律起源的重要性，其计量检验结果表明普通法是通过对产权和合约权利的保护来促进金融发展的。

克拉森和莱文（2002）认为产权会对企业的资源配置和资产配置

产生影响，他们的实证结果表明，对私有产权保护程度越高的法律体系，越能促进金融发展水平的提高。贝克等人（2002）的实证表明法律起源与金融市场的发展之间存在稳定的关系。一些学者运用108个国家1980~2000年的面板数据在控制法律发展水平之后对金融开放是否会导致金融发展进行了实证研究（Menzie D. Chinn，Hiro Ito，2006），他们的研究结论和艾森曼和纳伊（Aizenman and Noy，2004）相似，都表明只有在法律发展到一定的水平之后较高的金融开放水平才会引起股票市场的发展，而银行系统的发展是股票市场发展的前提。

贝克和莱文（2003）把法律制度影响金融发展的机制划分为政治机制和适应机制两种。他们利用银行和股票市场发展的总体数据研究发现，适应机制要比政治机制更有解释力。卡普兰和斯特龙伯格（Kaplan and Stromberg，2003）的风险资本合同研究也发现了类似的结论。他们通过检验美国和其他23个国家或地区的风险投资合同特征的差别（如各种控制权、现金流配置权和清算等方面的权利），说明法律制度本身有一个适应过程，适应能力越强，法律就越有利于金融发展。

法与金融理论进行的扩展研究主要涉及两个方面：（1）法律起源、文化等因素的差异对投资者保护方面的法律、合同实施的效率以及私人产权保护等的影响。（2）投资者保护方面的法律、合同实施的效率以及私人产权保护对公司治理效率、公司价值、外部融资、资本配置效率以及金融发展总体水平等的影响。昆特和莱文（2001）把当时的法和金融理论分为四大类：法律和金融理论、动态的法律和金融理论、政治和金融理论以及禀赋和金融理论，现在已经扩展到历史、文化、宗教和社会习俗等各个层面。

（二）对法与金融发展理论的质疑及其新发展

与LLSV范式的法律起源决定金融发展的观点相反，卡菲（Coffee，1999）和蔡夫英斯（Cheffins，2000）则分别从不同角度进行研究并得出了金融发展决定法律变革的结论，蔡夫英斯（2000）以英国为例对"法律是重要的"观点提出反驳，"总体上看也许法律对英国的所有权和控制权体系的形成没有重大的影响"。有的人认为法律是第二位的，政治才是第一位的（Roe，1994；Pagano and Volpin，2001；Rajan and Zingales，2003）。他们的研究承认投资者保护是促进金融发展和经济发展的关键，但并不认为法律的起源是核心的决定因素。与LLSV强调的法律通过保护投资者的利益而促进经济增长的观点相反,伯卡特和帕农齐(Mike Burkart and Fausto Panunzi,2006)从微观的角度研究表明较高的投资者保护水平不会减轻反倒会放大大股东和中小投资者的利益冲突,进而影响公司绩效。

  伯科威茨、皮斯托和理查德(Berkowitz,Pistor,Richard,2001)认为法律制度的移植过程比法律制度的起源更为重要,"由于法律是不完备的,应根据各移植国的国情、习俗不断进行适应和演进",研究着眼点主要放在某个国家接受法律制度移植的过程上,而不是这个法律制度起源自哪个国家。皮斯托、柯南、克兰赫斯特和韦斯顿(Pistor,Keinan,Kleinheist and West,2002)将过去200年中移植了公司法的六个国家,即西班牙、智利、哥伦比亚(源自法国法)、以色列、马来西亚(英国法)、日本(德国法)的公司法的演进与其起源国进行了比较分析,结果显示无论制度移植国的制度源自哪个国家,都发生了与起源国极其迥异的演进形式。

  帕利普(Palepu,2001)利用24个发展中国家、13个欧洲国家的数据,分析到底发生了"法律上的趋同"(de jure convergence)还是"事实上的趋同"(de facto convergence)。结果表明,在地理、语言和贸易等方面有着深刻联系的两个国家之间发生了"法律上的趋同",但未发生"事实上的趋同"。利希特、戈尔德施密特和施瓦茨(Licht,Goldschmidt and Schwartz,2001;LGS)认为文化而非背后的法律传统能更好地解释国家之间投资者保护的区别,LGS的结论对法律制度的重要性提出了质疑。斯塔茨和威廉森(Stulz and Williamson,2001)检验了法律起源和宗教文化对金融发展的影响、结果发现在解释股东权益保护方面法律起源更有解释力,而在解释债权保护方面宗教文化的因素更有解释力,指出不同的宗教对待债权人权利的态度不同,具有天主教传统的国家会有一个相对不发达的信贷市场。

  艾伦等人(Allen et al.,2002,2005)利用中国的数据研究发现,如果把中国的企业划分为两个部门——正式部门(由上市公司和国有企业组成)和非正式部门(所有其他企业),正式部门应用的法律规则和金融机制更多,但带来的增长效应相对更低,认为这是非正式部门中声誉和关系等机制在起作用,支撑了该部门相对较高的增长效应。加勒森等人(Harry Garretsen et al.,2004)把社会习俗作为金融发展的一个决定变量来研究正式制度和非正式制度不同的国家金融发展对经济增长的影响,得出社会习俗对股票市场发展影响较大,而对银行信贷影响不大的结论。法律观点只取正式制度分析而不恰当地忽略了非正式制度的影响。

(三)法律制度、文化传统、利益集团等制度因素与金融发展的关系

1. 法律制度与金融发展

一国的法律制度越完善,对投资者的法律保护越充分,金融市场和金融中介越发达,并且公司治理水平越高(LLSV,1997,1998,1999,2000a,2000b,2002;Levine,1999;Morck,Yeung and Yu,2000;Laeven and Majnoni,2003;Brockman and Chung,2003)。

2. 文化习俗与金融发展

文化习俗与金融发展主要强调宗教、语言以及信用在金融发展中的作用。斯塔茨和威廉森(2003)的研究发现,一国的宗教信仰以及语言习惯对债权人权利的法律保护以及法律的执行效率有着显著的影响,从而与金融发展有着密切的联系。古索、萨皮恩扎和津加莱斯(Guiso,Sapienza and Zingales,2004)分析表明,信用与金融发展之间有着密切的关联,在市场主体之间存在高信任度的地区,则金融发展水平越高。

3. 利益集团与金融发展

小而集中的利益团体在社会经济活动中有着超常的权力,因为这些小规模的、有着共同利益的、容易组织的小利益团体,能够迅速采取一致的声音和行动来影响经济活动。拉詹和津加莱斯(2003)开始关注利益集团力量对金融发展的影响,他们研究发现,政治因素是决定一国金融活动的关键因素,利益集团的力量往往左右着一国金融的发展。

四、内生金融理论与中国金融发展

在国内,谈儒勇(1999)、周立和王子明(2002)、李广众(2002)等研究发现,中国金融的发展有利于经济的长期增长。但是深一层次的问题在于,是哪些因素促进中国的金融发展呢?在现有的文献中还没有得到系统的研究,内生金融发展理论则为这些问题的回答提供了新的理论视角。

从古典内生金融发展理论来看,提高风险管理水平、降低交易成本以及减少信息不对称是促进金融发展的主要因素,但从实质上看,制度则是决定金融发展的关键因素,金融发展的过程,不仅仅是金融总量

不断增加和结构不断合理的过程,更应该是制度不断变迁和完善的过程(江春,1999;2003)。在中国,影响金融发展的制度因素主要有以下几个方面:

(1)产权制度改革与金融发展。改革开放以来,我国非国有经济成分不断增加,既打破了国有经济的垄断,也有利于社会经济效率的扩大。随着经济的民营化,必然会带来金融的发展,一方面,通过产权改革使经济单位都拥有独立的财产并掌握真正独立的财产所有权,将产生真正的金融活动,创造真正的信用制度,从而有利于建立完善的金融体系,促进金融的发展。另一方面,通过产权改革将充分激励人们有效地利用财产和积极地创造财产,促进社会财富的不断增长,而社会财富的不断增长和财产所有者的不断涌现必然导致储蓄的不断增长和盈余单位的不断增多,从而必然会带来金融活动的繁荣。

(2)法律制度的完善与金融发展。大量的跨国实证研究表明,法律制度的完善对金融发展有着关键的作用。随着中国经济的发展,法律制度不断完善,法治化水平不断提高,也必然会带来金融的发展。虽然艾伦、钱和钱(Allen,Jun Qian,Meijun Qian,2002)认为中国的法律体系是不完善的,中国经济的增长主要是由一些非正式部门推动的,但卢峰和姚洋(2004)通过中国的省级数据计量研究发现,在中国金融压抑的条件下,加强法治有助于提高私人部门获得的银行信贷份额,推动银行业的竞争。

(3)改革开放与金融发展。改革开放促进金融发展主要体现在以下两个方面:一方面,随着改革开放的扩大,必然给国内的金融业带来先进的管理理念及技术,提高金融业的竞争水平,促进金融的发展。另一方面,随着改革开放的扩大,还有助于打破金融利益集团在金融市场中的垄断性地位,从而促进金融的良性发展。

(4)城市化与金融发展。在中国,城市化的扩大将有利于金融的发展,一方面,随着城市化进程的加快,人们对金融的需求也会更加强烈,从而有利于金融的发展;另一方面,在城市化进程中,金融机构的数量也会不断增加,金融服务的范围也会不断扩大,也会带来金融的发展。

(5)金融的自由化与中国的金融发展。1978年以来,中国一直推进金融自由化的进程,利率和汇率不断放开。金融自由化将推动中国金融的进一步发展,一方面,随着金融的自由化,必然会带来金融工具的丰富以及金融市场的扩大；另一方面，金融的自由化将带来金融主体活动能力的提高，从而带来金融的发展。

（6）地区收入差距与中国金融发展。地区收入差距通过以下两个渠道影响金融发展：一是随着地区收入差距的扩大，财富集中在少数地区，不仅不利于金融规模的扩大，也不利于金融交易中风险的分散以及效率的提高；二是随着地区收入差距的扩大，容易造成产权保护的削弱，不仅不利于债权人权利的保护，也不利于金融交易的扩大；三是中国经济的高速增长也带来金融的发展。改革开放以来，中国经济保持高速的增长，中国逐渐从一个计划经济主导的国家发展成为一个以市场为导向的开放经济的国家，经济市场化水平在不断提高。而经济总量的增加以及经济市场化的扩大与发展必然会增强微观经济主体的经济活动能力，带来微观经济主体收入水平的提高，从而对金融需求的数量与质量也将不断上升，因而会带来金融的发展。

（7）内生金融理论对中国金融未来发展启示。良好的制度将有利于中国金融发展，这对中国金融未来发展也提供了有益的启示。要实现中国金融的进一步发展，一方面，要积极完善中国的制度环境，特别是产权和法律制度。只有积极通过产权改革，中国银行业才能真正建立有效的公司治理机制，从而真正提高它的竞争力。同时，要积极加强投资者的法律保护，为中国金融发展提供良好的法律生态环境。另一方面，要积极推动中国金融自由化。政府对金融的管制虽然在一定时期有利于金融的稳定与发展，但随着中国开放程度的提高，中国的金融管制显然不符合经济市场化和经济全球化的要求，它不仅阻碍了我国金融的发展，而且还使企业面临着较高的融资障碍。只有实行金融自由化才能真正地推动我国金融的良性发展。

从20世纪90年代特别是21世纪以来金融发展的研究文献和理论发展的脉络来看，金融发展理论的研究范围已经由发展中国家（或地区）扩展到各种类型的国家（或地区），研究内容从发展中国家如何通过金融深化促进经济增长扩展到金融中介、金融市场如何产生和发展，从发展中国家的金融结构问题扩展到不同金融体系的比较上，从具体的金融机构观扩展到一般的金融功能观，从研究金融发展与经济增长关系这样的显在问题深入到研究金融（自身的）发展规律等潜在问题，进而由仅考虑经济变量扩展到考虑正式制度变量再发展到考虑非正式制度变量以至于历史、文化、宗教和社会习俗等制度背后更深层面的因素,由把制度变量当作外生变量处理发展到把制度视作经济体系的演化博弈的内生过程,研究方法由传统的简单的线性回归发展到更为接近现实的非线性复杂演化方法。总之,金融发展理论已经由早期的以新古典经济学为基础的 M-S 经由以内生增长理论为基础的内生金融发展理论发展到以新制度经济学、新政治经济学为基础的新制度金融发展理论。

第二节 金融系统复杂性、成长与演化理论

一、金融系统概述

(一)金融系统的含义

金融系统是在金融市场和其他用于订立合约和交换资产及风险的机构中融资或投资的法人实体组成的集合。金融系统有两个连接投资方的链条,一个是金融机构,主要指商业银行、保险公司、金融服务公司和监控管理这些单位的管理机构;另一个是金融市场,包括股票、债权和其他金融工具的市场。各类不同的市场、众多机构、成千上万的法人实体,以及不同种类的金融产品相互作用,形成了金融学研究的对象。金融市场与金融机构的规模和运行机制构成了金融系统的结构。资金通过金融系统从资金盈余方流向资金短缺方。这些资金通常通过金融中介机构发生流动。系统科学指出:当规模增大到一定程度,即使各之间的关系非常简单,也会出现一些本质上全新的系统特性和行为。现代金融系统已经演变成具有网络、机构单位繁多、区域和功能既分割又相互联系的复杂系统了。

"系统"这个概念据称始自古代人类对自然界的揣摩,由于那时人类尚且无法把握万物之间联系的细节,所以就只能"系统性"地认识世界了。"系统"的现代概念是指具有特定功能、相互间具有有机联系的许多元素构成的一个整体。系统科学将经济看成一个系统,可以从整体与局部的关系,相互作用如何形成宏观整体状态来分析金融系统在经济系统中地位和作用。从系统的观点看,金融系统是经济系统的一个子系统。

所谓金融系统,即是金融中介机构和金融市场的集合。在传统的货币银行学里,所有从事金融活动的组织均称为金融机构。其中,金融机构一般被又分为两大类:银行和非银行金融中介。如此划分的一个关键原因在于这两类机构的负债有所不同:前者的负债是可以用作支付的货币,而后者虽然也具有一定的支付功能,但在程度上要相差很多。弗雷克斯(Freixas)和罗歇(Rochet)(1998)认为金融中介是从事金融合同和证券买卖活动的专业经济部门,其中,银行是主要从事吸收公众存款和发放贷款的机构。至于银行和其他中介的区别就在于银行必须在其资产负债表上保持它们的主要金融合同(存款和贷款)直到到期,而其他中介的资产或者负债是很容易流通的。金融市场一般有货币市场和资本市场、基础证券市场和衍生证券市场以及场外交易市场、场内交易市场等划分。受古典和新古典经济学的影响,一般总以为所谓"市场"即是人们可以在其中当面进行自由交易的"场所"。事实并非全然如此。就场内交易市场而言,它是一种采取公司制或会员制的法人组织。而且,资金有盈余或赤字的经济当事人并不能利用这种组织进行直接的面对面交易,中间需要通过投资银行、经纪商、交易商以及做市商这样的金融中介。场外交易市场又称"柜台市场",在场外市场的金融交易更是离不开金融中介的参与。

(二)金融系统的基本构成

金融机构与金融市场是金融系统的基本结构组成部分。

金融市场的作用是沟通资金由盈余部门向短缺部门转移,金融市场的主体是投资者和融资者。它们可以是政府部门、工商企业、居民个人、存款性金融机构、非存款性金融机构和中央银行等部门。由于在金融系统中交易主体无变化,对市场性质特点引起变化的主要是交易金融产品及交易时间的长短。金融市场作为一个系统从不同的角度可以分为不同的子系统。从市场上交易的金融产品来看,金融市场具体有股票市场、债券市场、衍生产品市场、外汇市场和黄金市场等,这些市场分别为相应金融产品交易提供了交易平台。从系统科学的角度来看,不同金融产品的交易可以看作不同的相互作用。根据时间期限把金融市场分为货币市场和资本市场。金融市场可以是有形的,也可以是无形的。

金融系统与子系统之间相互作用,比如说借贷,往往不是直接进行,而要通过"中介"。在金融系统中的"中介"指金融机构,它不仅使企业与企业、企业与个人等子系统之间相互联系的"中介",而更重要的是几乎所有子系统都与金融机构联系。如果把货币比作水,金融机构就是一个蓄水池,用水者是从蓄水池中取水,而供水者也只需把水送进蓄水池,取水者与送水者之间不直接发生关系。金融机构分为存款性金融机构和非存款性金融机构。前者有商业银行、储蓄机构和信用社;后者有保险公司、养老基金、投资银行、投资基金等,另外中央银行也是金融机构。

(三)金融系统的作用

由于美国在20世纪80年代银行业"脱媒"之后,90年代又出现了银行业的经营危机;日本先前的金融模式被认为是成功的典范,但却发生了金融和经济危机;德国金融系统一向具有稳健的传统,但似乎无法适应90年代兴起的信息技术革命。主要发达国家的金融系统都面临着紧迫的改革问题,而改造一个系统的前提必然是预先了解它的功能。于是,在90年代默顿等人(1995)成就了金融"功能观"(functional perspective)。

在默顿看来,只关注价格和数量的"新古典经济学观"(new classical economics perspective)自然无法解释金融系统的存在和其中的复杂性了,而所谓的"机构观"(institutional perspective)又过于静态,也无法说明金融系统的动态变化和各国金融机构存在的显著差异。他认为,金融系统的基本功能就是在不确定环境中进行资源的时间和空间配置,而这种基本功能又可以细分为六种子功能。

第一种功能是负责支付的清算和结算(clearing and settling payments)。清算(clearing)是指支付通知的处理,也即确定和计算交易各方的责任;结算(settlement)就是交易各方责任的实际结清。金融系统之所以担负了此项功能被认为是交易成本使然。

第二种功能是积聚资源和分割股份。设想企业家为某项目寻找外部资金,如果所需资金不多,他可以同一个投资者签订一份双边合约;但是,如果所需资金庞大而单个投资者的能力有限,则需要同许多投资者签订许多双边合约,这就涉及将众多投资者的资金集中起来和分割项目的股权。

第三种功能是在时间和空间中转移资源。这一子功能实际与金融系统的基本功能相重叠,正如先前所说,不确定性本身并不能解释金融系统跨时空的资源配置功能。跨时空的资源配置涉及借贷,而借贷通常是有风险的。由于一项无风险的贷款等于一项有风险的贷款加上一个偿还担保，即：无风险贷款=风险贷款+偿还担保，反过来就可以得出：风险贷款=无风险贷款-偿还担保。所以，发放一笔风险贷款就相当于发放了一笔无风险贷款，同时卖出了一个涉及借款人违约风险的保单。

第四种功能是风险管理。风险管理的手段无非三种：资产分散、对冲和保险。在资本资产定价模型（CAPM）中，投资者进行资产分散可以有两种选择：一是直接选择各种风险证券和无风险证券的适当头寸；二是存在两个基金，其中一个基金的资产仅包括无风险证券；另一基金的资产则包括所有的风险证券，投资者可以根据自己的偏好和禀赋选择适当比重的两种基金。

第五种功能是提供信息。这种功能主要是指从证券价格中提取有用的信息，例如，根据离散的纯贴现国债收益率推导连续的收益率曲线，根据两种金融资产（如美元和英镑资产）同第三种资产（如德国马克资产）之间的比价关系推导这两种资产之间的关系，或者更为广泛的是利用衍生证券的价格推导基础证券的隐含波动率。

第六种功能是处理激励问题。激励问题的产生源于信息不对称导致的逆向选择和道德风险。

（四）金融系统结构的划分

按照银行和市场在企业外部融资中发挥作用的相对大小，金融系统可分为两种模式：一种是以美国为典型的市场主导型模式，一种是以德国为典型的银行主导型模式（如表9-1所示）。其余国家的金融系统介于这两种典型模式，如英国的金融系统接近美国，日本的主银行制度与德国相似，等等。

就银行主导型金融体系而言，由于它具有明显的规模经济效应和范围经济效应，因而容易解决投资过程中所面临的信息不对称问题，同时它还能为成熟的传统产业提供强有力的资金支持。但对于一些新兴产业，尤其是一些还未成熟并且风险极大的产业来讲，银行就显得无能为力了。因为根据银行信贷的原则来看，完全建立在预期之上且风险极大的项目是很难得到银行贷款的。然而，相比较而言，在这方面市场主导型金融体系则具有优势。市场提供融资有两大特点：其一是要求融资者的信息充分透明；其二是建立在预期基础之上。由于信息的充分透明，市场在配置风险方面比银行更具有优势，同时由于市场投资都是建立在预期基础之上的，这样也就使得在对新兴产业提供资金方面更具效率。同时与银行不同的是，市场还能保证所有的参与者都具有平等的地位，这一特点也有利于促进市场的良性发展。

表9-1　　两种金融系统模式比较

比较项目	市场主导型	银行主导型
企业外部融资主要来源	股票、债券等资本市场	银行系统
金融机构结构	银行数量多，实力弱，竞争激烈；非银行金融机构数量少，实力强	有限几家大银行占有市场绝大部分份额，非银行金融机构规模小
企业融资成本	相对较高	与银行形成长期合作关系，因而从银行获取长期低成本的资金
小企业融资	较容易获得市场融资	不容易获得银行贷款
风险管理功能	能够实现横向风险分散，即在同一点上分散风险，存在发达的"交易风险"的资本市场	能够实现跨期风险分散，可在长时期内通过金融契约的安排来分散风险
处理信息不对称问题	主要通过敌意收购来对企业管理层施压	基本不存在敌意收购问题，银行对企业有较多控制权
股票市场	规模大，流动性极强	规模不一定小，但是流动性要弱得多
上市公司的比重	大	不一定小
公司债务融资方式	50%以上的债务资金通过发行债券和商业票据获得	绝大多数是银行长期贷款
控制型融资的比例	低	高
银行系统	商业银行和投资银行相分离	主银行或者全能银行模式
债务结构和所有权结构	高度分散、商业银行和非金融公司很少持股	比较集中、商业银行和非金融公司持股比例高、经理层持股较少
投资者的主要目标	实现证券组合并获得盈利	主要追求对投资公司的控制权
股东权力	理论上较大，实际上较小	弱

续表

比较项目	市场主导型	银行主导型
债权人权力	不大	根据青木昌彦的相机治理理论，适当时候权力较大
破产机制的作用	具有潜在的重要性	具有潜在的重要性，但是为维护制度的稳定性，债权银行可能会推迟公司的破产
主要的委托—代理冲突	股东和经理层	债权人和股东、债权银行和经理层（有时还包括雇员）
董事会的作用	非常重要	较为有限
恶意收购的作用	具有潜在的重要性	非常有限
主要会计原则	真实、公允原则	谨慎原则
公司治理模式	主要依靠公司控制权市场的外部治理模式	主要依靠内部治理模式

二、金融系统成长、演化与演进及其理论

（一）金融系统的成长与演化

金融系统有它的演化历史，它的结构和功能是随着经济的发展逐步发展起来的。

独立与实务的货币产生于公元前700年到公元前500年的美索不达米亚，交易中以白银作为支付手段和计价单位；公元前4世纪，雅典出现了货币兑换者，因为当时来自希腊、波斯等不同地方的银币需要兑换，这表示银行的产生，并由银行接受存款和发放贷款；到公元前1世纪，罗马帝国的金融系统可反映初期金融系统的特征：(1) 金融工具——贵金属或金属货币；(2) 贷款被用于个人消费、农业生产和贸易融资；(3) 金融中介限于货币兑换者、货币借贷者和银行。

公元13世纪开始，金融系统得到进一步发展，瑞士日内瓦等知名集市出现簿记结算，后由意大利北部地区发展为汇票，汇票的出现推动了现代意义上银行的发展，当时佛罗伦萨的麦迪茨银行已有一定的分支网络，它们不限于为贸易服务，还为国家政府融资。1620年，金融中心转

移到阿姆斯特丹,第一个证券交易所出现,并且出现由政府建立的阿姆斯特丹银行,创造了期权和期货。1668年瑞典政府接管了瑞典银行,由中央银行发行了纸币,第二时期金融系统的特征:(1)金融工具更为多样化;(2)金融机构包括早期的银行和保险公司;(3)产生了早期的金融市场。

从18世纪起,金融系统发展到第三阶段,其特征是:金融市场更加正规化;政府通过中央银行涉足金融市场,并且由于对金融危机处理方式的不同,导致了金融系统不同的发展方向,一种是以证券市场为主导的金融系统,另一种是银行主导的金融系统,这种状况一直影响到现在。

金融体系的演化在20世纪70年代以后开始加快,目前融资的非中介化、社会资产的金融化、经济关系的证券化的进程都在迅猛地推进,使得金融系统由于它的主导性和枢纽作用逐渐成为现代经济的核心。金融系统的主要功能是为资金在时间和空间上的分配和利用提供便利条件,从而促进经济的增长。(1)为商品和劳务交换提供支付手段;(2)为不确定性问题的处理和风险管理提供方法;(3)为经济资源在时间和地域上的转移提供便利条件;(4)为投资提供机会;(5)为经济部门决策提供价格信息;(6)为信息不对成问题提供各种解决方案。

(二)金融系统的演进

1. 主流金融系统的演进趋势——互相融合

近年来,随着经济全球化进程的加快,为适应金融领域日趋激烈的竞争,传统市场主导型国家纷纷向银行主导型靠近。许多经合组织(OECD)国家,包括加拿大、多数欧盟国家、墨西哥以及许多欧洲国家都出现了全能银行。美国一向严格限制银行设立分支机构、控制银行规模,近年来不断进行制度创新以推动金融系统的变革:1994年9月的《州际银行法》允许商业银行可以跨州经营、设立分支机构,1995年的《金融服务竞争法》允许商业银行通过其分支机构介入证券业务等。一系列的制度变革推动了美国银行业的兼并浪潮,使银行业的规模迅速扩大,并出现了金融控股形式的全能银行。

主导型金融系统国家也在积极扩大资本市场在金融系统中的比重。德国银行在企业中的决策权如监事会中的表决权、代理投票权等近年来有所下降,而且银行的职能也在发生变化。由于直接融资成本相对下降,权益资本更易获得,德国企业近年来大幅增加了在资本市场的融资,使资本市场得到快速发展。这些变化促使德国的全能银行本身,在继续认同全能银行业的同时,也承认它们未来将主要发展基于可流通证券的金融工具和服务。

2. 转轨国家金融系统演进趋势——银行主导型

转轨国家在由计划经济向市场经济的过渡过程中,私有化方式各有不同,但在金融系统的改革方面却显示出趋同现象。克劳地亚·布什(Claudia M. Bush)(1998)考察了这些转轨国家金融系统的演变,特别是详尽研究了改革较早的波兰、捷克和匈牙利,发现这几个国家的金融系统正在朝银行主导型方向发展。俄罗斯的私有化方式实际上更适于资本市场发展:将国企所有权分给企业职工并发放凭证、银行体系极端分散、1992~1995年高通货膨胀削弱了银行的融资能力并破坏了长期信贷。这种背景使俄罗斯似乎更容易形成市场主导型金融系统。但截至目前,历经14年俄罗斯金融系统形成的仍是一种银行主导型模式,且银行系统发挥着越来越重要的作用。

克劳地亚·布什将转轨国家这种发展趋势归因为功能齐全的银行的引入能够促进转轨国家长期资金的供给,减少企业内部的公司治理结构问题,还可以创造一些具有重组公司动机的大股东效率高的银行可以帮助新建企业更方便地进入信贷市场,并改进大的或国有企业的公司治理。

(三)金融系统演变理论

按照欧洲的金融发展历程来看,金融系统已经有五百多年的发展历史,其内部是如何演进以及决定这些演进的力量来自何处一直是学术界研究的一个重点,从而也产生了一系列的理论,如金融系统发展的需求尾随型理论和供给引导型理论、内生金融和外生金融理论、约束诱致理论和交易成本理论、路径依赖理论等,分别从不同层面分析了金融系统的演进。

1. 需求尾随型与供给引导型的金融系统演变理论

在1996年,帕特里克(Patrick)提出了金融系统发展演变的需求尾随型和供给引导型假说来解释金融系统的发展演变。该学说将金融系统发展归为两种类型,在经济发展的不同阶段,表现出不同的金融发展格局。

需求尾随型(demand-following)的金融系统发展演变实际上是实体经济部门发展起到主导作用,而金融系统发展只是适应经济发展的需求、响应实体经济的诉求而不断调整自身的发展方向。随着市场范围的不断扩展、对金融产品需求的日益多元化、更广泛有效地对风险进行分散以及更好地控制交易成本,金融系统也在不断发展演变,但是,在这一过程中,需求为随行的金融系统发展在经济发展中所起的作用只是消极被动的,跟随经济环境的变化而变化,被动适应实体经济部门金融需求,根据实体经济的需求而调整发展方向。

供给引导型(supply-leading)的金融系统发展演变则不同,在这里,金融系统的发展具有很强的独立性和能动性,先于实体经济部门的金融需求,创造性地供给金融产品和改变金融系统的发展架构,是萨伊定律即供给创造需求在金融系统发展领域的翻版,对经济发展起着积极主动的作用。在供给引导型的金融系统发展演变中,金融部门主动地动员那些停止在传统部门的金融资源,将其转移到急需资金的部门,从而促进金融资源的流动和配置效率提高。

2. 内生金融和外生金融的理论

内生金融和外生金融的概念起源于内生货币和外生货币的概念。格利和肖在1960年出版的《金融理论中的货币》中第一次把货币区分为内生货币和外生货币。

以政府干预经济运行为特征的财政金融过程,由于它或是政府向私人部门单纯负责过程,或是私人部门以税赋形式无偿向政府赠与的金融过程后,再由政府从经济系统外部注入"额外"购买力的过程,可以成为"外生金融"过程。以内生货币形式反映的金融过程成为"内生金融",它反映了私人部门内部生产与消费,生产与生产之间发生的金融活动。

用外生金融发展理论解释金融系统发展演变,是强调金融系统供给的外生性,金融系统的发展独立于实体经济,领先于实体经济的发展。用内生金融发展理论解释金融系统发展演变则是金融系统的发展依附于实体经济的发展,整个金融系统结构的改变取决于实体经济的发展需求。但是,在金融系统发展演变中,遵循外生金融发展理论的金融系统发展演变并不是占主流位置;相反以内生金融发展理论来解释可能更符合金融系统发展演变的实质,遵循内生金融发展理论的金融系统发展演变可能在经济中占据主导地位。

3. 约束诱致理论和交易成本理论

在解释金融创新时,有两种理论分别为约束诱致理论和交易成本理论,当我们在分析金融系统的发展演变是完全可以用这两种理论来解释金融系统的发展演变。

约束诱致（constrain-induced）理论是美国经济学家W.西尔伯（W. L. Silber, 1983）提出的假说。西尔伯认为金融创新是微观金融组织为了寻求最大化利润,减轻外部对其产生的金融压制而采取的自卫行为,是"在努力消除或减轻施加给企业的经营约束中,实现金融工具和金融交易创新"的。因此,金融创新是金融机构对加强与它的约束所做出的反应,金融机构是通过改变它所面对的机会来规避这些约束的。

交易成本理论为希克斯（J. R. Hicks）和尼汉斯（J. Niehans）1976年提出,用于解释金融创新理论。金融交易成本是个复杂的概念,狭义的交易成本是指买卖金融资产的直接费用,包括各方转移金融资产所有权的成本、经纪人的佣金、借入和支出的非利率成本。广义的交易成本除直接费用以外,还包括投资风险农产品预期收益率、投资者的收入相关财产以及货币替代的供给等。

三、金融系统的复杂性

1984年,在诺贝尔将获得者盖尔曼（Gell-Mann）、安德逊（erson）、阿罗（Arrow）等人支持和参与下,一批物理、经济、生物、计算机科学等学科的科学家聚集在一起,成立了桑塔费研究所（Santa Fe Institute）,专门从事复杂性科学的研究。复杂性科学通过学科的交叉和融合,突破了牛顿时代以来统治着科学的那种线性的、简化论的思维方式,试图解答常规学科范畴无法回答的问题。二十多年来,复杂性科学的理论与应用方面都取得了长足的发展,被一些科学家誉为"21世纪的科学"。

金融系统是人类创造的最为复杂的系统之一,是与人类经济生活息息相关的系统。复杂性科学自诞生以来,就把金融系统作为最重要的研究方向。金融市场中有无数个参与者,他们细节不一,但本质相同,他们的局部运动相对简单,即参与市场交易的个体根据市场供求关系来决定买或卖的行为,但他们彼此之间相互作用而产生的市场整体的运动可以体现出许多动力学特征,其中包括市场的大幅度飘动或市场崩溃。由此说明金融市场是典型的复杂系统,各个市场参与者有相互依赖、相互模仿、相互学习的行为,通过他们之间的相互作用共同推进整个市场的演化,而金融系统更是一个复杂的巨系统。

20世纪90年代以来,国际金融体系发生了一些重大的变化。第一,在金融自由化的浪潮的冲击下,各国纷纷放松金融管制,降低金融准入条件,允许混业经营,放宽对资本流动的限制,开放国内金融市场,国际金融正在走向一体化。第二,金融衍生工具的大量使用,大大地提高了金融交易的规模,使得金融交易更加虚拟化。衍生工具的非线性和杠杆效应,又使得金融风险大幅度增加。第三,信息技术的突飞猛进,带来了金融电子化,导致了金融业的全面革新。互联网的出现,各种信息可以在全球范围内即时传递,金融交易几乎不受时空限制,真正实现了24小时无间断营业。不仅为金融一体化提供了必要的载体,而且使得金融交易成本大幅下降,成交量迅速增长,金融交易和传播渠道发生了本质性的变化。可以说,整个金融系统远比以往任何时候都更加复杂,金融系统的规模日趋增大,虚拟资产过度膨胀,金融市场的变化迅速而剧烈,巨额游资在世界范围频繁而迅速的流动,世界金融系统的稳定性趋于降低,金融系统的组元之间的联系日益加强。有人称现在的国际金融系统进入了即时强关联时代。对于这样一个日益复杂的系统,其演化的规律是什么?如何来定性、定量地描述这一系统的问题?无疑是具有重大的理论价值和现实意义。

(一)金融系统复杂性的原因

社会经济系统是一高度复杂的开放系统,具有巨系统、开放性、大规模、多反馈、非线性、时滞性、预期性、不确定性、单向性、复杂性等多种特征,金融系统也不例外。金融系统呈现出混沌与非线性特征,具有蝴蝶效应、非线性产生的不可叠加性、非周期性、分形性与结构自相似性,金融系统的随机性、突变性等复杂性可看成其内在非线性机制产生的后果。金融系统按规模和范围自上而下可划分三个层次:国际金融系统(或称体系,以下同)、各国的宏观金融系统和各金融子系统,金融系统有其对应的微观金融基础。影响金融系统复杂性的因素众多,大致可归结为以下几个方面。

第一,金融风险与危机具有极强的传染性。一方面,金融在经济中的核心地位越发彰显;另一方面,与经济全球化类似,金融及金融全球化是一柄双刃剑:"金融在提高对一个经济的资源配置效率的同时,也迅速提升和累积了自身的系统风险"。最为突出的是,现存的国际金融体系在国际货币体系不健全、国际监管不力与国际资本流动失范的冲击下,与经济全球化发展不相适应的矛盾日益加剧，尽管改革现有体系的呼声日益高涨，但主导国家出于自身利益考虑的现实导致现有体系在短期内很难有效改变。

第二，金融的虚拟化倾向日益明显，各种金融工具、金融产品以金融创新等形式大量出现，金融越来越呈现出独立化倾向。随着科技的发展，金融电子化、工程化倾向日益明显，电子货币的产生、各种金融衍生工具的出现极大地降低了交易成本，提高了资源的配置效率，改变了人们的传统观点，但也影响了货币政策的传导机制，使金融监管与各国金融政策的协调难度加大，与此同时，加大了金融系统的风险。

第三，金融系统是多目标、多层次、多因素的复杂系统。首先，由于多目标存在冲突，金融政策协调难度加大。其次，金融系统具有多层次性（戈德史密斯的金融结构论开创了这方面的研究），虽然金融系统与其子、孙系统具有结构的相似性，但其层次越来越多，结构越来越复杂。最后，金融系统涉及较多因素，不仅是人参与的复杂系统，也是和现代科学技术、社会、文化和各种不确定因素紧密相关的复杂系统。

第四，金融系统具有特殊性。由于借贷行为在时空上的分离，债权人与股权人利益先天的不一致，信息不对称与交易成本的普遍存在，使得金融系统具有内生脆弱性与不稳定性。

第五，金融监管难度加大、金融法律法规不健全、金融运行效率偏低。面对分业经营和混业经营的不同情形，金融监管除面临分业监管与混业监管的两难选择之外，还要面对复杂多变的金融形势，这使得金融监管难度明显加大。金融法律制度是金融系统正常运行的基石，但即便在发达国家，其法律、法规仍存在这样或那样的漏洞和不足，这也从另一方面降低了金融监管的效率，加大了金融系统复杂性。金融产业特有的垄断特征、从业人员素质的参差、投资者的非理性等都使得金融运行效率降低。

第六，金融系统的行为金融微观基础。人们对投资者理性行为的认识经历了三个阶段：绝对理性、相对理性和有限理性，随着认识的加深，基于市场参与者的有限理性导致的市场异常现象得以解释。行为金融从有限理性人的全新视角研究市场参与者与市场行为的相互影响，更为接近现实，因而为金融系统的复杂性提供了坚实的微观基础。

(二）金融系统的复杂性的特点

金融系统是一个复杂巨系统。

第一，金融系统规模巨大，小到消费者，大到国家政府和国际组织，每一个经济单元都是金融系统的一个组元。

第二，金融系统具有很强的层次结构和功能结构，按照横向和纵向可以划分成许多相对独立的子系统。

第三，金融系统耦合度高，系统中各组元之间的联系广泛而且紧密，许许多多独立的因素在许许多多方面相互作用，无穷无尽的相互作用使得系统成为一个有机的整体。

第四，金融系统是一个开放的系统，与环境有密切的联系，与系统外部有持续不断的物质、能量、信息的交换。

第五，和自然界的其他复杂系统相比，金融系统具有更加明显的非线性（nonlinear）、混沌（chaos）、路径依存（process dependent）、自组织（organic）、自进化（self evolving）等特性。

第六，金融系统是一种具有耗散结构的系统，具有动态均衡性。这种系统虽然可以通过自组织作用达到局部的、暂时的、相对的稳定，但这种稳定很容易为微小的扰动所破坏。

第七，金融系统的复杂性中最鲜明的一个特点——具有高度智能的人在金融活动中起决定性的作用。

（三）金融系统复杂性实证研究新进展

很多学者运用复杂性科学理论（如混沌理论、标度理论及分形理论等对金融市场（主要是证券市场和外汇市场）的时序规律特征进行了一系列实证研究和检验，旨在揭示金融市场具有复杂性特征。

布罗克特（Brockett）等人（1988）首先验证了美国股市呈现弱混沌现象；沙因克曼（Scheinkman）和勒巴隆（Le Baron）（1989）研究了股票收益率中的混沌问题；梅菲尔德（Mayfield）和米兹拉克（Mizrach）（1992）计算出S&P500指数的关联维数；埃尔德里奇（Eldridge）和科尔曼（Coleman）（1993）也验证了FT-SE100指数具有混沌现象；曼特尼亚（Mantegna）和斯坦利（Stanley）（1995）研究了S&P500指数中的标度行为，他们同时研究了价格增量和收益两个时间序列，发现这两个时间序列在高频区域有相同的统计性质，并在研究价格增量的标度性时，选用时间标度分别为1分钟和1000分钟，发现S&P500指数可以用对称的

Lévy 稳定分布来描述；葛彼舍曼等人（Gopikrishnam，1999）采用了更大的数据样本来验证股票的收益率分布，并得出了相似的结论。

盖舍凯等人（Ghashghaie et al.，1996）对汇率的标度行为进行了研究并发现：汇率变化 Δx 的概率密度和时间标度 Δt 之间的关系，与湍流中两点之间的速度差 Δv 的概率密度和两点之间的空间距离 Δr 之间的关系类似；进而由这种类似性得出：对应于流体动力学的能量级联（cascades），在外汇市场中也存在一个信息级联；尽管汇率与湍流有着本质的不同，在实证中也发现对不同的空间距离，在湍流中不存在上述所示的那种标度不变关系；还有 Arneodo 等人（1997）也认为可以利用研究湍流的方法来研究价格变化波幅的标度关系。

穆尼奥斯（Munoz）等人（2007）运用 Hurst 指数分析了巴西和智利两国货币对美元的日汇率波动特征，同时也清晰地反映出了两国政府在汇率控制上所采取的政策转变，即由控制汇率政策转为自由汇率政策。在采取控制汇率政策的年份里，巴西的 Hurst 指数值接近于 1，市场走势是完全可预测的；智利在 1975~1999 年采取了不同的汇率政策，也较为清楚地反映在 Hurst 指数值的变化上。在亚洲金融危机之后，两国汇率政策由固定汇率转为自由汇率政策，巴西的 Hurst 指数值变小，由之前的接近于 1 变为保持在 0.7，表明市场不再处于趋势完全可预测状态；智利的 Hurst 指数值接近 0.5，表明市场趋于有效市场，汇率波动遵循标准布朗运动，呈现长期增长，市场具有长期记忆结构。Munoz 等人还建立了一个元胞自动机模型，分析外汇市场的供需关系，发现日交易平均价格与理论上的均衡价格是一致的；并建立了一个简易的零信息（zero intelligence）模型，用元胞代表市场里的交易主体——供给商和需求商，假设只有一个中介商（中央银行），对趋势因素也加以考虑。通过模型模拟发现：当价格变动趋势服从一个固定模式时，相当于实施爬行汇率政策所产生的结果，如果价格变动趋势由供需状态所决定的话，会得到如 Hurst 指数描述巴西和智利的外汇市场波动的类似结果。

金融产业组织与金融竞争力理论

第一节 金融产业组织理论

一、金融产业组织的含义

(一)产业的一般概念

产业是同类企业、事业的总和,产业组织理论中的"产业"是指生产同一类商品的生产者在同一市场上的集合。这样的产业部门,在人类生产发展的历史上,并不是一开始就存在的,而是在生产发展的过程中,在社会分工发展的基础上,逐步形成和发展起来的,是分工协作发展的结果。在马克思的政治经济学中,产业是在同物质生产活动相联系中被定义的,是指"创造社会物质财富的物质生产部门"。新古典经济学集大成者马歇尔曾经使用过产业这个概念,但无非是以"代表性企业"而代之。新古典经济学受其理论范式的局限,只把经济现象划分为微观和宏观两个层次,因而产业概念、连同产业问题长期被置于新古典经济学的研究视野之外。

产业概念是居于微观经济细胞与宏观经济单位之间的一个概念。产业虽然是由多个同一属性的企业组成的集合,但并非是它们的简单线性加总,否则其行为和性质就可由典型企业代替;而是相互作用和相互关联、共同承担一定经济功能的企业的集合。对于某种经济功能的核心承担是产业得以形成、生存和发展的基础与关键。离开了对于相应经济功能的承载,微观企业就失去了聚合的基础,"产业"将不成为产业。

（二）金融产业的含义

金融产业具备一般的产业特征，是产业群体中的一类产业，但它又不是普通的产业。因为金融产业由微观金融组织聚合而成，它是金融功能的核心载体，它除了就业和产值创造职能之外，更为重要的是充当价值流通媒介的职能。基于此，金融产业被定义为是以经济金融资源为利用对象，通过提供金融商品与服务，以实现金融功能，并从中获得净收益的金融组织的集合。

金融产业要依靠实体经济要素来承载金融功能，并且通过高效率地组合这些要素而产生经济效益。尽管金融产业的产品具有明显的虚拟性特征，但是，金融产业的运行要有实体经济要素的投入，并且，通过金融产业的微观主体的组织和运作，这些要素能够产生整体大于要素之和的经济效益。所以金融产业是经济体系中的一个组成部门，是促成价值流通高效完成的实体。

二、金融产业的组成

当今的金融产业是一个庞大的体系，内部有着不同的门类。根据产业划分的目的性和实用性原则，可以按照职能将金融产业细分为五类，包括银行业、保险业、证券业、信托业和相关的金融服务业。

1. 银行业

银行业是充当信用中介的金融机构的集合。基于资金来源与资金运用的差异，主要有商业银行、政策性银行、储蓄银行、互助储蓄银行和信用合作社。其中，（1）商业银行主要通过发行支票存款、储蓄存款和定期存款来筹集资金。它们资金的重要特征是以短期资金为主，主要用于发放商业贷款、消费者信贷、抵押贷款、购买政府证券等。商业银行作为一个整体，是金融产业中最大的金融机构体系，这一体系拥有最丰富多样的资产种类。在银行业中一个重要的特别的群体是各类政策性银行，它们由政府创立、参股或保证，不以营利为目的，专门为贯彻、配合政府的社会经济政策或意图，在特定的业务领域内，直接或间接地从事政策性融资活动，充当政府发展经济、促进社会进步、进行宏观经济管理的工具，它不是商业金融机构的替代者，而是与金融体系中的商业性金融机构并存、互补，是为了补充一般商业性金融机构在市场经济中功能的不足而存在的。（2）储蓄银行的主要资金来源是储蓄存款以及定期存款和支票存款，其资金来源期限比商业银行长，其资金多用于发放抵押贷款。互助储蓄银行与储蓄银行很相似，它与后者的主要区别在于它是存款者所有的合作组织。信用社是一个特定社会集团组织起来的非常小的合作贷款机构，通过股份存款获得资金，主要发放消费者信贷。银行业的组成机构适应分工的要求，虽然有各自不同的职能，但是由于这些职能的互补性，因此，每个机构既可以选择一种职能，也可以选择兼具多种职能。所以，现实的银行业既体现了一定的专业文化，又体现了一定程度上的混业经营，具体情况取决于金融与经济环境。

2. 证券业

证券业是由证券交易所、证券交易商、经纪机构、投资银行、互助基金等机构组成的集合。证券交易所是有组织的金融市场，它与柜台交易市场相对应。事实上，它是拍卖市场和交易商市场的混合物，也就是说它是由发行市场和流通市场组成的体系。证券交易商随时按规定的价格买卖证券，交易商持有证券存货，它们从买卖差价中获得收入。由于证券价格的强变动性，所以证券商从事的是一项高风险的业务。证券经纪人则不同，它是买者与卖者之间的纯粹中间人，它充当投资者买卖证券的代理人，其功能是使买者和卖者彼此匹配，由此获得经济手续费，它们在经营中并不持有证券，所以不承担证券价格变动风险。投资银行是在一级市场上协助证券最初销售的公司，它不同于吸收存款和发行贷款的金融机构。它们为公司证券发行提供咨询，采取报销、承销等方式帮助公司发行证券，其利润也来源于此。互助基金是通过发行股份来聚合资金用于购买证券的金融机构，通过这种资金转换，互助基金可以获得这样几方面受益：一是在经纪人手续费上得到大量购买折扣；二是多样化证券的风险分散化好处；三是使小额投资者能够得到交易成本降低和多样化分散风险的好处。互助基金有开放式和封闭式两种组织方式，20世纪七八十年代的金融创新是货币市场基金得以产生，并发展成为重要的互助基金形式。

3. 保险业

保险业是各类保险机构的集合，主要由保险公司、养老基金组成。其中保险公司又分为人寿保险公司、财产和灾害保险公司；养老基金又包括私人养老基金和公共养老基金，最重要的公共养老基金是社会养老保险，它们是政府社会保障计划的直接结果。保险公司像银行一样，经营金融中介业务，它们通过经营现实资产之间的转换，保险公司将投保人预付的保费投放于债券、股票、抵押贷款和其他贷款，并从这些资产业务中所获得的收入来支付确定性的保险金。这样保险公司就把上述资产转换成了固定保费的保单，二者收益的差额就构成了保险公司的收益。保险公司是利用大数原理进行风险分担的机构，基于信息不对称而产生的道德风险和逆向选择对于保险业影响巨大，从而保险公司采取差别费率和诸如免赔条款等限制条款来降低经营风险。人寿保险公司和财产保险公司专营不同的业务领域，由于人寿保险公司可以比较准确的预计它们在未来的保费支付额，所以，它们的资金可能投资于长期资产；而财产和灾害保险公司则不容易确定未来支出，所以，其资产流动性要大得多，政府债券是其重要资产。养老基金每年支付的养老金可以精确地预测，所以，其可以大量投资于长期证券，养老基金包括限定缴费型和限定受益型两种。

4. 信托业

信托组织与其他金融组织有着根本区别，它们经营的资本是受托资本，它们没有所有权，它们享有一定的投资决策权，这些来自于受托者的授权，因而，它们不形成信托组织的负债。信托组织只是为信托受益人掌握、经营金融及实物资产，以使信托受益人受益。信托组织可以是专业机构，或者是私人企业，或者是政府组织，也可以是从事金融业务的机构中的一个部门。

5. 专业的金融信息服务业

金融产业是对于信息具有高度敏感性的行业，信息对于金融产业的重要程度要高于一般产业，所以，围绕金融交易活动产生了一系列专业的金融信息服务中介。其中，广为人知的也是最早的信息服务中介是评级机构，比如为证券业评级的穆迪和标准普尔，以及为保险业评级的Best's等。此外，还有各式各样的基于金融的信息服务业。它是与一个国家和地区的金融发展和经济发展程度相关联的。经济发展的程度和经济的金融化程度越高，则金融信息服务业越发达。

三、金融产业组织理论演进

（一）产业演进理论回顾

产业如同生物体一样，存在诞生、生存、成熟和衰落的过程。对于产业的演进不同流派有着不同解释。

1. 产业生命周期假说

亚当·斯密不但是古典经济学的鼻祖,而且是分工思想的先驱。他提出了分工是提高劳动生产率的核心机制,而制约分工扩展的是市场的范围,随着市场的扩大,分工促使生产不断专业化,从而分化出不同的生产过程。杨(Young,1928)发展了斯密的分工思想,提出分工就是体现为生产的迂回化,即在最初原料和最终产品之间不断加入中间品生产环节,产业及其结构变化是这一过程的自然产物。施蒂格勒围绕斯密-杨定理,在分工思想的基础上提出了产业生命周期理论。他认为一个产业的新生期,市场狭小,因此生产过程中的各个环节规模较小,不足以分化出去有独立的企业承担,这一时期的企业都是全能的,分工体现为企业内部的分工;随着产业进入发展期,市场规模扩大,从而各个生产过程规模可以扩大到独立的程度,这时,企业内部分工就扩展为企业间分工,专业化的企业共同承担整个生产过程;在产业衰落期,随着市场规模的缩小,各再生产过程只得重返企业内部,分工又通过企业内部来组织。

2. 制度经济学的理解

制度经济学认为,产业演进的根本因素是劳动分工与制度演变。通过三个方面发挥作用:一是个人职业专业化。职业专业化是分工的一个侧面,因为专业化具有加速知识积累的效应,从而促进了个人劳动生产力的提高,以此通过交易获得利益;二是生产的机械化和标准化。机械化表现为资本对劳动的替代,从而促使劳动力转移,不断转移到生产率更高的新兴产业去,这种资源配置的调整会带来产业的演变,比如劳动力在第一、第二、第三产业之间的转移,不断扩大后面两个产业的规模和内部构成;三是交易成本的降低难易和快慢决定了产业演进的速度与程度。因为交易成本影响着分工的演进,同时,交易成本也决定了企业与市场的替代,因此,交易成本的降低促进了产业的分化。

3. 进化论的认识

马歇尔用进化论分析了产业演进。他认为产业是由一系列在规模、年龄、知识、组织等都不同的异质企业组成的,并且,产业结构是内生决定的,是长期渐进演变而成的,所以,产业内部的企业的产生与衰落是经常现象,但是作为总体的产业则可以经受长期的波动,甚至出现长期平稳向前发展的态势。就像一棵树的叶子会长大、成熟、飘落许多次,而树却可年复一年不停地生长一样。马歇尔认为企业通过创造内部组织和外部组织来承载产业演进，马歇尔强调了组成企业的异质性。

4. 产业组织理论的观点

波特的产业发展钻石理论认为，一个国家或地区的某种产业的国际竞争力是生产要素、需求条件、相关产业和支持产业的表现、企业的战略和竞争对手的表现五大要素综合作用的结果。其中企业战略、生产要素、需求条件和相关产业与支持产业的表现四项关键因素形成了一个钻石体系，这些关键要素之间相互依赖相互作用组成了动态的竞争模式，此外，政府和机遇因素也起着重要作用。他认为企业的演进是个随机过程，方向和结果很难预测。波特的产业演进理论是在已经结构化的产业基础上，以企业的演进为产业演进的代表。实际上，二者是不同的。

这些对于产业演进的理论解释透出这样的信息：一是企业演进是以企业为起点和载体的；二是分工为产业演进提供了动力机制；三是制度因素，特别是交易成本对于企业演进起着重要作用；四是经济发展对于企业演进是根本性因素。当然，这些理论都是以企业的演进来类比企业的演进，隐含着产业最初是由全功能的企业不断分化而成的，事实上并非完全如此。产业是由专业化的企业聚合而成的，产业的形成是基于这些企业要共同承担特定的经济功能，正是功能促使其为经济所需要，同时，由于对功能的共同承担，具有互补性功能的企业才能聚合成一个产业，进而推动产业演进。

（二）金融产业组织理论研究现状

将产业组织用于金融行业是20世纪80年代以后的事，而且这些研究很少对金融产业的市场结构—行为—绩效进行全面分析，而是更多的倾向于研究金融业各细分市场的动态均衡。

1. 银行业的完全竞争模型

谢利（Sealey）和林德·利（Lindley）是最早运用厂商的微观经济学理论建立一种银行生产函数模型者之一。在他们的方法中，银行被界定为一个多部门厂商，其使用劳动力和实物资本为存款人和借款人提供各种金融服务。相对于工业厂商，银行的主要特点是它们的产出（即各种金融服务）仅能通过它们创造的存款D和贷款L的规模间接的测度。银行技术由成本函数$C(D, L)$给出，即管理一定数量存款和贷款的成本。

在竞争模型中，假定银行是价格的接受者：它们在既定的贷款利率、存款利率和银行同业市场利率下开展业务。考虑到管理成本，银行的利率由式（10-1）给出：

$$\pi = r_L L + rM - r_D D - C(D, L) \tag{10-1}$$

式（10-1）中 r_L 是贷款利率；r_D 是存款利率；M 是一家银行在同业市场上的净头寸，有：

$$M = (1-a)D - L$$

a 是法定存款准备率。π 可以用公式（10-2）表示：

$$\pi(D, L) = (r_L - r)L + [r(1+a) - r_D]D - C(D, L) \tag{10-2}$$

这样银行利润是贷款与存款和净管理成本差额的总和。因为已经假定了成本函数 C，通过一阶微分得到利润最大化行为是：

$$\frac{\partial \pi}{\partial L}(r_L - r) - \frac{\partial C}{\partial L}(D, L) = 0$$

$$\frac{\partial \pi}{\partial L} = [r(1-a) - rD] - \frac{\partial C}{\partial L}(D, L) = 0 \tag{10-3}$$

可以得出，一家竞争的银行将以这样的一种方式调整它的存贷款数量，即相应的存贷款利率的差额 $r_L - r$ 和 $r(1+a) - r_D$ 等于它的边际管理成本。r_D 的增加将使银行的需求下降。相应地，r_L 的增长将使银行的贷款供给增加。这种相互影响依赖于 $\frac{\partial^2 C}{\partial D \partial L}$ 的符号；当 $\frac{\partial^2 C}{\partial D \partial L} > 0 (<0)$ 时，r_L 的增长会使 D 下降（增加），r_D 的增长会使 L 下降（增加）。当成本独立 $\frac{\partial^2 C}{\partial D \partial L} = 0$ 时，相互影响为零。

对 $\frac{\partial^2 C}{\partial D \partial L}$ 这种条件的经济学解释与范围经济的概念相关。一方面，当 $\frac{\partial^2 C}{\partial D \partial L} < 0$ 时，L 的增长会使存款的边际成本减少。这是范围经济的一种特定形式，它可以用来解释存款和贷款业务相结合的"全能"银行比单独提供存款和贷款业务的两家分离的银行更有效。另一方面，当 $\frac{\partial^2 C}{\partial D \partial L} > 0$ 时，就存在范围不经济。

2. 垄断银行Monti-Klein模型

银行业一般具有较强的准入障碍，因而完全竞争假设并不与实际相符，一种不完全竞争模型可能会更好地反映实际情况。处于上述原因，我们首先来研究 Monti-Klein 模型，由于它考虑了垄断银行，因而它是以脱离完全竞争模型为目标的。

Monti-Klein 模型考察了具有向下倾斜的贷款需求曲线和向上倾斜的存款供给曲线的垄断银行。事实上，解出它们的反函数更为适宜，即 $r_L(L)$ 和 $r_D(D)$。由于银行的资本规模是既定的，它的决策变量是 L（贷款数量）和 D（存款数量）。使用与前面相同的假设和符号，银行的利润仍可使用式（10-4），唯一的差别是现在银行要考虑 L 对 r_L 的影响（D 对 r_D 的影响）。假定银行接受既定的 r，因为它既可由中央银行指定，也可由国际资本市场的均衡利率决定：

$$\pi = \pi(L, D) \quad (10\text{-}4)$$
$$= [r_L(L) - r]L + [r(1-a) - r_D(D)]D - C(D, L)$$

同前面一样，银行的利润是存贷款的中间利差减去管理成本的总和。在一阶条件下，为了得到 π 的最大值，假设 π 是凸的。一阶条件是：

$$\frac{\partial \pi}{\partial L} = r'_L(L)L + r_L - C^1_L(D, L) = 0 \quad (10\text{-}5)$$

$$\frac{\partial \pi}{\partial D} - r'_D(D)D + r(1-a) - r_D - C'_D(D, L) = 0 \quad (10\text{-}6)$$

这时我们引入贷款需求和存款供给弹性的概念：

$$\varepsilon_L = \frac{y_L L^1(Y_L)}{L(Y_L)} > 0 \text{ 和 } \varepsilon_D = \frac{y_D D^1(Y_D)}{D(Y_D)} > 0$$

然后可由式（10-7）和式（10-8）得到的解（r_L^*, r_D^*）。

$$\frac{r_L^* - (r + C_L^*)}{Y_L^*} = \frac{1}{\varepsilon_L(Y_L^*)} \quad (10\text{-}7)$$

$$\frac{r - (1-a) - C'_D - r_D^*}{r_D^*} = \frac{1}{\varepsilon_D r_D^*} \quad (10\text{-}8)$$

这些公式是对银行部门勒奈指数（价格减去用价格平均后的成本）和反向弹性等式的简单运用。银行对存款（或贷款）的市场控制力量越大，弹性就越小，勒奈指数就越高。如式（10-5），竞争模型是充分弹性的一种极端例子。因此，直观的结论是银行越具有市场控制力，那么存款的中间差额就越大。

结论：垄断银行将在勒奈指数等于反向弹性时设定其存贷款规模。这个结论所导致的直接后果是银行产品的替代品在金融市场上出现时，那么中间差额将会呈现反方向变化。

还有另外两个相关结论：如果管理成本是附加的，银行的决策问题就相互独立，即最优存款利率独立于贷款市场，而最有贷款利率独立于存款市场。在同样的假设条件下，如果货币市场的利率上升，r_L^*和r_D^*将都会提高。

3. 垄断竞争模型

首先由张伯伦（Chamberlin）提出的垄断竞争概念主要运用于工业组织中。它被概括为只要相互竞争的厂商所出售的产品之间存在着某种程度的差异，价格竞争将会导致比纯粹的Bertrand模型更极端的结果。垄断竞争最流行的模型是萨洛普（Salop，1979）的地域模型，在这种模型中产品差异是由运输成本造成的。Salop模型在银行部门的三种应用，主要是阐明三个不同的问题：一是自由竞争是否导致最优的银行数量；二是存款利率监管对贷款利率有什么样的影响；三是自由竞争在ATM网络上是否形成了银行间合作的适当水平。

四、金融企业重组战略

金融企业重组战略行为既是已有市场结构所导致的企业行为之一，也是形成新的市场组织结构过渡阶段所必须经历的，是由"均衡——不均衡——均衡"的必然规律决定的。金融业重组战略行为主要包括两个方面的内容：重组与联合，见图10-1。

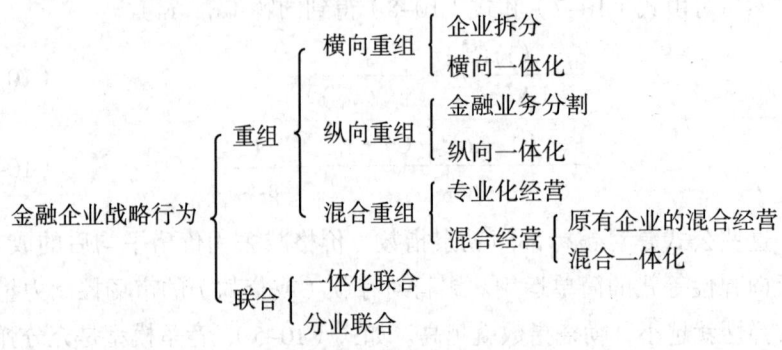

图10-1 金融企业重组战略

（一）金融企业的重组战略行为

1. 金融企业的横向重组战略

金融企业的横向重组包括对市场组织结构产生相反影响的两种行为：企业拆分和横向一体化。

（1）金融企业的拆分。这是将一家金融企业拆分成两家或多家金融企业的战略行为。从政府角度看，金融业市场集中度过高，影响金融市场组织行为和绩效，对金融市场造成垄断，使金融效率下降，消费者净福利受损。因而政府需对垄断企业进行拆分，或对形成垄断的并购进行限制，是市场恢复最有效状态；从金融企业角度看，过大的企业规模使其在单一方向市场进入过深，管理效率下降，并且面对过高的退出壁垒，经营风险增加。

（2）金融企业横向一体化。这是指业务内容相同或相近的金融企业为扩大市场份额和经济规模而进行的并购行为。横向一体化与企业拆分的作用恰好相反。

2. 金融企业的纵向重组战略

金融企业纵向重组包括方向完全相反的两种行为：金融业务的纵向分割和纵向一体化。

（1）金融企业业务的纵向分割。纵向分割是指金融企业将原有的金融业务，按照金融业务链的前向或后向顺序，将其中的一部分内容进行分割，单独经营的过程。在市场有效并日益提高的情况下，新建的金融企业很可能并不是原封不动地进入其各子行业，而只是进入能发挥其经营效率和竞争优势的某一环节，就金融企业的服务链而言，从宏观上看这实际上就是对金融企业的纵向分割。已有的金融企业经过对成本和收益的评估，将原有业务链中的一部分内容彻底或一定程度上分割出去，从而最大限度降低成本，提高核心业务竞争力。

（2）金融企业纵向一体化。纵向一体化是指原本由不同企业经营的金融业务，按照金融业务链的顺序，合并在一家企业进行经营的过程。金融企业纵向一体化的原因是交易费用或市场低效。纵向一体化可分为前向一体化和后向一体化，金融业务链更多地集中在一个企业进行经营，是交易成本下降，企业支配市场能力增强。但也存在风险，如改变交易对象的灵活性下降，市场退出障碍提高，企业经营成本增加，企业内在激励机制弱化等。

3. 金融企业的混合重组战略

金融企业的混合重组战略是近几年人们讨论最多、影响最大的话题。金融业的混合一体化战略无论是理论上还是实践中，事实上都包括两个相反的过程：专业经营与混合一体化。

（1）专业经营。传统的专业经营，是指一家金融企业只经营银行、证券、保险等金融子行业的市场行为。专业经营的动力来源于政府和市场两个方面。就政府而言，1933年美国的《格拉斯——斯蒂格尔法》是塑造专业化经营的最典型范例，受此影响世界绝大多数国家都遵从了这一管理原则。就市场而言，专业经营是金融企业对风险和收益评估结果的理性选择，即使是早已允许混业经营的国家，也大量地存在着专注于某一业务领域的金融企业。那些近几年放松业务范围和进入限制的国家，也基本上没有出现将所有业务都作为重点齐头并进一起发展的案例。专业化经营给金融企业带来的收益包括：一是信息效应，即专业化公司可以最大限度地受到市场的正确评估；二是管理效应，专业化公司可以集中精力专注于自己最熟悉的行业；三是税收或管制效应，即最大程度享受税收优惠和回避管制；四是管理激励效应，这产生于母行业与子行业管理这效率的不同。

（2）混合一体化。混合一体化与专业经营相反。混合一体化的收益大致有：多角化经营收益、价值发现收益、范围经营收益等。但混合一体化存在的风险也不能被低估，如防火墙拆除而引发的金融风险，新行业进入的风险，管理效率下降的风险，等等。但时至今日，对其所带来的宏观和微观效益与风险我们还无法准确评估。

（二）金融企业的联合战略行为

从本质上看，金融企业的联合战略行为是金融企业实现横向重组行为、纵向重组行为、混合重组行为的更为松散和自由的方式而已。金融企业联合战略行为包括企业的联合行为与逆联合行为。

1. 联合行为

金融企业的联合行为有以下实现形式：代理企业、金融同业俱乐部（协会）、金融战略联盟、金融某项业务的合作机构、业务外包、服务水准协议等。

2. 逆联合行为

金融企业的逆联合行为从理论上讲，是金融企业退出联合独自完成某项或所有业务的行为，这种战略行为在金融市场一体化，金融竞争全球的情况下很少发生，但当某个金融企业的实力膨胀到一定程度，不需要联合就可以实现经营目的时，逆联合行为也可能发生。

五、金融产业组织的创新

（一）金融创新基础理论

1. 金融创新概念

金融创新是指金融领域内各种金融要素实行新的组合。具体而言，是指金融机构为生存、发展和迎合客户的需要而创造的新的金融产品、新的金融交易方式以及新的金融机构的出现。包括四个方面的内容：金融创新的主体是金融机构；金融创新的目的是盈利；金融创新的本质是金融要素的重新组合；金融创新的表现形式是金融机构、金融业务、金融工具、金融制度的创新。

2. 金融创新理论流派

金融创新理论是关于金融创新原因和影响的理论。

（1）"技术推进"论。这种理论认为，新技术的出现及其在金融业的应用，是促成金融创新的主要原因。特别是计算机和电讯设备的新发明在金融业的应用，是促成金融创新的重要因素。早期研究技术创新对经济发展贡献的是熊彼得、韩农（Hanon）和麦道卫（Medove），他们经过实证研究，提出了新技术的采用是导致金融创新主要原因的理论。

（2）"货币促成"论。这一理论的代表人物是货币学派的弗里德曼。这种理论认为，金融创新的出现主要是货币方面伊苏的变化所引起的。20世纪70年代的通货膨胀和汇率、利率反复无常的波动是金融创新的重要成因，金融创新是作为抵制货币膨胀和利率波动的产物而出现的。

（3）"财富增长"论。格林鲍姆（Greenbom）和海沃德（Hiword）在研究美国金融业的发展历史时，提出财富的增长是决定金融创新的主要因素理论。这一理论认为科技的进步会引起财富的增加，随着财富的增加，人们要求避免风险的愿望增加，促使金融业发展，金融资产日益增加，金融创新便产生了。

（4）"约束诱导"论。这一理论的代表人物是希尔伯（Seerpar）。该理论认为金融业回避和摆脱内部和外部的制约是金融创新的根本原因。金融机构之所以发明各种新的金融工具、交易方式和服务种类、管理方法，其目的是摆脱面临的各种内部和外部的制约。当上述因素制约金融机构获得利润最大化时，金融机构就会发明新的金融工具、服务品种和管理方法，增强其竞争功能。

（5）"制度改革"论。这一学派以诺斯、戴维等人为代表，认为金融创新是一种与经济制度相互影响、互为因果的制度改革，金融体系任何因制度改革而引起的变动都可视为金融创新。该学派的理论还认为金融创新并不是20世纪电子时代的产物，而是与社会制度紧密相关的。政府的管制与干预行为本身已经包含着金融制度领域的创新。在市场活跃、经济相对开放以及管制不严的经济背景下，政府的管制和干预直接或间接地阻碍着金融活动，当产生的金融创新行为对货币当局实施货币政策构成威胁时，政府会采取相应的制度创新。

（6）"规避管制"论。这一理论的主要代表人物是凯恩斯。该理论认为金融创新主要是由于金融获取利润而回避政府管制所引起。各种形式的政府管制与控制，性质上等于隐含的税收，阻碍了金融机构获得盈利的机会。因此，金融机构会通过创新来规避政府管制。当金融创新危及金融稳定与货币政策时，金融当局会加强管制，新的管制又会导致新的创新，两者不断交替，形成一个相互推动的过程。

（7）"交易成本"论。希克斯与尼汉斯是这一理论的代表者。他们把金融创新的成因归于交易成本的下降，认为降低交易成本是金融创新的首要动机，交易成本的高低决定了金融业务和金融工具的创新是否具有实际价值，而金融创新就是对技术进步到对科技进步导致的交易成本降低的反应。

这些西方金融创新理论主要是侧重于金融创新形成原因的讨论。各种理论从不同的侧面分析了金融创新的原因，实际上正是这些原因的共同作用才掀起了一轮又一轮的金融创新的浪潮。

（二）网络金融

1. 网络金融的含义

网络金融是网络与金融相结合的产物，但它不是两者的简单相加。网络金融，又称电子金融（e-finance），是指基于金融电子化建设成果在国际互联网上实现的金融活动，包括网络金融机构、网络金融交易、网络金融市场和网络金融监管等方面。从狭义上讲是指在国际互联网（internet）上开展的金融业务，包括网络银行、网络证券、网络保险等金融服务及相关内容；从广义上讲，网络金融就是以网络技术为支撑，在全球范围内的所有金融活动的总称，它不仅包括狭义的内容，还包括网络金融安全、网络金融监管等诸多方面。它不同于传统的以物理形态存在的金融活动，是存在于电子空间中的金融活动，其存在形态是虚拟化的、运行方式是网络化的。它是信息技术特别是互联网技术飞速发展的产物，是适应电子商务（e-commerce）发展需要而产生的网络时代的金融运行模式。

网络金融是金融技术创新的结果，并极大地推动了金融业务、组织、制度和观念等多方面的创新。创新是金融企业致胜之宝，是金融生命力的源泉，保持创新才能保持旺盛的竞争力和强有力的发展后劲。创新是指各种要素的重新组合，既包括组织要素的替换，也包括组织结构的转变。金融创新是指金融要素的重新组合，它包括制度创新、工具创新、市场创新和技术创新，甚至还包括思想观念和经营方式的转变。随时根据市场环境和客户需求的变化及时调整金融发展战略，运用高新科学技术推出新的富有竞争力的金融服务品种，是金融业保持发展活力的关键。网络金融正是将计算机和网络通信等高新技术运用于金融领域，使金融企业能够及时把握市场需求信息，推出附加值高、适应性强的金融产品，并通过网络市场行销这些产品，为金融企业带来巨大经济效益。

2. 网络金融创新形式

（1）业务创新。网络金融以客户为中心的性质决定了它的创新性特征。为了满足客户的需求，扩大市场份额和增强竞争实力，网络金融必须进行业务创新。这种创新在金融的各个领域都在发生，比如在信贷业务领域，银行利用互联网上搜索引擎（search engine）软件，为客户提供适合其个人需要的消费信贷、房屋抵押信贷、信用卡信贷、汽车消费信贷服务；在支付业务项域，新出现的电子账单呈递支付业务（electronic bill presentment & payment, EBPP）通过整合信息系统来管理各式账单（保险单据、账单、抵押单据、信用卡单据等）。在资本市场上，电子通信网络（electronic communication networks, ECNs）为市场参与提供了一个可通过计算机网络直接交换信息和进行金融交易的平台，有了ECNs，买方和卖方可以通过计算机相互通信来寻找交易的对象，从而有效地消除了经纪人和交易商等传统的金融中介，大大降低了交易费用。

（2）管理创新。管理创新包括两个方面：一方面，金融机构放弃过去那种以单个机构的实力去拓展业务的战略管理思想,充分重视与其他金融机构、信息技术服务商、资讯服务提供商、电子商务网站等的业务合作,达到在市场竞争中实现双赢的局面;另一方面,网络金融机构的内部管理也趋于网络化,传统商业模式下的垂直官僚式管理模式将被一种网络化的扁平的组织结构所取代。

(3)市场创新。由于网络技术的迅猛发展,金融市场本身也开始出现创新。一方面,为了满足客户全球交易的需求和网络世界的竞争新格局,金融市场开始走向国际联合,如2000年4月英国伦敦证券交易所、德国法兰克福证券交易所宣布合并;另一方面,迫于竞争压力一些证券交易所都在制定向上市公司转变的战略,因为作为公开上市的公司,交易所将可以利用股票资金以更富有创意的方式与其他的交易所、发行体、投资者及市场参与者建立战略合伙关系和联盟。

(4)监管创新。由于信息技术的发展,使网络金融监管呈现自由化和国际合作两方面的特点:一方面过去分业经营和防止垄断传统金融监管政策被市场开放、业务融合和机构集团化的新模式所取代;另一方面,随着在网络上进行的跨国界金融交易量越发巨大,一国的金融监管部门已经不能完全控制本国的金融市场活动了。因此,国际间的金融监管合作就成了网络金融时代监管的新特征。

第二节 金融竞争力理论

一、金融竞争力的内涵

金融竞争力是指金融产业作为整体所显示出来的竞争力。金融竞争力是一个内涵相当丰富的概念,由于人们从不同层面、不同角度来认识金融竞争力,因而对金融竞争力的理解和定义也不尽相同,至今颇多争议。我们认为,金融竞争力是在竞争性和开放性市场中,一国金融产业成功地将金融资源用于转换过程,比他国金融产业更为有效地向市场提供产品和服务,实现更多价值的动态系统能力。

金融竞争力的上述概念,包含六个方面的基本含义:(1)金融竞争力并非某一金融部门的竞争力,亦非金融企业的竞争力,而是各种金融部门和金融企业复合而成的整体性竞争力。(2)金融竞争力存在的前提,是竞争性和开放性的金融市场。在金融垄断和排外性封闭性的金融市场环境下,则无所谓现代意义的金融国际竞争力。(3)金融竞争力是一种系统能力。金融竞争力由众多要素构成,是各种要素内在结合而形成的综合能力。(4)金融竞争力具有强烈的对比性。金融竞争力只能是两国或多国金融业之间相比较而存在的整体力,其参照系是竞争对手的竞争力。一国金融竞争力的强弱,只能在国际金融竞争中检验出来,在与竞争对手的较量中做出判断。(5)金融竞争力通过市场价值和自身利益而体现出来,前者主要包括市场占有率和客户满意度,后者主要包括行业盈利水平和发展水平。(6)金融竞争力是资产竞争力与过程竞争力、现实竞争力与潜在竞争力的统一。

二、产业竞争力分析

(一)IMD与WEF的国际竞争力分析

IMD和WEF是国际上关于竞争力问题的权威评价机构,其国际竞争力的评价原则、方法和指标体系等已经逐步得到认可,IMD的《世界国际竞争力年鉴》和WEF的《全球国际竞争力报告》甚至成为关于竞争力问题研究的"圣经",对竞争力的相关研究产生了巨大影响。IMD和WEF认为:"国际竞争力是指一国的企业或企业家设计、生产和销售产品和劳务,其价格与非价格特性比竞争对手更具有市场的吸引力。"具体到如何衡量,他们则认为应从国内经济实力、国际化、政府管理要素、金融、基础设施、企业管理、科学技术、国民素质等角度来评价各国竞争力。金融竞争力就是其中的一个重要方面,在当今这样一个金融经济时代更显示出其重要性。关于金融竞争力,他们提出4类共27项指标:第一,反映利率、资本成本、信用等级的资本成本竞争力;第二,反映贷款、地区资本市场、国外资本市场开发、出口信用代理和风险资本等的资本市场效率竞争力;第三,反映证券市场资本化、证券市场价值、上市公司、内部交易等证券市场活力;第四,反映中央银行、银行规模、储蓄、国有独资银行、股份制商业银行和法律监管的银行部门效率。

(二)波特的产业竞争力分析

哈佛大学的波特(Porter)教授是竞争力研究的代表人物之一。波特教授的竞争力理论主要在于产业竞争力分析，或者说是以此作为分析切入点，阐述一个国家的竞争优势及取得问题。虽然IMD和WEF对竞争力的认识中也包含了对产业层面的竞争力分析，但其落脚点是根据经验主观地给出一系列详细指标并进行实际测算。而波特的研究则是真正从产业这样一种中观层次对竞争力展开分析，他更注重影响竞争力各因素之间的定性分析，以求尽可能全面地向人们展示出问题。虽然波特并未专门研究金融竞争力问题，他只是从抽象的产业或企业的角度出发进行研究，但他创造的这种思路和研究方法（如价值链分析、钻石理论、五力模型等）却给后续关于金融竞争力问题的研究提供了触发灵感的源泉和一系列实用的分析工具。例如，其钻石模型的基本观点是一国的国内经济环境对企业开发其竞争优势有很大的影响，其中影响最大最直接的因素有4项生产要素、需求状况、相关和支持产业及企业战略组织和竞争。在一个国家的众多行业中，最有可能在国际竞争中取胜的是国内"因素"环境特别有利的那些行业。因此，"4因素"是一国国际竞争力最重要的来源。这也是我们提出金融竞争力综合分析框架的主要理论依据。

三、金融竞争力要素

随着金融全球化发展和各国金融的不断深化，根据国际金融合作与所出现的新情况和新特点，按照突出重点要素的思路，应将金融资产竞争力、金融创新竞争力、金融人力资本竞争力，分别作为要素类列入指标体系。

（一）金融资产竞争力

金融资产是指在金融市场进行交易，具有现实价格和未来预期价格的金融工具的总和。金融资产主要包括金融机构的贷款、有价证券、存款及流通中的现金、各种投资、各种无形资产等。金融资产竞争力是指金融机构用于转换过程以实现其业务扩展和资产增值的那部分资产的竞争能力。

金融资产竞争力之所以要作为金融竞争力的要素类提出来，主要是因为金融资产竞争力作为一种现实的竞争力，是形成金融竞争力的基本平台，也是提升金融竞争力的重要基础。金融资产竞争力不仅在促进现实竞争力各要素发展中起着基础性作用，而且在促进潜在竞争力向现实竞争力转化中发挥重要功能。金融资产竞争力作为金融竞争力的基础性要素，对金融竞争力的其他要素，包括对核心要素，都具有重大影响。从某种程度来说，金融竞争力的增强，往往要通过金融资产竞争力的提升而外显出来。在实际金融活动中,金融资产竞争力的强弱,直接反映出金融竞争力的强弱。以金融资产质量竞争力来说,如果一国金融不良资产规模过大、比例过高,则不仅直接导致金融竞争力的严重弱化,而且极易引发系统性金融风险,甚至产生打击全局的金融危机,并进而对国民经济造成致命的损害。

(二)金融创新竞争力

金融创新是指将金融领域的各种要素进行创造性变革和重新组合,创造和引进新的事物,主要包括金融产品、金融市场、金融制度、金融机构、金融业务的创新和推广。金融创新竞争力则是一国金融业根据市场的变化,创造性地变革和运用各种要素,创造和推广新事物,从而适应市场、拓展市场的能力。

金融创新竞争力之所以作为金融竞争力的要素类,主要是由于金融创新是推动金融系统向着更高经济效率目标发展的源动力。金融发展史表明,金融创新不仅促进金融在既有水平上量的扩张,而且实现金融在更高层面上质的飞跃;离开了金融创新,金融只能在原有层面上实现量的增长。当代金融创新浪潮席卷全球,正以前所未有的速度向前发展。世界金融正在历经一个高速创新期,呈现出显著的信息化、全球化和自由化特征。在此情况下,不论发达国家,还是发展中国家,都高度重视金融创新。因为只有增强金融创新能力,积极推进金融创新,才能获取更多的金融资源,扩大其创新产品在市场的占有率和覆盖面,从而增强其自身的盈利能力和发展能力。对于发展中国家而言,提高金融创新能力,才能成功实现同国际金融的接轨,参与国际金融的合作与竞争,不断提升自身的金融竞争力,金融创新竞争力的提升,既需要金融竞争力诸多要素的配合,同时又对各个要素竞争力的提高产生重大促进作用。金融创新竞争力具有知识创新性、创新过程的独特性、创新成果的可扩展性、创新思维和能力的难模仿性特点,因而它具备金融核心竞争力的特质和条件。金融创新能力具有战略决策、拓展市场、创造价值、推动要素提升等功能。在金融创新快速发展的今天,金融环境的动态性大为加强,金融企业只有提高金融创新能力,才能抢占先机,巩固和扩大生存与发展空间,更好地实现价值增值和自身发展。金融创新往往牵一发而动全身,重大创新成果的获取和应用,将对金融竞争力产生全局性的影响,并引起各要素竞争力的相应变化。

(三）金融人力资本竞争力

金融人力资本是相对于金融物力资本而言的概念，是指通过对金融人员的投资，使之转化并表现为金融人员素质的资本，具体包括劳动报酬、培训费用、股权、期权等多种形式。金融人力资本以金融人员为载体，属于知识、技能形态的无形资产，是一种能动的智能性资本。在各种形态的金融资本中，金融人力资本是弹性最大、价值增值率最高的主导性资本，能够创造出远高于自身价值的价值。金融人力资本竞争力则是在开放性的金融市场中，金融人力资本在竞争力中所具备的整体能力。金融人力资本竞争力离不开合理的人才规模、人才结构和良好的经营机制，以金融竞争力的总体提升为基础，同时又是金融竞争力得以增强的充要条件。

金融人力资本竞争力作为金融竞争力的要素类单列出来，是完全必要的。金融人力资本属于金融业的战略性资源，对金融全局的发展具有根本性的影响。一国金融增长的源泉，总的来说有两个方面：一是增加要素的投入；二是提高综合要素生产率。这两个方面都越来越依赖一国的金融人力资本竞争力。金融人力资本竞争力，是其他要素竞争力充分发挥和持续增强的决定因素，没有充足的人力资本投入，其他要素投入往往是低效的，甚至是无效的，即使某些单个要素的竞争力会有所提高，但是系统的整体竞争力却难以增强。在知识经济时代，金融人才是金融业极为宝贵和稀缺的资源，金融人力资本也成为金融业最为重要的资产。金融全球化发展，日益昭示出一个真理：金融国际竞争，实质上是金融人才的国际竞争。金融人力资本已成为各国金融竞争力的决定性因素，成为获取竞争优势的重大关键。

第三节　金融市场结构理论

一、金融市场的基本概念

（一）金融市场的含义

金融市场狭义上是进行资金融通的场所，在这里是指实现借贷资金的集中和分配，资金从盈余者向短缺者转移，并由资金供给和资金需求的对比形成该市场的价格——利率。从广义上看，金融市场不仅处理债权债务关系，而且处理股权关系，所以，权益性融资也包含其中，并且，在权益市场上，形成均衡股价。除此之外，还包括在基础金融市场基础上所衍生的金融市场。

（二）金融市场的要素

金融市场所具备的基本要素包括交易对象、交易主体、交易工具及交易价格。

（1）金融市场的交易对象是货币资金或者金融资产，无论银行存款还是证券买卖，其最终目标都是实现货币资金的转移。但与商品交易表现为所有权和使用权同时转移不同的是金融交易大多只是表现为货币资金使用权的转移。

（2）金融市场的交易主体可以区分为资金的供给者、需求者、中介者和管理者四大类。具体而言，则包括了所有参与交易的个人、企业、金融机构、政府以及海外投资者。

（3）金融交易工具是指在信用活动中产生的能够证明金融交易金额、期限、价格的书面合约。它对于债权债务双方所应承担的义务与所应享有的权利均由法律约束意义，具有偿还期限、流动性、风险性和收益率等特征。在分类方面，以期限为分类标准可分为货币市场金融工具和资本市场金融工具。前者主要有商业票据、短期公债、银行承兑汇票、可转让大额定期存单、回购协议等；后者主要有股票、公司债券及中长期公债等。金融工具按投资人是否掌握所投资产的所有权的标准划分可分为债务凭证和所有权凭证（股票）。

（4）金融市场的价格指它所代表的价值，即规定的货币资金及其所代表的利率或收益率的总和。金融市场上金融资产的价值是有风险、预期收益、其他经济因素等共同作用的。但在复杂的金融市场上，众多金融工具的价值是相互联系的，同时它们的内在价值是由基本的利率因素决定的。金融市场工具及其价格结构是一个层次合理、联动有效的金融价格信号系统。而利率是金融市场的基本价格信号，因为利率是连接金融资产现值和终值的纽带。

二、金融市场的理论

（一）MM理论的内涵

现在所通称的"MM定理",除了莫迪格里安尼(Franco Modigliani)和米勒(Merton Miller)在1958年6月《美国经济评论》第48卷提出的、最为著名的定理Ⅰ、定理Ⅱ和定理Ⅲ外,还包括1961年10月他们在《商业学刊》第34卷发表的另一篇经典文章"股利政策,增长和股票股价"中所提出的一项推论和1963年6月在《美国经济评论》第53卷所做的"企业所得税和资本成本:一项修正"的修正结论,以及1966年6月在《美国经济评论》第53卷列出的"电力公用事业行业资本成本的某些估计"一文中的实证结果。

莫迪格里安尼和米勒在1956年6月《美国经济评论》第34卷提出的定理Ⅰ、定理Ⅱ和定理Ⅲ分别为:

定理Ⅰ:任何企业的市场价值与其资本结构无关,而是取决于按照与其风险程度相适应的预期收益率进行资本化的预期收益水平。

定理Ⅱ:股票每股预期收益应等于与处于同一风险程度的纯粹权益流量相适应的资本化率,再加上与其财务风险相联系的溢价。其中财务风险是以负债权益比例与纯粹权益流量资本化率和利率之间差价的乘积来衡量。

定理Ⅲ:任何情况下,纯粹权益流量资本化率,它完全不受用于为投资提供融资的证券类型的影响。

在1961年10月《商业学刊》第34卷"股利政策,增长和股票股价"中所提出的一项推论指出:"在给定投资政策情况下,股利政策的改变意味着仅仅只是对任何期间的总收益在股利和资本得利之间的分配上的改变,假如投资者按理性行事的话,这样的一种改变不可能影响到市场价值评估。"

从最初的MM理论可以得出一个最为基本的结论:在莫迪格里安尼和米勒设定的环境下,选择股权融资和债务融资对企业价值没有影响或影响较小。

"MM理论"的前提是完善的资本市场和资本的自由流动,不考虑公司所得税,不考虑破产成本等。然而,现实中不存在完善的资本市场,且还有许多阻碍资本流动的因素,尤其是所得税对各个公司而言都是存在的,因此,米勒等人后来又对"MM理论"进行了一定的修正,他们认为:考虑所得税因素后,尽管股权资金成本会随负债比率的提高而上升,但上升速度却会慢于负债比率的提高,因此,修正后的"MM理论"认为,在考虑所得税后,公司使用的负债越高,其加权平均成本就越低,公司收益乃至价值就越高,这就是修正后的"MM理论",有资本结构与资本成本、公司价值的相关理论(简称"相关论")。

按照修正后的"MM理论",公司的最佳资本结构是100%的负债,但这种情形在现代社会显然不合理,因此,后来有些学者从不同角度提出了各自的理论。

(二)金融市场一般均衡理论

从世界范围来看,在金融市场漫长而坎坷的发展历程中,人们对金融市场的认识和理解也经历了一个缓慢的、渐进的演变过程。金融市场理论的核心是基本的估值关系,它表明一项资产的价值等预期产生的未来现金流的现值之和。这一基本关系在1896年由埃文·费舍尔(Irving Fisher)提出并做出解释。之后,冯·诺伊曼(Von Neumann)和莫格斯特恩(Morgenstern)合作完成了《博弈论域经济行为》一书,提出了"预期效用函数"作为在不确定性情况下进行决策的评价准则,从而进一步深化了与金融市场相关的投资理论。

正如前面所述,金融市场的重要功能之一是资金融通和促进金融资源优化配置,不同的金融市场在资金融通方面功能各异,长短互补。但是有效率的金融市场结构应是融资工具能够反映投资者的不同偏好,边际收益及价格应是相等的,或者在理论上是完全可替代的。在这方面,关于金融市场均衡机制的研究直到20世纪50年代以后才有令人比较满意的成果面世。1952年,哈里·马科维茨(Harry Markowitz)在《金融杂志》发表了名为《证券组合选择》的论文,第一次从规范经济学的角度详尽论述了投资目标函数、组合的方差及解的性质等基本理论,揭示了如何通过建立证券组合有效边界来选择最优组合,以及如何通过分散投资来降低风险,从而为衡量证券的收益和风险提供了基本的思路,奠定了金融市场证券投资的基础。

大多数金融市场均衡的早期研究把收益空间作为探讨的主要对象,侧重于偿付收益而不是总偿付或消费水平。比如所谓的资本资产定价模型(CAPM),该模型大体上是由威廉·夏普(William Sharpe, 1964)、约翰·林特纳（John Lintner，1965）和简·莫森（Jan Mossin，1966）独立提出的。这个模型研究单一时期的、无摩擦的和竞争的金融市场。它假设：（1）投资者偏好仅为资产组合的预期收益的均值和方差函数（视均值为例、方差为害，趋利避害）；（2）投资者对手以概率的估计是齐次性的；（3）存在着一种无风险资产，按照放款利率可得到的借款是无限额的。按照这些假设，那么在均衡时的三种主要结果是：（1）最优资产组合的预期收益是收益标准差的正线性函数；（2）每一种证券（和资产组合）的预期收益是这种证券和有风险资产的市场组合的（收益）协方差的正的线性函数；（3）所有最优资产组合都包括了与无风险借款或放款有关的风险资产的市场组合。资本资产定价模型之后的一项新进展是套利定价定理（APT），史蒂芬·罗斯（Stephen Ross）在1976年发表的《资本资产定价中的套利理论》一文中提出了这一理论。该理论从更广的角度来研究风险资产的均衡定价问题，它假定证券收益是一个线性的K-因子模型（K是小数值）生成的。所有证券的风险残差对每一种证券是独立的，因此，大数定律是适用的。

第四节 金融市场的功能

金融市场对于一国的经济发展具有多方面的功能。

1. 金融市场能够迅速有效地引导资金合理流动，提高资金配置效率

（1）扩大了资金供求双方接触的机会，便利了金融交易，降低了融资成本，提高了资金使用效益。

（2）金融市场为筹资人和投资人开辟了更广阔的融资途径。

（3）金融市场为各种期限、内容不同的金融工具互相转换提供了必需的条件。

2. 金融市场具有定价功能，金融市场价格的波动和变化是经济活动的晴雨表

（1）金融资产均有票面金额。

（2）企业资产的内在价值包括企业债务的价值和股东权益的价值只

有通过金融市场交易中买卖双方相互作用的过程才能"发现"其价值是多少。即必须以该企业有关的金融资产由市场交易所形成的价格作为依据来估价,而不是简单地以会计报表的账面数字作为依据来计算。

(3)金融市场的定价功能同样依存于市场的完善程度和市场的效率。

(4)金融市场的定价功能有助于市场资源配置功能的实现。

3. 金融市场为金融管理部门进行金融间接调控提供了条件

(1)金融间接调控体系必须依靠发达的金融市场传导中央银行的政策信号,通过金融市场的价格变化引导各微观经济主体的行为,实现货币政策调整意图。

(2)发达的金融市场体系内部,各个子市场之间存在高度相关性。

(3)随着各类金融资产在金融机构储备头寸和流动性准备比率的提高,金融机构会更加广泛地介入金融市场运行之中,中央银行间接调控的范围和力度将会伴随金融市场的发展而不断得到加强。

4. 金融市场的发展可以促进金融工具的创新

(1)金融工具是一组预期收益和风险相结合的标准化契约。

(2)多样化金融工具通过对经济中的各种投资所固有的风险进行更精细的划分,使得对风险和收益具有不同偏好的投资者能够寻求到最符合其需要的投资。

(3)多样化的金融工具也可以使融资者的多样化需求得到尽可能大的满足。

5. 金融市场帮助实现风险分散和风险转移

(1)金融市场的发展促使居民金融资产多样化和金融风险分散化。

(2)发展金融市场就为居民投资多样化、金融资产多样化和银行风险分散化开辟了道路,为经济持续、稳定发展提供了条件。

(3)居民通过选择多种金融资产、灵活调整剩余货币的保存形式,增强了投资意识和风险意识。

6. 金融市场可以降低交易的搜寻成本和信息成本

(1)搜寻成本是指为寻找合适的交易对方所产生的成本。

(2)信息成本是在评价金融资产价值的过程中所发生的成本。

(3)金融市场帮助降低搜寻与信息成本的功能主要是通过专业金融机构和咨询机构发挥的。

第十一章

和谐金融发展理论

第一节 和谐金融概念的界定

一、和谐金融的概念和内涵

（一）社会主义和谐社会的内涵

人自身的和谐。实现人的自由全面发展，要有健全的人格，有正确的世界观、人生观和价值观，能正确处理个人与自然、个人与社会的关系，真正融入自然、融入社会、融入集体。

（1）人与自然的和谐。走与自然和谐发展之路，保护和改善生态环境，发展循环经济、提高资源利用效率。

（2）人与人、人与社会的和谐。妥善协调和正确处理人们之间的各种利益关系，实现人与人之间关系和谐。人的发展与社会的发展总是相互作用、相互制约的，人和社会和谐发展成为人们追求的理想和目标。

（3）国家内部系统诸要素之间的和谐。国家是涵盖经济、政治、文化等许多相互联系、相互依赖、相互影响、相互制约的要素的有机整体。和谐社会必须是经济、政治、文化等各要素之间和谐、协调发展的社会。首先是经济关系、政治关系和思想关系之间的和谐，其次是国内各地区、各行业、各阶级之间的和谐。

（二）社会主义和谐社会的特征

第一，社会制度方面。民主法制首先要保证人民当家做主，这就意味着要尊重人民群众的独立人格和民主权利，尊重并维护公众的社会知情权、社会参与权、意志表达权以及民主监督权，在民主得到充分发扬的基础上，使社会各方面积极因素得到广泛调动。同时，这种民主要与法制相结合，使整个社会的运转服从于法制的权威，使依法治国基本方略得到切实落实，实现向法治社会的转变。公平正义是社会制度的首要价值，是人类追求美好社会的永恒主题。公平正义不仅仅表现为收入分配的公平、社会各方面利益关系的协调，而且表现为人们在社会经济生活中地位的公平、机会的公平以及整个社会规则和机制的公平，是一个公平发展的体系。

第二，人际关系方面。诚信是中国最基本的道德规范之一，但在当前，社会信用缺失是一个比较突出的问题，不仅仅是个人信用制度，而且是企业信用制度和政府信用制度都亟待建立。强调诚信友爱，就是全社会诚实守信、全体人民平等友爱、融洽相处。

第三，社会主体角度。社会活力的充分释放需要特别强调"四个尊重"，即尊重劳动、尊重知识、尊重人、尊重创造，大力营造鼓励人们干事业，支持人们干成事业的社会氛围，使一切有利于社会进步的创造愿望得到尊重，创造活动得到支持，创造才能得到发挥，创造成果得到肯定，从而使社会活力竞相迸发。

第四，社会与自然环境方面。安定有序，就是社会组织机制健全，社会管理完善，社会秩序良好，通过建设安定有序的社会，使人民群众安居乐业，社会保持安定团结。一个和谐的社会不可能建立在资源枯竭和环境恶化的基础上，人与自然和谐相处，就是要寻求生产发展、生活富裕、生态良好的最佳结合点。人们能够在优美的生态环境中工作生活。人与自然达到和谐与共生是和谐社会最为基本的特征。

（三）和谐金融的内涵

1. 关于和谐金融的内涵界定

金融作为和谐社会中必不可少的一环，构建和谐金融的问题也越来越得到重视，"和谐金融"这一名词也应时诞生。国内关于和谐金融内涵系统性的阐述还比较少，大多都是认为和谐金融是金融内生机制和社会经济环境的系统结合。主要提出者有：

中国社会科学院副院长李扬，认为"和谐金融体系分为两部分：一类是金融体系自身，一类是金融体系环境"，他认为将生态金融概念引入有利于我们认识清楚和谐金融体系的内涵（2005）。

银河证券公司首席经济学家苑德军认为，所谓和谐金融，至少应该包括三层含义：一是金融与经济的和谐，即金融能够很好地促进经济的协调、稳定和可持续发展；二是金融与社会发展的和谐，即金融能够很好地促进各项社会事业的发展；三是金融自身的和谐，即金融的各种要素结构，如金融组织结构、金融工具结构、金融市场结构等是完善的和多样化的，金融资源的配置结构是平衡和优化的，金融活动中各类经济主体的利益关系得到了很好的兼顾和协调，广大社会公众能够分享金融改革和金融发展的成果（2007）。此外，2004年周小川将金融生态的理论引入金融发展，近年来大量关于金融发展的研究都围绕金融生态理论展开。

2. 国内外关于"和谐金融"的理论研究

总体看，国内关于金融和谐发展的研究还比较零散，很多学者以金融发展的某一方面为出发点，来阐述金融和谐发展的基础，总结主要的观点大致可以分为四种：第一种观点是以金融结构理论为基础，认为要使金融和谐发展首要的问题就是要调整金融结构，合理的金融结构才能促进金融自身的和谐发展，并最终达到与经济协调发展的目的。第二种观点是借助仿生学中生态系统的概念，引入金融生态概念，来研究金融的和谐发展问题，金融生态理论是近些年研究和谐金融比较成熟的理论。第三种观点认为构建和谐金融需要从金融创新，金融信息化入手。第四种观点是以效率和公平问题为着眼点，认为金融的和谐发展实际上是效率和公平的权衡问题。

（1）以金融结构理论为基础的和谐金融理论。经济学家对金融结构的研究始于20世纪50年代。1955年和1956年美国两位经济学家格利和肖合作发表了《经济发展的金融方面》和《金融中介机构与储蓄—投资过程》两篇论文；1955年戈德史密斯发表了《发达国家的金融结构与经济增长：关于金融形态的比较实验》。三篇论文是金融结构研究的开山之作。

格利和肖于1960年又合作出版了《金融理论中的货币》。他们认为在整个储蓄向投资转化的过程中，盈余部门是储蓄者，亏损部门是投资者。只要经济部门之间存在着亏损和盈余，投资者从外部筹集资金便不可避免。格利和肖把外部筹集资金划分为两种基本形式：直接融资和间接融资，认为金融中介机构可以分为货币系统和非货币的中介机构两种，前者供应货币，后者提供非货币的间接证券。

1969年戈德史密斯出版了《金融结构与金融发展》，这是一部系统研究金融结构的著作，对跨度达百余年的金融发展及几十个国家的金融结构进行了比较研究，创立了独特的金融结构理论。他将金融结构定义为金融工具和金融机构的构成状态，指出，"不同类型的金融工具与金融机构的存在、性质以及相对规模就体现出一国的金融结构"。

在这个基础上，20世纪90年代，内生增长理论以及传统的金融结构理论为基础。吸收了信息经济学的思想应运而生。其理论架构上侧重于内生金融机构的分析。Dutta和Kapur（1998）等分别从提供流动性、信息成本优势、空间分离与有限沟通以及当事人的流动性偏好与约束的角度，论证了金融机构的形成过程与存在意义。Greenwood和Smith（1997）则对于金融市场的内生形成与存在意义做了深入的探讨。金和莱文（1993），莱文和泽尔沃斯（1998），Rajan和Zingales（1998）在实证上从不同角度研究了金融结构与经济增长之间的相互关系。他们共同开创了一个广阔的内生金融增长研究领域。不过，内生金融增长模型的不足之处，在于所探讨的只是稳定状态下的金融结构的发展，而对于金融条件发生变化时的金融结构变迁路径没有进入深入分析。

国内关于金融结构在20世纪90年代以前基本上停留于宏观层面的分析。90年代之后的研究开始借鉴国外的研究成果对金融结构进行多层次、多角度研究。其中，结合区域经济进行金融结构研究的专家与观点主要有：张杰（1994）对中国经济的区域差异状况以及特征做了理论描述。他侧重研究了金融结构的区域趋同问题，认为金融聚集与中国金融成长的历程是一个"倒U"过程。指出在体制改革阶段应该积极地推进"趋异"过程，而不是抑制这一过程。曾康霖教授（1999）在专著《经济金融分析导论》中，对金融结构的各个层面进行了富有前瞻性的探索。认为金融机构的种类、业务范围、资本结构、资产构成以及信用创造能力，对经济的渗透能力构成金融结构类型的特征。谈儒勇（1999）对金融工具进行了初步的研究。认为金融工具是金融业务中债权人和债务人之间的债权和债务凭证，也是金融市场中的流通、交易对象和具有法律效力的契约。伍海华（2002）采用多变量因子分析法对31个省、市、区的金融发展状况进行定量实证与评价，发现地区经济增长的启动在很大程度上取决于资金积累能力和引入外部资金能力。指出中国经济呈现出由东部地区到西部地区阶梯走弱的特征是金融发展呈现区域二元结构的反映。要想从根本上解决经济发展的区域二元结构问题，必须从根本上提高西部欠发达地区的金融发展水平。李木祥（2003）指出区域金融结构中的金融机构是金融市场中金融工具发行和交易的市场主体，是商品贸易支付和结算、资金盈余部门与资金亏损部门间资金融通的中介机构，具有主要依赖负债资金进行高杠杆经营和信用创造能力的特征。刘仁伍（2003）认为区域金融机构中的金融市场是金融得以实现的有形或无形场所，也是金融工具流动性、盈利性、金融工具和服务价格形成、价格发现的场所。金雪军、田霖（2004）根据1978~2003年的数据，对我国的金融成长差异进行实证分析的研究结果表明，这期间并不存在区域金融成长差异的"倒U"形曲线，而是呈现三次曲线的变动态势。指出从更长期看，"倒U"形曲线是否成立还未有定论，但区域金融发展的非均衡是长期存在的。李江、冯涛（2004）通过金融中介视角，运用2002年中国各地区截面数据建立模型，实证分析得出我国转轨时期各个地区金融中介成长与经济绩效之间呈正相关关系，并且第一产业与金融发展的绩效之间的关联性最为薄弱，认为要缩小区域差异，关键是要提高金融组织的规模和质量。王维强（2005）的研究表明区域金融差异归根到底是由微观主体有限理性的行为造成的，微观市场无法建立起有效平衡机制，必然导致宏观层面"市场失灵"，这说明了推行区域金融政策的必要性，同时界定了我国区域金融发展的四种模式：市场竞争型、政府适度主导型、城乡差异型、政府扶持型。

以金融结构理论为基础，很多学者以金融结构的改善为研究视角来衡量金融的和谐发展问题。

李忠民（2005）在《金融中介与经济增长的实证研究》一文中，运用多变量VAR系统分析表明：陕西省的金融发展没有带动经济增长，而恰恰相反，却是经济增长带动金融中介规模、效率与结构的转变。省内的非国有金融与非国有企业形成了一种良性的互动关系。

秦池江（2005）指出，金融体系中的各个组成部分，大的有大的优势，小的有小的特色；大小强弱各司其职、各展其能，才能形成一个功能配套、和谐有序的组织体系。

魏革军（2005）认为，和谐意味着平衡，平衡是动态平衡和结构平衡的统一；金融结构内部应该匀称，大型和小型金融机构，区域之间的金融机构应该各司其职，货币市场与资本市场应该良性互动，根据自身特点优化各自功能，有序发展。

林毅夫（2007）在《发展中小金融机构与构建和谐社会》一文中从我国的金融机构出发谈到我国存在农村金融缺位与中小金融机构发展不健全的现象，他认为应该发展中小金融机构才能构建和谐社会、和谐金融。

银河证券公司首席经济学家苑德军（2007）认为经济的健康可持续发展，有赖于合理高效的金融体系，因而优化金融机构，提高金融运行效率成为当务之急。优化金融机构，促进金融和谐发展应该主要从四个方面去做：优化融资结构，构建多层次资本市场体系，促进直接金融和间接金融协调发展；优化金融开放结构，积极推进金融的对内开放，促进金融对内和对外开放协调发展；优化金融发展的地域结构，重构农村金融组织体系，促进城乡金融协调发展。

（2）以金融生态理论为基础的和谐金融理论。金融生态是在借鉴英国生态学家坦斯利（A. G. Tansley，1995）的生态系统基础上提出的，由于金融体系具有内在逻辑安排、发展规律等群体生态学特征，其逐渐在经济活动中形成鲜明结构特征和功能特点的"秩序结构"，这种"秩序结构"便称为金融生态。

在中国，白钦软（2001）较早描述了金融生态环境。他认为，金融资源的开发和利用是社会经济扩大资源基数和提高资源利用效率的重要组成，而金融资源的开发利用过程和效率状态则构成一国经济的金融生态环境。同时，他强调特定的金融生态环境以其环境容量和"净化"能力对经济活动会产生约束性影响，从而为金融生态的提出和深入研究破题。

"金融生态"的比较完整的定义是由周小川在2004年提出的。他认为，金融生态即微观层面的金融环境，包括法律、社会信用体系、会计与审计准则、市场体系、中介服务体系、企业改革的进程发展以及银企关系，其中，法律制度环境是金融生态的主要构成部分。他认为金融体制改革是一项系统工程，包括四方面内容，一是金融机构自身的改革；二是金融生态环境的改善，其中包括两个层面，即全局与宏观层面的生态环境以及地方层面的生态环境；三是监管要到位，主要是完善监管体制，改进监管方法，加大监管工作力度；四是宏观金融政策环境，如利率政策、汇率政策和市场定价的灵活性等方面。

徐诺金（2005）规范地阐述了金融生态的理论意义和实践范畴。他指出，金融生态是金融与其环境之间相互关系的总和，是各种金融组织为了生存和发展，与其生存环境之间以及其内部金融组织相互之间在长期密切联系和相互作用过程中，通过分工、合作所形成的具有一定结构特征，执行一定功能作用的动态平衡系统。他认为，应从金融生态环境、金融生态主体、金融生态调节这三个方面展开相关研究。

李扬（2005）认为，金融体系绝非是独立创造金融产品和金融服务的系统，它的运行不仅涉及其赖以活动之区域的政治、经济、文化、法制等基本环境要素，还涉及这种环境的具体构成及变化，以及由此导致的主体行为异化对整个金融生态系统所产生的影响。他还认为，金融生态环境因素可能是影响中国金融资产质量的最主要因素。基于此判定，他们创建了城市金融生态数据库（李扬等，2005），通过经济基础、企业诚信、地方金融发展、法制环境、诚信文化、社会保障制度、金融部门独立性等因素综合指数的设计，运用数据包络分析（DEA）模型，对中国的城市金融生态环境进行了定性、定量分析以及相关评价，强调应从地方政府职能的转换、金融业发展法制环境的完善以及社会诚信文化建设的推进三个角度来优化金融生态。

清华大学宋逢明（2005）指出，良好的金融生态环境能够促进金融业的健康发展，反之金融业的健康发展，能够有力地支持、促进经济发展和社会进步。他进一步强调，良好的信用环境两个标志，其一为公司治理的完善，其二为政府对于商业银行信贷活动不再采取强烈干预，外部金融生态环境的改变不能靠银行来进行，金融生态环境的改善需要政府和整个社会来推进。他建议创新机制，使得制度有效地进行，而这就需要良好的外部环境支撑，外部金融生态环境的改善，才有利于中国银行巩固核心竞争优势。

苏宁（2005）认为，金融生态作为一种拟声比喻，不是指金融业内部的运作，而是借用生态学概念在金融业运行的外部环境，同时他强调，良好的金融生态环境由稳定的经济环境、完善的法制环境、良好的信用环境、协调的市场环境以及规范的制度环境构成。

唐旭（2005）认为，金融生态中的法律问题始终是金融领域多关注的焦点。他认为，不完备的担保法律会导致银行提高贷款利率以及弥补借贷风险。减少借贷，从而导致信贷市场萎缩；反之则会有助于减少不良贷款，防范金融风险，降低贷款利率，提高信贷服务并深化金融市场。他主张通过完善担保物权制度来实现融资畅通，保护银行和工商企业等信贷人的权利，从而优化金融生态，促进金融发展和经济增长。

中央财经大学教授秦池江（2007）认为，和谐社会建设，呼唤着营造和谐金融环境，创新充满活力的金融文化，全面提高金融服务能力，承担起金融服务的历史责任。

杨子强认为"政府要为和谐金融体系金融业发展创造公平、公正的环境"。他主张商业银行要重视对金融生态环境的研究和利用，深刻把握金融生态主体和环境之间的密切联系。

林廷生（2005）指出，金融发展取决于金融生态状况，改善金融生态是新时期政府抓好金融工作的切入点。他认为政府应在加强金融生态规划、构建部门联动机制、提高社会诚信意识、加快市场经济发展、健全金融生态内部机制、调整优化产业结构，在金融生态基础上发挥主导作用。

中国人民银行征信管理局副局长万存知在第七届"中国金融发展论坛"上提出了征信体系建设可以促进金融生态环境的健康发展。他认为征信系统可以降低信贷的门槛，能够扩大对边缘借款人的服务，同时防止借款人过度负债，有利于金融稳定发展，有利于保持社会稳定。

（3）以效率与公平的关系为研究视角的和谐金融理论。以江其务为代表，认为和谐意味着效率，和谐的金融体系应该是一个具有较高效率的体系。江其务（2005）指出效率问题是经济学一大永恒的话题。金融作为经济的核心，是社会资源的配置核心，是宏观调控的重要工具，尤其需要注意效率的问题，中国要全面实现小康社会，建设和谐金融体系，必须处理好公平和效率的关系。谢朝华（2005）在金融效率的分层与程度方面提出了他的看法，他认为金融机构的效率是银行在业务活动中投入与产出之间的对比关系，一般可以从产出最大化，成本最小化和利润最大化三个方面来测度其高低；金融机构效率反映了金融机构资源配置的效能，是衡量银行投入产出能力，市场竞争力和可持续发展能力的重要指标。还有一些学者认为要构建和谐金融，公平是必须要重视的原则，认为构建和谐金融应该尤其注意也要为中小企业和农业的服务问题，同时要注意各个区域的协调发展。

江其务（2005）认为在后改革期的中国经济体制变迁必须更多地关注公平问题，特别是落后地区和弱势群体的利益问题，区域间的协调发展问题。他指出西部开发已经进入了战略调整阶段，更加迫切需要金融支持。金融支持西部开发尤其是要发挥政策性金融的主导作用，保持多种金融主体和谐发展。

李蕴祺（2005）指出，要建立和谐金融体系，银行要有针对性的解决中小企业贷款难的问题，中小企业遇到的问题具有政策因素，政策性银行介入中小企业融资，可以解决商业银行的难题。白世春（2005）认为，和谐意味着公平，和谐金融体系的构建应该为小企业和农民解决最迫切需要的短期融资市场问题。韩平（2005）指出，构建和谐金融应该加大对"三农"等薄弱缓解项目的支持力度。拓展农业发展领域，强化政策性金融支持县域经济发展功能的作用。

（4）以金融创新为研究视角的和谐金融理论。2006年9月召开的第七届"中国金融发展论坛"以"构建和谐金融生态，丰富社会金融元素"为主题进行了讨论。会议认为，进入2006年，金融信息化与和谐金融的内在关联日益凸显出来，信息化已渗透到和谐金融生态的各个层面、各个环节与各个角落。于是，"和谐金融与自主创新"作为一个重要的课题，不由得人们不去关注与解析。中央人民银行副行长苏宁提出"要推动金融科技创新，造福全社会"。他认为金融信息化既是涉及银行科技体制改革，金融风险防范，信息技术应用的复杂体系，也是由政府部门、银行和其他金融机构以及IT产业共同参与的庞大系统工程，是金融现代化建设的重要组成部分。中国银行副行长华庆山提出创新主要体现在五个方面，即观念创新、产品创新、中间业务创新、服务创新、营销创新。

二、和谐金融发展主线

在构建社会主义和谐社会的过程中，公平与效率协调发展就是要以高效率来维护和促进更高层次的公平，以更大范围的公平来最大限度激发社会活力，保持和提高社会发展的效率，使二者在发展中实现统一。同样，在和谐金融的发展中，也要强调公平与效率的关系并且要始终把握住两者互相协调发展的主线，构建和谐金融的发展。

首先，在构建和谐金融中要强调效率的发展。效率作为经济学上的一个概念，是指人们对经济资源的有效利用和合理配置，做到人尽其才、物尽其用，具体说，效率是指资源最合理的配置。在市场经济体制下，通过价格、供求、竞争机制的作用，社会经济可以达到帕累托最优，因此，本文提出在和谐金融的发展中提高效率就是要实现金融的市场化。

市场化是指经济资源由计划配置为主体向市场配置为主体的根本转变,以及由此所引起的企业行为、政府职能等一系列经济关系与上述转变相适应的过程。市场化程度本质上是市场机制在多大范围发挥其对资源配置的基础作用。金融市场化与经济市场化是密不可分的,经济市场化是中国经济改革与发展的方向,是改革计划金融、实现金融市场化的前提和基础;而实现金融市场化是经济市场化的客观要求,对经济市场化进程有巨大的促进和推动作用。

其次,在构建和谐金融中要强调公平。公平是指人们对既定社会中人与人之间各种关系的认识和评价,其原则和标准因时代和社会制度而异,内容涉及政治、法律、文化等各个领域。社会公平主要地体现为一种根本的制度安排,是和谐的基础和前提。社会化指个人为适应现在及未来的社会生活,在家庭、学校等社会环境中,经由教育活动或人际互动,个人认同并接受社会价值体系、社会规范,以及行为模式、并内化至个人心里,成为个人价值观与行为的准绳,由此,本书提出在和谐金融的发展中强调公平就是要创造金融的社会化。金融社会化是要金融融入到整个社会、家庭、个人中,在金融发展到一定发达程度时,金融业由国家整体计划配置转变为由市场自主调配,每个经济人从被迫接受各种金融产品、金融机构到金融已成为与每个消费者息息相关并且深入彻底的融入到每个人的生活中的一种状态。

市场化是构建和谐金融发展的重要手段,实现社会化是和谐金融的最终目的,大力发展金融的市场化就是为了提高效率,效率提高的最终目的是实现更多数人的公平、实现各个地区的社会化。因此效率与公平、市场化与社会化的和谐统一是构建和谐金融的本质要求。但是在和谐金融的建设中,怎样才能将市场化与社会化联系起来作为和谐金融发展的支柱呢?在市场化与社会化的基础上实现产业化,即要使具有同一属性的企业或组织集合成社会承认的规模程度,以完成从量的集合到质的激变,真正成为国民经济中以某一标准划分的重要组成部分。

最后,在构建和谐金融中要强调效率与公平的协调发展。其实现途径即金融产业化,基本内涵是,以市场为导向,以效益为中心,依靠龙头企业带动科技进步,对金融业实行区域化布局、专业化运作、一体化经营、社会化服务和企业化管理。使全民有更丰富更全面更方便的投资渠道,真正得利;使金融部门利用率、金融产品的商品率得到最大限度的提高;金融业科技贡献率有较大幅度的提高；以龙头企业内联千家万户，外联国内外市场为引导，带动、辐射金融产业化的发展。真正做到市场—产业—社会互相联动，互相促进发展，实现效率与公平的协调发展。

三、和谐金融发展的三维模型及相关关系

通过构建和谐金融三个发展因子：金融市场化、金融产业化、金融社会化，期望能达到金融的和谐发展。和谐金融的提出旨在找出一种恰当的金融发展模式，使金融的发展能够更好更优地促进经济的发展，因此这三个发展因子就要全面均衡的发展，做到逐步发展、相互促进，真正的通过和谐金融的构建使金融的发展遵从整个经济发展的需要。对金融市场化、金融产业化与金融社会化进行全方面地协调发展是构建和谐金融的基础理论，这"三化"也就构成和谐金融发展的模型，可以用以下的三维立体图11-1表示。

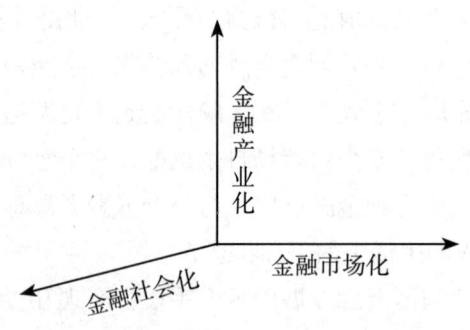

图11-1　金融"三化"三维模型示意

该模型说明了金融市场化、金融产业化和金融社会化三者之间相互依存和相互作用的关系。构成系统的和谐金融发展模型，我们用市场化、产业化、社会化三维构成一个矩阵，用0、1作为每一个纬度的指数，市场化指数的取值为［0，1］，产业化指数和社会化指数的取值同理。这样就形成了八个极点，（0，0，0）点说明了金融处于完全不发展状态，金融的市场化、产业化和社会化处于0的水平。（1，1，1）点处于最高点，说明了金融发展的最高状态，也是最和谐最优化的发展态，这只是一种理想状态。其他的点，不论是（1，0，0），（0，1，0），（0，0，1），还是（1，1，0），（1，0，1），（0，1，1）均可看做是不和谐的一种表达。同时，笔者认为和谐金融发展模型共有六个层面。首先是市场化、产业

化和社会化三个基本层面，然后是三个维度相互结合、相互作用构成的另三个层面：市场化—产业化层面、市场化—社会化层面、产业化—社会化层面。

（一）金融市场化

金融市场化是发展和谐金融的基础环节，只有逐步放宽政府对金融的控制，使金融真正跟随着市场化的步伐，才能建立起市场需要的金融、大众需要的金融，为构建和谐金融做好必要的基础条件。金融市场化通常被国外学者称为金融自由化，它是指一个国家的金融部门运行从主要由政府管制转变为由市场力量决定的过程。金融自由化从理论上可分解为三大部分：（1）国内金融部门自由化，它包括利率自由化、鼓励竞争、准备金要求、定向贷款、银行所有权和审慎的金融监管；（2）证券市场自由化，即证券市场上放松管制的措施；（3）国际金融部门自由化，国内金融部门自由化一般与国际金融部门自由化搭配而行，后者包括资本项目和经常项目的自由化。

（二）金融产业化

邓小平同志曾指出：金融很重要，是现代经济的核心。金融搞好了，一着棋活，全盘皆活。这深刻地阐述了金融在现代经济生活中的地位和作用。事实证明，金融无论对于发达国家还是发展中国家的经济发展和社会稳定所发挥的作用都已越来越大。如果我们在国民经济统计分析中依然沿用传统的"三次产业分类法"，把金融划归于服务业进行统计分析，容易忽视其"经济核心"的现实地位。因此，有必要提高金融产业在产业划分中的地位，把它作为"第四产业"来加以分析。金融产业化是指将金融作为一个独立的国民经济产业部门，金融企业以市场为导向，以提高效率、改善资源配置为中心，以实现自身利润最大化为目标，并最终推进国民经济发展的过程（吴伟华，2006）。金融产业化作为和谐金融发展的一个重要的物质准备，也是金融市场化和社会化发展的连接枢纽，其发展程度在很大比例上揭示了和谐金融发展的状态。

（三）金融社会化

社会化涉及社会及个体两方面。从社会视角看，社会化即社会对个体进行教化的过程；从个体视角看，社会化即个体与其他社会成员互动，成为合格的社会成员的过程。因此，我们可以这样定义金融社会化，即在金融发展到一定发达程度时，金融业由国家整体计划配置转变为由市场自主调配，每个经济人从被迫接受各种金融产品、金融机构到金融已成为与每个消费者息息相关并且深入彻底的融入到每个人的生活中的一种状态。

（四）市场化—产业化

市场化的深入必将导致国民经济的产业化发展，国民经济产业化必然要求金融产业化发展，彼此建立相互依存、平等互利的产业经济关系。随着市场化的具体指标利率、机构准入度、融资的市场化程度等的不断自由化，会促进金融产业化的发展，使得金融产业按照资源优化配置，听从市场调控，从而建立起一套与市场化相适应的相关产业；同时由于金融产业监管水平的不断提升、经济规模的不断壮大、人力资本的不断改善等因素，市场也会被迫由政府转向由市场自身调控的状态。

（五）市场化—社会化

金融市场化是发展和谐金融的基础环节，只有逐步放宽政府、中央对金融的控制，使金融真正跟随着市场化的步伐，才能建立起市场需要的金融、大众需要的金融。市场化的发展为金融社会化提供了物质基础与思想准备，只有随着利率、机构准入度等的不断自由化，广大的人民才有可能逐步认识、接触更多的金融机构与金融产品；同时当越来越多的人有了足够的金融意识、有了丰富的金融选择，才有充足的动力使市场化更好地发挥。

（六）产业化—社会化

金融产业化发展为和谐金融奠定了坚实的物质基础并有了实质性的成果和收获，使得金融业作为第四产业变得更加有理可依。规模效益、人力资本、监管能力等方面使金融业更加完善的成长，为社会化的发展提供了便利条件与坚定的信心；同时，金融社会化的发展为产业化成长提供了前进的方向与动力。

第二节 金融和谐发展理论体系

一、金融和谐"三大支柱"

金融和谐是由"三大支柱"组成的一个有机体系的和谐。这"三大支柱"是：第一，金融体系自身的和谐；第二，金融与经济关系的和谐；第三，金融与社会整体的关系和谐。

第一大支柱包括：(1)金融规模的适度性。金融规模过大或者过小都不是和谐的规模，只有与政治、经济、社会等综合而成的发展能力相适应的金融规模才是我们所要的规模。(2)金融结构的合理性。结构决定功能，金融结构不仅仅对金融业本身发展产生重要影响，还间接影响经济发展的速度和质量。(3)金融发展速度的积极性。在金融发展的初期阶段，金融发展速度应适当高于经济社会发展速度；而在金融发展的高级阶段，金融发展速度应与社会发展速度保持大体相当的水平。(4)金融自身运行的效率性。金融自身运行应能充分发挥金融的各项功能，具有良好的效率包括金融机构与金融工具的效率。(5)金融发展道路的正确性。选择不同的金融发展道路，就会产生不同的金融结构、金融运行方式和不同的金融绩效。和谐的金融发展道路必须是正确的。(6)金融代表发展的可持续性。本代人的金融发展以不能破坏、损害、掠夺下一代人的金融发展为代价，应保持金融一代一代地持续发展下去。

第二大支柱只要指金融功能的发挥在作用于经济的过程中，具有促进性、维系性、公平性。

第三大支柱是金融生存和发展的社会和自然环境问题。主要指金融市场主体利益与关系能够得到较好的协调；资源配置功能能得到充分发挥；有公正的司法环境、良好的信用环境、规范的中介服务作为保障等。

二、金融体系的自和谐发展

(一)金融体系自和谐发展的目标

金融体系自和谐是指以市场经济的运行规则为基础，以金融制度为保障，以金融工具为载体，以货币、资本为核心形成的金融要素之间的协调。金融体系协调的过程就是金融各要素之间以及内部要素与外部环境在运行过程中，不断磨合、博弈和适应，最终达到金融资源的合理配置和风险收益均衡状态的过程，也就是区域金融内生机制和社会经济生态系统自生和共生机制的完美结合过程。在和谐的金融体系下，金融资源配置将更加合理、高效，金融发展将更加有序和均衡，人们能够按照预期从事金融活动并满足最基本的金融需求。

金融体系和谐发展的目的是使金融体系稳定运行，避免金融危机的发生，最终达到金融的可持续发展，以促进经济社会的发展。金融的可持续发展就是在金融市场正常运行的前提下，通过制度的建立和政策的实施，对资金、金融机构、金融市场、金融工具等金融资源进行调节，降低、控制或防范风险，充分发挥金融功能，提高金融效率，以达到经济资源的合理配置以获得合理的收益。这种收益既是建立于保持资金的安全性、流动性之上的经济收益，又要兼顾社会效益，是效率与公平的统一体，是一种综合金融效益。一个国家，只有在取得资金使用的较高收益的条件下，才能使本国的经济安全建立在坚实的基础上，才能实现经济的可持续发展。

（二）金融体系自和谐发展的速度

从趋势上看，金融发展的速度应该是积极性的：在金融发展的初期阶段，金融发展速度应该适当高于经济社会发展速度；而在金融发展的中级阶段，金融发展速度应与经济社会发展速度保持大体相当的水平；在金融发展的高级阶段，金融发展速度又应当高于经济社会发展速度。从性质上看，金融发展的速度应该是速度与质量、结构、效益、生态的统一。

和谐金融发展观的立足点是发展，但是它更加关注"为什么发展""怎样发展得更快更好""如何处理人本身、人与自然、人与人以及人与社会的关系"。"以人为本"的基本价值取向明确了"发展是硬道理""发展是第一生产要务"，绝不只是解决"如何发展得更快"即如何促进社会创造更多财富的问题，而是要真正满足人民大众不断增长的物质文明、精神文明和政治文明的需要，改善人们的生活质量，使人们得到福利。归根到底，是为了整个社会与人的全面发展，不能以GDP或者货币GDP取代一切，而是必须包含金融经济发展、社会发展、民主政治、依法治国、机会平等和生态环境改善在内的发展，是发展的成果惠及广大人民和广大地区的发展。强调发展的协调性，就是要注重发展进程的有序性，坚持"五个统筹"，推进生产力和生产关系、经济基础和上层建筑相协调，推进经济、政治、文化建设的各个环节、各个方面相协调。强调发展的可持续性，就是要促进人与自然的和谐，实现经济发展和人口、资源、环境相协调，保证一代接一代地永续发展。因此，和谐发展观的内涵表明，发展的本质就是要实现经济社会更好更快地发展。当然，我们强调以人为本的经济社会的全面、协调、可持续发展，并不意味着金融本身的发展已经退居次要位置，我们既要有积极合理的金融增长速度，还要有积极合理的金融增长结构、质量、效益以及金融资源和金融生态环境、使金融的较快发展建立在优化结构、保证质量和提高效益的基础上，实现速度、结构、质量、效益、生态的相统一。

金融和谐发展中，速度与结构、质量、效益、生态互为条件，互为前提，同时又要以效益为中心。只有在保持一定金额发展速度的条件下，才有可能优化金融结构，保证金融质量和获取一定的金融效益。以人为本、全面、协调、可持续的金融发展是以较快的金融发展速度和较高的金融效益为前提的。

（三）金融体系自和谐发展的结构

1. 金融机构的和谐发展

一般来说，金融机构体系包括间接金融机构、直接金融机构和特殊金融机构。按照不同标准划分，金融机构可分为多种类型，如按业务性质，将金融机构分为银行与非银行金融机构；按经营目的，将金融机构分为商业性金融机构与政策性金融机构；按融资方式将金融机构分为直接融资机构和间接融资机构，等等。不管哪种金融机构，其实质是"金融机构是在储蓄—投资转化过程中，在最终借款人和最终贷款人之间插入一个第三方"，金融机构既拥有对借款人的债权，也向贷款人发行债权，从而成为金融活动中的一方当事人。

金融机构的和谐发展表现在：（1）金融机构产生的根本原因是最终借款人和最终贷款人之间的不和谐。正是因为最终借款人与最终贷款人信息不对称，无组织情况下难以找到匹配的对象，于是客观上要求一种第三方力量来完成这种协调过程，这一使命赋予了银行等金融中介机构。因此可以说，金融中介机构是带着一种天然的协调职能诞生的。（2）金融机构存在的基本任务是对社会资金进行协调。金融中介的经营对象是货币资金，从经济学的角度讲，货币资金作为社会资源，无疑应得到最优化的配置。这一配置过程就是金融机构的基本职能发挥作用的过程，如何高效率地将资金配置到不同的产业、部门本身就是一个难度很大的协调与和谐问题。（3）金融机构主要经营方法是使有用的资产和负债达到最为合理的比例、最为协调和谐的状态。（4）金融机构与外部其他金融机构以及监管部门的和谐直接影响其生存。每个金融机构都不可能完全封闭，在其经营中，能否恰当地配合、协调金融监管当局、能否合理地发展与其他金融机构的关系，都是不能不考虑的生存大计。当金融机构对监管部门的有关法律法规严格执行,与监管机构协调好关系,与其他金融机构公平竞争,互相合作时,它本身的业务与经营也才有了良好的发展环境。否则,金融机构的生存和发展将困难重重。

2. 金融工具的和谐发展

金融工具的不断涌现是金融发展的重要方面,金融工具是金融运行中最为活跃的因素之一,并且金融工具始终处于一种不断发展、变化、丰富的状态之中。金融工具最根本的特征是流动性、风险和收益率。流动性是指一种资产立即变现的容易程度和意愿。金融工具具有高流动性必须满足三个条件:变现成本低、容易变现和本金稳定。金融工具的风险源于到期不能收回最初投入的全部资金,可以分为市场风险和信用风险。收益率是一种资产的回报率。一般来说,流动性好、风险小,但收益率一般较低;而收益率高的金融工具往往流动性不好,风险大。金融工具的矛盾也是金融发展的一个动力,从不和谐到和谐是必然的。

金融工具的和谐主要体现在:(1)金融工具自身内部存在着和谐。金融工具三个特性之间存在着必要的联系、协调与和谐。每一种新的金融工具诞生都是流动性、风险以及收益性的重新调整直到和谐的结果。不同的调整结果产生不同的金融工具,给金融发展带来轻重不同的影响或积极或消极,不同的影响又引起新的调整,如此反复调整、协调,最终以和谐为目标。(2)不同的金融工具之间需要和谐搭配。金融工具种类繁多,创新日益层出不穷。资产组合是一种不同金融工具间的协调、搭配与和谐,是一种在数量、期限、收益、风险方面都需要仔细权衡和考虑的和谐问题。(3)整个金融的运行和调控都通过金融工具这个手段来达到和谐。金融调节的方式主要有市场机制、计划行政机制以及网络机制。市场机制这只"看不见的手"往往正是通过金融工具的供求和价格信息,依照利润最大化原则来实现金融机构、金融市场的协调与和谐。计划和行政制度作为市场机制的补充或代替,它包括企业内部各层组织机构的调节和政府计划手段的调节。而网络调节是指经济网络组织理论所强调的介于市场和企业或政府之间的中间力量的调节。它既不依靠市场机制力量,也不依靠行政权威力量。国外网络组织学者拉森则将网络调节称为"看不见的手"与"看得见的手"的握手,是网络组织间的调节,这种调节将在金融和谐中起到越来越重要的作用。(4)金融工具体现着金融机构(包括商业性以及监管机构等)与非金融机构(包括个人和企业经济体等）之间的和谐关系。无论是最传统的商业票据，还是衍生性的期货与期权，其中都包含着金融单位同经济个体之间的博弈、合作，而金融工具的创新则是这种博弈与合作不断变化的结果。

3. 金融产业的和谐发展

金融产业和谐发展的内容是丰富的，既包括银行业的自和谐、证券业的自和谐、保险业自和谐，还包括银行业、证券业和保险业之间的共和谐。

4. 金融市场的和谐发展

金融市场、货币市场和资本市场。货币市场的功能有：（1）为经济主体提供支付手段和进行流动性管理；（2）为货币政策的实施提供操作工具和活动场所；（3）为整个金融市场提供基准利率。资本市场的功能：（1）融资和资源配置；（2）风险定价；（3）产权交易；（4）公司治理。货币市场和资本市场构成金融市场的整体，这两个市场完全处在独立运行状态，但又存在广泛的联系和内在的矛盾，并在矛盾的对立统一中，通过多条渠道联结成一个有机的市场。

货币市场和资本市场之间具有内在的联系性和整体性。两市场之间的整体性体现了它们共同作为金融市场的组成部分而使金融市场得以发挥作用的一致性特征。在整个社会再生产过程中就资金运动而言，厂商为了生产和扩大再生产，货币资金的自主性或外部性筹措和积累，即内源性和外源性融资，是一个起始条件。同时，在生产过程中厂商也必然会存在与物质运动暂时分离的货币资金，寻求安全、流动和盈利的运用途径。这两点其实就是金融市场产生的内在要求和机制，并且厂商资金运动情况的日益多样性和复杂性推动着金融市场的发展。因此从本质上讲是货币资金在社会扩大再生产过程中的循环运动体现了货币市场和资本市场这两种不同类型的市场形式在金融市场中的整体性。

同时，货币市场和资本市场之间存在着矛盾性。两市场的矛盾不仅体现在期限、收益率和风险等方面的表象特征，而且体现在两个市场的本质因素即它们最基本的功能上：（1）从融资期限来看，货币市场融资期限较短，一般为一年以内；而资本市场融资期限较长，一般在一年以上。（2）从融资主体来看，货币市场的融资主体主要是金融机构，而且主要是商业银行；资本市场的融资主体是公司和企业。（3）从利率结构来看，货币市场的利率是短期利率，而资本市场的利率是长期利率。（4）从融资目的来看，货币市场融资主要目的在于满足短期流动性需求;而资本市场融资的主要目的在于满足长期的资金需求。(5)从收益率来看,货币市场的收益率相对较低;而资本市场的收益率相对较高。(6)从价格风险来看,货币市场的风险较小,而资本市场的风险较大。

两个市场又通过多种渠道联结在一起。(1)资金渠道。货币资金的循环运动是货币市场与资本市场联结的内在机制。因此,资金渠道也就成为两个市场之间一种最为基础的和本质的联结渠道。(2)利率渠道。利率渠道依赖特定的金融市场机制,金融市场的各子市场之间的人为分隔状况(实际上也是利率的市场化和一体化程度)在短期内会影响利率,反映和引导货币资金的流动状况。(3)金融机构中介渠道。在整个社会的货币资金循环过程中,金融机构一方面在间接金融市场上媒介资金供求双方的金融活动,另一方面金融机构又同时在直接金融市场和间接金融市场上以独立的身份参与金融交易,并且成为如货币市场等金融市场的主要交易主体。金融机构以其资金和信息等方面的优势通过跨越不同市场的金融活动,加强了货币市场与资本市场之间的联系。通过商业银行的派生功能,中央银行在货币市场投放的基础货币经放大后进入资本市场,使货币资金循环运动于货币市场和资本市场。(4)金融交易主体渠道。企业和居民作为货币资金的供给者和需求者,同时作为货币资金循环运动的核心载体,他们的金融活动必然成为两个市场的重要联结渠道。(5)金融工具渠道。货币市场工具和资本市场工具并不是分开的,在一定条件下它们是可以相互转化的。特别是随着金融市场的发展,现代金融工具的创新已经使两者的期限划分显得越来越不重要。金融工具之间存在着这样的密切联系,也使这两个市场在企业融资中所起到的作用变得同样重要。(6)信息和预期渠道。企业、居民和金融机构在内的所有交易主体在金融市场中的交易行为,都是就已有的金融和实物资产组合对特定的信息及其预期多做的某种策略反映和资产调整。所有这些信息和预期都可以作为联结货币市场和资本市场的渠道。(7)金融创新的纽带和促进作用,通过金融创新,特别是金融工具和金融市场方面的创新,将对货币市场和资本市场在沟通渠道和沟通机制上产生重要影响。金融创新作为一种变动的金融市场环境因素,对包括金融交易主体、金融工具渠道、金融机构中介渠道、利率渠道以及信息和预期渠道在内的所有联结渠道起来了整体纽带和促进作用。

从理论上看,货币市场和资本市场的和谐意味着通过采取市场机制与政府干预的某种有效组合实现了货币市场和资本市场的协调，即金融效率与安全，并使金融市场对经济和金融发展正溢出效应，宏观层面储蓄转化为投资的规模和效率，微观层面企业融资的规模和效率、资源配置效率和宏观金融调控效率等四个方面达到最大化。从发展策略看，货币市场与资本市场和谐发展具有阶段性。货币市场与资本市场的和谐发展应该根据特定的市场环境而在市场机制和政府干预这两种调节方法中选择最适当的一种或两种的组合。

一是在经济领先阶段下两市场和谐的策略选择。一方面提高货币政策效率。主要通过提高货币市场的运行效率和增强资本市场传导货币政策的正效应这两个渠道提高宏观金融调控的效率。在资本市场的规模和结构不断扩大化和复杂化的情况下，股票市场与货币政策效率的关系已经引起了广泛关注。资本市场传导货币政策的效率的影响由于股票市场在金融市场中的特殊性而具有双向性，即正效应（资本市场的发展规模、完善程度和运行效率的增强可以提高货币政策效率）和负效应（股票市场相对于货币市场的非理性等特点可以降低货币政策下效率）。因此，如何使货币政策的股票市场传导机制有效而稳定，如何提高货币政策效率，已经超出了股票市场自身的控制范围，必须考虑引入政府干预，才能构建市场机制与政府干预的有效组合。政府一般通过建立货币政策对股票价格过度波动的反应机制和对股票市场的监管等基本干预措施，影响股票市场传导货币政策的效率。另一方面是协调实质经济与金融发展以抑制泡沫经济。

二是在经济赶超阶段下两市场和谐的策略选择。经济赶超国家的金融制度改革通常处于两种情形之下：或是金融发展严重滞后于实际经济发展，或是金融发展与实际经济发展基本上相适应，并没有明显的滞后性。在金融发展之后情形下进行的金融体制改革是调整型改革，其目的在于通过金融改革，建立与实际经济发展需要相适应的金融服务供给体系，弥补金融系统与实际经济系统发展上的"缺口"，在性质上属于需求跟随型的金融制度安排。相反，在金融发展并不滞后于实际经济发展情形下进行的金融制度改革是促进型改革，其目的是有意识地拉大发展"缺口"，来人为地刺激实际经济更快地增长，在性质上属于供给引导型的金融制度安排。这两种金融制度安排，在某个特定的发展时期可能是相互对立的，但对于经济赶超国家在经济增长的一个相对长期区间内，则共同构成了一个基本的"同步深化调控深化相结合"的金融发展战略框架。

经济赶超阶段下的货币市场与资本市场和谐策略选择分两个阶段：第一阶段是重点扩大宏观和微观融资规模。第二阶段是提高宏观和微观融资效率，增强宏观金融调控的一般效率，为经济增长提供持续的资本形成动力。

5. 金融制度的和谐发展

金融制度的和谐发展应特别注意金融政策社会资本的和谐。金融制度的和谐发展与社会资本有着密切的联系。所谓社会资本指的是社会组织的特征，如信任、规范和网络，它们能够通过推动协调的行动来提高社会的效率。社会资本主要是由与公民的信任、互惠和合作有联系的一系列态度和价值观构成的，其关键是使人们倾向于相互合作，是信任、理解、同情的主观世界观所具有的特征；社会资本的主要特征主要体现在那些将朋友、家庭、社区、工作以及公私生活联系起来的人格网络；社会资本作为一种为促进共同利益而采取的集体行动的正式和非正式的规范和网络，它对于个人、组织之间的生产和合作乃至整个社会的进步和繁荣具有积极意义。

社会资本与和谐社会的关联性在于：（1）信任社会资本有助于公民形成宽容和妥协的心理气质。社会资本中的信任主要体现为对社会制度的信任和对政府机关的信任。（2）规范社会资本有利于增进公民的规则与秩序意识。由于某些行动具有外部性，因而就必然需要社会规范来约束行动者的行为。（3）公民参与网络社会资本有益于培养公民的合作品质和公益精神。

第三节　金融与经济和谐发展

在现代市场经济中，金融与经济发展之间已形成了密不可分的互动关系，两者相互促进、相互推动、共同发展。因此，金融与经济的和谐是经济正常运行和可持续发展的基础和必要条件。一个和谐的金融体系除表现为其自身和谐外，还表现为金融发展和经济发展、社会发展的和谐性。金融发展与经济发展处在一种动态的均衡中,一方面金融发展应很好地满足经济发展的需要;另一方面,金融应充分发挥"货币第一推动力"作用,使资金流有效地引导实物流,优化资源配置。

一、金融与经济的和谐性最终体现为货币供求的总量和结构经济的协调

金融与经济之间的基本关系通过货币供求关系来体现。在金融系统中,除了国家制度允许的金融部门(银行、保险、证券、信托、租赁、信用合作社等部门)外,还有国家制度不允许的部门和个人进行的制度外金融活动,即通称的制度外金融。由于各金融部门提供金融服务的方式不同,他们在货币供应总量的形成过程中所发挥作用的方式和途径也有区别:(1)可以发放贷款的金融部门,通过发放贷款创造存款货币,并根据货币所有者要求由中央银行或财政将存款货币的一部分转换为先进货币。这类金融部门可以直接增加或者减少流通中的货币量;同时,他们通过调节资金余缺使暂时限制的社会资金被借款人利用起来,使货币流通速度加快,从而增加了一定时期内的货币应总量。(2)不能发放贷款的金融部门,即不具有存款货币创造能力的金融部门,他们的金融服务通过影响货币流通速度,进而影响一定时期内的货币供给总量和供给结构。

二、货币供求总量的协调以及基本特征

第一,物价总水平基本稳定。其波动幅度处于大部分社会经济主体可接受的范围之内,人们对未来物价变动的心理预期平稳。一定时期的物价水平是货币供求均衡的结果,是反映货币供求关系是否协调的最直接、最灵敏的经济指标。在一定时期流通中货币所代表的价值总量总是等于同时期待实现的商品价值总量,而单位货币所代表的价值量大小取决于流通中货币总量的多少,单位货币所代表的商品价值量的变化也就是商品价格的变化,这是物价变化的内在规律。这一规律决定了货币供给量的过多或者过少会引起物价水平的上升或下降,从而在新的价格水平上形成货币供求量的均衡。价格变化必然会形成对社会财富的重新分配,物价上涨或下降将使货币持有者或者商品持有者受到损失。当物价变化幅度超过商品货币交换者的可接受范围时,就会引起经济秩序的混乱。

第二,经济和金融保持自身的协调和可持续发展。保持金融与经济协调的货币增长速度,既不因货币供给过少或过多而造成经济资源的闲置或浪费,又能够保持金融系统自身的正常运行和可持续发展。

三、货币供求结构的协调以及基本特征

货币供求结构的协调性是指部门、行业、地区等某个经济子系统货币供求关系的适应程度。在市场经济条件下,社会资源的配置以资金配置为先导,采用的主要是货币资金形式。因此,货币供求结构的协调性直接反映了社会资源配置的合理性和协调性。货币供求结构协调的总要求是经济各个子系统的合理资金需要能够得到满足,具体有以下特征:(1)各经济子系统所创造的财富与其使用的货币资金的比例大体保持一致。(2)一般商品生产部门多穿凿的财富与其使用的信贷资金的比例大体保持一致。(3)准公共生产部门与非公共生产部门获取外部资金的能力大体相等。准公共生产部门是指国民经济中利益外溢效应较大,即社会效益较大的商品生产和经营部门。(4)各种商品的价格稳定且变化幅度大体一致。

四、促进和保持金融和谐发展的政策工具搭配

实践和理论研究表明,即使在市场经济体制比较完善的国家或地区,单靠市场调节也不能完全实现金融与经济的和谐发展,这就要求国家或地区必须采取适当的政策措施来保持和促进二者的和谐发展。其中最主要的政策工具是货币政策工具和财政政策工具。货币政策和财政政策作为国家或地区调控经济、金融运行的主要政策工具,应根据具体情况有重点地选择使用,并把握恰当力度,同时还必须注意两种政策工具的密切配合。

财政政策与货币政策应根据不同的经济状态实行不同的搭配,若搭配不当或掌握力度不当都会影响调控目的的实现。财政政策与货币政策搭配方式有两种。一种是同向搭配,包括"双松"搭配和"双紧"搭配。前者指扩张性财政政策和扩张性货币政策的组合;后者指紧缩的财政政策和紧缩的货币政策搭配。另一种是逆向搭配方式,包括"松紧"搭配(扩张性财政政策和紧缩性货币政策的配合)和"紧松"搭配(紧缩性财政政策和扩张性货币政策的配合)。我们以"双松"为例,"双松"的财

政货币政策搭配适合于社会总需求严重不足并且存在着相当大的通货紧缩缺口的情况。因为，实行以刺激总需求为总值的扩张性财政政策时，无论是增加消费还是扩大投资，最终都要表现在增加货币购买力上。如果此时没有采取相应的扩张性货币政策，社会上的货币供应量保持不变或者减少，那么，扩张性的财政政策导致的购买力的增加就不能实现，从而不能达到刺激总需求的目的。

金融与经济的和谐运行是区域经济正常运行和可持续发展的基础条件；金融与经济的和谐性最终体现为货币供求关系的总量协调性和结构协调性。

第四节 金融与社会和谐发展

一、金融与社会和谐以其相互作用关系为基础

1. 金融对社会发展的影响

金融市场的发展对社会产生较大的影响。金融市场的发展尤其是在期货市场上大量的套期保值交易在整体上明显地减缓了交割季节的供求关系，合理调整储存结构，有利于减缓价格波动；伴随着现代市场经济发展起来的金融衍生品市场，具有明显的投机性和虚拟性特征，金融衍生品的虚拟性所产生的后果就是金融该衍生品市场的规模会大大超过原生资产市场规模（经济泡沫）。经济泡沫的形成往往会给人们带来一种财富效应。这种财富效应的增加必然要产生指出效应，从而刺激需求，促进经济繁荣，进而会进一步增强价格上涨的预期，使经济泡沫进一步增大。但是，当泡沫吹到了极点，人们的盈利预期降低，价格回落时，就会出现恐慌性的抛售，泡沫破灭，直到恢复到与资本市场价格相适应的水平；由于金融市场所具有的财富效应，它能吸收大量的投资者入市购买有价证券，期待其增值，因而在牛市的时候各类金融市场的市值都会急剧膨胀，这样人们就会感觉手里的财富增加，消费欲望增强，企业存活减少，促进经济增长，增加就业机会，居民收入增加，减少社会不稳定因素，促进社会的稳定、健康发展。当然，金融市场的动荡也往往会

引起社会的动荡，尤其是金融衍生品价格波动的杀伤力更大，一旦出现恐慌性抛售，伴随着股指的迅速跌落，居民的财富急剧缩水，可支配收入减少，社会总消费随之出现滑坡，企业存活增加，企业效益降低，员工的收入以及就业机会会受到严重的影响，增加了大量的社会不稳定因素，引发社会动荡。

2. 社会环境对金融发展的作用

影响金融发展的社会因素，主要有经济因素和非经济因素两类，其中非经济因素主要有自然环境因素、法律环境因素、政治环境因素、社会环境因素、国家政策因素等。

（1）自然环境因素。影响金融发展的自然因素主要是指银行等金融机构所在的国际或地区的气候条件、地理环境、自然灾害发生的频度等条件。良好的气候条件和地理环境可以为一国带来许多产出、财富和收入。发达的农业、旅游业和丰盛的物产，不仅为一国的经济发展奠定良好的基础，而且可以为该国创造大量的外汇收入。处于这样有利的条件下，商业银行在经营过程中资金来源重组、基金运用效率高，风险也相应较低。

（2）法律法规因素。金融机构作为社会的经济实体，要受所处的国家或地区的法律和法规的约束。新的法律法规的制定和出台，现有法律法规的变更均会给银行造成外部环境风险。

（3）政治因素。政治风险包括借款国政治环境的变化，有可能使该国不能按照合约偿还债务本息，给贷款银行造成损失。一般而言，法制健全、实施民主制度、决策比较透明的国家政治风险较小。内乱、革命以及暴动发生的频率、程度也是影响政治风险的重要因素。

（4）社会人文环境因素。它一般是指一个国家中，由于物质条件而相互联系的人群以及在人群中形成的社会价值和文化体系，如价值观念、语言、消费行为、风俗习惯等。金融机构的社会人文风险就是来自这一人群以及其形成的文化的变动带来的风险。

（5）国家政策因素。一个国家主要通过财政货币政策对金融产生较大影响。

二、金融与社会和谐发展

1. 金融发展战略与社会人文环境相和谐

社会文化背景要素作为一种传统要素,对生产力和生产关系起到了不容忽视的作用,它在主观上调整着一个国家绝大多数居民的创新意识、经济意识、生产效率等,这种居民素质的调整进而拓展到对劳动、资本、资源、知识技术的应用程度,左右着政府的政策制定和措施,所以从根本上讲,既定的技术结构、制度结构和信仰结构共同决定了一个社会经济金融增长实绩,而其中以意识形态为核心地位的信仰结构决定了前两者的实施特征,同时由于以意识形态为主的文化背景要素存在着约束差异,使得技术体制等要素在经济金融增长中的实际效果与预期应有的绩效相差甚远。

在金融领域,文化背景对金融制度有一定的影响,诺斯在《经济史上的结构与变革》中指出,意识形态作为人们解释周围世界时所拥有的主观信念,这种价值和信念具有确定现行制度合法性或凝结某些社会团体的功能,对制度创新和制度变迁产生着不可忽略的影响,从而影响了技术革新和改进的巩固程度。在金融发展和经济增长过程中精神要素始终是生产的本位素质,这种文化背景具有根本性、总体性和稳定性,在此影响下的居民精神素质决定了国家经济增长的效率水平,并从根本上影响着各国的金融发展战略。

2. 金融发展与本国的政治背景相和谐

经济和政治关联性随着经济全球化进程日益密切,跨国集团的大规模举动使经济发展的无国界趋势越来越明显。在这一过程中,国家政治与经济融于一体,政治稳定和经济发展是相关的,脱离经济基础的政治理想只能是空中楼阁。所以,金融业也具有较强的政治性。深入的金融、经济政策都不可能逾越政治。实现政治理性离不开经济基础和经济手段,同时又要看到在当今世界上一个国家要实施一项涉外经济主张,势必与国家政治、国际政治相联系,并受到来自政治方面的种种制约,甚至被某些大国利益集团所左右。金融业所特有的敏感性和对一个国家、一个地区乃至整个世界的冲击,使其具有浓重的政治性。

第十二章

碳金融发展

第一节 低碳经济的兴起

一、生态环境的变化与承载力

环境是人类生存发展的根基，人是在与环境的相互作用过程中形成"社会——环境"系统的。环境本身可以定义为"以人为核心的周围一切物质世界，即围绕人群空间的自然和物质要素的总和"。环境是一种资源，它为人类生存提供物质保障。所谓"环境问题"，其实质是经济发展特别是工业化与环境保护之间的矛盾问题，是人和环境间互相依赖、互相融合的关系失调。这种失调，表现为三种类型：第一，由自然界本身所固有因素的矛盾的发展失衡引起，如台风、火山喷发、地震等，这些统称为第一类环境问题或者原生环境问题。第二，由于人类在从事经济活动时给环境带来的破坏效应，包括生产生活中废弃物的排放造成大气层、土壤成分的变化；对矿藏和植被不合理开发，造成气候变化、土壤沙化、地面沉降等，这些通称为第二类环境问题或者次生环境问题。第三，人类社会本身所造成的环境问题，主要变现在人口增长、城市规模膨胀、教育落后以及由此带来的结构方面和社会方面的问题。如物品奇缺、供水供电紧张、交通拥挤、风景区和文物古迹的破坏等。我们平时所说的环境问题主要指后两种情况。

环境问题是人类经济发展到一定程度时所必然会出现的问题，从一定程度上说它是不可避免的。人类的生存发展主要是通过经济活动得到满足的，人类生存空间的拓展，在本质上是指人类经济活动的范围、规模和程度的不断扩大；人类生活质量的提高依赖于社会经济的发展；并且，人类精神生活质量的提高是由其物质生活质量的提高所决定的，经济发展是人类追求自身解放和追求幸福生活的根本手段。但是，一个人或经济组织的经济活动，总是要对其他经济组织产生外部性，这必然产生经济行为的是非问题，其评价标准有两种：一是经济标准；二是道德标准。两者可能一致，也可能不一致。

环境有一定的承载容量，这一承载容量是经济发展的客观基础条件。环境承载力是指在可以预见的时期内、在现有的经济技术条件下，其自然资源包括环境资源所能支持的具有一定生活质量的人口规模和经济规模。环境承载力是环境资源对人类活动支持能力的一种度量，是系统本身所具有的一个客观的量。它包括两个方面：环境承载力和资源承载力。环境承载力是一种人为约束，其大小与环境标准、环境容量、生活水平以及人类的经济活动方式等因素有关，它对经济活动起限制作用；资源承载力是一种自然禀赋，其大小取决于生态系统中资源的丰裕度、人类对资源的需求以及对资源的利用方式等因素，它对经济活动起支撑作用。认识并保护区域环境承载力，生物社会便不会受到威胁，其生存能够得以持续。

二、环境库兹涅兹曲线

1955年，美国经济学家西蒙·库兹涅兹在对收入差距进行研究时发现，在经济发展过程中，收入差距随着经济增长先逐渐增大、后逐渐缩小，即收入差距和人均收入之间存在倒U形关系，描述这一关系的曲线被称为库兹涅兹曲线。粗略的观察表明，在经济发展过程中，环境也同样存在先恶化后改善的情况。普林斯顿大学的经济学家格鲁斯曼和克鲁格在对66个国家的不同地区内14种空气污染和水污染物质的12年的变动情况进行研究时发现，大多数污染物质的变动趋势与人均国民收入水平的变动趋势呈倒U形关系，即污染程度随人居收入增长先增加后下降，且污染程度的峰值大约位于中等收入水平阶段。据此，他们在1995年提出了环境库兹涅兹曲线的假说。在经济发展的较低阶段，由于经济活动的水平较低，环境污染的水平较低。在经济起飞、制造业大发展的阶段，资源的消耗超过资源的再生，导致环境恶化。在经济发展的更高阶段，经济结构改变，污染产业停止生产或被转移，经济发展带来的积累可以用来治理环境,人们的环境意识也加强了,因此环境状况开始改善,这样就形成了一条倒U形曲线,即环境库兹涅兹曲线。

环境库兹涅兹曲线虽然反映了经济发展的自然过程,但值得注意的是,经济的可持续发展必须以自然资源为基础,同环境承载能力相协调。而环境承载能力是有限的,在环境承载能力的限度内,生物圈能够承载人类利用自然资源的负荷,吸收人类排放的废弃物,自动调节生物圈的平衡。如果人类的生产和消费超过这一限度,将可能导致生态系统的崩溃。环境库兹涅兹曲线是根据发达国家的经验得出的,并未被发展中国家的实践所证明,而且大部分发展中国家地处生态脆弱的热带和干旱地区,环境一旦遭到破坏就难以恢复。中国正处于工业化中期,环境污染正处于上升阶段,由于环境破坏具有不可逆性,中国应该避免走西方发达国家"先污染,后治理"的弯路,充分发挥后发优势,走可持续发展的道路。

三、环境破坏对经济发展的影响

资源、环境与经济有各自的运行规律,若违背这些规律,将导致三者的对立和排斥,以致形成恶性循环。人类在过去的发展中,只顾经济发展,向自然界索取无度,其结果是经济虽然获得了成倍的增长,却造成了资源与环境的严重破坏,人类付出了日益沉重的代价。

环境破坏对可持续发展的影响主要表现在以下几个方面:

第一,从环境作为资源提供者的角度来看,资源的数量和质量是经济发展的基础,由于资源消耗的增长导致自然界的资源存量日益缺乏,从而无法满足经济可持续发展的需要。随着经济发展和人口增长,不可再生资源的存量日益减少,可再生资源的污染日益严重,人类面临着资源短缺的挑战,资源问题在经济发展中的地位日益突出。发展中国家的资源原本是比较丰富的,但是,工业化开始之初,就遇到了与发达国家同样的资源损耗和恶化问题,特别是20世纪70年代中期以来,这一问题更为突出。耕地减少、土地沙漠化、森林被毁坏等,是发展中国家乃至全球最严重的问题之一,它不仅使经济发展受阻,而且更为严重的是它威胁着人类生存和生物多样性,使成千上万的物种濒临灭绝。

第二,从环境作为废物接收器的角度看,环境的恶化损害人体健康,破坏生产力,从而影响经济发展。环境伴随人类活动量的增加而发生污染并且日趋严重，一旦环境污染超过生态系统的承载能力，就会成为危害人体健康和人类社会的大敌。环境污染既危机人体的健康，缩短人的寿命，也降低了人力资本的存量和劳动生产率，对社会经济发展形成了巨大压力。据统计，全球有1/4的可预防疾病是由于环境污染造成的，1/7的死亡仅仅是由于没有干净的饮用水和卫生设施。因此，发展中国家要实现可持续发展，就必须在不损害基本的生命维持系统的前提下，走一条边发展边治理的道路。

第三，从环境作为全球生命支持系统的角度来看，环境为人类提供着基本的生命支撑功能。人类对所呼吸的空气有特殊的要求，对水的摄入也有最低要求，地球生物圈可以满足人类生存的这些要求。然而，随着人口的不断增长和经济活动的加剧，环境污染日益严重，清洁的淡水资源越来越少，空气质量越来越差，人类生活的环境恶化，若任其发展而不加以遏制，就有可能导致整个生态环境的崩溃，使地球生命消失。以水资源为例，水是生命之源泉，是人类生存和发展的根本。20世纪以来，全球人口增长了3倍，而用水量增长近10倍。人口增长、经济发展、环境污染以及生活质量提高使淡水工序矛盾越来越尖锐。各国专家普遍认为，未来淡水不足将成为经济发展和农业生产的制约因素。在淡水资源供给不足的同时，水体污染的规模不断扩大，水质恶化明显加剧。生活用水、工业废水、化肥与农药的使用，使有限的水资源污染严重。人类一旦无水可用，就只能灭亡。

第二节 碳金融

一、碳金融的界定

碳金融探讨生活在一个碳限制世界里，一个排放二氧化碳及其他温室气体必须付出代价的世界中产生的金融问题。因此，碳金融的定义包括：(1) 代表环境金融的一个分支；(2) 探讨与碳限制社会有关的财务风险和机会；(3) 预期会产生相应的基于市场的工具，用来转移环境风险和完成环境目标。2006年世界银行对碳金融进行了定义：碳金融是指提供给温室气体减排量购买者的资源（World Bank，2006）。高建平的界定则是国内最为普遍的提法，其提出，一般而言，"碳金融"泛指所有服务于限制温室气体排放的金融活动，包括直接投融资、碳指标交易和银行贷款等。陈柳钦的界定更为具体，其认为，碳金融是指服务于旨在减少温室气体排放的各种金融制度安排和金融交易活动，主要包括碳排放权及其衍生品的交易和投资、低碳项目开发的投融资以及其他相关的金融中介活动。袁鹰的界定具体展开了其他相关的金融中介活动，其指出，"碳金融"就是与减少碳排放有关的所有金融交易活动，既包括碳排放权及其衍生产品的买卖交易、投资或投机活动，也包括发展低碳能源项目的投融资活动以及相关的担保、咨询服务等相关活动。李威偏重于"应对"含义，其认为，碳金融可以理解为应对气候变化的金融解决方案，包含了市场、机构、产品和服务等要素，是金融体系应对气候变化的重要环节。陈荣则加入了一个渊源，其指出，碳金融是指由《京都议定书》而兴起的低碳经济投融资活动，也称碳融资和碳物质的买卖，即服务于限制温室气体排放等技术和项目的直接投融资、碳权交易和银行贷款等金融活动。王宇和李季从广义和狭义两个方面界定了碳金融的内涵：从狭义上说，世界银行把碳金融定义为提供给购买温室气体减排项目的资源；广义的碳金融是指气候变化的市场化解决方案。同时，他们又指出了碳金融的四大功能：一是减排的成本收益转化功能；二是能源链转型的资金融通功能；三是气候风险管理和转移功能；四是国际贸易投资促进功能。

"碳金融"的兴起源于国际气候政策的变化以及两个具有重大意义的国际公约——《联合国气候变化框架公约》和《京都议定书》。

二、碳金融对低碳经济发展的作用

目前，中国正处在为发展"低碳经济"寻找突破口的关键时期，必须通过强有力的市场主体、制度安排和创新工具，大力发展碳金融，促进低碳技术、资金的流动和聚集，推动"低碳经济"发展的进程。

（一）促使企业履行"节能减排"责任

通过碳金融的相关工具及制度，可以实现对企业履行社会责任的监督和约束，带动"低碳经济"的发展。银行信贷作为间接融资，是支持"低碳经济"发展的重要方式之一，在贷款的审批上，在对企业的固定资产进行抵押的基础上，还要考虑按照该企业碳减排量进行授信，同时，将项目所实现的碳减排额（CERs）作为还款来源，从而实现对企业承担"环保责任"的软约束。在直接融资方式上，可以将耗能和碳排放量标准作为企业发放债券或公司上市必须达到的强制性指标之一，以此形成对企业履行"节能减排"责任的硬约束。

（二）增强向"低碳"项目"输血"的功能

随着城市环保规模的不断扩大和节能减排工作的快速发展，金融机构对低碳技术项目的支持已不能满足"低碳"建设的资金需求，必须拓展融资领域和渠道，动员CDM项目融资、风险投资和私募基金等多元化融资方式的金融资源能力。碳交易特别是CDM，为引进域外投资提供了一种新的渠道，不但降低了发达国家的减排成本，同时可以促进减排技术和资金向发展中国家转移，从而确保"低碳经济"发展有充足的"血液"。据统计，截至2009年11月25日，中国已获得核发CERs1.69亿吨，以现货价格为11欧元/吨左右计算，每年能为中国提供大约18.6亿欧元的资金，这些资金对解决"低碳"转型过程中资金约束的问题有着重要的现实意义。

（三）推动"低碳"产业结构的优化升级

碳金融的发展与成熟加快了清洁能源、碳素产业的低碳化升级改造和减排技术的研发及产业化，增强了企业对减排目标约束的适应能力，减少了经济发展对碳素能源的过度依赖，提升了可持续能源发展的能力，使能源链从"高碳"环节向"低碳"环节转移。从而依托商业银行、信托基金等国内金融机构和国际金融机构之间联动、互动的碳金融机制，更好地引导投资趋势，通过投资倾向和流动加快技术创新，推进产业结构优化升级和转变经济发展方式。

第三节 碳金融对低碳产业支持的影响因素研究

劳里卡（Laurikka）和科尔约宁（Koljonen）指出，资金可以通过碳排放权交易机制在全世界进行流动，通过原料成本、碳排放交易的成本、产品的价格以及碳排放权的价格四种要素间不同的影响转移资金流量，企业都面临着两种选择，一种是通过对低碳技术的投资来提高减排能力，在碳排放市场上出售碳排放权以获得收益；另一种是直接在碳排放权市场上购买碳排放权而节省对低碳技术投资的资本，我们此时可以使用成本收益的方法做出决定。

通过大量的文献研究，我们发现影响碳金融对低碳产业发展支持的因素主要包括碳排放权的价格、碳融资期限、各种风险收益以及政策的不确定性四种因素。这四种因素之间没有严格的区分界限，四种因素之间相互传导，相互影响，为了简化研究过程，分别对四种因素进行评述。

一、碳价格

英斯利（Insley，2003）描述了电力公司所面对的完成碳减排额度的问题，他指出电力公司对低碳技术的投资主要取决于对未来碳排放权的价格，在英斯利（Insley）的文章中考虑到了未来电价格的不确定性会影响未来碳排放权的价格，进而影响电力公司当期对低碳技术投资的选择，即，未来的不确定性是当期是否对低碳技术投资的最主要因素，并且还必须考虑货币的时间价值和投资的最佳时期。佐伯和塔马金（Saekis and Tamarkin，2005）描述了二氧化碳的捕捉技术的投资迟迟没有实现的原因是企业在等待一个投资的最佳时期，企业投资的最终目的是利益最大化，公司总是把市场的波动性与企业利益最大化联系起来，致使企业总是在寻找最佳的投资机会。在文章中作者引用了美国石油公司对未来碳价格的平均预期值以及每年碳价格的预期平均增长率得出告诉我们，除非碳排放权价格在未来有大幅度的提高，要不然对低碳产业的投资将会推迟很多年。在文章中，作者以美国石油公司为例说明了企业面临着两难的选择，一个是对低碳技术进行直接投资以减少温室气体的排放，另一个是从碳排放权市场上直接购买碳排放权，这主要取决于未来碳排放权价格的波动性。

毕尔巴鄂（Bilbao，2008）指出是否对低碳产业进行投资主要取决于两个因素，一个是碳排放权的价格，另一个是低碳产业产品的价格，文章中以风能发电的价格进行了实证研究。毕尔巴鄂只是指出了碳排放权的价格与低碳产品价格对投资具有影响，但是并没有说明具有什么样的联动关系，其实对于碳排放权的价格与实体商品的价格规律之间是存在着很大区别的,雷诺(Reinaud,2007)指出对于碳排放权的价格并没有像石油价格那样每天甚至每小时变动,企业需要的是一个持续稳定的环境来决定投资,正是由于这种不同导致了碳排放权市场的流动性远远低于石油市场的流动性,雷诺还指出对于碳排放权的需求与供给之间临时性的不匹配导致了碳价格的波动性,而这种波动性并不频繁,诺德豪斯(Nordhaus,2007)对雷诺的观点做了实证的分析,以美国二氧化硫排放权市场作为研究对象,研究发现二氧化硫排放权的价格自20世纪90年代中期以来波动幅度维持在40%左右。这就为人们对未来碳价格的预测提供了理论依据,然而这种预测并没有考虑技术变化这个非常重要的影响因素,企业运用不同的生产技术可以导致不同的碳价格的估计,进而导致不同的低碳产业融资,毕尔巴鄂(2008)指出,对低碳产业的融资取决于煤炭的价格和碳排放权的价格,不同的产业技术同样导致不同的碳排放权价格,其指出,一吨煤炭可以产生3.67吨的二氧化碳,科学家根据这个比例计算出二氧化碳的排放总量,进而可得出碳排放权的价格。然而并没有考虑技术进步这个因素,技术的进步不但会导致煤炭的清洁使用,还会变废为宝,二氧化碳的捕捉和储存技术(CCS)可以减少二氧化碳的污染。碳市场中碳排放权的现价格并不适合我们用金融的视角去预测未来碳排放权的价格。然而生产技术的改进依赖于碳价格发生剧烈变动的程度,对于风险规避型投资者,波动性越大将阻碍其对低碳产业进行投资,进而导致技术变革缓慢,对于风险偏好的投资者来说,碳排放权价格波动性越大,则其投机欲望越强,则低碳产业技术会有很大的提高。

二、碳投资收益

相关的文献对低碳产业投资的风险收益有多种估计方法,最多的是运用成本收益法,然而很多学者对风险做了过低的估计,对低碳产业未来的投资收益率在风险溢价调整上同样做了过低的估计,即对低碳产业的投资风险收益估计不足,谢卡尔(Sekar,2007)认为碳投资收益率为6%,鲁宾(Rubin,2007)认为合适的收益率应为14.8%,然而戴维森(Davison,2007)指出,根据不同类型的企业对碳投资收益率的敏感性是不同的,以石油为原料的企业要比以天然气为原料的企业对碳投资收益率更加敏感,因为以石油为原料的企业属于能源密集型企业,二氧化碳的排放会更多。以上投资收益率是建立在风险中性的基础之上,表示的是无风险投资利率,这并不符合低碳产业投资期限长、风险大的特点。

三、碳排放权政策

碳排放权的价格在某种程度上也受气候政策的影响,因此,碳价格的不确定性来源于气候政策的不确定性,威廉姆·布莱斯(WilliaMBlyth,2007)指出,未来气候政策的不确定性是投资不确定性一个外部风险因子,投资企业是无法控制的。投资者在对未来投资的决策时应当考虑到对政策的不确定性取得应有的补偿,威廉姆·布莱斯(2007)还指出,气候政策的不确定性对火力发电中电的价格产生了5%~10%的风险溢价,对碳排放权的价格产生了16%~37%的风险溢价,这些风险溢价即为对政策不确定性的投资补偿。平狄克(Pindyck,2007)研究了环境政策的不确定性问题、不可逆转问题以及融资期限问题,政策的不确定性与碳价格之间存在着复杂的非线性关系,不可逆转指的是对低碳产业间断性的投资以沉没成本的形式表现出来,而这些沉没成本会给适应环境政策提供机会成本,因此,适应性政策需要沉没成本的收益,而这些都建立在不确定性基础上,同时,不确定性也影响着环境政策的制定。平狄克指出企业要求很高的回报来弥补这些不确定性。

世界各个国家所承担的减排承诺不同,对温室气体不同的责任将导致各个国家碳排放额度的分配存在差别,这也将导致投资者对低碳产业未来投资具有不同的观点,对未来碳排放权市场上需求者与供给者的数量存在很大程度上的不确定性,技术含量高且分配碳排放权额度高的生产企业成为碳排放权市场上的供给者,反之将成为需求者,博瑞格(Bohringer,2005)指出,在碳排放额最初的分配上,对于能源密集型企业来说ETS最为适合,然而艾勒曼(Ellerman,2007)指出,在世界各个国家碳排放权市场已经建立的前提下,欧洲面对着政府盲目限制企业进行碳排放的事实。欧洲发达国家并不局限于《京都议定书》所规定的减排任务,巨额限制企业对温室气体的排放,有些学者认为这会减缓欧洲经济的发展,使得投资者对未来不看好。

诺德豪斯(2007)指出,对碳排放权额度的规定将导致碳排放权价格的波动,如果对碳排放权额度有统一的法律明确的规定,未来碳排放权市场上碳排放权额度一定,则碳排放权价格趋于稳定,将对能源价格以及投资决策产生很大影响。克鲁格（Kruger，2007）以欧洲排放权市场为例说明在整个碳排放权市场上，并不是所有的参与者都可以成为需求者，对于供给者各个国家都有自己所承诺的碳排放额度，并没有统一的法律标准去衡量，这给投资者对碳排放权价格的预测增加了难度。佐伯和塔马金（2005）指出，投资者对低碳产业的投资的决定因素最主要是企业最初是否具有碳排放权额度，如果企业本身具有出售碳排放权的资格，则企业就可以把单位技术投资成本与在碳排放权市场上出售碳排放权的价格进行比较，如果未来碳排放权价格高于单位技术投资成本，则企业会选择直接从碳排放权市场上去购买碳排放额度，而不进行低碳产业的技术投资，反之亦然。

蒙特罗（2000）研究了碳交易市场的监管、不确定条件下交易工具的选择，以及信息不对称情况下的碳交易市场监管问题，指出监管者对碳市场的监管成本和收益的不确定性以及对碳排放额的执行的监管的力度不够。德容（De Jong，2005）指出，政府对碳市场的监管力度不够会导致企业对低碳技术推迟投资，从"美国酸雨计划"（US Acid Rain Program）中我们可以得到碳市场的参与者推迟投资计划，并且对未来对碳市场的投资加大力度，这会导致碳排放权的价格下降。

四、碳减排期限

《京都议定书》中所规定的第一个五年承诺期到2012年结束，哥本哈根气候大会的结果也并没有达成统一的减排目标以及各个国家的减排任务以及减排期限，毕尔巴鄂（2007）指出《京都议定书》建立了第一个五年承诺期的碳减排目标，"承诺期"也是影响碳排放权价格的一个重要因素，即在考虑碳排放权价格的内在风险时，承诺期的长短也是一个重要因素。

《京都议定书》对在为期5年的时间段里建立了碳排放权的上限，但是在欧洲排放权市场上，他们并不把自己的目标仅仅局限在这短短的5年里，欧盟市场上的碳排放权期限几乎都超过了5年，这是因为投资者考虑是否投资时期限是一个很大的内在风险因素，杨（2007）指出在很大程度上，随着时间越临近合约到期日，合约所隐藏的不确定性更加体现出来，而这种不确定性会影响到下一轮的投资选择。

综上所述，我们分析了影响碳金融对低碳产业的四种影响因素，分别为碳价格、风险收益、政策以及减排期限。碳价格以及低碳产品价格的波动性为未来投资提供了不确定性，同时也提供了更大的获利机会，不同类型的投资者对波动性持有投资观点不同，然而大多数投资者都属于风险规避型，大的波动性只能为少数风险偏好型投资者提供机会，大多数投资者将回避投资。基于低碳产业投资期限长、风险大的特点，不同类型低碳产业对风险溢价的要求存在差别，能源密集型低碳产业因其在碳排放权市场处于大额供给者，限制其排放温室气体则需要更多的资金投入，并且技术成本很高，风险很大，能源密集型低碳产业要求更高的风险溢价。政策的不确定性包括各个国家气候政策的不确定性、政策性初始碳排放额度分配的不统一性以及对碳排放权市场监管的不确定性。气候政策的不确定性伴随着经济发展水平而变化，它将导致碳排放权价格以及融资期限的不确定性；碳排放额度初始分配的不统一性导致碳排放权市场中供给者与需求者的地位的相互转化，对投资者选择不同的交易机制具有不稳定性；碳排放权市场监管政策的不确定性直接导致碳排放权工具使用的不确定性，加大投资者风险。碳排放权市场是建立在各个国家统一制定的减排额度的基础之上的，对未来减排期限的不确定性直接导致投资者对未来投资期限具有盲目性，第一个五年计划即将到期，碳价格越来越趋于稳定，然而对下一个阶段的排放期限存在着不确定性。

第四节 碳排放权交易

一、碳排放权交易基本定义

碳排放权交易是指根据各国政府实现对《京都议定书》的减排承诺的前提下，对本国企业实行二氧化碳排放额度控制的同时允许其进行交易，一个公司如果排放少于预期的二氧化碳，那么就可以出售剩余的额度，并得到回报，而那些排放量超出限额的公司，须购买额外的许可额度，这样它们可以避免政府的罚款和制裁。从而实现国家对二氧化碳排放的总量控制。

由于发达国家国内减排二氧化碳成本很高，因此，《京都议定书》建立了CDM，鼓励发达国家通过提供资金和技术的方式，与发展中国家开展合作，在发展中国家进行既符合可持续发展政策要求，又产生温室气体减排效果的项目投资，由此换取投资项目所产生的减排额度，作为其履行减排义务的组成部分。发达国家或者企业帮助发展中国家每分解一吨标准二氧化碳的温室气体，就可以获得一吨标准二氧化碳温室气体的排放权。

通过温室气体排放权交易的实施，发达国家降低了减排成本，而发展中国家获得了经济发展所需要的资金和技术，最终共同实现温室气体的减排，以保护全球环境和资源。

二、碳排放权交易的基本分类

（一）基于配额的交易

买家在"限量与贸易"体制下购买由管理者制定、分配（或拍卖）的减排配额，譬如《京都议定书》下的分配数量单位（AAU），或者欧盟排放交易体系（EU ETS）下的欧盟配额（EUAs）。

（二）基于项目的交易

买主向可证实减低温室气体排放的项目购买减排额。最典型的此类交易为《京都议定书》中CDM以及联合履行机制下分别产生核证减排量（CERs）和减排单位（ERUs）。

三、碳排放权的特征

（一）稀缺性

由于碳排放权交易的实质就是对环境容量使用权的获取，当环境容量使用相对宽松的时候，其污染物排放对环境的危害性也相对较小。随着人口增加，经济增长污染排放的积累达到环境容量的许可上限时，其对外部环境危害也相应地表现出来。而环境容量的稀缺性也相应地提高。人类意识到其稀缺性表现则在于共同签署《京都议定书》。限制温室气体排放，在一定环境容量许可的范围内认可碳排放权的交易，可以肯定随着环境的持续恶化，碳排放权的稀缺性也会随着环境容量使用的日益稀缺而增强。

（二）强制性

"如果在环境容量稀缺度不断提高的情况下，不能对环境容量进行产权界定，就无法对环境容量实现合理定价和有偿使用，其结局就是所有人无节制的争夺使用有限的环境容量"。国家为了避免"公地悲剧"的重演则需建立起强制性的以法律规范的形式表现出来的对碳排放权交易的规定。在《清洁发展机制项目运行管理办法》第二十四条规定，鉴于温室气体减排量资源归中国政府所有，而由具体CDM项目产生的温室气体减排量归开发企业所有，因此，CDM项目因转让温室气体减排量所获得的收益归中国政府和实施项目的企业所有。在这种强制性的背后表现了国家产权界定的决心和产权实施过程的法律准备。

（三）排他性

碳排放权的排他性与其他所有权的排他性是一致的。即碳排放许可的所有人，阻止其他的排放主体享有对特定排放额度的占有、处分、收益的权力。而这种排他的对象也是多元化的，除开某一个主体外其他一切个人和团体都在被排斥对象之列，而这种排他性的实质就是碳排放权的主体行为人的对外排斥性和对特定减排额度的垄断性。

（四）可交易性

碳排放权作为当前碳贸易市场中的交易客体具有明显的可交易性。作为一种独立的产权，碳排放权是权利行为主体在可交易市场环境下对其减排额度的交易，即发生所有权的改变。这种可交易性为现实进行交易提供了可能。既是可交易的必定存在价格上的波动，作为商品的表象特征，价格的起伏也必将贯穿碳贸易的始终。而这种可交易性也为不同行为主体间的交易提供了保障，从而保障了所有权属高度的自由性。

（五）可分割性

碳排放权作为减排配额的权利体现，相对于其他可交易的权属也存在数量的可分割性，作为一个减排项目来说，可以同时行使全部减排额度也可以将减排的额度分别转让给不同的企业。据《日本经济新闻》报道，三菱商事向欧洲和加拿大企业销售了300万吨温室其他减排权，这是该公司在中国山东与新日本制铁联手开展氟利昂处理业务而取得的每年1000万吨CO_2排放权的一部分，并计划将另外500万吨碳排放销售给日本国内的电力和钢铁企业，而只有200万吨排放权由新日本制铁自行使用。

四、碳排放权交易的经济学原理

科斯定理认为,只要产权明确,并且交易成本为零或者很小,则无论在交易开始时将产权赋予哪一方,市场均衡的结果都是有效率的。换言之,有效率的资源利用方式与产权的初始配置状态无关,通过交易,供需双方都可以获得利益。碳排放权交易是科斯定理在环境问题上的最典型应用:在满足生态环境保护要求的条件下,将环境容量资源以排污权的形式分配给排污者,并允许这种排污权在市场上进行交易,从而控制污染物的排放总量、降低污染物治理的总体费用,使环境资源得到优化配置,即帕累托改进。

五、碳排放权交易的优点

作为一种以市场为基础的经济政策手段,碳排放权交易明显不同于以命令控制型为特征的政策手段,同以政府调控为主的经济手段(如排污收费)也有很大区别。具体来说,排放权交易具有以下主要的优点。

(一)碳排放权交易有利于政府利用市场经济行为进行宏观调控

由于信息的不对称性,政府在决策时可能出现失误,也可能落后于形势,而政府制定的污染源排放标准和排污费征收标准的修改由于受一定程序的限制,需要一段时间,存在"政策时滞"的影响。另外,标准的修改涉及各方的利益,因而有关方面会力图影响政府的决策,从而迟迟得不到结果,不利于政府针对环境质量的突发变化而做出灵活的反应。实行碳排放权交易以后,一方面,政府可以采用类似中央银行公开市场业务的做法,通过排污权的市场买卖,对环境保护工作中出现的问题做出较及时的反应。例如,环境标准过低,导致发放排污权总量偏高,政府可以买进排污权;反之,环境标准过高,可以卖出排污权。另一方面,政府可以通过少量的碳排放权交易,对环境生态状况进行微调。经过一定时期的实践,证明调整后的环境状况可以兼顾环境保护和经济发展的"双赢",可以将其确定为正式的环境标准。

(二)碳排放权交易具有公平性和普遍性

碳排放权交易市场放开后,参与碳排放权交易的主体是非常广泛的,企业、个人均可以参加。对企业来讲,可以根据自身利益来确定购买排污许可证的数量和进行污染治理的数量,比较便于选择;对非排污者而言,如果希望降低污染水平,也可以进入市场购买排污权,然后将排污权控制在手中不卖出,可以达到参与控制污染、保护环境的目的。这种解决方法是有效率的,因为它通过支付意愿反映了人们的选择。

(三)碳排放权交易有利于降低企业治理污染的成本

对一个企业来说,如果它治理污染的成本比市场上的排污权价格要高,很显然它不会治理污染而是买进排污权以降低成本。如果它的污染治理成本比市场上的排污权价格低,那么它应该力争多治理污染,同时将自己富余的排污权在市场上出售获得利润。如果没有碳排放权交易市场,每个企业都必须自己治理污染以达到总量控制标准,那么,那些治理成本高的企业将不堪重负,而治理成本低的企业又不愿意多承担治理责任,这样不利于降低整个社会的污染治理成本。碳排放权交易的实质是使治理任务在各个企业之间实行再分配,让治理成本低的企业承担较多的治理任务,这样有利于社会福利的增加。

(四)碳排放权交易有利于污染治理技术的进步

污染治理对企业来说是一种责任与负担,现行的环境经济政策使企业只见投入不见收益,企业往往寻找各种借口来逃避治理责任,而碳排放权交易却使企业的污染治理变得有利可图,企业治理污染的积极性将大大提高。由于企业竞相采用先进的治理技术,先进的治理技术的需求将极大增加,这又为技术开发商提供动力,形成一种良性循环。从美国S_q碳排放权交易来看,S_q交易价格最低时为69美元/吨,这远远出乎污染治理技术专家180美元/吨的预料。可见,在决定污染治理成本时,市场显然比专家高明得多。

(五)碳排放权交易能有效地减少过度治理

环境经济学家认为,环境容量也是资源,对环境容量利用不足,与对环境容量过度利用一样也是资源配置的低效率。在不可交易的许可证制度下,某污染源的破产并不会导致其他污染者排污权的增加,这就会导致环境容量资源的利用不足,也就是过度治理。而在碳排放权交易的条件下,由于排污权被市场赋予了经济价值,污染源破产清理时,排污权将会被当作资产出售或分配给股东,从而可以重新回到市场。

第五节　碳排放权交易机制

碳交易机制就是规范国际碳交易市场的一种制度。碳资产，原本并非商品，也没有显著的开发价值，然而，1997年《京都议定书》的签订改变了这一切。

按照《京都议定书》规定，到2010年，所有发达国家排放的包括二氧化碳、甲烷等在内的6种温室气体的数量，要比1990年减少5.2%。但由于发达国家的能源利用效率高，能源结构优化，新的能源技术被大量采用，因此本国进一步减排的成本高，难度较大。而发展中国家能源效率低，减排空间大，成本也低。这导致了同一减排量在不同国家之间存在着不同的成本，形成了价格差。发达国家有需求，发展中国家有供应能力，碳交易市场由此产生。清洁发展机制（CDM）、排放贸易（ET）和联合履约（JI）是《京都议定书》规定的3种碳交易机制。除此之外，全球的碳交易市场还有另外一个强制性的减排市场，也就是欧盟排放交易体系（EUETS）。这是帮助欧盟各国实现《京都议定书》所承诺减排目标的关键措施，并将在中长期持续发挥作用。

在这两个强制性的减排市场之外，还有一个自愿减排市场。与强制减排不同的是，自愿减排更多是出于一种责任。这主要是一些比较大的公司、机构，处于自己企业形象和社会责任宣传的考虑，购买一些自愿减排指标（VER）来抵消日常经营和活动中的碳排放。这个市场的参与方，主要是一些美国的大公司，也有一些个人会购买一些自愿减排指标。

一、清洁发展机制

（一）定义以及参与方

清洁发展机制，英文Clean Development Mechanism（CDM），是《京都议定书》规定的跨界进行温室气体减排三种机制之一。CDM是《京都议定书》所规定的附件1国家在境外实现部分减排承诺的一种履约机制。附件1国家通过向发展中国家提供资金和技术帮助发展中国家实现可持续发展。同时附件1国家通过从发展中国家购买"可核证的排放削减量（CER）"以履行《京都议定书》规定的减排义务。

清洁发展机制允许附件I国家在非附件I国家的领土上实施能够减少温室气体排放或者通过碳封存或碳汇作用从大气中消除温室气体的项目，并据此获得"经核证的减排量"，即通常所说的CER。附件I国家可以利用项目产生的CER抵减本国的温室气体减排义务。

CDM项目必须满足：（1）获得项目涉及的所有成员国的正式批准；（2）促进项目东道国的可持续发展；（3）在缓解气候变化方面产生实在的、可测量的、长期的效益。CDM项目产生的减排量还必须是任何"无此CDM项目"条件下产生的减排量的额外部分。

参与CDM的国家必须满足一定的资格标准。所有的CDM参与成员国必须符合三个基本要求：自愿参与CDM；建立国家级，CDM主管机构；批准《京都议定书》此外，工业化国家还必须满足几个更严格的规定：完成《京都议定书》第3条规定的分配排放数量；建立国家级的温室气体排放评估体系；建立国家级的CDM项目注册机构；提交年度清单报告；为温室气体减排量的买卖交易建立一个账户管理系统。

（二）特点

1. 各方自愿参加

无论CER的出售方还是购买方都是自愿参加。在现阶段CDM项目表现出很强的买方市场的特点。购买方一般采用招标或直接洽谈的方式进行采购。往往把价格压得很低。竞争通常是在卖方、发展中国家间展开。

2. 真实、可测量、多样和长期受益

CDM项目中，买卖双方交易的内容是CERs。而CERs本身是个指标，看不见摸不着。其产生必须是以实体项目为依托。CERs是如果没有该项目而上常规项目多出的排放量，是虚拟项目与实体项目排放量的差值。虚拟项目按照某种假设条件和方案确定以后，其排放量在一定时期内基本上就确定了（一个计入期完成后，基准线有可能会重新核定）。有可能变化的只有实体项目的排放量。就是说CERs的变化，主要取决于实体项目的排放量的变化（即CERs是实体项目的排放量的函数）。因此实体项目的排放量必须是真实可测量的。项目的环境额外性不应因减排量的转移所抵消。

CDM项目并不拘泥于某一种或几种技术。技术的先进性和适用性具有同样重要的意义。技术是否先进适用，是否具有额外性，主要看基准线如何确定。所以是个相对概念。目前CDM项目涉及的技术类型主要有可再生能源、能源效率、甲烷气的收集与利用等。

3. CDM应采用相对成熟的技术

采用相对成熟的技术可以保证项目能够高效稳定运行,能够保证有一定的寿命期,产生足够量的CER,对环境的影响有可持续性,切实有利于可持续发展。

(三) CDM项目与实体项目的相互关系

CDM项目实施过程中的一个难点在于把握CDM项目实施的时间与项目自身国内外申报审批程序和时间的配合。根据荷兰CERUPT招标项目的实践,CDM项目招标与项目本身的申报、审批、实施过程的相协调至关重要。只有项目自身具备了一定的确定性,并具备资金和/或技术的额外性,才能为本国政府和购买方同时接受。项目东道国关注的是资金或技术的额外性,而购买方更关注是项目的风险程度,是否能按时足额提供CER。至于项目中资金和/或技术的额外性在多大程度上体现,如何体现,是否有利于可持续发展是他们关心的重点。因此,如果项目处于早期准备阶段,具有不确定性,买方会认为风险太大,在招标中胜出的可能性就比较小。而项目如果没有一定的资金和/或技术的额外性,对可持续发展起不到积极的作用,国内审批也很难通过。

另外根据EB(执行理事会)的规则,只有2000年1月1日以后投入运行,并在立项时考虑了CDM的项目才可成为CDM项目。

在项目选择上,在可再生能源领域,根据CER的来源可以对基准线研究和核准的难易程度以及将来项目实施过程的交易成本的大小做出判断。一般来讲,可再生能源和煤层气项目比节能项目容易一些。比如并网电风力发电规模大、比较集中,CER来源单一,自身排放可忽略不计,替代的往往是构成相对简单的并网电,基准线的确定相对容易。并且现在已经有统一的方法学,使实施可再生能源并网发电CDM项目相对简单了许多。

(四) 如何选择基准线研究和核证的单位

基准线研究和核准是CDM项目实施的关键环节,因此,基准线研究和核准单位的选择十分重要。由于购买方多为西方国家或国际组织,所使用的语言一般为英语或西班牙语。由于语言的障碍和气候变化及CDM基础知识宣传教育和专业培训方面的欠缺,国内目前能够和有资质开展基准线研究和核准的机构还没有。只有通过招标等形式,请西方国家的咨询机构提供这方面的服务。这也是亚洲国家普遍面临的问题。

二、排放贸易（ET）

排放贸易（ET）是议定书第十七条所确立的发达国家之间的一种合作机制。与JI不同，ET并不需要基于具体的具有温室气体减排或碳汇吸收的效果的项目来实施这种合作，而是直接进行贸易：一个发达国家，将其超额完成减排义务的指标，以贸易的方式转让给另外一个未能完成减排义务的发达国家，并同时从转让方的允许排放限额上扣减相应的卖出额度。严格意义上讲，这种贸易应该仅仅局限在国家与国家之间。但目前的规则也允许发达国家政府授权其法律实体进行这种贸易。从环境经济学角度看，为发达国家确立的排放削减目标成为了一种环境经济资源，允许对排放限额这种资源进行相互贸易。

尽管实施ET的基本规则已经建立，但是还不可能实施真正意义上的贸易，因为实施ET所必须的一系列前提条件目前还没有到位，例如，发达国家需要建立的温室气体核算系统、国家登记簿等都尚未建立，气候公约秘书处需要建立的登记簿也还处于框架设计阶段。尽管目前有不少机构声称在进行温室气体排放交易，但是没有一个这种交易得到了气候公约缔约方会议或其授权机构的认可，因此从这种交易机构获得的减排抵消额也不可能用于履行议定书的承诺，是一种无效交易。事实上，很多这样的机构是为抢得先机，抢先开展试验性工作以获得实践经验，便于今后获得经营这一可能具有丰厚利益的业务的商机。一般认为，真正开展贸易需要到2008年以后，因为到那时候才会有较强的"买方"。

三、联合履约

联合履约（JI）是议定书第六条所确立的发达国家之间的合作机制。在该机制下，一个发达国家通过以技术和资金投入的方式与另外一个发达国家合作实施具有温室气体减排或具有吸收温室气体的项目，其所实现的温室气体减排或吸收量（以下简称ERU），转让给投入技术和资金的发达国家缔约方用于履行其在议定书下的义务，同时从转让这些温室气体减排或吸收量的发达国家的"分配数量"（以下简称"AAU"）中扣减相应的数量。

四、自愿减排市场（VER）

自愿减排市场（VER）是指经过认证机构核证的温室气体减排量，是自愿减排市场交易的碳信用额。在自愿减排市场中，公司、政府、非政府组织或个人为了对自己排放的温室气体进行各种形式的抵偿，力图实现"碳中和"，自愿交易碳信用额。

自愿减排市场的存在可支持小型。甚至是村庄级的活动，这些项目需要承担的开发费用相对《京都议定书》合规性所需的费用（认证人、证明人及咨询师等相关费用）要低，并且具有可实现真实有效的减排效果及显著的可持续性发展的优点。

为了确保买家能够购得真实有效的减排，确认减排量必须按照确认减排量标准计算。当前全球存在多个确认减排量标准，各标准都规定了不同的项目类型管理规则，这些规则均可接受并可成为测量减排的方式。因标准可为买家提供所购确认减排量的保证，其作用是非常重要。目前国际上常用的VER标准包括有黄金标准、VCS、VER+，等等。

对减排项目业主而言，自愿减排市场为那些前期成本过高，或其他原因而无法进入CDM开发的碳减排项目提供了途径；而对买家而言，自愿减排市场为其实现自身的碳中和提供了方便而且经济的途径。VER项目比CDM项目减少了部分审批的环节，节省了部分费用、时间和精力，提高了开发的成功率，降低了开发的风险，同时，减排量的交易价格也比CDM项目要低，但开发周期要短得多。

五、三机制的共同特点

议定书三机制的共同特点是"境外减排"，而非在本国实施减排行动，因此，有时候也称为境外减排机制。从经济学原理看，其源于在全球范围内寻求最低的减排成本和路径。其发展可上溯到谈判制定《联合国气候变化框架公约》（以下简称《气候公约》）阶段。在《气候公约》谈判进程中，发达国家以允许其采取灵活的政策和行动履约为其率先采取承担温室气体减限排义务的前提条件，这些灵活的政策和措施主要是指其在境外采取的减排行动，这种减排行动获得的"减排抵消额"应该被允许进行"交易"。提出这一观点的经济学思想是：在世界任何一个地方产生的温室气体减排对大气产生的后果都是一样的，而在世界上不同的国家,即使采取同样的行动,由于国家之间发展水平的不同、劳动力成本的差异等,其所需的减排成本会有较大的差异。这种客观存在于不同国家之间的减排成本差异成为一种推动力量,推动了高减排成本的国家强烈要求允许其具有低减排成本的国家实施减排行动以获得低成本的减排效益。经过谈判,在气候公约第四条第2款a段,允许发达国家"联合执行"(jointly implement,JI)政策和措施,以实现其义务和公约的目标。这是第一次正式采用"联合执行"温室气体减排义务的法律条款,也可以认为是议定书三机制发展的最初思想。

第六节 碳金融与中国经济发展

一、中国可再生能源与能源效率投融资领域现状与问题

实践证明,单纯依靠指令性政策难以从根本上提高能源效率。要想提高包括石油石化、煤炭、冶金、建材、纺织、交通运输、机械制造在内的工业部门能源利用效率,必须提供持续、充分、有效率的资金来源。深化金融体制改革,是实现持续、充分、有效率资金来源的关键环节。

近些年,中国节能服务业取得了长足进步,来自中国节能服务协会(EMCA)的数据显示,截至2006年底,中国节能服务业总产值达到82.55亿元,比2005年同期增长74.5%;综合节能投资达到63.3亿元,比2005年同期增长106.9%。共计实施合同能源管理项目1426个,EPC投资42.6亿元,形成年节能能力280万吨,减排二氧化碳181万吨,同时拉动节能市场投资84.05亿元。在中央财政方面,2007年年初政府安排国债和中央预算内投资63亿元,中央财政预算安排50亿元用于支持节能减排。

但是,据专家估算中国可实施的节能潜力市场有4500亿元,其中至少3000亿元市场具有可操作性。相比这个数字,当前中国能源效率与节能领域的投资还只是刚刚起步。能源效率与节能投资主要来自四个方面:政府财政投入、金融机构、资本市场和风险投资。目前,中国这几个方面的节能投资严重不足。

首先,财政投入严重不足。1981~1997年国家用于节能环保基建的

投资共达230亿元，引导地方、企业投资320亿元，合计550亿元，建成近4300万吨的年节能能力。

其次，银行机构扶持力度不够。能源效率与节能服务业自身特点决定了其进行节能改造初期就要投入大量的资金，大部分节能服务企业属于中小企业，银行信贷政策本来就对中小企业要求非常严格。并且节能改造项目对金融机构而言属于陌生的领域，银行更愿意去支持建设项目不愿意介入节能改造领域。这些因素造成了当前中国金融机构对节能改造项目贷款极少。为了有效解决节能服务公司投融资问题，世界银行中国节能促进项目二期设立了节能服务企业商业贷款担保机制，通过为节能服务企业实施的节能项目提供融资担保来逐步建立节能服务企业的银行资信，由中国投资担保有限公司具体实施。

再次，股票市场未对节能企业和项目给予重视。国内的许多节能企业并不具备上市条件，使得目前体制下节能服务企业直接融资逢场困难。此外，节能减排概念投资多、实质性题材少，虽已有不少公司率先涉足了这一领域，但其中真正形成的主营业务和给上市公司带来的收益并不多。以太阳能为例，纯正的太阳能发电设备企业只有天威保变、航天机电、特变电工、交大南洋，而太阳能产业真正能够对上市公司业绩产生巨大支撑预期的，只有天威保变。

最后，产业投资基金数量少，关注度不够。近年来，国内风险投资对能源环保行业的投资项目和投资总额逐年上升，2006年更是成为风险投资最热门的领域之一。但是从整体上说，风险投资对能源效率和节能领域的投资偏少，关注于能源效率和节能领域的风险基金屈指可数。

二、低碳企业的资金缺口与投资保障分析

（一）金融资本在低碳企业中的作用

低碳企业是一个技术密集与资金密集相结合的企业，其发展主要取决于三个方面：政策扶持、技术进步、资金推动。金融资本的进入无疑会大大推动低碳产业的发展。当前中国的低碳产业正处于初级发展阶段，初期的研发投入高，因此，资金对低碳产业化和规模化的推动作用主要体现在以下三个方面：

第一，促进中小型低碳企业的发展。我们以新能源产业为例，新能源产业具有自然垄断性，进入门槛很高，中小企业在发展初期面临资金

"瓶颈"。由于自然垄断性意味着规模经济效益，体现在生产成本会随着规模的递增而逐渐降低。然而中小企业进入新能源产业之初，其弱小、高成本和难以上规模的特点，仅靠市场自发性将使其发展非常困难，在实现商业化进程中需要大量的资金投入。在这方面，产业投资基金、将必要的资金引入新能源产业，用于孵化和扶持新能源领域具有潜质的中小企业，对扩大新能源产业的规模、促进新能源产业的创新发展能力具有很强的现实意义。

第二，促进大型低碳企业横向联合，实现低碳产业规模化。以新能源产业为例，自2007年7月1日起，中国开始全面禁氟，这将会促进太阳能光热行业整合。一些没有能力通过技术革新、设备制造、行业间资源整合来适应这一规则的企业将被淘汰，而一些有能力的企业必将顺应横向联合的大趋势。在这个过程中，产业基金将为这些有条件的企业提供资金，通过参与其管理，为其在国内外上市直接融资创造条件，帮助其发展壮大成为行业优势企业。

第三，促进低碳企业关键技术的研发，推动低碳产业技术改造。我们依然以新能源产业为例，新能源产业的发展归根到底是新能源开发利用技术的发展。由于涉及生物、海洋、新材料、电子等高新技术，新能源技术研发需要巨大资本投入同时存在较高的研发风险，技术障碍导致的成本高、市场小等因素严重制约着新能源产业的发展。如果对新能源技术和设备制造企业的重视不够，很可能导致我国新能源技术和设备制造业长期落后，最终重蹈我国手机与汽车制造业核心技术、陷入"引进—落后—再引进—再落后"的恶性循环的覆辙。利用产业投资基金，可以积极开导新能源的技术研发，调动产学研发各方面的力量攻克新能源关键技术。鼓励企业作为研发主体，开发具有自主知识产权的新能源技术，推进新能源设备的国产化，实现"引进—消化—创新"的技术路线，从根本上改变我国重大技术装备长期依赖进口的局面。

（二）当前中国低碳产业的主要融资渠道

1. 国内财政专项资金支持

由于低碳产业初期投入成本较高的特点，因此，政府的资金支持一直是低碳产业至关重要的资金来源渠道，这在发达国家低碳产业发展中也可以得到体现。美国2005年的能源法令明确规定了支持可再生能源技术研发以及其产业化发展的年度财政预算资金。德国对用户安装太阳能热水器提供40%的补贴。许多国家还采取了产品补贴和用户补贴方式扩大可再生能源市场，引导社会资金投向可再生能源产业，有力地推动了可再生能源的规模化发展。

中国连续出台多项可再生能源的相关政策法规，财政专项资金一直以来是可再生能源科研投入、本地化生产、资源勘察、相关建设的主要来源。

2. 银行信贷

银行信贷资金是能源建设投资的主要资金来源。据统计，"十五"末，我国能源行业的中长期贷款余额达到13469亿元，约占全部能源行业总负债的45%。在中国能源开发的一些重点地区，例如，西北地区，中长期能源贷款甚至占到能源工业投资额的70%左右。以电力为例，水电投资资金来源方面，商业银行贷款、开发银行贷款依然是主要渠道，尽管商业银行的贷款所占的比例有所下降、开发银行贷款成为最主要的资金来源，合计超过总投资的一半以上；从火电投资的资金构成看，商业银行贷款是主要来源，占火电总投资的比例高达30%左右，远远高于其他来源。

3. 资本市场

资本市场为低碳企业提供了广阔的融资平台，并将在其以后的发展中发挥更加重要的作用。目前国内具备成熟的太阳能光伏产品生产技术并且已经投产的有天威英利、无锡尚德、新疆新能源、上海新能源、力诺集团等几家公司；在风力发电领域已经上市公司中，东方电机、长征电器、华仪电气、湘电股份和长城电工等虽都是刚刚涉足风力设备，但随着产品的日趋成熟，风机制造有望成为公司业绩新的增长点。

4. 风险投资

作为经济全球化和财富管理的必然产品，风险投资在中国的作用日益变得重要，在低碳企业融资初始阶段，风险投资将作为其他金融机构的"领头羊"为低碳产业做出贡献。

第十三章

金融发展治理

第一节 金融发展中存在的风险

一、风险

(一) 风险的含义

究竟什么是风险?无论是普通老百姓,还是经济学大师们,对其具体的定义可谓"说法不一",从各个领域与不同角度对风险均有不同的定义,但就其共性而言,可以归纳为两类观点。一种观点认为风险是指在一定条件下和一定时间内可能发生的各种后发的变动程序,结果的变动程度越大则相应的风险也越大,反之则风险也越小;另一种观点认为风险市值一定条件下和一定时期内由于各种结果发生的不确定性,导致主体遭受损失或损害的可能性。

风险概括起来可以界定为:如果行为主体在特定的期间内,由于各种各样难以预料或者无法控制的因素起作用,存在行为主体的实际结果与预期结果发生偏离的可能性,那么这个行为主体就存在风险。

美国学者A. H. Mowbray(1995)首次将风险分为纯粹风险与投机风险。纯粹风险是指由于风险因素而导致的只有损失机会或者损失的可能性的风险。纯粹风险有两种结果:一种是风险如果发生,必然给当事人带来损失;另一种是如果风险不发生,亦没有收益。投机风险是指既有损失可能,又有获利机会的风险。投机风险有三种结果:一是如果风险发生,必定会给当事人带来损失;二是如果风险没有发生,有可能没给当事人带来损失,也没有带来获利;三是如果风险没有发生,能给当事人带来经济收益。

投资风险是一种典型的投机风险,它既具有风险的诱惑性,又具有危险的约束性,是危险与机会并存,风险与收益对称统一。如果投资成功,投资人不但能收回投资且能获得很高的风险报酬。如果投资失败,投资者不但无法得到额外的报酬,甚至还可能血本无归。

所以纯粹风险总是让人厌恶和力求回避的风险,投机风险则由于具有极大的风险诱惑性而使追求高额回报的投资者竞相追逐,但与纯粹风险相比,投机风险较难预测。

(二)风险特征

与其他社会现象一样,各种风险既有共性,又因为涉及具体的不同领域,而具有个性。概括起来,风险主要有如下共性:(1)风险的客观性:风险是不以人的意志为转移的并超越人们主观意志的客观存在。(2)风险的复杂多样性:风险是一种极其复杂的自然、社会现象,人类只能有限地认识风险,控制风险。直到现在人们只能在有限的空间和时间内改变风险存在和发生的条件,降低其发生的概率,减少损失程度,而不能也不可能完全消除风险。(3)风险的偶然性:风险发生是一种偶然现象,是否发生,何时发生,结果如何等都是不确定的。大量风险因素自身的变化多端,各种风险因素之间以及与外界相互交叉影响,导致任何具体风险的发生只能是一种随机现象。(4)风险的必然性:风险可以通过大量的观察结果揭示出它潜在的必然性。尽管个别风险的发生是偶然与杂乱无章的,但是通过对大量风险资料观察和统计分析,可以发现风险发生统计规律,使得人们有可能用概率统计方法及其他现代风险分析方法去研究风险。

二、金融风险

(一)金融风险的含义

伴随着金融业的产生,金融风险也开始产生。已发生的金融风波和金融危机表明,金融风险问题的影响已不再仅仅局限在进入金融和经济领域,它能够震撼整个国家的政权。同时我们也感受到金融风险一旦没有控制在经济、社会可承受的范围之内,就可能酿成金融危机,进而引发经济危机、政治危机和社会危机,导致经济、社会发展的停滞,甚至是后退。

关于金融风险的定义有多种说法，目前理论界认识也不尽相同，罗列几种如下：（1）金融风险是指由于金融资产价格的不正常活动，或者大量的经济和金融机构背负巨额债务极其资产结构恶化使得它们抗御冲击的能力很弱，一旦出现风险事故，则可能波及宏观经济的运行。（2）金融风险是指在资金的融通和货币的经营过程中，由于各种事先无法预料的不确定因素带来的影响，使资金的经营者的实际收益与预期收益发生一定的偏差，从而蒙受损失和获得额外收益的机会和可能性。（3）金融风险实质资本在运动过程中由于一系列不确定的因素而导致的价值或收益损失的可能性。（4）金融风险是指金融行为的结果偏离其期望结果的可能性，是金融结果的不确定性。（5）金融风险是指在金融活动中，某些因素在一定时间内发生始料未及的变动，导致金融主体的实际收益与预期收益或实际成本与预期成本发生背离，从而蒙受经济损失的可能性。（6）金融风险是指经济主体从事资金融通活动中由于决策失误，可能情况变化或其他原因使资金、财产和信誉遭受损失的可能性。

人们对金融风险的定义说法不一，对金融风险认识的差别，实际上是反映了对金融风险的性质、特点、成因等认识上存在着分歧和差异。当然，也可能是金融风险在各国和地区的具体表现和运行规律有所不同，反映在人们头脑中的意识也有所不同。这种认识上的差别有可能导致人们在风险防范和化解的手段，所采用的政策和对策上的不同。但不管有多大的差别，风险给人们带来的损失是肯定的。我们可以肯定地说，金融风险与危害、危机、损害、损失、不确定性、可能性等紧密相关，但与其中的任何一组词语又都不是完全对等的。

基于对金融风险内涵和特点的考察，这里给出金融风险的定义：所谓的金融风险是指在一定的条件和一定时期内，由于金融活动中各种经济变量的不确定性造成结果发生的波动，而导致行为主体遭受的损失以及这些损失发生可能性的大小。

（二）金融风险的类型

金融风险的具体存在形式是多种多样的，可以根据需要，按照不同的标准将金融风险分成不同的类型。

从金融机构来看，可以分为商业银行风险、保险公司风险、信托公司风险、证券公司风险、租赁公司风险、财务公司风险等各类机构风险。

从金融工具来看、可以分为票据风险、存单风险、保单风险、股票风险、债券风险、基金风险、外汇风险、衍生品风险。

按区域可以分为农村金融风险、城市金融风险、区域金融风险、国内金融风险和国际金融风险。

从金融市场来看，有货币市场风险、资本市场风险、外汇市场风险、利率风险、汇率风险、外债风险、表外业务风险等。

从金融风险的形成机制和形成原因出发，可对金融风险作出如下划分。

1．泡沫经济形成的泡沫型金融风险

这种金融风险的典型特征就是资产价值被严重高估，其风险大小主要取决于资产价格过高的程度以及在全社会资产中泡沫成分所占比重，引发金融危机后的危害程度，则还与泡沫资产持有人的资产构成状况，泡沫资产持有人的资产负债状况，金融系统的抗风险能力因素有关。

2．外资冲击型金融风险

这种风险是指外国投机资本对本国货币和金融市场进行攻击的可能性，只有在资本流动比较自由的情况下才有可能发生。其风险的大小主要取决于市场对本币币值的高估程度、外资流入规模等因素。引发金融危机后的危害程度则还与国内经济是否健康等因素有关。

3．国债风险

在政府负债规模过大的情况下，只要经济中出现一些意想不到的重大事件，政府就有可能无力偿还债务，这就是国债风险。其风险大小主要取决于国债规模。其引发危机的过程大致可以分为两个阶段：第一阶段的后果是抬高了利率，因而影响实际投资；而到了第二阶段，由于高息发行国债会进一步加重还债负担，政府只能靠向银行透支来偿还债务，其后果是引发严重的通货膨胀。

4．银行坏账累积型金融风险

这种风险是由银行呆坏账逐渐积累而引起的。表现是随着呆账率的不断上升，银行业陷入支付危机的可能性就更大。这种风险与泡沫型金融风险的本质区别在于银行呆坏账积累过程的不同，泡沫型金融风险中的银行呆坏账是在短时间内形成的，主要是由泡沫资产价格大幅下跌而引起的。而呆账坏账累积型风险中的银行呆坏账是长时间累计而形成的，即使经济运行情况基本正常，银行的呆坏账规模也在不断增大，这种风险的大小主要取决于银行呆坏账规模。由于引发这种风险的根本原因在于银行制度本身的缺陷,因此呆坏账率上升并不是只限于少数银行,而是绝大多数银行都是如此。由此可见,只要这种风险演变成金融危机,就必然意味着整个金融系统同时瘫痪,其危害程度将远远超过前面的任何一种风险。

三、金融发展中风险生成机理

（一）金融风险成因的理论分析

金融风险的成因,有些是内生的,如信用风险、操作风险等；有些是外生的,不可预测的,如天灾人祸、战争、石油危机、经济周期等。从制度的角度看,有些是在正常的市场环境下纯粹由不确定性产生的,有些是由于市场经济制度不完善、法规不健全、内部控制不完善、外部监管不得力等因素是不确定空间扩大而产生的。从主客观角度看,有些是金融机构主观失误造成的,如管理风险、操作风险等；有些是客观存在的,如利率风险、汇率风险等。

从金融业自身特征看,金融业之所以成为一个高风险的行业,是由于它是一个以经营货币信用为基础的行业,金融可超过实际经济而发展,并越来越趋向于虚拟化；信用本身具有脆弱性,任何信用链条的断裂都可能发生金融危机；随着金融深化的发展,金融体系从国内发展到国际,由于国际金融体系缺少完善的监管体系和最终的贷款人,金融市场本身难以稳定；金融业由于信息的不对称性又使金融工具和金融产品对实际经济有很强的敏感性,往往做出过度的反映,而且政府的宏观经济政策、金融政策也对金融机构的经营状况有很大的影响。

（二）中国金融风险及其特征

中国正处在由传统计划经济向市场经济的转轨期,金融体制正处于由计划金融体制向市场金融体制转变过程中,资本经营方式正处于由粗放型向集约型经营转变过程中。目前,中国金融体制潜伏的风险令人焦虑,主要体现在六个方面：第一,商业银行的不良贷款、利率及外汇风险；第二,证券市场使得主体经营风险,资金违规风险,过度投机风险,证券欺诈风险以及制度性风险等；第三,货币市场上的风险,例如同业拆借风险等；第四,地下金融和非法金融；第五,日益猖獗的金融犯罪；第六,国外金融机构大量进入的冲击和国际游资的投机活动。

中国银行大量不良债权的产生是长期形成的。目前,中国仍处于产权关系的改革、企业改革、银行制度改革、破产制度的建立、社会保障制度的完善和法律制度的完善阶段,对国有企业预算硬化前提尚不存在。国有企业过去是依靠国家财政拨款,现在国家把对国有企业大量贷款的包袱甩给了国有银行。国有商业银行现在的经营目标仍是多重的,政府没有把商业银行看成是真正的商业企业,通常更多地把国有商业银行看成是调节经济的工具,而且他们还过多地承担了社会稳定的职能;国有企业又片面依靠国有银行的"输血"来维持经营。在国有企业躺在国家信用的背景下,欠款人事实上并不能对自己的债务负责。并且,由于金融市场不健全,银行部门没有严格履行对企业信用状况的监督,企业大量负债,并不妨碍其继续获得贷款。许多国有企业连简单在生产的流动资金都严重依赖银行贷款,更无力偿还。国有企业资产投资的巨额债务无法清偿,必然造成银行不良信贷资产的上升。

四、中国金融风险内外共存

目前国内的金融风险主要来自于国有银行高比例的不良贷款、证券市场的不规范发展、猖獗的非法金融活动等。外部金融风险主要有外债风险、资本外逃和境外分支机构的投机活动。

1. 外债风险

中国的外债风险体现在外债管理上,主要反映在中国的外债管理不透明,政府无法控制外债的变化,而外债的不透明首先体现在隐性外债上。目前中国的隐性外债主要有中外合作企业外方投资实行固定回报率、转移定价、远期信用证变相融资等多种形式,其实质均为外债,且不能外汇自求平衡。其次,外债的不透明反映在国内金融机构为其境外分支机构的担保上。由于海外机构融资部纳入境内的母公司的资产负债管理及国家的外债管理,有的金融机构也将其作为融资的窗口,绕过外债规模管理。金融机构为海外机构融资担保绕开外债规模管理,一旦子机构出现问题无力偿还,其债务便转嫁给境内母公司。

2. 资本外逃

尽管中国的资本项目尚未开放,但由于实行了经常项目下的人民币可自由兑换,国内资本就可能在经常项目下外逃,而资本的大量外逃往往是发展中国家发生金融危机的一个重要原因。从理论上看,国际收支平衡表中经常项目、资本项目和官方储备三项的变动余额相加为零,如果相加不为零,其差额即为国际收支平衡表上的"错误和遗漏项"。中国的国际收支平衡表中的错误与遗漏这一项通常为负,可以基本解释为资本以某种形式流出。

3. 境外分支机构的投机活动

由于中国金融机构或国有金融机构或国有企业缺乏跨国公司的管理经验,对海外子公司缺乏有效的监管,还由于中国境外的分支机构的所有权单一,均为国有资产,普遍存在"内部人控制",没有风险控制系统,这些分支机构的负债风险和破产风险是由国有母公司承担的,国有母公司无管理能力也无监督的动力,而分支机构的收益却与经理人员联系在一起,风险收益极不对称,导致一些经理人员不管懂不懂业务,什么高风险都敢投机。

五、中国金融风险的成因

(一)中国金融风险的体制性原因

中国的金融风险几乎是一种体制泄露型风险,这种风险的形成原因主要在于中国的体制。

1. 目前中国正处于新旧两种体制相互交错状态

一方面,旧的经济和金融体制依然发挥着作用,阻碍着新的市场经济体制的建立和运行;另一方面,在两种体制伴随两种机制的转换中,原有的行政手段和行政机制不灵了,但新的市场手段和市场机制还没有有效地建立起来并发挥作用。所以在两种体制转换过程中因不能很好衔接,在宏观管理方面留出"真空地带",造成风险防范能力薄弱,加上金融业本身的高速发展,使金融业风险不断积累。

2. 经济发展中导致金融风险发生

在20世纪80年代初,中国经济改革目标处于混沌状态。企业改革,投资体制和财税体制改革没有明确方向,各地方的投资冲动和内在饥渴都十分严重。在这种情况下,政府为了财政甩"包袱"而匆忙地把拨款改为贷款,结果是银行成了在各地盲目建设、重复建设的资金供给者。随着市场格局从卖方市场转向买方市场以及相当多企业的商业信用和银行信用严重消失,银行就变成了这种制度风险的主要承担者。由于企业特别是国有企业的经营机制与整个经济体制向市场经济转换的进程不协调,因而其总体经济效益不佳。非国经济则存在着持续的融资难、融资贵等问题。面对各商业银行自由资金不足和不良资产较高的严峻现实，如果社会资金的某一链发生断裂，就难以逃脱由支付危机引发金融危机的巨大灾难。

3. 金融监管不能适应市场经济的要求

首先是管得过多、过死。比如进入金融业受到严格控制，金融业如何运用资产没有多少可选择的空间，利率不完全由市场决定，企业上市融资权不完全由市场决定。其次是监管不力。金融秩序混乱、违规经营屡禁不止、高息揽存、非法集资、违法筹资等现象屡屡发生，这些情况说明，金融监管不力的问题比较突出。最后是金融监管的法规政策不完善。比如，呆坏账的冲销制度不健全，造成银行的呆坏账不能及时冲销，积累的规模越来越大。

4. 金融业经营环境的恶化是金融风险增大的外部原因

第一，国有企业的偿债能力下降。尽管国有企业运行机制在不断地进行改革，但本质因素—产权的明晰程度不如非国有经济。这样，在竞争中，国有企业经济效益下降，使偿债率下降。第二，非国有经济所占比重增大。尽管非国有经济的效益要比国有经济好，偿债能力也较强，但识别其偿债能力的难度较大，并且故意逃避债务的可能性也较大。第三，信誉度下降。欠债有理、欠债不还已成为中国经济中比较普遍的现象，再加上地方保护主义，使得异地债务的追讨难上加难。信誉度下降与中国市场经济还处在起步阶段有关。

（二）银行资产质量恶化，不良贷款比重较高

由于资本市场发展滞后，融资格局以银行的直接融资为主，在统一利率政策指导下，对支持企业不断增长的投资需求以及经济发展起到了重要作用。但2008年美国次贷危机发生以来，中国银行业资产质量不断恶化，不良贷款高达2%。

（三）金融资源的不合理配置所隐含的风险

金融资源基本上是通过金融中介机构的间接融资渠道和资本市场的直接融资渠道配置的。就中国目前间接金融配置看，金融机构对非国有经济的支持不够，而非国有经济已成为中国经济增长与促进就业的重要支撑，非国有经济对GDP增长的贡献率已超过63%。但直接金融资源配置却未适应国民经济格局的这种变化，银行信贷政策基本没有充分考虑个体私营企业的需求。这说明，金融机构的绝对大部分资金在效率相对

低下的环境中运行,如此信贷资金配置,不仅不符合经济增长格局的要求,而且孕育的金融风险也值得关注。

六、防范和化解中国金融风险的具体对策

(一)在金融体系内部进行制度改革与创新

1. 加快建立现代金融企业制度

建立现代金融企业制度重点需要从两方面进行改革,即产权制度改革和管理制度改革。金融企业真正成为自主经营、自负盈亏、自我发展、自我约束的法人实体。产权制度改革的关键就是要把所有权和经营权分开,解决所有者虚置的问题,让所有者到位;同时,要理顺国有资产所有权、使用权、收益权及处理权之间的关系。政府作为国有资产所有者的代表,只能以出资者的身份在金融企业的外部分享经营收益,而不能对金融企业的业务经营进行干预;政府作为经济组织应以追求自身利益最大化为经营原则。内部管理体制改革的核心则是要建立一套平衡制约的体系,规章健全、运作有序的内控机制,其中特别要注意防止所有者对经营者管理失控局面的出现,即防止经营者的权力在企业内缺乏制衡,在企业外部缺乏约束,可任意支配企业财产的所谓内部人控制。首先,健全的内控机制是金融机构规范经营行为和有效防范风险的重要手段。其次,通过成立金融资产管理公司,处理不良贷款问题。中国于1999年已建立四家资产管理公司,其具体操作方法是先对银行的不良资产进行评估,进而向银行收购不良资产;然后根据各类不良资产的实际情况,分别采取相应的处理措施。金融资产管理公司的资金来源于向人民银行申请的在贷款手段,可突破《商业银行法》中的一些限制,充分,灵活地运用收购、拍卖、债务重组等各种方式,最大限度地盘活不良资产,以此来化解金融风险。而且,国有银行与金融资产管理公司有各自的独立法人,不存在资本关系,有各自的资产负债表。这样一来,国有银行把其不良资产出售给金融资产管理公司后,其自身的资产负债表上的资产风险降低,有利于提高在国际上的信用等级,便于从国际金融市场筹集资金以应付可能的流动性困难。特别是在完成不良资产的剥离后,国有商业银行甩掉了部分历史"包袱",从长远看,有利于银行管理水平和经济效益的提高,增强抗风险能力。目前,在各省市区都成立了地方的AMC(资产管理公司),可以参照上述作法化解区域金融风险。

2. 尽快建立和健全多层次的风险管理体系，加大监管的力度

从金融体系内部来说，中国人民银行应根据各自金融机构风险状况的不同表现形式，建立和完善相应的监管体系，对市场准入、资本金充足率、业务范围、资金运用方向等严格界定和审查，并通过建立金融风险预警系统，设置若干预警指标，准确监测金融机构的风险状况，做到超前防范。同时，要维护金融安全，还需要不同程度地发挥金融同业组织如银行同业公会、银行协会等在金融监管体中的作用。各自规范自身的经营管理和加强内部控制，而且会员机构之间也要相互督促，协调彼此之间的关系，制止无序竞争，共同增强风险意识，提高风险防范技术。从外部讲，还应建立社会舆论监督体系和行政法制监督体系，一方面强化信息披露，增加金融机构的透明度；另一方面加大对金融机构违规行为的处罚力度，提高违规成本，以遏制违规违章行为的继续发生。

3. 考虑建立金融风险的转移体系——存款保险公司

在市场经济的激烈竞争中，总会有一些金融机构因各种原因遭受风险损失，出现支付危机，甚至倒闭，从而使存款人的利益受到损害，是社会经济运行受到干扰。而现有金融法规和中央银行在存款人利益保护方面的作用是很有限的，因此，为了减少金融风险对存款人造成的损失和对社会经济造成的震荡必须建立风险转移体系，即建立存款保险公司。当金融机构倒闭时，由存款保险公司对存款人的损失给与一定的限额的赔偿，以此来保护存款人的利益，增强社会公众对银行业的信心，防止挤兑和连锁破产，稳定整个金融体系。在具体操作办法上，新建存款保险公司隶属于国务院，但在业务上要接受中国人民银行的监督，可按经济区划设分支机构，其资本金可采取由财政部、人民银行总行及投保金融机构三方面共同出资的形式，其中金融机构按其投保时的存款余额或资本金的一定比例出资，并对各金融机构实行强制保险。

（二）继续大力发展和完善金融市场体系

1. 加紧对金融市场结构的调整，使货币市场和资本市场协调发展

金融市场结构调整的关键在于加强金融市场基础建设，在不断规范同业拆解市场运作的同时，大力发展票据市场、贴现市场和公司债市场。中国票据法虽已实施，但却一直没有形成一套有效的约束机制，相应的管理也没有跟上，使得银行承兑汇票业务中存在较大信用风险。当前可大力推广商业票据，形成一个票据交易市场，这样就可以大大增强票据

的融资功能。对于贴现市场,则要扩大贴现和再贴现的规模,目前中国贴现和再贴现占总贷款比例较低。中国的企业债券市场,尤其是短期债券市场的发展更为滞后,并存在较大的风险。企业债券市场的快速发展必须以企业经营机制实现真正转换,企业债券制度也已得到不断完善为前提。目前可适当地对一些效益好,有发展潜力的企业增加债券的发行量,同时还可发行一些可转让企业债券。

2. 股票市场的完善

由于中国股票市场先天性制度缺陷而产生的风险,其根源在于不合理的股权结构,因此除了市场进行必要的规范之外,中国股票市场改革和发展的重点首先应放在优化和改善上市公司的股权结构上,当务之急是尽快解决国家股、法人股的上市流动问题,实现国家股、法人股与个人股的合并。只有逐渐化解这一困扰中国股市发展的历史遗留问题,才能真正实现各类股东的同股同权,理顺上市公司的内部治理结构,提高公众投资者对企业监督管理的积极性,才能防止其中隐含着的风险不断积聚。

第二节　金融发展中的监管治理

金融监管治理,可以理解为狭义的公共治理或者公共治理在监管领域的具体表现形式,公共治理是指公共部门为实现一定的经济和社会目标,通过各种正式和非正式的制度安排,营造形式公共权力,制定和执行政策所依赖的良好制度环境和运行机制,以实现对社会公共事务的有效管理,整合和协调的持续互动过程。

如何更有效地进行监管治理,设计出一套比较合理且有效的制度安排?国内外的研究者们给我们提供了比较好的线索,从监管治理到金融监管治理也符合一般到特殊,从比较简单到比较复杂的过程。

一、监管的经济学研究

西方关于监管的经济学研究,按照诺尔的说法,已经经历了三个发展阶段:

第一个阶段的研究集中于从市场失灵出发分析监管作为一种重要的政府干预手段的必要性。经济学家们认为市场不是万能的，市场本身是脆弱的和有缺陷的，垄断、信息不完全及信息不对称、外部性、过度竞争等市场失灵将导致市场运行的低效率乃至无效率。而监管可以弥补市场失灵，提高市场运行效率，维护公共利益。于是这一阶段的监管理论又被称为"公共利益论"。

第二阶段的研究开始于20世纪50年代。这时候人们开始思考这样的问题：市场失灵及监管能够弥补市场失灵只是监管的必要条件，而监管的充分条件必须说明与非监管的手段相比，监管是最有效率的选择。于是，这一阶段的研究开始集中于对监管效率的分析。也正是从这一阶段开始，人们对监管效率的态度发生了分化："公共利益论"从效率分析的角度证实监管是最有效率的处方，同时也有不少经济学家开始质疑监管的效率。佩尔茨曼就指出：监管者能否真正做到它应该做的越来越引起人们的怀疑。

第三阶段的研究是在对监管效率的争论中开始的。越来越多的经济学家发现，要真正深入地研究监管的效率，必须对监管决策和执行的具体过程进行深入细致的经济学分析。于是，从20世纪70年代监管经济学的研究开始进入第三个阶段，即监管政治过程的经济学研究阶段。监管治理的相关研究则是从属于这个阶段的。

二、监管治理的缘起

正如上述第二阶段所讨论的，人们对监管的有效性以及监管机构的效率产生了怀疑，而实践也证明了这些怀疑。所以，有必要来安排一种机制，使监管机构更好的执行其监管职责，从而更有效地完成其监管功能，监管治理由此产生。

监管治理的现代文献始于1994年雷沃和斯皮勒（Levy and Spiller）的论文，他们在该论文中强调了监管治理安排与监管内容的区别。在这篇文章里，他们用交易成本经济学来分析在不同政治与社会坏境中私有化的公共设施业绩中的决定因素。从阿根廷、智力、牙买加、菲律宾与英国的电信通信监管中选取案例进行研究，进而发现政治机构是如何通过监管过程与经济环境的结合来决定行政征用或操纵的潜力，因此来影响经济部门的经济业绩。他们发现业绩可以通过一套监管程序来得到满足，只有套利行政行为受到限制。而且，监管信誉可以在一个不利的环境中得到加强，如果没有这些承诺，将不会有长期投资，实现那样的承诺也许需要固定不变的监管制度。在他们的论文中，雷沃和斯皮勒将监管治理结构定义为"社会用来限制监管自由裁量权和解决这些限制中可能产生的冲突的机制"，监管治理基础的问题在于限制监管自由裁量权的程度。按照其理论，三种机制将有助于发挥监管的作用：(1)对监管者自由裁量权的实质性限制；(2)监管制度改变的限制；(3)执行前两者的机制。他们认为，监管者会受到质疑，除非他们有很少的或没有监管自由裁量权。雷沃和斯皮勒的监管治理理论中最人性化的特性是确定的程序。但是在实践中，难以想象不能充分解释监管目标与任务以及不拥有相当的监管自由裁量权的监管机构是如何能更好的完成监管职责的。

随后，特南鲍姆（Tenenbaum）等人也分析了与监管治理相关的一些问题。但是他们并没有涉及具体的标准或者是措施来限制监管者自由裁量权或者是更好地发挥监管者的职责。

三、监管治理的标准

这个时期是监管治理的发展时期，主要是1997年以后。在这个时期，对良好监管的治理标准讨论逐渐占据了监管治理研究的绝大部分。

瓦瑞克·史密斯（Warrick Smith）提出的监管治理标准，强调监管机构的独立性。其观点主要有对某种程度的监管者自由裁量权不可避免性的接受；对用问责制加以平衡机构自治的强调；对于建立监管者委任权的需要；保护从被监管公司征税来融资的需要；对监管委员会的任命条件的关注；公开政策制定与决策出版发行的严格透明度的需要等。他还认为，在监管实践中，监管机构可能远远达不到法律里所写的独立性及二次立法。

英国政府对监管机构的监管治理的全面改革行动优化监管任务工作组，于1997年提出了良好监管的原则：透明度、问责制、比例性、连续性与目标性，在每个原则中都分别各有5个子原则。这些原则跟史密斯提出的很相似。

约翰·斯德洛（Johnstero）着重从监管的独立性角度来讨论完善监管治理。在观点上，斯特姆和史密斯（Stem and Smith）大致相同，但是斯德洛认为，应该更注重对非正式的问责，即对监管游戏的规则的理解能力。同时，他假定监管机构独立于被监管机构，来讨论监管机构如何独立于政府。而监管机构独立于政府相对来说不是一件容易的事。如1996年，欧盟电力与天然气指令性文件强调建立独立性于被监管公司的机制，但是到了2002年其指令性文件才开始正式提出独立性还要包括独立于政府。

1999年，澳大利亚竞争与消费者委员会列出了从监管治理的角度对平衡各种利益相关者利益的政策的发展起作用的九大因素：

（1）信息交流：信息应该能被所有利益相关者容易且快速地获得。

（2）磋商：利益相关者参与监管过程，这改善了那些受监管决策影响的利益相关者交换信息以及接受教育的程度。

（3）连续性：决策的逻辑性、数据来源与法律基础对市场参与者来说应该保持长时间的连续性。

（4）可预见性：一个可预见决策好声誉有利于供给者与消费者的合理计划，并且能减少投资群体可预见的风险。

（5）灵活性：监管机构应该使用合适的工具来改变监管环境，力争平衡审慎监管。

（6）独立性：自治意味着独立于利益相关者的不正当压力，这提高了公众对监管系统的信心。

（7）有效性与效率：在数据搜集以及监管者实施政策中，应该强调成本效率问题。

（8）问责制：监管者应该解释清楚决策过程及其基本原理，另外，上诉程序需要细化用来提供合适的制衡。

（9）透明度：对利益相关者公开决策过程提高了其监管合法性。

四、金融监管治理

2002年，监管治理的研究思想被引入了能对经济产生巨大推动作用的金融领域。达斯和昆滕恩（Udaibirs Das and Marc Quintyn）在《危机防范和危机管理：监管治理的角色》一文中首次提出金融"监管治理"的概念及其研究框架，为加强金融监管的有效性的研究开辟了基于监管机构层面的新视角。

（一）产生背景

考查过去这十多年来发生的历次重大金融危机，从墨西哥、东南亚、俄罗斯、土耳其到拉丁美洲，人们总结这些金融危机爆发的原因多半都会归结于经济结构失衡、政策失误、国际投机资本冲击等，讨论关于问题出在金融监管上的却相对较少。在这些金融危机中，监管治理薄弱，如监管受到较严重的干预，监管豁免过于普遍、监管不当、信息不透明等一直是影响金融危机深度、规模的重要因素之一。实践显示，政治对金融监管的干预会导致金融危机为雪上加霜。来自政治方面的压力不仅在整体上削弱了金融监管，而且也束缚了金融监管当局的手脚。同时，"监管俘获"导致监管腐败问题大量出现，引发对金融监管机构的激励约束机制的讨论。人们逐渐认识到出在金融监管者自身的问题，因此对基于金融监管者的监管有效性方面开展了一系列比较系统的研究。

（二）主要观点

首先，昆滕恩和泰勒（Marc Quintyn and Michael W. Taylor）在《监管的独立性和金融稳定》中提示出了金融监管治理的两个标准：第一，独立性标准，它细分为管制独立性、监管独立性、机构独立性、预算独立性四项独立性四维标准：（1）管制独立性，指的是监管机构在法律赋予的权限范围内，拥有适度的制定规则和法规的权力。（2）监督独立性，包括许可证的开发和吊销，对业务范围和经营过程的监督、制裁及危机管理等方面的独立性。（3）机构独立性指的是在监管机构在地位上独立于政府的执行和立法分支机构。（4）预算独立性指的是监管机构在其履行职责所需要预算的规模和预算使用的决策方面拥有相当话语权。第二，有效负责和尽职安排的九条标准。在赋予监管机构独立性的同时，应通过多种控制工具，防止独立性的滥用。（1）明确的目标和使命；（2）清晰的法律基础以界定监管机构的权力和职责；（3）对其他行政机构关系的明确界定；（4）对高级官员任职、免职条件和程序的清晰界定；（5）对可以忽视监管独立性的特定环境和条件、程序的清晰界定；（6）对国会确保监管机构负责的使用其授予权利的程序的清晰界定；（7）明确的司法检查安排以保证监管机构行使权力的方式接受司法监督，明确的诉讼机制；（8）在保护商业机密的前提下，最大限度地增加决策过程的透明度；（9）通过事前预算拨款程序或事后财务检查确保监管机构以负责的方式管理其财务。

金融发展比较研究

第一节 主要发达国家金融发展分析

一、美国的金融发展

（一）早期美国的银行业和自由银行时期

美国早期的银行活动是围绕贸易和商业进行的。第一家现代意义的美国银行是1782年开业的北美银行，为了帮助独立战争而设立的。它接受现金和银行券，也发行自己的银行券。随后各州特许的银行纷纷开业，称为州立银行。第一家由联邦政府特许的银行是1791年开业的第一美国银行，开业期为20年，在主要城市设立8家分行，规模大大超过州立银行。第一美国银行的部分股权属联邦政府，它持有联邦政府的存款并为联邦政府向全国各地转拨资金，同时也对州立银行的经营施加影响。它具有部分中央银行和商业银行的双重职能。由于州立银行的反对，1811年第一美国银行停业。此后州立银行的数目大大增加。1800年只有28家州立银行，1830年达到328家。联邦政府依靠州立银行为1812年战争融资，造成银行券发行量迅速增加，由于银行券流通性的降低和通货膨胀，1816年成立了第二美国银行，开业期仍为20年，由于东部金融势力与西部地区的对抗，该行1836年营业期满后便停业。

从1837~1863年称为美国的自由银行时期。1837年密歇根州通过第一个自由银行法案，它规定，只要有充足的资本并能够按照法令规定履行义务，就可以领取执照开设银行。随后，又有18个洲先后通过了类似的法律。自由银行法律使得商业银行的设立比较容易，导致美国银行数目快速地增长。到1860年有1500家商业银行在营业，其数目是密歇根州《自由银行法案》通过前的两倍。但随之而来的是银行券发行的混乱和众多的银行倒闭。

在19世纪，美国的其他金融机构也开始出现。1816年，第一家互助储蓄银行在费城和波士顿开业。1831年第一家储蓄贷款协会牛津住房协会在费城成立独立战争时期，美国战时国会，各州和军队发行了各种中期债券和临时债券，"一战"后政府发行了8000万美元的联邦债券，对这些债务进行担保。这些债券的发行和交易形成了美国最初的证券市场。一些证券交易商于1792年成立了美国第一家证券交易所——费城证券交易所。1792年24名经纪人在纽约华尔街签订了"梧桐树协定"，它规定了成员之间进行证券交易的条款，成为纽约证券交易所的前身。1817年，这些经纪人正式成立了"纽约证券交易会"，1863年改名为"纽约证券交易所"。

（二）1864年《国民银行法》时期

19世纪60年代之前，美国货币体系缺乏集中性的控制，银行券的流通十分混乱。南北战争爆发以后，财政部需要为战争筹资，政府逐渐认识到现存银行体系的局限性。结果，1864年国会通过了《国民银行法》，这一立法对美国银行结构产生了深远影响。

1864年的《国民银行法》在财政部内部设立货币审计办公室，由它批准银行注册和管理立法，该机构核准设立银行称为国民银行。国民银行有权发行国民银行权，它必须将持有的国库券交给货币监理官作为其银行券发行的准备，若该银行倒闭，货币监理官择出售国库券以偿付债权人，从而形成统一可靠的通货；联邦政府则规定国民银行券作为税收、商品和劳务的法定支付手段。《国民银行法》还建立了准备金要求和资本要求，同时货币监理官有权对国民银行进行检查。起初许多银行担心额外的限制会影响其利益，很少有银行在联邦申请注册。为了进一步促进通货的集中，1865年国会通过立法，要求对州立银行券征税，目的是将州立银行银行券逐出流通领域。虽然此后国民银行的数目大幅度增加，但由于支票的普遍使用，而且州立银行的资本比例和贮备要求较低，政府管理松散，放贷较为自由，州立银行并没有完全消失，从而形成了美国银行注册的双轨制。另外，在这一时期，由于各州对商业银行在本洲或跨州开设分支机构的立法限制，形成了美国特有的单一银行制。

(三) 联邦储备体系的建立

尽管统一了货币，但美国的金融体系仍然存在许多问题。首先是货币供给缺乏弹性，它不能随着经济的扩张，需求的增长而增长，这引发了19世纪后期美国频繁的金融危机；其次是19世纪后期，经济的飞速增长使美国商业银行的数目和银行总资产大幅增加，银行业的合并加剧；最后是工业发展需要大量的融资带来了金融机构的多样化，同时，有更多的经济单位进入金融市场融资，这需要规范整个金融体系的业务和经营，保证金融业的稳定。

1908年美国国会成立了全国货币委员会，负责研究全国的制度并对银行与货币法规改革问题提出建议。1913年国会通过了《联邦储备法》，1914年正式成立了独特的中央银行——联邦储备体系。《联邦银行法》规定联邦储备体系的职责是：全面巩固准备金制度，提供有伸缩性的货币，防止可能出现的金融危机；调节货币供给量；为会员办理支票结算；对银行业实行更有效的监督。它要求所有的国民银行都必须加入联邦储备体系，州立银行可自由选择是否参加。

非银行金融机构在这一时期有了飞速的发展。1890年，储蓄贷款协会遍布各州，共有5000多家；1907年，互助储蓄银行达678家，主要集中在新英格兰地区；到1909年，信用合作社开始出现。

英美战争结束后开始了工业革命，推动了美国证券业的发展。南北战争后美国工业迅猛发展，股份公司首先在铁路，建筑中大规模的出现并在制造业中普及，大量股份公司的设立是证券市场发展的现实基础和客观需求，证券融资成为公司资本来源的重要方式。上市公司，特别是铁路、运输公司、银行、保险公司的股票，取代了政府债券的地位，成为主要的交易品种。美国的投资银行逐渐崛起，它们从事证券发行，承购和销售业务。联邦储备体系的建立和投资银行业的兴起促进了证券发行和流通的扩大。

(四) 20世纪30年代的银行立法

20世纪30年代的大萧条带来了金融业的巨大变化。1929年10月因金融危机导致股市的大崩溃，造成经济的严重衰退，在1929~1933年银行数目减少了一半，几乎有9800多家银行倒闭。在随后的几年里，新的立法对美国金融制度产生了巨大影响，《1933年银行法》和《1935年银行法》正式结束了自由银行制度，美国金融业进入强制管制时期。

《1935年银行法》加强了联邦储备委员会和货币监理官核发执照的权力；设立了联邦公开市场委员会，负责管理和操作公开市场业务；建立了联邦存款保险公司；将投资银行业务和商业银行业务严格分开；禁止对活期存款支付利息，对定期存款和储蓄存款利率设定最高限制；放松了对分支银行的限制。政府还颁布了《证券法》和《证券交易法》，成立了证券管理委员会，以加强对证券市场的监督。

（五）战后美国金融制度的变革

20世纪30年代的银行法加强了对银行和金融部门的严格管制，使得美国金融业进入了平稳的运行时期。但自60年代中期以来，美国国内外经济金融形势发生了很大变化，通货膨胀加剧，利率波动频繁，非银行金融机构增长很快，金融创新飞速发展。旧的制度下对利率的限制，商业银行对活期存款的垄断以及对金融机构资金使用的严格限定造成了严重的金融脱媒现象，信贷危机频繁出现，银行倒闭增加。经过70年代的酝酿，美国国会于1980年通过《放松管制和货币管理法案》，它是"二战"后美国一次重要的较全面的金融改革。该法案一方面取消了利率最高限制，允许发行带息支票，扩大了商业银行的资金使用权，使各种金融机构业务相互交叉，彼此开展竞争；另一方面加强了金融管制，统一了准备金比率，将其适用于所有的存款机构。但对于跨州设立分支和商业银行从事投资银行业务的限制未做改动。

80年代在日本，西欧银行业竞争的压力下，美国着手对金融业进行进一步的改革。1987年，美国成立了清算信托公司来负责合并或关闭濒临破产的存贷款银行或机构，1991年颁布了新的金融改革方案，其目的是消除金融业内部的障碍，增强竞争与效率。内容主要有允许银行在全国设立分支行；允许资金充裕的商业银行从事投资银行的义务；允许工商企业拥有银行子公司；对庞杂的金融管理机构进行简化等。美国的金融制度正处于这一变革中。1994年美国终于颁布了《洲际银行法》，该法允许商业银行从1997年6月1日起跨州经营金融业务，设立分支机构。这一法案打破了1927年《麦克法登法案》关于单一银行制度的法律限制。

1999年11月4日，美国国会参众两院以压倒性票数通过了《金融服务现代化法案》，其核心内容是废除了对世界金融格局产生重大影响的《格拉斯—斯蒂格尔法案》以及其他一些相关法律中有关限制商业银行，证券公司和保险公司跨行业经营的条款,从而使美国金融业从立法上告别了分业经营的历史,迈向了混业经营的时代。

二、英国的金融发展

(一)英国金融发展的历程

1. 英国早期金融业的发展

16~17世纪,随着工业和国际贸易的发展,商业银行开始在英国的一些城市兴起。商业银行的业务是在金匠业的基础上发展而来的。金匠们为他人保管金银,并将人们的存款转而向外贷放。同时,他们对存放的金银出具收据,这些收据可在市面上流通,称为gold smith note,从而为流动账户、票据贴现和支票贷款服务提供了前提条件。随着伦敦金匠业务中银行业务的扩充,其中一些人成为职业银行家。

早期的银行称为私人银行,多为单个家族或少数人合伙经营,其业务发展缓慢,他们大多数集中在伦敦;早期英格兰地区反对成立合股银行,私人银行只限于个人或不超过6个股东的合伙经营。英国政府在17世纪末发行公债,十八九世纪政府公债数额大大增加,由1709年的1300万英镑增加到1816年的9亿英镑。政府公债因其安全程度较高,收益有保障,吸引了大银行和大公司的投资,政府进一步完善了公债发行制度并积极促进政府债券的流通。在这一时期,伴随着股份公司的涌现,英国证券业逐步发展起来。但1720年的南海公司事件爆发了全面的信用危机,股市崩溃,议会通过《泡沫法案》禁止公司自行发行股票,限制股票的发行与交易,1773年,在伦敦约那森咖啡馆中,股票商组织了英国第一家证券交易所,证券交易方式日趋完善。特别是英格兰银行成立后,政府债券和银行股票交易剧增。1802年在伦敦,正式的证券交易所开始营业。

2. 英国金融制度的初步形成

1815年,拿破仑战争结束。战后经济的萧条使得大批私人银行倒闭,当局对设立合股银行的限制放松。1826年通过的法律允许在伦敦城65英里以外设立合股银行并发行钞票;1833年《新银行法》允许伦敦城内开设合股银行,但不得发行钞票。这些措施使合股银行的数目大大增加。1850年合股银行为99家,到1875年达122家,总行及分行共有1364个营业处,私人银行为236家,但只有596家营业处。合股银行广泛的设立分支行，实力进一步增强，地方合股银行逐渐取代了私人银行。

1833年，英国国会法案规定英格兰银行银行券成为唯一的发偿货币。1844年《银行特许法》规定，不允许英格兰银行以外的其他银行发行银行券，原有银行发行流通的银行券以现有数量为限，不得再增加；英格兰银行分设银行部和发行部，成为英国银行业的现金保管者和票据交换中心。19世纪中期的金融危机，使英格兰银行开始行使其最后贷款人的职能，英格兰银行中央银行的地位逐步确立。

19世纪后期至20世纪初，英国银行业掀起了合并的浪潮，最初多为大银行吞并小银行，继而是大银行之间的合并。到1900年，合股银行只剩下77家，拥有3757家分支行，私人银行的数目大大减少，只有19家。第一次世界大战后，银行合并基本结束，英国大部分的银行业务由伦敦清算所的11家会员掌握，其中前五大银行西敏寺银行、劳埃德银行、巴克莱银行、米德兰银行、国民地方银行居于支配地位，他们拥有清算银行资产总额的80%。另6家银行为马丁斯银行、迪斯楚克银行、威廉迪肯斯银行等，格林米兰地区没有设立合股银行的限制，但早期银行的数目较少，维持在8家左右。

这一时期，商人银行在证券市场上十分活跃，他们从事票据兑现的工作，并专门代理发行股票和债券，也代理发行外国政府和铁路公司的债券。英国的企业主要依靠技术和贸易方面的优势获取的高额利润来筹集资本，各产业多通过个人企业，合伙企业进行资本积累，同时又得到健全的银行体系的支持，企业通过证券市场融资的需求较小。1825年，英国废止了《泡沫法案》。1862年，英国颁布了《股份公司法》，这使得股票的发行和交易大大增加。随着工业革命的不断进展，国内产业资本的扩大以及英国经济实力增强，伦敦证券交易所的规模空前扩大。第一次世界大战前，在伦敦证券交易所上市的证券中有80%是海外证券，伦敦成为世界上最大的证券交易所。

3. 战后英国金融制度的变化

经过两次世界大战，英国国际金融中心地位逐渐为纽约所取代。第二次世界大战后，英国国内金融业发展较为平稳。主要变化有：1946年，英国颁布了《英格兰银行法》正式将英格兰银行收归国有；英国经济地位的不断下降使之不得不对证券市场上外国债券进行严格的限制，英国的海外证券投资不断衰退；国内由于政府公债的积累抑制了民间资本的形成，证券市场处于衰竭状态。但是英国战后经济逐步恢复，伦敦金融市场的国际性随之增强，60年代创立了伦敦欧洲货币市场。

20世纪70年代后，随着国内外经济形势的变化，英国的金融制度发生了深刻的变革，表现在银行业开始了新的合并。1968年巴克莱银行接管了马丁斯银行、西敏寺银行与国民地方银行合并，成为国民西敏寺银行；1970年，格林米尔斯银行、威廉迪肯斯银行和国民银行英格兰分行成立了威廉格林银行。"五大行"成为"四大行"，即巴克莱银行、劳埃德银行、米德兰银行和国民西敏寺银行。11家伦敦清算银行只剩下6家。而苏格兰地区的银行业集中于3家银行，即克莱德斯代尔银行、国民银行苏格兰分行和苏格兰皇家银行。1971年，英格兰银行公布了《竞争和信贷控制法案》，全面取消了清算银行的利率卡特尔制，英国逐步实现了利率自由化。英国取消了对不同类别金融市场之间的限制，国内的传统贴现市场和平行市场实现了一体化；1979年取消了外汇管制，伦敦的欧洲货币市场与国内金融市场完全融为一体。银行业务向综合化方向发展，同时，对伦敦证券交易所的交易制度作出重大调整1986年英国对证券市场采取被称为"大震"的重大改革，改变了固定佣金制度，允许大公司直接进入交易所交易，放宽了会员资格的审查等。金融制度的变革对英国社会经济产生深远影响。

4. 英国金融组织体系

英国金融当局对其金融中介机构的分类进行了多次调整。1981年之前，按各种金融机构的业务性质，将金融中介机构分为银行金融中介和非银行金融中介。银行金融中介分为一级银行和二级银行。一级银行包括清算银行、英格兰银行的银行部、贴现行、国民划拨银行和信托储蓄银行，它们共同参与英国的支付系统；二级银行包括承兑行、其他英国银行和海外银行。非银行金融中介包括住房协会、金融行、国民储蓄银行、保险公司、养老基金投资信托和单位信托。

20世纪80年代英国对其金融组织体系的分类再次进行了调整，到1989年之前，英国的金融中介机构分为货币部门和非货币部门。货币部门包括零售性银行、承兑行、贴现行、其他英国银行和海外银行，它们主要是接受存款的机构；非货币部门包括其他接受存款的机构、保险公司、养老基金投资信托和单位信托。

1989年至今，英国的金融中介机构分为银行和其他金融机构两部

分,其构成如下:

(1)中央银行。英格兰银行是英国的中央银行,它早期为股份制的商业银行,直到19世纪中叶才逐步演化成中央银行。英格兰银行曲线将银行券的发行权逐步集中到自己手中,而后又成为整个英国银行系统的准备金中心,并负责对全国的金融事业进行监督管理。1947年,英格兰银行实现了国有化。

(2)零售性银行。零售性银行是以接受小额存款为主,参与支付机制的金融机构。它包括四种类型:清算银行、英格兰银行、国民划拨银行、信托储蓄银行。

(3)商人银行。商人银行又称为承兑行,是由过去专门从事承兑业务的私人银行转变而来的。最初它们的主要业务是以承兑汇票的方式为国际贸易市场上充当工商企业筹集短期资金的中介,代理公司发行股票和债券,开办单位信托和投资管理,向企业发放贷款等。它们的业务大多与资本市场的货币市场有关,现在也是可提供少量的一般银行业务。

(4)贴现行。贴现行是英国特有的金融机构。在18世纪,英国国内贸易多采用汇票来结算,小银行资金有限,往往通过经纪人将未到期票据转给大银行进行再贴现。由于利润丰厚,这些经纪人利用自己的资金和银行的短期贷款,直接办理票据的再贴现,于是逐渐形成贴现行。由于支票的广泛使用,其传统业务有所下降。但贴现积极参与国库券市场,同时又是英格兰银行从事金融调控的重要中介,在英国的金融体系中发挥着独特的作用。

(5)海外银行。英国的海外银行包括海外银行、外国银行和国际财团银行。海外银行指英国人所有的银行,总行设在伦敦,在英国从事国际银行业务;外国银行指外国商业银行在英国的分支行;国际财团银行指有几个国家银行组成的独立企业,主要从事离岸金融业务。

5. 英国金融制度的发展

英国对西方各国金融制度的形成有着深远的影响。英格兰银行是最早的资本主义商业银行,最早行使中央银行的职能;伦敦是最早的国际金融中心;英国当局对各种金融机构的设置和业务经营、金融市场的运作提供了卓有成效的经验和管理办法,对西方各国金融制度产生了重要的影响。

一是英格兰银行成为中央银行的传统模式。英格兰银行由一家私营的商业银行逐步发展成为中央银行，在这一过程中，建立了一整套规范而又有效的管理制度，英格兰银行形成的三大职能，即发行的银行、政府的银行和银行的银行，也成为西方各国建立起中央银行制度的一种传统模式。

二是英国的商业银行试行专业化银行制和分支行制，银行业高度集中。在业务方面，早期英国企业在长期的海外贸易中完成了资本的积累，商业银行主要以办理短期工商贷款和活期存款业务为主，商业银行和储蓄银行及投资银行业务严格区分开来，形成了专业化的商业银行制度。在组织结构上，经过私人银行与合股银行的合并，英国的银行数目急剧减少，主要的几家大银行在各地广泛的设立分支机构，控制着全国大部分的金融业务，商业银行形成了高度集中的分支行制。这成为西方商业银行的典型形式。

三是英国金融组织体系中保存着传统的金融机构。英国的金融业历史悠久，现行金融制度中存在许多旧式的金融机构，例如早期专门从事海外贸易的商业汇票承兑的商人银行，为国内贸易办理贴现融资的贴现银行。英格兰银行由私营商业银行演变为中央银行，它在形式中央银行职能的同时，还保留银行部办理少量的商业银行业务。

四是英国的金融制度比较缺乏法律内容，往往又习惯的原则来代替。英国的金融体系发展较早，在长期的实践中形成了一些传统的惯例，它们指导和约束着各金融机构的行为。直到1979年，英国国会才通过了第一部银行法。英国金融当局和金融机构之间关系也十分特殊，在金融监管上没有一整套正规监管制度，而是通过道义劝告和君子协定立下这些典型的英国原则来进行监督和调节的。

6. 英国的金融业高度国际化

伦敦长期以来是世界重要的国际金融中心，是欧洲货币市场的发源地，这使得英国的金融业呈现高度的国际化特征。表现在：一是英镑以外的其他通货存款成为英国银行业的主要资金来源，其总额已超过英镑的存款总额；二是大量的外国金融机构在伦敦设立分支机构，从事银行业、证券业和其他国际金融业务，外国银行存贷业务在英国金融业务中占有重要的地位；三是英国的金融机构，特别是四大行在海外设有众多的分支机构，业务经营具有国际化的特征。

第二节 中国金融发展研究

一、中国的金融制度发展

经过三十多年来的改革开放,中国的经济体制发生了巨大的变化。尤其是金融体制,由过去长期实行的大一统的银行体制逐步发展成为多元化的金融体制模式,建立了以中央银行为领导,国有商业银行为主体,多种形式金融机构并存与分工合作的具有中国特色的金融体制。这一体制在中国的宏观经济调控与社会主义现代化建设中发挥着越来越重要的作用。

二、中国的金融组织体系发展

中国的金融组织体系基本机构由以下构成:

(1)中央银行。1983年,中国人民银行开始专门行使中央银行的职责,中国开始形成以中央银行为核心的金融体系。作为中央银行的中国人民银行,是国务院领导的,管理全国金融事务的国家机构,其职责细分为十几项,包括货币发行、政府的银行和对金融机构及业务实行监管。

(2)商业银行。商业银行是中国金融体系的主体。它包括的范围较广,大体上有三个层次:国有独资商业银行、全国性商业银行和地区性商业银行。其中,国有独资商业银行即原来的四大专业银行,包括中国工商银行、中国农业银行、中国银行和中国建设银行。全国性商业银行一般是采取股份制形式,在改革开放以后快速发展起来的。其中的交通银行是中国最早的全国性商业银行,全国性商业银行在中国目前的商业银行体系中虽不是决定力量,但可算作为主导力量。在地区性商业银行这一层次中,主要有各地的城市商业银行,还有住房储蓄银行。改革开放以后,中国也允许外资银行有限制的进入,出现了几家外资银行,它们实际上也应归入商业银行体系中。

(3)政策性银行。中国的政策性银行有国家开发银行、中国进出口银行和中国农业发展银行。

(4)非银行金融机构。中国金融体系中的非银行金融机构目前数量虽不算太多,但覆盖面比较广泛。除保险、证券公司外,还有信托投资公司、企业集团财务公司、金融租赁公司、农村信用合作社等各类机构。但总体上看，中国的非银行金融机构的规模都不太大，业务量也不是太多，其整体的运作还没有达到规范化、法制化的程度。

（5）金融市场。中国的金融市场目前正处在转型发展阶段，还有待于进一步的发展与完善。

（6）金融监管体系。中国对金融体系的监管，主要是由国务院领导下的中国人民银行、中国银行监督管理委员会、中国证券监督管理委员会、中国保险监督管理委员会及其他专设机构实施的。目前监管体制还不十分完善，监管力度也不够强，也需要不断地发展与完善。

三、中国金融制度的发展

经过三十多年的发展，中国已经形成了具有自身鲜明特征的金融体制。中国目前金融体制的特征总体上可以概括为以下几点。

中国人民银行已开始真正履行中央银行职能，金融宏观调控机制日益完善。

中国人民银行作为中央银行，其发展可以划分为两个阶段：第一阶段是从1978年12月1日中国人民银行建立到1983年9月国务院决定中国人民银行专门行使中央银行职能。在这一阶段里，中国人民银行是既行使中央银行的职能，又代理专业银行业务的大一统银行。第二阶段是从1983年9月以后至今，中国人民银行开始真正行使中央银行职能，不再对企业和个人办理金融业务。

1983年以来的二十多年时间里，中国人民银行的独立性逐步得到加强，使其真正履行中央银行职能成为可能。1995年3月颁布的《中华人民共和国最高人民银行法》规定，中国人民银行不得对政府透支，也不直接认购政府债券，中国人民银行也不得为各级政府管理部门提供贷款或担保，中国人民银行对其分支机构实行集中统一领导和管理，中国人民银行各分支机构不得向地方政府部门提供贷款等。这些规定均从法律上确保了中国人民银行相对于政府及其他部委和各级政府的独立性。

到1998年中国人民银行的管理体制进行改革，撤销省级分行，跨省设置9家分行。进一步提高了中国中央银行执行货币政策的权威性，增强了中央银行金融监督管理的独立性，标志着中国的金融改革又进入了一个新阶段。

中国人民银行在其自身的独立性得到不断强化的同时,其金融宏观调控的方式也在不断地改进和完善。金融宏观调控已由直接的行政调控为主转向以间接调控方式为主,从过去依靠贷款规模等指令性计划控制转变为根据国家确定经济增长、物价控制目标和影响货币流通的各种因素,综合运用利率、公开市场业务、存款准备金、在贷款、在贴现等货币政策工具,间接调控货币供应量,以保持币值稳定和促进经济发展。

改善国有商业银行的经营机制,实现政策性金融机构与商业性金融想分离。

1979~1984年,中国先后恢复了建立四大国有银行。最初,这些银行的运作仍带有较浓的计划性和行政性色彩,经营没有自主权,经营管理水平低下,不能适应市场经济发展的需要。对此,二十多年来,中国四大国有银行进行了一系列的改革。如1983年开始实行利润留成制度,1986年开始采取的权、责、利相结合的措施以及各种岗位责任制,目标经营责任制和单项承包制等。这些改革在一定程度上调动了银行业务经营的积极性。

1993年12月25日,国务院做出了《关于金融体制改革的决定》,决定成立3家政策性银行,即国家开发银行、中国农业发展银行、中国进出口银行。成立政策性银行的目的在于实现政策性金融和商业性金融的分离,以割断政策性贷款和基础货币的直接联系。这3家政策性银行将原来的四大国有银行的政策性业务承担过来,一方面有利于原四大国有银行向商业银行转化,另一方面也有利于保证对投资时间长、收益低甚至无收益的国际基础项目和重点企业在资金上的支持。三家政策性银行实行自主经营、企业化管理、保本微利的原则。1994年这三家政策性银行相继组建运营。

1995年5月10日,第八届全国人民代表大会常务委员会第十三次会议通过的《中华人民共和国商业银行法》明确指出,商业银行是吸收公众存款、发放贷款、办理结算等业务的企业法人。商业银行以效益性、安全性、流动性为经营原则,实行自主经营,自担风险,自负盈亏,自我约束,商业银行依法开展业务,不受任何单位和个人的干涉。另外,在《商业银行法》中,首次通过法律的形式明确规定银行业务与信托、证券业务分离,商业银行业务与投资银行业务必须分业经营,从而为商业银行的业务规范化提供了必要的法律依据。

从1998年1月1日起，中国人民银行决定取消对国有银行贷款限额的控制，不再下达指令性贷款计划，而改为按年下达指导性计划。这个指导性计划作为中央银行宏观调控的监测目标，供各家银行执行自编资金计划时参考，各银行筹集的资金由各行依法自主使用，按信贷原则和国家有关政策发放贷款。这次改进国有银行贷款规模管理办法，对增强其自我约束能力，提高集约化经营水平有很大促进作用。

从三十几年的改革实践中可以看到，中国国有商业银行的经营机制已得到明显改善。国有商业银行开始走上市场化、商业化、规范化的道路。

打破四大国有独资商业银行一统天下的垄断局面，为促进国有银行改革，自1987年开始，中国恢复或新建了多家新兴的商业银行。这些银行包括交通银行、中信实业银行、中国光大银行、华夏银行、中国投资银行、中国民生银行、广东发展银行、深圳发展银行、招商银行、福建兴业银行、上海浦东发展银行及海南发展银行（1998年6月被关闭）等。

与四大国有独资商业银行相比，上述商业银行在成立之初具有不同的形式，但经过一段时间的发展后，大都转化为以公有制为主体的股份制商业银行这一较为成熟的形式，有些银行的股东中有政府，但由于政府只是股东之一，这就使得银行在经营中首先考虑的是自身的效益及经营风险。这些银行大都建立起了一套具有较高水平的商业化经营制度和较为严密的内部管理制度，较好地做到了自主经营、自担风险、自负盈亏、自我约束和自我发展。

除了上述新兴的商业银行外，中国的银行组织体系中还包括住房储蓄银行和外资银行等，中国的两家住房储蓄银行是烟台住房储蓄银行和蚌埠住房储蓄银行。烟台住房储蓄银行于1987年10月成立，它是经营房地产信贷、结算业务的股份制金融企业，是为了支持烟台地区住房制度改革，探索住房业务而专门成立的金融机构。该行是由烟台市政府、中国建设银行、中国工商银行、中国农业银行、中国银行、中国人民保险公司等单位入股组成。蚌埠住房储蓄银行于1987年12月成立，由蚌埠市政府、有关企业事业单位和各商业银行、保险公司等入股组成。

从1981年中国引进第一家外资银行到现在，外资银行在华业务一直处于稳定发展中。截至2003年底，已有40多个国家的外资（中外合资）在中国设立了216个代表处；有19个国家或地区的外资银行在中国设立了157家分行；另有外国银行支行8家，当地注册的外资金融机构19家（其中，合资银行7家，独资银行6家，合资、独资、外资财务公司6家），当地注册的合资、独资银行的分支机构7家；可以经营人民币额业务的外资银行达到31家。

中国的非银行金融机构无论在数量上和规模上都获得了较快的发展，与此同时，各类非银行机构在经营商逐渐走向规范化。据统计，截至2003年底，银监会负责监管的非银行金融机构包括：723家城市信用社，34577家农村信用社，74家信托投资公司，74家财务公司，12家金融租赁公司和遍布城乡的邮政储蓄等非银行金融机构。其中，信托投资公司、财务公司和金融租赁公司三类非银行金融机构总资产8250亿元。比2002年增加1666亿元；总负债7324亿元，比2002年增加1559亿元；所有者权益926亿元，比2002年总价107亿元；利润57亿元，比2002年增加17亿元。

金融市场近几年来的发展十分迅猛，逐步形成了以债券、股票为主体的多种证券形式并存，交易体系初步健全的全国性资本市场体系

此外，还初步形成了一个以同业拆借市场为主体的货币市场框架。拆解和回购已成为商业银行等金融机构之间流动性管理的主要方式，银行间市场的同业拆借和回购利率开始成为货币市场的基准利率。

参 考 文 献

［1］江春，许立成.内生金融发展：理论与中国的经验证据［J］.财经科学，2006（5）.

［2］谈儒勇.中国金融发展与经济增长关系的实证研究［J］.经济研究，1999（10）.

［3］波特.国家竞争优势［M］.李明轩，邱如美译，北京：华夏出版社，2002.

［4］詹继生.金融竞争力研究［M］.南昌：江西人民出版社，2007.

［5］陈庆尧.金融竞争力：一个综合分析框架［J］.广东商学院学报，2004（3）.

［6］张功英.关于金融竞争力研究的理论综述［J］.科技情报开发与经济，2006，16（16）.

［7］许涤龙.金融竞争力中的核心问题［J］.经济纵横，2007（10）.

［8］詹继生.金融竞争力探讨［J］.江西社会科学，2004（6）.

［9］陆国庆.论产业严瑾的系统动力机理［J］.汉江论坛，2002（4）.

［10］杨德勇.金融产业组织理论研究［M］.北京：中国金融出版社，2004.

［11］孙祖伟.金融产业演进与金融发展——基础理论的构建及延伸［M］.北京：中国金融出版社，2006.

［12］陈智勇，董寿昆.金融业的新时代：网络金融时代［J］.财经理论与实践（双月刊），2000，21（106）.

［13］张震.东亚金融系统演化研究——兼论中国金融制度转型中的若干问题［D］.复旦大学博士学位论文，2005.

［14］杨贵宾，王晓芳.国际金融系统演进趋势及我国的选择［J］.上海金融，2004.

［15］王红飞.基于演化视角下的我国金融产业组织结构变迁［D］.长沙理工大学硕士学位论文，2009.

［16］杨晓光，马超群.金融系统的复杂性［J］.系统工程，2003，21（5）.

［17］殷剑锋.金融系统的功能、结构和经济增长［D］.中国社会科学院研究生院博士学位论文，2003.

［18］许涤龙，沈春华.金融系统复杂性问题研究述评［J］.统计与信息论坛，2008，23（7）.

［19］沈军.金融系统复杂性与中国金融效率研究［J］.湖北经济学院学报，2006，4（5）.

［20］何国华.银行主导型与市场主导型金融体系的比较［J］.广西财经学院学报，2007，20（1）.

［21］姜璐，蔡维.金融系统分析与风险管理［M］.北京：北京师范大学出版社，2009.

［22］黄达.金融学（精编版）［M］.北京：中国人民大学出版社，2004.

［23］王军生.金融市场结构研究：国际经验和中国选择［M］.北京：经济科学出版社，2007.

［24］孙杰.货币机制中的金融过程——金融制度的国际比较［M］.北京：社会科学文献出版社，1995.

［25］陈野华.西方货币金融学说的新发展［M］.成都：西南财经大学出版社，2001.

［26］沈艺峰.资本结构理论史［M］.北京：经济科学出版社，1999.

［27］刘力.行为金融理论对效率市场假说的挑战［J］.经济科学，1999，27（3）.

［28］宋军，吴冲锋.从有效市场假设到行为金融理论［J］.世界经济，2001（10）.

［29］徐嫄.行为金融理论及其对投资者行为异象的解释［J］.生产力研究，2004（10）.

[30] 苏玮，谭秋燕.中国证券市场机构投资者的羊群行为研究[J]. 经济问题，2005（12）.

[31] 侯成琪，徐绪松.行为金融对有效市场假设的质疑[J].人文杂志，2006（3）.

[32] 董志勇，康占平.行为金融学与有效市场假说的争论[J].宁夏社会科学，2006（4）.

[33] 王磊，钟茗.现代金融学与行为金融学的比较研究——不同研究范式和体系框架下的融合[J].财经科学，2005（1）.

[34] 魏李翔.基于行为金融理论的投资策略分析[J].江淮论坛，2004，（3）.

[35] 梁冰.证券市场过度反应行为与封闭式基金价值效应的实证分析[J].南开经济研究，2004，1（1）.

[36] 伍燕然，韩立岩.不完全理性、投资者情绪与封闭式基金之谜[J].经济研究，2007，42（3）.

[37] 郑伟.预期与金融市场价格行为[J].预测，2001，20（6）.

[38] 陈雨露，汪昌云.金融学文献通论，宏观金融卷[M].北京：中国人民大学出版社，2006.

[39] Allen, Franklin, Jun Qian, and Meijun Qian.Law, Finance, and Economic Growth inChinA[M].UniversityofPennsylvaniaMimeo, 2002.

[40] T.Beck and R.Levine.Legal Institutions and Financial Development[R].World Bank Working Paper, No.3136,2003.

[41] T.Beck,R.Levine,N.Loayza.Finance and the Sources of Growth[J]. Journal of Financial Economics 2002,58：261-300.

[42] Patrick（1996）. Financial Development and Economic Growth in Undeveloped Countries[J].*Economic Development and Cultural Change*, Vol.14, No.2：174-189.

后 记

自20世纪70年代以来，金融危机的频繁爆发给整个世界经济带来极大的影响，也使人们对金融问题的极端战略重要性有了更为真切的感受和认识，关于金融与金融发展问题的研究成为持续性的研究热点。金融到底是什么？具有什么功能？金融发展如何促进经济增长？等等，一系列问题在国内外的理论和实证研究中不断得到揭示和推进。现有研究已经证明金融发展可以促进经济发展，其作用机制主要是通过发挥金融体系的功能（例如资源配置、信息传递、风险管理等）。

但是目前金融发展的众多研究成果散见于学术型论文为主，少见系统性、体系性的教材供高校研究生和本科生使用。陕西师范大学国际商学院金融系自2004年开始，在硕士研究生和博士研究生（博士研究生课程自2007年开始）开设《发展金融理论》课程，并组建了老中青教师的课程教学团队，自己撰写教案教材进行授课，形成了比较完备的课程教学体系和内容，最终汇集成本书。希望能在国内抛砖引玉，共同为国内金融发展理论体系的构建和拓展贡献自己的微薄力量！

本书由陕西师范大学等高校具有丰富教学与科研经验的教师编写，他们是李忠民、尹海员、胡秋灵、李淑娟、刘新华、曹培慎、于江波、曹璞、刘林、续静等。全书由李忠民总纂，尹海员负责统稿，最终由李忠民审核定稿。本书在编写和出版过程中得到了经济科学出版社的大力协助，范莹编辑在本书的策划编辑方面做了大量的工作。在此谨向他们表示由衷的感谢！

本书编者
2017年5月